彭山年鉴

PENGSHAN YEARBOOK

2021

眉山市彭山区档案馆（党史和地方志编纂中心） 编
眉山市彭山区人民政府 主办

方志出版社
Publishing House of the Local Records

图书在版编目（CIP）数据

彭山年鉴 . 2021 / 眉山市彭山区档案馆（党史和地方志编纂中心）编. —北京：方志出版社，2021. 11
ISBN 978-7-5144-5009-5

Ⅰ.①彭… Ⅱ.①眉… Ⅲ.①区（城市）– 眉山市 –2021 – 年鉴
Ⅳ.①Z527.14

中国版本图书馆CIP数据核字（2021）第263719号

彭山年鉴（2021）

编　　者：眉山市彭山区档案馆（党史和地方志编纂中心）
责任编辑：陈　菁

出 版 者：方志出版社
地址　北京市朝阳区潘家园东里9号（国家方志馆4层）
邮编　100021
网址　http://www.zgfzcb.cn
发　　行：方志出版社图书经销中心
电话（010）67110500
经　　销：各地新华书店
装帧设计：成都庭信文化传播有限公司
印　　刷：成都鑫成发印务有限公司

开　　本：889×1194　　1/16
印　　张：28
字　　数：560千字
版　　次：2021年11月第1版　　2021年11月第1次印刷
印　　数：001–400册

ISBN 978-7-5144-5009-5　　定价：280.00元

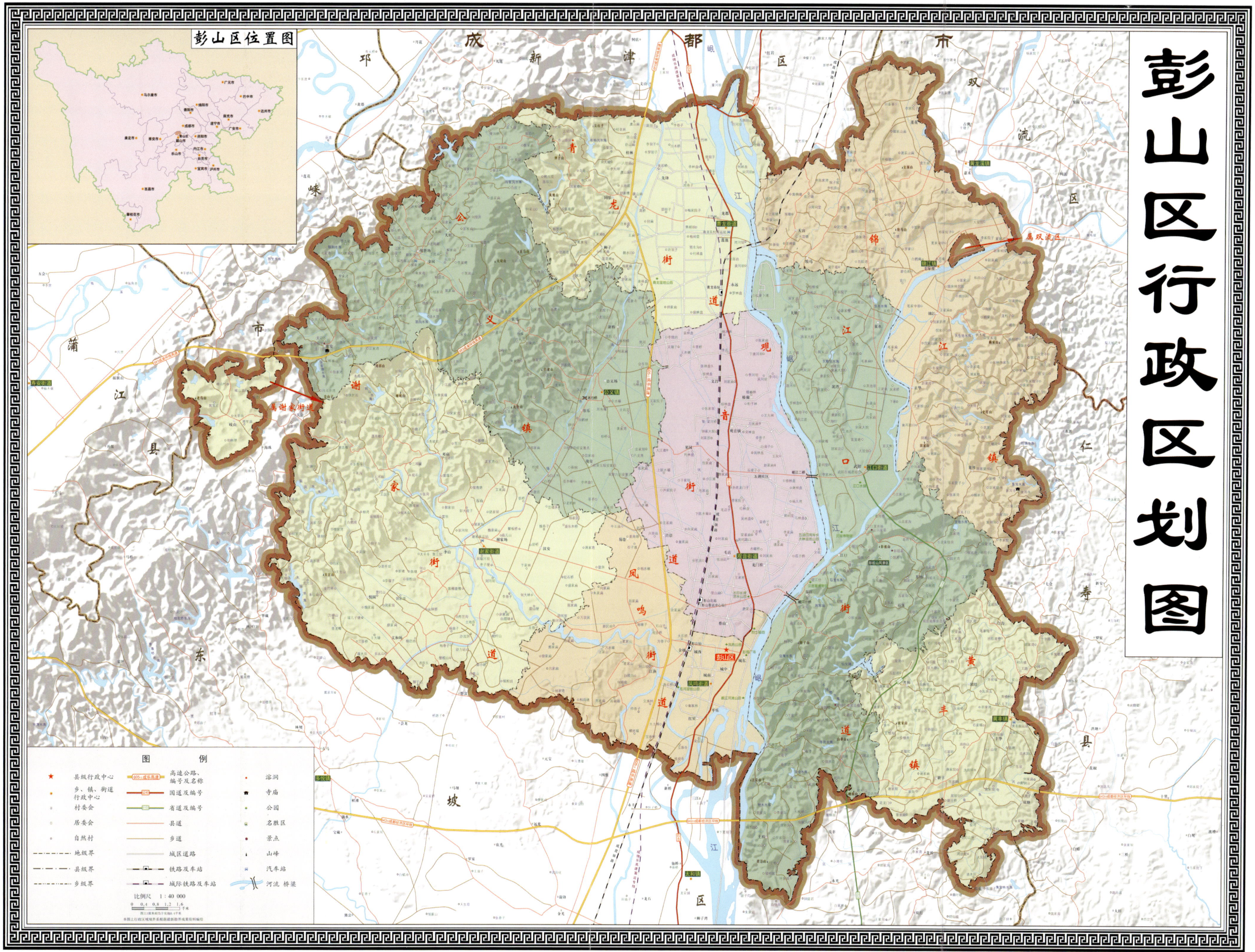

速度时空信息科技股份有限公司 编制 彭山区民政局 监制

审图号：川S【2021】17004号

年度荣誉2020

- 全国文明城市
- 全国公共资源交易百强区
- 全国第三批节水型社会建设达标区
- 全国一体化政务平台建设工作县（区）级联系点
- 全国新一轮农村宅基地制度改革试点地区
- 全国农村产权流转交易服务标准化试点
- 四川省农村改革先进区
- 四川省平安建设先进区
- 四川省第五轮敬老模范区
- 四川省未成年人思想道德建设工作先进区

数说彭山2020

◇ 面积466.93平方千米

◇ 耕地面积19903.7公顷

◇ 省级经济开发区1个

◇ 省级“5+1”特色产业园1个

◇ 省级四星级现代农业园区1个

◇ 年户籍总人口32.59万人

◇ 年末常住人口32.82万人

◇ 地区生产总值183.39亿元

◇ 第一产业增加值17.80亿元

◇ 第二产业增加值82.51亿元

◇ 第三产业增加值83.08亿元

◇ 三次产业比例9.7:45.0:45.3

◇ 社会消费品零售总额73.73亿元

◇ 进出口总额1.34亿元

◇ 实际利用外资1460万美元

◇ 地方一般公共预算收入16.69亿元

◇ 地方一般公共预算支出33.24亿元

◇ 税收收入11.42亿元

◇ 旅游收入37.00亿元

◇ 城镇登记失业率2.99%

◇ 城镇最低生活保障630元/月

◇ 农村最低生活保障450元/月

◇ 旅客周转量1.82亿人千米

◇ 货运周转量1.10亿吨千米

◇ 金融机构各项存款余额300.34亿元

◇ 金融机构各项贷款余额170.18亿元

◇ 人口自然增长率-0.26‰

◇ 教育支出40352万元

◇ 中、小学在校学生27665人

◇ 科学技术支出753万元

◇ 专利授权311件

◇ 医疗卫生支出24215万元

◇ 医疗卫生机构数260个

◇ 医疗机构技术人员1995人

◇ 医院、卫生院床位数2020张

◇ 城镇污水集中处理率95.4%

◇ 城镇居民人均可支配收入40016元

◇ 农村居民人均可支配收入21944元

◇ 城乡居民社会养老保险人数110062人

开放发展

4月17日，四川彭山经济开发区与深圳市研一新材料有限责任公司签订工业项目投资协议　（彭山经开区　供）

4月23日，四川彭山经济开发区与四川明晶光电科技有限公司、上海沪冈光学有限公司、什邡市凯锐半导体材料研究所签订工业项目投资协议
（彭山经开区　供）

1
2
3

1 7月10日，彭山区人民政府与中国农业发展银行眉山市分行签订加快建设环成都经济圈开放发展战略合作协议 （区政府办 供）

2 8月17日，眉山晶瑞电子材料有限公司举行落成典礼 （区政府办 供）

3 9月9日，彭山区政协首次搭建“有事来协商·和谐助寿乡”平台，围绕“严格执法、高效服务、促进发展”主题开展协商 （区政协办 供）

9月27日，眉山市2020年第三季度重大项目集中开工仪式在彭山区举行 （区政府办 供）

9月28日，“走进厦门 共谋发展”彭山新材料产业推介会在厦门召开 （区经济合作和外事工作局 供）

11月6日，四川彭山经济开发区与苏州金宏气体股份有限公司举行签约仪式 （彭山经开区 供）

11月18日，重庆市眉山商会彭山分会成立暨彭山产业推介会在重庆召开 （区经济合作和外事工作局 供）

金高丽建成投产　　（彭山经开区　供）

晶瑞电子建成投产　　（彭山经开区　供）

四川加佰加实业有限公司生产车间　　（区融媒体中心　供）

四川珂玛材料技术有限公司生产车间　　（区融媒体中心　供）

拓利科技建成投产　　（彭山经开区　供）

乡村振兴

1	4	
2	5	6
3	7	8
	9	10

1 4月30日，彭山区人民政府与省农业信贷担保有限公司签订乡村振兴助推农业产业发展信贷担保合作项目协议　（区农业农村局　供）

2 7月17日，区政协调研区特色农产品品牌建设与营销工作　（区政协办　供）

3 7月26日，2020彭山葡萄丰收季暨农旅推介活动在成都环球中心举行　（区融媒体中心　供）

4 观音街道果园村入选全国特色乡村特色产业亿元村　（区融媒体中心　供）

5 彭山区农产品集配中心　（岷江农业园区　供）

6 水果外销中转场运输水果　（区农业农村局　供）

7 滴灌项目作用于柑橘林，实现助农增收　（区水利局　供）

8 铁路两侧风貌改造　（区城乡环境综合治理服务中心　供）

9 公义镇鹤林村农村风貌改造　（区档案馆　供）

10 谢家街道石山村8组崔梦婷最美庭院　（区城乡环境综合治理服务中心　供）

山市彭山区
外销中转场

"彭山区+葡萄产业+稻香民宿"河堤沿线 （岷江农业园区 供）

葡萄产业园区 （区融媒体中心 供）

"彭山区+葡萄产业+啤酒桶" （岷江农业园区 供）

葡萄丰收场景 （区农业农村局 供）

彭山区稻药现代农业产业园区　（岷江农业园区　供）

谢家街道悦园村万亩猕猴桃基地　（区融媒体中心　供）

猕猴桃园区图　（区农业农村局　供）

谢家悦园猕猴桃被四川省农业厅认证为“无公害农产品”“维C之王”　（区融媒体中心　供）

猕猴桃丰收场景　（区农业农村局　供）

柑橘丰收场景 （区农业农村局　供）

“彭山区+柑橘+百步西线” （岷江农业园区　供）

交通建设

成乐高速彭山互通　　（区交通运输局　供）

太和大道和成都经济环线高速立交　　（区委宣传部　供）

彭 山

1	4
2 3	5
6	7

1 彭山高速收费站建成通车　　（盛晓波　供）
2 动车驶过彭山　　（区融媒体中心　供）
3 滨江大道　　（区融媒体中心　供）
4 太和大道　　（区交通运输局　供）
5 工业大道绿化提升改造　　（区交通运输局　供）
6 成乐高速扩容工程　　（区交通运输局　供）
7 锦绣大道南段　　（区交通运输局　供）

希望城
HOPE CITY
全民参与创文创卫创森
共建和谐幸福美好

1 2 4
3 5
6

1 环天府快速通道 （区交通运输局 供）
2 黄丰旅游环线 （区交通运输局 供）
3 宏图桥 （区融媒体中心 供）
4 尖子山航电工程建设现场 （盛晓波 供）
5 新岷江大桥建设现场（区交通运输局 供）
6 剑南大道南延线建设现场 （区融媒体中心 供）

疫情防控

1月28日，区退役军人事务局向驻彭山某部队赠送防疫物资
（区退役军人事务局 供）

1月31日，超市疫情防控　　（区融媒体中心 供）

1月31日，彭山区委政法委安排部署公安防疫工作
（区委政法委 供）

2月4日，城南临时过渡市场防疫检查　　（区综合行政执法局 供）

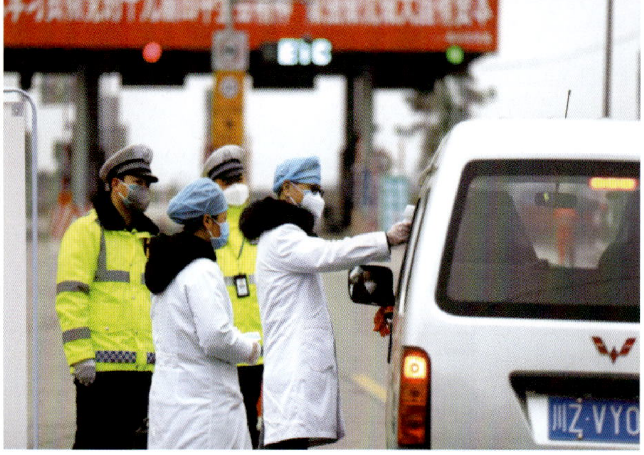

2月7日，高速路口防疫　　（区融媒体中心 供）

2月9日，彭山区7名医务人员代表彭山出征援鄂抗疫
（区卫生健康局 供）

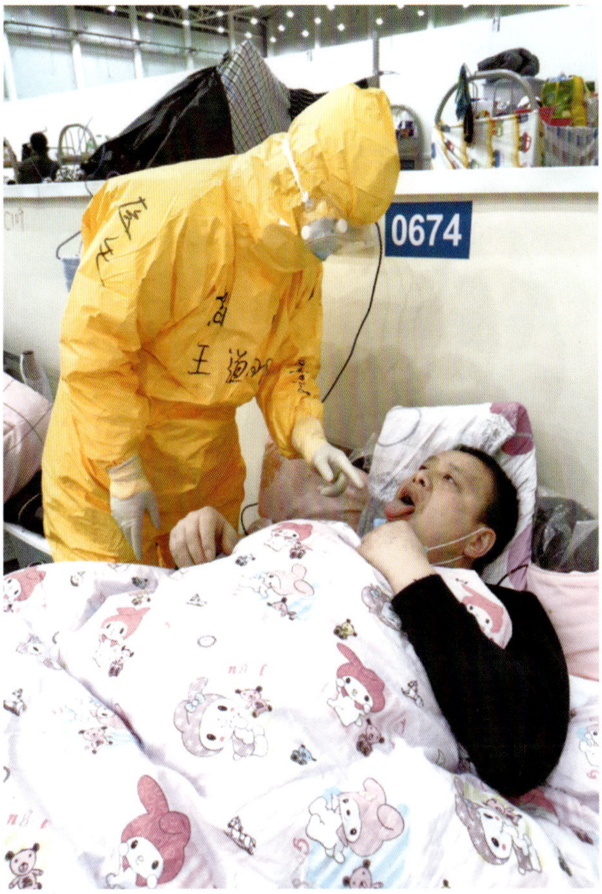

1 | 2
3

1 2月17日，彭山区援鄂队队员王道明在武汉工作 （区卫生健康局 供）
2 2月21日，对城区街道进行喷洒消毒 （区综合行政执法局 供）
3 2月27日，彭山区综合行政执法局召开应对新型肺炎疫情工作部署会 （区综合行政执法局 供）

4月3日，彭山区欢迎援鄂抗疫医疗队英雄儿女胜利归来　　（区委办公室　供）

12月8日，彭山区新冠肺炎疫情防控工作专题会议在区委常委会议室举行　　（区融媒体中心　供）

11月17日，眉山市彭山区卫生健康局在省抗疫表彰大会上获“抗疫先进集体”称号，王道明（右）、江雅琪（左）等获“抗疫先进个人”称号　　（区卫生健康局　供）

参战老兵向武汉捐款　　（区退役军人事务局　供）

1
2
3 4

1 医护人员对进入医院车辆进行防疫检查　（区融媒体中心　供）

2 彭山区公安分局先锋服务队在行动　（区融媒体中心　供）

3 观音街道观音村网格员上门为空巢老人、留守儿童理发　（区融媒体中心　供）

4 高铁站前广场消毒作业　（区综合行政执法局　供）

彭山北站疫情防控宣传　　　　　　　　　　　　　　　（区融媒体中心　供）

南星社区网格员为隔离人员购买药品　　　　　　　　　　　　（区卫生健康局　供）

创建全国文明城市、国家卫生城市

12月15日，区委调研老旧小区改造　　（区委办　供）

3月13日，彭山区发改局开展绿色出行、低碳环保宣传活动　　（区长效办　供）

4月10日，区创建全国文明城市办公室协同凤鸣街道组织志愿者在城中社区百步梯开展爱国卫生运动　　（区长效办　供）

4月26日，观音街道蔡山社区党员在泊林郡小区党支部法律服务点开展志愿服务活动　　（区长效办　供）

6月2日，彭山公安分局在彭祖大道进行文明交通一盔一戴宣传教育志愿活动　　（区长效办　供）

1		4
2	5	6
3		7

1 6月12日，彭山区民政局志愿者在江口街道泥湾村集中开展关爱留守儿童活动 （区长效办 供）

2 6月16日，彭山区应急管理局组织安委会成员单位开展“全国安全生产月”活动 （区长效办 供）

3 7月28日，彭山区市场监管局在公义镇设置食品安全宣传点，开展食品安全宣传周活动 （区长效办 供）

4 7月28日，省级文明单位彭山区检察院开展爱国卫生运动 （区长效办 供）

5 彭山区观音街道毛店社区居委会所设景观小品雕塑近景 （区长效办 供）

6 彭山高铁广场志愿服务站常年开展文明旅游志愿服务活动 （区长效办 供）

7 彭山区设立道德模范公益广告 （区长效办 供）

中国梦·我的梦

中国公民国内旅游文明行为公约
文明旅游志愿服务点

爱护公共卫生
禁止乱贴乱画
弘扬中华传统美德 学习身边道德模范

和谐彭山

眉山市2020年文化(戏曲)惠民乡村行
文艺演出

文明彭山 榜样力量
眉山市彭山区第四届"民星汇"颁奖典礼
主办:中共眉山市彭山区委、眉山市彭山区人民政府
承办:中共眉山市彭山区委宣传部、彭山区文明办、彭山区文广旅局

1 3
2 4
5

1 1月6号，眉山市2020文化（戏曲）惠民乡村乡走入公义镇 （区文广旅局 供）

2 1月17日，彭山区第四届“民星汇”颁奖典礼在彭祖广场举行 （区融媒体中心 供）

3 1月10日，“中国体育彩票2020年四川省百万群众迎新登高健身活动”暨彭山区迎新健身活动在彭山区滨江路健身步道举行 （区教体局 供）

4 1月9日，新彭山区中医医院揭牌投用 （区融媒体中心 供）

5 4月22日，彭山三中副校长章晓梅（中）带领学生开展全民阅读活动 （区文广旅局 供）

4月28日，彭山区“同心抗疫·暖企惠民现场招聘会”在谢家街道毛河安置小区举行（区总工会 供）

5月22日，彭山一小举行“新时代好少年”校级评选活动（区文广旅局 供）

4月29日，四川彭山江口明末战场遗址（江口沉银）第三期考古发掘成果新闻通报会召开（区政府办 供）

6月29日，由眉山市文广旅局、彭山区文化馆组织的2020年“戏曲进校园”活动走进彭山区实验小学（区文广旅局 供）

7月13日，彭山区道德模范故事汇巡演走进观音街道毛店村（区文广旅局 供）

8月27日，彭山教育促进会在区委会议中心二楼大会议室举行2020年“李密奖学金”发放仪式 (区教体局 供)

11月4日，四川大学锦江学院2021届毕业生双选会现场 (区人社局 供)

9月20日，彭山区老年大学建校30周年“寿乡风韵”演出现场 (区融媒体中心 供)

9月19日，彭山区举行“名家看四川——走进彭山”文学采风活动 (区政府办 供)

1	4
2	5
3	

1　11月24日，2020“乘风破浪 舞动眉州”广场舞大赛在彭祖广场举行　（区摄影家协会　供）
2　高效便民服务　（区融媒体中心　供）
3　彭山区异地通办窗口　（区融媒体中心　供）
4　彭溪河　（区融媒体中心　供）
5　竹韵廊公园　（盛晓波　供）

彭山文创产品

草龙

竹琴

连箫

黄帽子

耶

太极

墨镜

编辑说明

一、《彭山年鉴》坚持以马克思列宁主义、毛泽东思想、邓小平理论、“三个代表”重要思想、科学发展观、习近平新时代中国特色社会主义思想为指导，坚持辩证唯物主义和历史唯物主义的立场、观点和方法，全面、客观、系统地记载2020年度彭山区政治、经济、社会等各方面的基本情况、发展状况和重大事件，为各级领导决策提供参考，为社会各界了解彭山提供资讯，为编史修志和研究彭山提供资料。

二、《彭山年鉴》是由中共眉山市彭山区委、区政府主管，眉山市彭山区档案馆（党史和地方志编纂中心）编纂的综合性资料文献，始于1986年，一年一鉴，本卷为第35卷，公开发行。

三、《彭山年鉴（2021）》采用分类编辑法，主体内容按类目、分目、条目三个层次设置，条目为基本单元。全书以不同字体、字号区别不同层次，条目标题用“【】”表示。2021年卷共分特载、专记、大事记、基本区情、中国共产党眉山市彭山区委、眉山市彭山区人民代表大会、眉山市彭山区人民政府、中国人民政治协商会议彭山区委员会、纪检监察、民主党派、群众团体、法治、军事、农业、工信产业、商贸服务业、旅游业、金融业、城乡建设、交通·邮政、综合经济管理、区属国有企业、教育·科技、文化、体育、卫生、社会生活、生态环境、人物、镇·街道、附录，后附索引。

四、本鉴所采用的稿件资料，由全区各镇、街道、园区、各部门、各单位负责撰写或提供，除对供稿按年鉴规范做相关技术处理外，基本事实和数据不予改动，部分条目中的数据因统计口径、不含天府新区彭山区域等原因可能与统计资料中的数据不相符合，引用时应以统计资料为准。全书除按原文登载的报告、文件及个别行业外，均使用国家法定计量单位。内文照片由各单位提供，不再另署名。

彭山年鉴编纂委员会

彭山年鉴编辑部

《彭山年鉴（2021）》编写组成员名单

中共彭山区委	秦昊杰	彭山区档案馆	杨文娴　徐莉岚
彭山区人大常委会	杜冰洋	彭山区网格化服务中心	周　容
彭山区人民政府	彭国英	彭山区发展和改革局	汪　波
彭山区政协	杜筱玲	彭山区公安分局	余美茜
中共彭山纪委监委	康　博	彭山区经济和信息化局	刘群如
彭山区人民法院	严丹凤	彭山区教育和体育局	梅　宇
彭山区人民检察院	骆　莎	彭山区科技和数字经济局	王丽琳
彭山区人民武装部	徐德东	彭山区民政局	田琦姝
武警彭山中队	鲜仁忠	彭山区司法局	胡家瑜
彭山区消防救援大队	寇平福	彭山区财政局	周才洪
彭山区人民防空办公室	张皓天	彭山区人力资源和社会保障局	杨　东
中共彭山区委组织部	曾柏儒	彭山区医疗保障局	舒　敏
中共彭山区委宣传部	张艺达	彭山区自然资源和规划局	张世才
中共彭山区委统一战线工作部	黄雨露	彭山区城乡环境综合治理服务中心	曹金昌
中共彭山区委政法委员会	周建勇	彭山区住房和城乡规划建设局	张皓天
中共彭山区委机构编制委员会办公室	陈保金	彭山区交通运输局	周　玲
中共彭山区委巡察办	胡　迪	彭山区水利局	张　文
中共彭山区委党校	官为桥	彭山区农业农村局	潘茂利
彭山区老干部工作服务中心	钟　薇	彭山区商务局	曾　利
彭山区目标绩效中心	林佳怡	彭山区文化广播电视和旅游局	李云福

彭山区卫生健康局	吕 阳	彭山区工商业联合会	易昌明
彭山区退役军人事务局	秦 燕	彭山区残疾人联合会	徐建华
彭山区应急管理局	张欣璐	彭山区红十字会	汪 泳
彭山区审计局	张建才	彭山区供销社	龙永松
彭山区国有资产和金融工作局	宋慧霞	四川彭山经济开发区	何 斌
彭山区市场监督管理局	王怡丁	彭山区岷江现代农业示范园区	陈国安 袁 敏
彭山区经济合作和外事工作局	刘屹峰	国家税务总局眉山市彭山区税务局	刘 瑶
彭山区统计局	赖雪英	中国人民银行彭山支行	朱碧刚
彭山区信访局	冯建梅	中国工商银行彭山支行	李 堃
彭山区行政审批局	蓝紫璇	中国农业银行彭山支行	杨菲菲
彭山区综合行政执法局	李晓隆	中国银行彭山支行	侯潇颖
彭山区生态环境局	艾怡凝	中国建设银行彭山支行	陈贵全
彭山区融媒体中心	唐 冉	人保财险彭山支公司	晏思敏
彭山区第三产业服务发展中心	冯秀梅	中国人寿保险彭山支公司	徐艳红
彭山区公共资源交易中心	解栖雁	国网眉山市彭山供电公司	杨艳梅
彭山区彭祖山发展推进中心	杨利佳	彭山区烟草专卖局	李 群
彭山区林业和园林中心	陈 珊	邮政彭山分公司	滕 爽
彭山区综合交通枢纽建设推进中心	刘冬梅	中国电信彭山分公司	蒋 毅
彭山区机关事务中心	罗 兰	中国移动彭山分公司	蒋春燕
彭山区城乡土地征收补偿安置中心	阳 洁	眉山市彭山港华燃气有限公司	毛瑞琪
彭山区气象局	史亚非	凤鸣街道办事处	陶 婷
彭山区老龄办	欧阳娟	观音街道办事处	胡 雨
彭山区总工会	王晓忆	江口街道办事处	李 鑫
共青团眉山市彭山区委	赵心睿	谢家街道办事处	袁 慧
彭山区妇女联合会	袁丽红	公义镇	王 丹
彭山区科学技术协会	周翔宇	黄丰镇	吴先艳

目 录

特 载

专 记

大事记

基本区情

中国共产党眉山市彭山区委

眉山市彭山区人民代表大会

眉山市彭山区人民政府

中国人民政治协商会议
彭山区委员会

纪检监察

民主党派

群众团体

法 治

军 事

农　业

工信产业

商贸服务业

旅 游 业

金融业

城乡建设

交通·邮政

综合经济管理

区属国有企业

教育·科技

文 化

体　育

卫　生

社会生活

生态环境

镇·街道

人　物

附 录

索 引

Contents

Special Articles

Special Records

Chronicle of Events

Pengshan District Basic Situation

Pengshan District Committee of Meishan Municipality, the Communist Party of China

Pengshan District People's Congress of Meishan Municipality

Pengshan District People's Government of Meishan Municipality

Pengshan District Committee of the Chinese People's Political Consultative Conference

Discipline Inspection and Supervision

Democratic Parties

Mass Organizations

Rule of Law

Military

Agriculture

Industrial and information industries

Business Service Industry

Tourism

Financial Industry

Urban and Rural Development

Transportation and Posts

Integrated economic management

State - owned Companies Under Pengshan District

Education and Technology

Culture

Sports

Hygiene

Social Life

Ecological Environment

Towns & Streets

Personages

Appendix

Indexes

特 载

加油，彭山！奔跑吧，彭山人！

——在政协眉山市彭山区第二届委员会第七次会议上的讲话

中共眉山市彭山区委书记　黄秀航

（2021 年 3 月 30 日）

阳春三月，万物生辉。在全体委员和与会同志的共同努力下，政协眉山市彭山区二届七次会议圆满完成各项既定议程，即将胜利闭幕，明天区人代会也将闭幕。会议期间，各位代表、委员以高度的政治责任感和历史使命感，认真履行职责，积极参政议政，踊跃建言献策，充分体现了代表、委员人民至上、一心为民的责任担当，充分展现了代表、委员锐意进取、奋发有为的精神面貌。在此，我谨代表区委，向大会的胜利召开表示热烈祝贺！向全体代表、委员和与会同志致以诚挚的问候！向为大会顺利举行而辛勤工作的全体工作人员表示衷心的感谢！

政协会议既是参政议政的平台，也是沟通信息、交流思想的平台。今天，我与大家交流的题目是：加油，彭山！奔跑吧，彭山人！

确定这样的主题，是因为我到彭山工作近 5 个月来，大家给予了我很多帮助、支持，让我对彭山的情况越来越了解，对彭山的认识越来越深刻，对彭山未来的发展充满信心！正如我在任职见面会上讲的——初识彭山，“彭山”是商彭祖寿甲天下、汉张纲忠颂千秋、晋李密孝闻华夏，是“石龙对石虎、金银万万五”的江口沉银，是神秘古老的江口汉崖墓；再识彭山，是过去工作中了解到的，“彭山”是天府新区核心区，是成眉同城率先突破区，是开放发展先行区，是出全国、全省经验的改革示范区；又识彭山，是在区委二届二十一次全会上，对彭山发展基础良好、发展势头良好，同时面临被边缘化、中部塌陷风险的分析。而今天，经过近5个月的融入、熟悉、思考，我以“加油，彭山！奔跑吧，彭山人!”为题，与大家交流。

加油彭山！因为机遇千载难逢，机会稍纵即逝。“来而不可失者，时也；蹈而不可失者，机也”，历史多次证明，谁把握住了机遇，谁就能实现飞跃。深圳抓住经济特区的机遇，创造了经济发展的奇迹；杭州抓住互联网的机遇，确立了数字经济领域的引领地位。对于彭山而言，最好的历史机遇就在我们眼前，就是成渝地区双城经济圈建设。这是习近平总书记亲自部署、亲自推动的国家战略；是中央站位国际、国内两个大局，着力培育的西部重要增长极和发展新高地；是继京津冀、粤港澳、长三角之后的中国经济增长“第四极”。省委为贯彻党中央部署，将成德眉资同城化作为成渝地区双城经济圈建设的“先手棋”，实行经济区与行政区适度分离，成德眉资上升为省委“一干多支”的主干，在经济意义上成德眉资就是成都。在这个背景下，市委确定“加快建设现代化成都都市圈副中心”发展目标，赋予彭山“中强”“北上”发展定位，让彭山前所未有地走进国家战略规划，跻身成渝地区双城经济圈和成都都市圈的“圈中之圈”。这样的历史机遇千载难逢，这样的时代窗口弥足珍贵，抓住了，我们就能真正融入成都，彭山就能成为真正的都市。机会也是稍纵即逝，我们必须倍加珍惜并快速付诸行动，以拼的姿势、抢的速度，抓紧抓牢，努力创造出无愧于历史、无愧于时代、无愧于彭山人民的新业绩。

加油彭山！因为，形势逼人催人，发展不进则退。风云交汇，成就万千气象。“当前，中国处于近代以来最好的发展时期，世界处于百年未有之大变局，两者同步交织、相互激荡。”从国家竞争看，大国博弈、风云激荡。从区域竞争看，周边兄弟区县不断晋位争先、赶超发展。双流区是全国综合实力百强区，新津区连续5年进入四川省十强县，东坡区是全省县域经济发展模范县，仁寿县是中国西部百强县。而彭山，与他们相比差距还很大，我们必须克服“体量小、底子薄、产业不强、要素支撑不力”的短板和劣势，警惕“中部塌陷”，打破“在增长中落后”的怪圈，充分发挥紧邻国家中心城市的独特区位优势、比较优势，对标学习昆山（紧邻上海）、佛山（紧邻广州）、固安（紧邻北京），在坚定不移地围绕成都、融入成都、服务成都中，实现跨越崛起。

加油彭山！因为，群众期待期盼，上级厚望厚爱。民心如海，滴水汇聚成其汪洋；民利如山，寸土累积成其巍峨。多年以来，历届党委政府始终倾情倾力惠民生，让群众共享改革发展成果。为了让企业和群众好办事，我们坚定不移实施“审批不见面、最多跑一次”改革，让彭山的政务服务经验走出了眉山、走出了四川、走向了全国。为了提升城市品质品味，我们开展“三城同创”，国家森林城市、国家卫生城市、全国文明城市首创即成；为了让孩子们上好学，我们投入巨资到教育领域，彭山新一中、城南小学、锦江幼儿园等一座座美丽崭新的校园平地而起；为了让市民看好病，我们不遗余力提升医疗水平，引入四川省人民医院全面托管区人民医院，拿出真金白银新建区中医医院；为了让群众好出行，我们全力以赴改善出行条件，新建剑南大道南延线、工业大道、滨江大道等，打通融入成都大动脉，在全市率先成功创建“四好农村路”、推行全域公交，构建内联外通的交通体系……这些点点滴滴的民生实事如同涓涓细流，汇聚起全区人民对我们的高度信任和坚定团结，让我们更加充满奔跑前进的信心和力量！但是，我们也应该看到，与身边的成都相比，我们的民生短板和差距依然明显；与人民群众对美好生活的期盼相比，我们要走的路依然很长。

前路漫漫、使命在肩，韶华易逝、时不我待。只有加速奔跑，才能不负彭山！只有奔跑起来的彭山人，才能建好彭山！

所以——

奔跑吧，彭山人！唯有雄心壮志方能赢得未来。目标指引航行，目标定了，再远的路途也能到达。今年1月召开的区委二届二十一次全会，从全局谋划一域、以一域服务全局，高点定位、跳起摸高，作出了加快建设现代化成都都市圈副中心成眉同城率先突破区、“中强”核心增长极的决定，并明确了“三个三”的核心量化目标，即：到2025年，全区GDP突破300亿元，城市建成区面积达到30平方千米，城区人口达到30万人。对于这样的目标，有的同志有疑虑，担心实现不了。但是我们认为，今日之彭山，有过去历届党委政府和全区人民拼搏奋斗打下的良好基础，有新形势下多重历史机遇的累积加持，彭山应该有这样的雄心壮志！我们不能躺在过往功劳簿上睡大觉而不愿醒来，我们不能对周边区县经济总量的不断扩大、优质项目的不断入驻、城市建设的不断提档，熟视无睹、无动于衷，我们更不能对在增长中落后的现状和中部塌陷的风险，麻木不仁、掩耳盗铃。我们只有拉高标杆，勇争一流，向高处攀、和强者比、与能者赛，才能抢占制高点，赢得主动权，在高手如云的成都经济圈赢得一席之地，进而实现崛起于成渝地区双城经济圈的愿景。

奔跑吧，彭山人！唯有产业振兴方能强势崛起。产业，永远是彭山发展的根基、强健的脊梁。过去几十年，历届党委政府坚定不移抓产业、促发展，特别是工业创造了彭山独有的辉煌。而今天，再造一个工业彭山的使命，历史性地落到了我们的肩上。我们别无选择，我们必须接棒！针对彭山工业缺乏重大项目支撑和头部企业带动的关键问题，区委把2021年经济工作的主题确定为“重大项目攻坚年”，全力以赴招引项目，全力以赴建设项目。念念不忘、必有回响。通过4个多月的共同努力，今天，我们终于可以高兴地向各位委员、各位代表和全区人民汇报——我们于昨天成功签约总投资360亿元、一期投资101亿元的宝能集团动力电池项目和总投资60亿元的宝能增程式动力总成项目，两个项目合计投资金额超过400亿元。这是我们彭山历史上第一个投资过百亿的工业项目。与此同时，我们的同志、我们的团队正在上海洽谈，另一个超50亿元的项目，有望近期落户彭山。这批重大工业投资项目的签约落地，将彻底改变彭山缺少引领性、支撑性重大项目的尴尬境地。同时，我们也将借助这批重大项目致力打造完整的动力电池产业链，以“最全产业链条”聚集各类优质企业，以“最强产业集群”吸引人才工匠，以“最优产业生态”汇聚强大产业气场。我们要发扬马拉松精神，持之以恒发展产业、齐心协力支持产业，以一、二、三产业齐头并进推动产业振兴，以产业振兴推动城市发展，促进彭山城市能级整体跃升。

奔跑吧，彭山人！唯有百花齐放方能春色满园。我们彭山人勤劳智慧，思想开明，敢为人先。历来拥有开放的传统和创新的基因。回首过去，我们的改革创新硕果累累、荣誉铺天盖地——我们的区农业农村局抓改革、促发展成效斐然，荣获眉山建区设市以来首个全国“人民满意的公务员集体”称号；我们的区行政审批局抓改革、优服务，获得全省“人民满意的公务员集体”称号；我们的农村土地“四步流转”机制在全国交流推广，改革经验写进《中华人民共和国农村土地承包法》；我们的“两权”抵押贷款经验得到国家领导人的高度肯定；我们的农村产权流转交易服务标准化试点，成为全国、全省标准化体系建设样板；我们的深化职业农民制度试点改革，经验被《人民日报》《新闻联播》《焦点访谈》报道，正在探索的宅基地制度改革也已初显成效……这些成绩的背后，体现的是我们彭山人探索创新、攻坚克难的担当实干，彰显的是我们彭山人追求卓越、勇争一流的精神品质。然而，仅有这些还不够！一枝独秀不是春，百花齐放春满园。在彭山未来快速奔跑、跨越发展的道路上，还需要更多的改革助力，还需要更多的创新突破。沧海横流方显英雄本色。我们要始终保持敢闯敢干、敢为人先的拼搏精神、进取状态，始终保持各项工作在全市“保二争一”的目标定位，在改革创新中奋进新时代、展现新作为、勇攀新高峰，努力在各自领域创造更多的全国、全省典范标杆，以星星之火成燎原之势，以创新之力推动工作整体提升，实现彭山发展腾飞。

奔跑吧，彭山人！唯有夙夜在公方能不负人民。“江山就是人民，人民就是江山”。人民群众对美好生活的向往就是我们的奋斗目标。加快建设现代化成都都市圈副中心成眉同城率先突破区、“中强”核心增长极，最终目标也是为了人民幸福。社会事业、民生事业千头万绪、纷繁复杂，而且件件都非小事。哪怕是工作中有 1% 的不足，对应的也是相当多群众 100% 的不方便、不满意。因此，服务群众、改善民生，只有起点，没有终点，满足不同群众日益增长的物质文化生活需求，必须永远在路上。我们唯有披星戴月，拼命奔跑，瞄准群众最关心、最直接、最现实的利益问题，拿出踏石留印、抓铁有痕的工作劲头，发扬钉钉子精神，锲而不舍、一往无前，努力实现全区人民幼有所育、学有所教、劳有所得、住有所居、病有所医、弱有所扶、老有所养，以我们的工作“辛苦指数”换取群众的民生“幸福指数”。

奔跑吧，彭山人！唯有和衷共济方能行稳致远。船的力量在帆上，人的力量在心上。只要万众一心、众志成城，心往一处想、劲往一处使，就没有翻不过的山，没有蹚不过的河，没有办不成的事。中国共产党的领导是人民政协事业发展进步的根本保证。政协事业要沿着正确方向发展，就必须毫不动摇地坚持党的领导，义无反顾地紧跟党的步伐。全区广大政协委员，要增强“四个意识”，坚定“四个自信”，做到“两个维护”，始终在思想上、政治上、行动上与以习近平同志为核心的中共中央保持高度一致。自觉做到与区委思想同心、目标同向、工作同步。希望大家继续围绕加快建设现代化成都都市圈副中心成眉同城率先突破区、“中强”核心增长极，推动彭山高质量发展这个中心，多建睿智之言，多献务实之策，做到“智者尽其谋、勇者竭其力、仁者播其惠”。坚持建言资政和凝聚共识双向发力，是本届政协工作的重点和亮点。本次政协会上提出了许多有价值、有分量、接地气的提案，我们将以认真务实的态度做好提案办理工作。感谢大家对彭山经济社会发展的关心和支持！希望大家继续发挥代表性强、联系面广、包容性大、人脉资源多的优势，帮助区委、区政府广泛交流、广纳群贤，在招商引资、招才引智、招大引强等方面牵线搭桥、建功立业。希望大家继续发挥身在一线、贴近群众的优势，关注民生、服务群众，带头多做增进了解、加强理解、消除误解、达成谅解的工作，多做释疑解惑、协调关系、理顺情绪、增进共识的工作，让彭山人民群众充分感受彭山发展的热度、幸福的温度，让越来越多的彭山人跟随我们奔跑奋进！

各位委员、各位代表，同志们，“十四五”的蓝图已经绘就，新征程的号角已经吹响，让我们更加紧密地团结在以习近平同志为核心的党中央周围，在中央、省委、市委、区委的坚强领导下，再接再厉、团结奋进，在加快建设现代化成都都市圈副中心成眉同城率先突破区、“中强”核心增长极的新征程中共同努力，交出一份无愧于历史、无愧于时代、无愧于人民的圆满答卷，以优异成绩庆祝中国共产党成立100周年。

让我们一起加油，一起奔跑！

最后，祝大会圆满成功！祝各位委员、代表身体健康、工作顺利、阖家幸福！

政府工作报告

——在眉山市彭山区第二届人民代表大会第九次会议上

彭山区人民政府代理区长　杨　静

（2021年3月30日）

2020年工作回顾和“十三五”发展主要成就

2020年是彭山发展历史上极不平凡的一年，是值得永远铭记的一年。面对百年未有之大变局、百年未遇之大疫情的严峻考验，我们始终坚持以习近平新时代中国特色社会主义思想为指导，在市委、市政府和区委的坚强领导下，统筹推进疫情防控与经济社会发展，全区上下凝心聚力、同舟共济，广泛汇聚起攻坚克难的奋进力量，交出了不同寻常的答卷。

一、打赢四场硬仗，在大战大考中开创发展新局面

打赢疫情防控阻击战。面对突如其来的新冠肺炎疫情，我们迅速响应，全区医疗战线和各级干部冲锋在前，人大代表、政协委员积极响应，筑起抗击疫情的铜墙铁壁，实现了“零输入、零扩散、零病例”。区中医医院7名医护人员临危受命驰援湖北，成为新时代“最美逆行者”。荣获全省抗击新冠肺炎疫情先进集体1个、先进个人3名。社会各界人士捐款捐物折合人民币361.76万元。在全市率先复工复产，出台支持中小企业共渡难关二十三条措施，累计补助减免各类资金4102.76万元，投放贷款34.47亿元。向市民投放惠民消费券400万元，拉动消费1576万元，经济复苏跑出了“加速度”。

打赢抗洪抢险保卫战。面对百年一遇的特大洪水挑战，迅速统筹各方力量开展科学救援。累计排查关键点位3577处，安全转移群众5572人次，实现人员“零伤亡”，确保了人民群众生命财产安全。

打赢脱贫攻坚收官战。紧扣“两不愁、三保障”目标，整合各类扶贫资金2.53亿元，全面完成易地扶贫搬迁后续帮扶。持续推进基础设施、产业扶持等项目建设，开展挂牌问题整改清零行动，全区8763名贫困对象实现稳定脱贫。

打赢创文创卫攻坚战。大力实施21项创文专项整治、8大创卫治理工程，建立“社区吹哨、部门报到”工作机制，20名区级领导、80个区级部门对11个社区、111个网格实行全覆盖包保，动员8万余名社会公众自愿参与。大幅提升市容市貌、文明习惯、城市品质，为全市“首创即成”作出了彭山贡献。

2020年各季度地区生产总值均保持正增长、全市唯一。地区生产总值实现183.39亿元，同比增长4.5%、全市第一；规模以上工业产值实现388.8亿元，增加值增长5.2%、全市第一；全社会固定资产完成投资219.13亿元，同比增长10.2%、全市第一；第三产业增加值实现83.08亿元，同比增长5.3%、全市第一；本级地方一般公共预算收入完成10.9亿元，同比增长10.5%、全市第一；城乡居民人均可支配收入分别为40016元、21944元，同比增长5.9%、8.7%，均居全市第二。

二、加速转型升级，在壮大产业体系上实现新提升

工业发展势头更强。深入实施工业强区战略，规上工业企业集中度达90%。工业投资增速14.2%，技改投资增速108.5%。电子信息产业产值增速156%。新能源新材料产业产值增速12.9%，全市第一。战略性新兴产业占比23%、同比增长12%。四川彭山经开区成功申报全省“5+1”特色产业[1]园，启动观音新城产业定位及发展策划。新培育国家高新技术企业2家，省级两化融合贯标示范企业1家，省级企业技术中心1家。

现代农业招牌更亮。聚焦稻药、葡萄、柑橘等优势特色产业，构建“6+3”产业体系[2]。建成农业科技示范基地3个，葡萄现代农业园区获评省五星级园区，稻药园区入选市级现代农业园区。培育新型农业经营主体1359个，“三品一标”[3]保有量达18个，“味在眉山”预计实现销售收入165亿元。果园村入选全省十佳生活富裕村，获评全国乡村特色产业亿元村，乡村振兴经验在中宣部“我们的小康生活”主题活动上交流推广，全省唯一。

第三产业活力更足。推动文旅深度融合，江口沉银博物馆开工建设，汉崖墓博物馆开馆试运营，彭祖山创国家AAAA级旅游景区顺利通过省级评估。完成江口沉银遗址三期考古发掘，出水重要文物2000余件，明代“蜀世子宝”金印国内首现。新增规上服务业企业4家，成功填补4个行业空白。房地产市场健康发展，商品房销售面积183.48万平方米。

三、深化开放合作，在同城一体化上实现新突破

成眉同城携手共赢。积极抢抓成渝地区双城经济圈建设、成德眉资同城化发展等战略机遇，新开通彭山至成都3条跨市公交线路，与邛崃市、蒲江县达成道路共建协议。成乐高速扩容、剑南岷东大道建成通车，停靠彭山北站动车车次增加到19对。签订《成都市新津区—眉山市彭山区交界地带融合发展方案》，确定42个合作项目。与新津区签订政务服务跨区域通办协议，45项服务实现异地通办。与双流区签订《卫生健康协同发展区域合作协议》，与新津区签订《教育同城化发展合作协议》。

招商引资捷报频传。用好用活区位条件，擦亮“海峡两岸产业合作区”金字招牌。新签约阿格蕾雅、研一新材料等项目14个，招商引资到位资金92.26亿元。“三类500强”[4]投资或投资5亿元以上项目7个，实际到位外资1460万美元。形成了光电显示配套产业集群，西南市场占有率达50%以上。

营商环境优势凸显。设立企业“一站式”服务专窗，企业开办时间压缩至4小时，实现“零成本”开办。推出企业和个人100项“一件事”流程，“一件事”事项办理提速30%以上。单个政务服务事项提速80%以上，调整即办件比例30%以上，为申请人减证明、减材料30%以上，审批效率提升50%以上。

四、释放创新活力，在发展环境上再造新优势

农业农村改革再创佳绩。推进农村宅基地“三权分置”改革，累计发放“两权”抵押贷款2154笔、10.45亿元。农村产权流转交易服务标准化试点高分通过国家验收。深化全省职业农民制度试点改革，培育认定职业农民160人。获评全省农村改革工作先进县（区）。成功争取全国新一轮农村宅基地制度改革试点，全市唯一。

“放管服”改革取得突破。深化园区体制机制改革，充分授权赋能，实现园区事园区办。推进省一体化平台（3.0）综合受办系统、省工程建设项目审批管理（2.0）系统、“一件事一次办”等改革试点，政务服务“好差评”国家标准试点通过国务院办公厅现场验收。区行政审批局被列为全国一体化政务平台建设工作县（区）级联系点，西部唯一。

重点领域改革多点开花。高质量完成乡镇行政区划和村级建制调整改革。明确镇（街道）法定行政权力119项，赋予区级行政权力49项。在全市率先开展公共资源交易不见面开标和远程异地评标试点，获评2020年度首届全国公共资源交易百强县。

五、厚植城乡底蕴，在品质生活上展现新高度

城市品质更加精致。投入资金32.05亿元，实施岷江大桥重建工程等市政重点项目31个，太和大道建成通车，东坡彭山同城化发展加速推进。实施城市更新“六大工程”[5]，有序推进18个城中村分类改造，高品质完成75个老旧小区改造。深入推进“花漾彭山”“绿荫彭山”行动，新增城市公园绿地23万平方米，竹韵廊公园、毛河湿地公园建成开园，人均公园绿地面积达13.49平方米。山水在旁、公园相伴的城市生态图景徐徐铺展。

乡村面貌更加靓丽。开展人居环境整治六大行动[6]，完成26个行政村厕所革命整村推

进，改水改厕 8152 户，生活污水处理率达 74%。卫生厕所普及率达 87%、垃圾收集处理率达 100%。沼气净化池厕污共治模式全省推广。深入实施乡村振兴战略，黄丰镇获评省乡村振兴先进示范镇，黄丰镇团结村、谢家街道悦园村获评省乡村振兴先进示范村。创建“美丽四川·宜居乡村”22 个。

环境质量更加优越。顺利通过第二轮省级生态环境保护督察，率先在全省开展“电监管”[7]试点工作，经验在全国推广。岷江（彭山段）国考断面水质首次从Ⅲ类提升为Ⅱ类，毛河（彭山段）首次达到优良水质。空气“六参数”[8]全面达标，优良天数 317 天，优良率达 86.6%，$PM_{2.5}$改善幅度全省第二、全市第一。

六、坚持以民为本，在民生福祉上书写新答卷

社会保障持续巩固。投入资金 2.51 亿元，实施民生实事项目 152 个。率先在全市完成 1275 名退役士兵社保接续工作。城乡居民养老、基本医疗保险参保率保持在 97% 以上。扎实做好援企稳岗，累计减免企业“三险”金额 1.57 亿元，提供就业岗位 2.9 万个，登记失业率 2.99%。大力实施春风行动，帮助 221 名农民工返岗就业。

社会事业成效显著。建成核酸检测机构 3 家，完成定点医院传染病房改造，落实集中医学隔离观察点，防护物资储备充裕，疫情防控能力大幅提升。连续 5 年荣获全市“普通高中教育质量管理一等奖”。鹏利小学创建全国文明校园，全市唯一。实施“1 + N”养老服务体系建设，连续 5 轮成功创建四川省敬老模范县。创建国家基层中医药工作先进单位、血吸虫病消除工作均顺利通过国家验收。在全市率先创建省级健康示范区。

基层治理深入人心。构建新型城乡基层治理体系，开展“网格化 +”，探索出小区治理“六进”“五共”[9]治理模式。全面完成观音街道、城南社区、泊林郡小区等 11 个点位建设，凤鸣街道翡翠龙湾小区、观音街道泊林郡小区获评四川省城市基层治理示范小区、市级十佳小区，基层治理水平得到进一步提升。

加强政府自身建设

法治政府不断完善。强化重大行政决策合法性审查，不断推进决策科学化、民主化、法治化，依法行政。自觉接受区人大及其常委会法律监督、工作监督和区政协民主监督。办理人大代表建议意见和政协委员提案 162 件，满意或基本满意率 100%。

风险防控全面加强。落实防范化解政府性债务和金融风险责任。纵深推进平安彭山建设、市域社会治理现代化试点、扫黑除恶专项斗争。加强“打防管控一体化”治安防控体系建设，全区治安案件、刑事案件发案率分别同比下降 27.25%、4.97%，连续两年获评全省平安建设先进县。提高森林火灾防范能力，构建群防群控新格局。扎实推进安全生产专项整治三年行动，事故起数和死亡人数均同比下降 37.5%，未发生较大及以上安全生产事故。

作风建设持续深化。坚定不移推进全面从严治党，进一步增强“四个意识”，坚定“四个自信”，做到“两个维护”。严格落实党风廉政建设责任制，力戒形式主义、官僚主义，政风行风持续好转。加强预算硬性约束，进一步规范审计监督、资金和项目管理。

统筹推进人民武装、退役军人事务、双拥、保密、档案、人防、民宗、群团、供销、机关事务等工作，取得新成绩。

各位代表！艰难方显勇毅，磨砺始得玉成。“十三五”时期，是彭山发展历程中具有转折意义的五年。这五年，脱贫攻坚全面胜利，发展质效不断提高，生态环境持续改善，民生福祉日益增进，“十三五”规划总体目标全面完成。

——综合实力节节攀升。经济保持中高速增长，2020 年地区生产总值 183.39 亿元，比 2015 年增加 68.77 亿元。经济发展质量稳步提高，第三产业增加值增速实现“三连冠”。全区三次产业结构从 2015 年的 11.3∶53.1∶35.6 调整到 2020 年的 9.7∶45∶45.3，结构更趋合理。地方一般公共预算收入比 2015 年增长 22.7%。

——开放合作步步为赢。成眉同城深入推进，交通同网基本实现，医卫、教育合作实质突破，政务服务实现异地通办。先后与成都市新津区、双流区，重庆市永川区建立战略合作关系。停靠彭山北站动车车次从 2015 年的 8.5 对增加到 19 对，两地通勤人数大幅增加。经济合作成效显著，招引美国雅保、陶氏化学、中国航天等世界 500 强投资企业 14 家，累计引进投资 5 亿元以上的重大项目 49 个，数量居全省区县前列。

——改革创新熠熠生辉。累计承担中央、省、市改革试点任务 78 项，试点层级、任务数量创历史之最。土地流转“四步机制”[10]，获得中央领导肯定，写入《中华人民共和国土地承包法》修正案；“两权”抵押“五方联动”模式[11]、农村土地经营权抵押贷款经验在全国、全省交流推广。推进营商环境改革创新，政务服务“审批不见面、最多跑一次”等改革经验在全国交流推广。乡镇行政区划和村级建制调整改革顺利完成。

——城乡面貌历历如绘。中心城区建成区面积提升到 16.1 平方千米，城镇化率达到 58.3%。建成公园 7 个、休闲广场 20 个。改造、提升城市道路 28 千米，新改建农村道路 260 余千米，内部“1 小时交通网”、外部“四向八廊”[12]综合运输通道格局基本形成。高品质推进老旧小区改造和城中村建设，“六步七化”[13]改造经验在全省、全市推广。

——民生福祉蒸蒸日上。累计支出民生和社会事业资金 117.05 亿元，占地方一般公共预算支出的 80% 以上。城镇登记失业率控制在 3% 以内。彭山一中、彭山四小、锦江幼儿园、区中医医院新院区、区人民医院新住院楼等一大批教育、医疗设施建成投用。普惠性幼儿园覆盖率达 89.6%，公办幼儿园占比达 52.4%，九年义务教育巩固率达 100%。

这些成果的取得，离不开区委的坚强领导，离不开区人大、区政协的大力支持，离不开全区广大干部群众的共同努力。在此，我谨代表区人民政府，向长期以来关心支持政府工作的各位代表和社会各界人士表示衷心的感谢，并致以崇高的敬意！

思危方能居安，知忧才能克难。面对千载难逢的机遇，我们也清醒地认识到制约高质量发展的短板和挑战。区域边缘化风险加大。近年来，随着滨江大道、工业大道、剑南大道南延线等项目的规划建设，彭山具备了更好融入成都的交通条件。但也面临着成渝发展主轴东移、被边缘化的风险和挑战。“中部塌陷”隐忧凸显。2020 年，双流 GDP 达 1002 亿元，新津 GDP 达 401 亿元，东坡 GDP 达 491 亿元，仁寿GDP达457亿元。彭山体量小、底子薄的区情尚未改变，如果与周边区县发展差距进一步拉大，“中部塌陷”将更加明显。产业发展结构不优。全区工业产值还不高，税收贡献占比小，大项目引领、高产出带动作用还不强。针对上述问题，我们将主动认领、敢于担当，全力解决。

“十四五”时期经济社会发展的主要目标和二〇三五年远景目标

按照区委二届二十一次全会精神，“十四五”是我区加快建设现代化成都都市圈副中心成眉同城率先突破区、“中强”核心增长极的关键时期。经济增速必须始终保持高于全省全市平均水平1个百分点以上，确保到2025年，地区生产总值突破300亿元。城镇化率年均提高1.5个百分点，城市建成区面积达到30平方千米。我们必须从五个方面持续发力，实现以下目标。

一是抢先机、抓产业，建设现代化成都都市圈副中心核心增长极。坚定不移实施工业强区战略，做大做强现代工业集群；持续优化三次产业结构，加快构建现代服务业体系；推动农业供给侧结构性改革，优化农业生产结构。不断增强综合实力，全面提升城市发展能级和核心竞争力，在成渝地区双城经济圈建设、成德眉资同城化和全市发展大局中的地位更加凸显。

二是添机制、促合作，建设成眉同城率先突破区。深化同城化体制机制改革，全域融入成眉同城发展，形成规划同编、交通同网、产业协作、城市认同、文旅融合、环境友好、民生同质的同城化发展模式，实现从“交界结合”到“全域融合”。

三是强统筹、优供给，建设成渝高新产业聚集区。打造环天府新区新能源新材料制造基地、高端装备制造基地、绿色农产品加工制造基地。实施新兴产业“换道超车”工程，先手布局一批未来产业。做大做强西南最大的湿电子材料集聚区和川渝地区光电显示配套产业集聚区。

四是创特色、琢精品，建设成渝周末度假首选地。坚持生产、生态、生活融合发展的新城乡发展理念，做强中心城区，着力构建以城带乡、城乡互动的生态和经济协调发展新格局。坚持全域旅游发展理念，多元推动文旅融合率先突破，成功创建全域旅游示范区和天府旅游名县。

五是提质量、保民生，建设天府宜居宜业不老城。社会保障更加有力，教育、医疗等城乡基本公共服务实现普惠共享，社会主义核心价值观深入人心，居民生活水平、道德素养明显提升，人民群众获得感、幸福感、安全感进一步增强。

展望二〇三五年，彭山将与全国、全省、全市同步基本实现社会主义现代化。人均国内生产总值达到全国平均水平，基本建成现代化经济体系。建设成为现代化成都都市圈重要经济体、“副中心”核心增长极。

综合实力显著增强。深度融入成渝地区双城经济圈、成眉同城开放发展体系，城镇化率增幅高于全国、全省、全市平均水平。居民收入增速高于经济增速，城乡居民收入差距进一步缩小。特色产业显著增益。形成新能源新材料和高端装备制造主导产业体系，技术攻关与成果转化能力大幅增强，高新技术产业对经济增长的贡献率明显提升。生态文明显著增优。

环境治理效果大幅改善，绿色生产生活方式深入人心，生态系统多样性明显提高，着力构建系统完整的生态文明体系。社会事业显著增进。教育、医疗、卫生、社会保障水平大幅提升，基本公共服务实现均等化，文化软实力明显增强，市民素质和社会文明程度达到新高度。社会治理显著增效。城乡基层治理能力显著增强，社会公平正义法治保障制度更加健全，新时代社会治理新格局基本形成。

2021 年工作打算

2021 年是“十四五”开局之年，是加快建设现代化成都都市圈副中心成眉同城率先突破区、“中强”核心增长极的起步之年。今天的彭山，正面临着党中央推进成渝地区双城经济圈建设、省委下好成德眉资同城化“先手棋”的重大机遇，正肩负着贯彻市委“中强、北上”发展方针[14]的历史使命。我们必将锚定目标、坚定信心，以崭新之姿、奋进之势，答好时代命题，确保“十四五”开好局、起好步。

今年的工作思路是：深入贯彻落实中央、省、市决策部署和区委二届二十一次全会精神，坚持稳中求进工作总基调，围绕建设现代化成都都市圈副中心成眉同城率先突破区、“中强”核心增长极决策部署，以“重大项目攻坚年”为主题，奋力推动能级跃升、跨越发展的“六地”建设，以优异成绩迎接建党 100 周年。

今年全区经济社会发展的主要目标为：地区生产总值增长 9.5% 以上；第一产业增加值增长 4% 以上；第二产业增加值增长 10% 以上，其中规模以上工业增加值增长 10.5% 以上；第三产业增加值增长 10.7% 以上；全社会固定资产投资增长 12% 以上；地方一般公共预算收入增长 7% 以上；城镇居民人均可支配收入增长 9% 以上；农民人均可支配收入增长 9.5% 以上；社会消费品零售总额增长 11% 以上；城镇化率提高 1.5 个百分点以上。

一、聚焦同城突破，坚定不移创建“能级要地”

积极发挥毗邻成都优势，把握成都“南拓”机遇，加快建设成眉同城率先突破区，全面提升发展能级和水平。

规划同编，走好“最先一公里”。依托《成都都市圈发展规划》等 4 个规划，全面完成“十四五”规划、国土空间规划的编制工作，加快“多规合一”规划编制和维护，力争更多项目进入国家、省、市专项规划，实现与成眉同城相关规划及上位规划无缝衔接。强化与成都交界区县规划对接和交流合作，推动同城化向区、镇（街道）层面延伸，积极探索推进基础设施、产业发展、公益性投资和城市资源等统一开发运作，促进相向发展。

交通同网，打通“最后一公里”。实施畅通工程，大力完善路网结构。启动天眉乐高速、滨江大道北段、彭山北综合客运枢纽等工程建设。加快推进尖子山航电工程建设，完成锦江大道、工业大道北段、岷江大桥主体工程、岷江二桥引道改扩建、环湖东路路基工程等项目建设。全力推动市域铁路 S13 线、成都地铁 10 号线眉山延伸段纳入上位规划。积极谋划剑南岷东大道南延线同标化改造、彭邛、彭蒲快速通道和彭夹高速、岷江彭山港等项目，加快构建“南联北融、东西贯通”的综合交通体系。

产业同链，突破“中间一公里”。围绕融入成都都市圈内圈同城化、外圈一体化目标，积极参与成渝地区双城经济圈产业、成眉高新技术产业带配套合作，大力推进彭山新津交界地带融合发展的42个项目建设。探索建立跨区域产业园区合作机制，在项目投资、市场共享、产业转移承接等方面深化合作，加快形成以国内大循环为主体、国内国际双循环相互促进的新发展格局。

二、聚焦发展提质，全力以赴奋建“发展宝地”

牢固树立“项目为王”理念，以“起步就是冲刺、开局就是决战”的姿态，用项目的大突破和园区的大进步实现经济社会的大发展。

项目领衔，擎起发展龙头。精准对接国家、省、市重大战略及“十四五”规划和专项规划，积极争取一批支撑性、战略性、引领性优质项目落地建设。全年计划实施省、市、区重点项目103个，计划完成项目投资113.94亿元，确保实现向上争取项目资金15亿元以上。增加地方政府专项债券规模，发行债券11.5亿元以上，稳固投资“基本盘”。

园区赋能，壮大发展核心。深入推进四川彭山经开区“移区调位”“扩权提效”工作，大力推进园区7个配套基础设施项目和19个产业项目建设，做大做强西南最大的湿电子材料集聚区和川渝地区光电显示配套产业集聚区，加快建设新能源动力电池产业聚集区，将四川彭山经开区打造成为重要的经济增长极，积极创建省级高新区。深入实施“新基建”投促行动，加强同中科院的沟通对接，积极谋划布局大科学装置、大数据中心、5G等一批新兴产业。

建设提速，强化发展保障。加强重大工程项目与财政性建设资金、银行贷款、社会资本等匹配，优先配套和支持重点领域、重大项目建设，确保金融机构向重点项目信贷投放资金15亿元以上。优化项目服务机制，做好项目土地、资金、能源等要素保障。完善“三比三看”工作机制，落实重大项目“红黑榜”制度，确保项目高品质建设、高效率推进。

三、聚焦强基固本，不遗余力兴建“经济旺地”

瞄准主导产业发展方向，调整优化三次产业结构布局，进一步延链补链、强化基础能力建设，不断增强经济核心竞争力。

招大育优，挺起工业脊梁。加快新能源新材料项目招引，力争实现单个投资100亿元、50亿元以上工业项目零突破，填补高端装备产业空白。新签约项目17个，确保引进10亿元级工业项目1个、5亿元级工业项目5个。力争引进“三类500强”企业投资或投资超5亿元的重大项目5个以上，招商引资到位资金95亿元以上。新增规上工业企业10家以上，新培育10亿元、5亿元企业各1家。实现规上工业总产值同比增长14%以上，工业投资同比增长12%以上，技改投资同比增长11%以上。

整合资源，助推乡村振兴。坚持以“乡村振兴先进县创建年”为统揽，做好与脱贫攻坚的有效衔接。完成1个省级、5个市级乡村振兴示范村和3个省级美丽宜居村、2个省级治理示范村创建工作。按照“6+3”产业体系，做优葡萄、晚熟柑橘等特色产业，争创省级农业科技示范园区。实施镇（街道）污水管网延伸、改造工程，继续推进农村“厕所革命”，卫生厕所普及率90%以上，自来水普及率实现全覆盖。启动实施“六化工程”[15]，“美丽四川·宜居乡村”达标村占比85%以上。

精准发力，做实文旅基础。依托“一山一

水一镇一馆”[16]，启动全域旅游示范区和天府旅游名县创建工作。完成2020—2021年江口沉银遗址考古发掘。完成江口沉银博物馆主体结构建设，持续推进江口汉崖墓博物馆升级改造、中日国际康养城、蜀郡东岸等重点项目建设，启动双流—彭山巴蜀文化水上旅游通道项目规划，积极谋划推动江口古镇综合开发。全力办好第七届国际彭祖长寿养生文化节等活动，全年实现旅游收入49.6亿元。

提档升级，激发三产活力。大力发展“小店经济”“月光经济”“夜间经济”，继续开展特色名店、寿乡名厨评选活动，指导甜皮鸭、血旺、彭祖八百寿等特色餐饮争创川派餐饮美食品牌，大力培育“彭祖味道”特色小店，加快特色美食街区建设。启动彭山临港物流园规划布局，完成直播电商示范基地项目。力争招引1~2家川派知名企业和“网红店”入驻彭山，着力打造一批网红引爆点，第三产业增加值增长10.7%以上。

四、聚焦生态宜居，凝心聚力构建“宜居乐地”

围绕生态美、生产美、生活美的理念，着力提升城市功能，做强城市产业，改善人居环境，推动公园城市从“一片美”向“全域美”深度迈进。

以业兴城，做大城市格局。加快推进四川彭山经开区、彭祖新城、江口片区城市建设，主动融入东彭“中央活力区”建设，为东坡彭山同城化、东彭仁新一体化发展奠定基础。抓好彭祖新城基础设施、高铁片区新建规划道路等20个项目建设，力争引进1个30亿元以上的城市综合体，2021年城市建成区面积达到18平方千米。坚持稳房价、稳地价、稳预期，促进房地产业平稳健康发展。

以景美城，改善城市生态。全面完成五湖四海湿地公园建设，加快彭溪河D段生态湿地、凤鸣公园改造提升等项目建设，完成39个“绿荫彭山、全域增绿”项目。推进国家生态文明建设示范区创建工作，坚决打好蓝天、碧水、净土保卫战，开展危险废物专项整治三年行动。完善大气污染管控机制，确保空气质量优良天数和$PM_{2.5}$平均浓度达到目标任务。严格落实河湖长制，确保岷江、毛河、通济堰等重点流域水质达标。

以文塑城，涵养城市气质。持续巩固全国文明城市、国家卫生城市、国家森林城市创建成果。加快推进凤鸣、观音等重点区域有机更新，有序实施城中村改造，有机融入彭山特色文化元素，高品质完成127个老旧小区改造。全面完成西藏体育训练中心、图书馆、文化馆、展览馆、档案馆等项目建设，打造一批文化街区和特色文体区域。

五、聚焦改革创新，乘势而上再建“改革高地”

把握新发展阶段、贯彻新发展理念、融入新发展格局，以重点突破引领改革纵深推进，激活动力，增强活力。

革故鼎新，提升改革实效。推进相对集中行政许可权改革。深化工程建设项目审批制度改革，进一步提升“红色代办”、容缺受理、模拟审批、并联审批成效。推行工业用地“标准地”改革和告知承诺制。深化全国政务服务“好差评”国家标准试点工作，抓好评价成果运用。围绕融入成德眉资同城化、成渝地区双城经济圈，实现更多政务服务事项“省内通办”“跨省通办”。

多管齐下，优化营商环境。优化企业服务，全面运行100项企业、个人全生命周期“一件事”事项，扩大零材料办事。探索建立营商环境测评企业打分制度，大力构建“亲”“清”新型政商关系。认真贯彻落实减税降费政策措施，将水、电、气等安装费用利润率控制在10%以内，帮助民营企业纾困解难，保持市场主体持续高速增长和健康发展。

有力有序，深化农村改革。扎实做好“两项改革”后半篇文章，完善“五位一体”乡村服务惠民体系[17]，打造基层综合服务平台。依托全国新一轮农村宅基地制度改革试点，深化农村宅基地“三权分置”改革，在保障农民土地承包权、放活宅基地使用权、维护集体收益分配权的同时，完成新桥村、果园村等5个试点工作，并在全区范围内推广。

六、聚焦惠民利民，全心全意共建“幸福胜地”

坚持保基本、兜底线、抓关键，财力优先向民生集中，政策优先向民生倾斜，服务优先向民生覆盖，切实办好民生实事。

倾注真情，大力度提升民生保障。继续实施人大代表票决民生项目制度。着力完善社会保障制度，城乡居民基本养老保险、基本医疗保险参保率达到98%。实现城镇新增就业3800人以上，城镇登记失业率控制在省市平均水平以内。建成1个城市养老服务综合体、3个农村养老服务分中心。采取货币补偿、购买商品房安置和修建安置房相结合的方式，着力解决征而未安问题。全力保障粮食安全，做好粮食、蔬菜、猪肉等生活必需品保供稳价工作。

专注定力，高水平发展社会事业。力争新签约1所高校，完成1所知名高中落地。推进彭山一中争创省一级示范高中。加快推进五小、五幼及职高实训基地续建项目，抓好四小扩建、实验幼儿园改扩建及城区学校校园改造，积极化解义务教育阶段“大班额”。加快推进传染病区改建、区精神卫生保健院整体迁建项目。完成区人民医院创建三级乙等综合医院，区中医医院创建三级乙等中医医院工作。

创新机制，全方位推进社会治理。提升城乡基层治理水平，推动村（社区）便民服务集成，争创省级社会治理示范区。常态化抓好疫情防控工作，巩固来之不易的防控成果。持续推动应急管理能力现代化建设，提升安全生产风险防控水平，完善食品药品安全监管体系，有序推进第一次全国自然灾害综合风险普查。深化平安彭山建设，完成社会心理服务体系建设试点工作。加大禁毒工作力度，全面打赢禁毒工作的人民战争。

加强政府自身建设

旗帜鲜明讲政治，建设法治政府。坚持把党的领导贯穿政府工作各领域、全过程，始终坚持以习近平新时代中国特色社会主义思想武装头脑、指导实践、推动工作，把党的政治纪律和政治规矩挺在前面，认真学习贯彻中央、省、市和区委决策部署。自觉接受区人大及其常委会法律监督、工作监督和区政协民主监督。提高运用法治思维和法治方式深化改革、推动发展、化解矛盾、维护稳定和应对风险的能力。

转变作风抓落实，建设务实政府。深化政民互动，从群众最期盼、企业最迫切的难事着手，事不避难、义不逃责，以创新实干赢得群众点赞。健全正向激励、容错纠错机制，完善考核问责制度，严格效能督查、责任倒查和全程问责。推动形成竞相干事创业、主动攻坚克难的良好局面。

严明纪律守规矩，建设廉洁政府。深入贯彻中央八项规定精神，力戒形式主义、官僚主义，持续抓好为基层减负和精文减会工作。坚持从严治政，带头过“紧日子”。推进审计监督全覆盖，大力惩治群众身边的不正之风和腐败问题。

各位代表！大鹏一日同风起，扶摇直上九万里。让我们更加紧密团结在以习近平同志为核心的党中央周围，在区委的坚强领导下，斗志昂扬、勇往直前，以优异成绩向中国共产党成立100周年献礼，为加快建设现代化成都都市圈副中心成眉同城率先突破区、“中强”核心增长极而不懈奋斗！

名词解释

［1］“5+1”特色产业：电子信息、食品饮料、装备制造、先进材料、能源化工和数字经济。

［2］“6+3”产业体系：6大主导优势产业：粮油、生猪、柑橘、中药材、葡萄、猕猴桃；3大先导性产业：现代农业种业、现代农业装备业、现代农业冷链烘干业。

［3］“三品一标”：无公害农产品、绿色食品、有机农产品和农产品地理标志。

［4］“三类500强”：世界500强、中国500强、民营500强企业。

［5］“六大工程”：老旧小区改造工程、城中村改造工程、街面综合改造工程、基础设施综合改造工程、公园城市建设工程、基层治理体系建设工程。

［6］人居环境整治六大行动：村容村貌提升行动、农村生活垃圾治理行动、农村生活污水治理行动、农村厕所革命行动、农业废弃物资源化利用行动、乡风文明提升行动。

［7］“电监管”：在企业产污设施、治污设施上安装采集设备，实时收集、传输、模拟分析，24小时远程监控。

［8］空气“六参数”：反映环境空气质量好坏的基本参数，包括二氧化硫（SO_2）、二氧化氮（NO_2）、一氧化碳（CO）、臭氧（O_3）、细颗粒物（$PM_{2.5}$）、可吸入颗粒物（PM_{10}）。

［9］“六进”“五共”：“六进”，即基层组织、党员先锋、邻里中心、智慧平台、三治融合、社会服务进小区；“五共”，即多元共治、机制共商、阵地共建、活动共办、服务共享。

［10］土地流转“四步机制”：农村土地流转“三级土地预推—资质审查前置—平台公开交易—风险应急处理”四步机制。

［11］“两权”抵押“五方联动”模式：形成政府、农业园区、正兴农业公司、银行和新型农业经营主体五方联动，有效推进农村承包土地的经营权和农民住房财产权抵押贷款工作。

［12］“四向八廊”：“四向”，即南联、北融、东进、西拓；“八廊”，即成乐高速、成雅高速、成都经济环线高速、成绵乐客专、剑南大道南延线、国道245、环天府新区快速通道、滨江大道。

［13］“六步七化”：“六步”，即成立组织、居民申请、方案征询、组织实施、竣工验收、管理维护；“七化”，即序化、净化、亮化、黑化、绿化、美化、文化。

［14］市委“中强、北上”发展方针：“中强”，即着眼提升主城能级水平，增强中心城区极核功能，加快主城扩容提质，同时推动东

彭仁一体发展、岷江两岸拥江发展。“北上”，即着眼接轨成都核心区域，建设牵引全域发展新引擎、融入成都桥头堡。

[15]“六化工程”：家园美化、道路硬化、村庄绿化、照明亮化、环境净化、乡土文化工程。

[16]“一山一水一镇一馆”：彭祖山、岷江、江口古镇、沉银博物馆。

[17]“五位一体”乡村服务惠民体系：打造集综合治理、市场监管、综合执法、公共服务、政务公开功能于一体的镇（街道）便民服务中心平台，提供“一站式”服务。

专　记

全面深化改革

【概况】　2020年，彭山紧紧围绕建设“开放发展先行区、成眉同城率先突破区”的定位，聚焦深化成眉同城化改革、农业农村改革和行政审批制度改革等重点领域改革攻坚、奋力突破，把准制约发展的“堵点”、群众关注的“热点”、影响和谐稳定的“痛点”，不断探索创新，推动中央、省部署改革试点和自主创新改革工作落地落实。制定《中共眉山市彭山区委全面深化改革委员会2020年度改革工作要点》《中共眉山市彭山区委全面深化改革委员会2020年度改革落实台账“四张清单”》，承担中央和国家部委及省级改革任务20项（中央和国家部委改革试点10项，其中需彭山区自主独立承担完成的3项均为农业农村领域改革试点；省级部署改革试点10项），结题12项，其余8项改革均推进顺利。在扎实推进中央和国家部委及省级改革任务的同时，全区16项年度重大改革事项、7项需配合市级部门完成的重大改革试点争取工作、74项小微创新改革，均按照既定时间和市级牵头部门的统一部署正常推进。改革创新经验在全国交流2次，省级交流4次；迎接副国级领导现场调研1次，国务院现场验收1次，国家部委现场调研2次，省级督导调研8次；承办国家级现场会1次，市级现场会6次。改革经验被央视《新闻联播》报道1次，央视《焦点访谈》报道1次，《人民日报》头版报道1次，《四川日报》刊载7次，省政府办公厅《政务晨讯》刊载1次。

【农业农村综合改革】　全年以全国第二批农村改革试验区为契机，以系列单项试点任务为支撑，按照“人—地—钱”发展三要素思考谋划。培育农村可用之才，全力推进创新乡村人才激励和培育引进使用机制试点、深化职业农民制度试点2项改革，制定《彭山区创新乡村人才激励和培育引进使用机制推进乡村人才振兴的意见》《眉山市彭山区深化职业农民制度试点工作方案》等文件，通过“线上服务＋线下授课＋基地实训”的方式，培育培训农民1022人，遴选并认定职业农民160人。彭山区返乡创业职业农民刘沈厅事迹被新华社、《人民日报》、《央视新闻》和四川省农业农村厅《每周要情》等报道，并在全省深化职业农民制度试点工作座谈会上作交流发言。先后承担探索农村宅基地“三权分置”制度试点和农村宅基地制度改革试点2项国家级试点，成立农村宅基地制度改革试点工作领导小组，印发《眉山市彭山区农村宅基地所有权、资格权、使用权分置暂行办法》《眉山市彭山区农村宅基地制度改革试点工作方案》等，选择公义镇战胜水库、锦江镇余家沟2个项目开展农村宅基地“三权分置”改革试点，初选公义镇新桥村、五马村，谢家街道石山村，江口街道永丰村等地开展农村宅基地制度改革试点。全年安排改革专项经费3000万元，梳理制度清单26个，草拟工作制度15个。《关于统筹农村改革推进中法农业科技园项目建设的情况报告》获得市委书记慕新海、市委副书记黄剑东肯定性批示。《探索宅基地“三权分置”，助力乡村振兴》改革工作经验在全国农村改革试验区培训班上书面交流。拓宽农民增收渠道，探索农村集体经济新的实现形式和运行机制试点，制定《眉山市彭山区发展壮大村级集体经济十五种模式》等文件，创新实施“一心三量”做法，通过新建柑橘产业服务中心发展产业经济、利用闲置阵地对外出租发展物业经济、入股村内农产品有限公司发展合作经济等多种模式发展壮大农村集体经济。观音街道果园村因优势葡萄产业发展被农业农村部评为“2020年全国乡村特色产业亿元村”。完善家庭农场社会保障制度，草拟《眉山市彭山区完善家庭农场社会保障制度试点实施方案》，对符合条件的家庭农场主参加城镇职工养老保险的，每人每年按照个人缴费额的50%给予补贴，年度补贴额最高不超过1万元。全年已向90名家庭农场主兑现社保补助资金72万元。推进全国首创农村产权流转交易服务标准化试点，高分通过国家考核（全国共10个、全省仅2个），成为全国、全省标准化体系建设样板。全面完成农村集体产权制度改革试点，按照确定清产核资、开展成员身份认定、推进股份合作、组织登记赋码的程序，进行农村集体产权制度改革。全年全区29个村已全部完成清产核资和集体资产股份合作制改革，完成率达100%，初步建立起“归属清晰、权责明确、保护严格、流转顺畅”的现代农村集体产权制度。探索建立农业农村发展用地保障机制试点改革，经验被农业农村部《农村改革动态》刊载，并全国推广。

【行政审批制度改革】 坚持转变政府职能，深化简政放权，创新监管方式，以“审批不见面、最多跑一次”改革为抓手，持续优化营商环境。推进省一体化平台（3.0版）综合受办系统试点，在全省率先实现“无差别综合受理”向各镇（街道）、村（社区）延伸，形成区、镇、村三级联动体系。设置综合窗口20个，纳入依申请服务事项1629项，实现任意综合窗口均可“一窗通办”。全年投入资金450万元，投用硬件设施64台，新设远程会诊系统10套，在全省率先实现真实项目在工改系统中运行和办结。推进四川省工程建设项目审批管理系统（2.0版）试点，将全区13个相关部门业务及水电气信报装业务纳入工改系统，升级网上系统可实现电子签章等功能，合并精简17项审批事项，细化制定6种项目审批流程图，全流程审批时间压缩至58~79个工作日，推动审批提速。2020年，累计完成流程测试1000余次，解决并反馈问题200余个，提出建议60余条，完成水郡未来城、锦江大学城等20个建设项目的网上审批工作，平均用时72个工作日，为全省工程建设项目审批改革提供实践经验。开展"一件事一次办"试点，对全区1214项行政许可和公共服务事项进行逐一梳理，梳理细化出高频办理事项流程100项、"一件事"流程200项，开通"模拟审批、容缺审批"业务，通过"一窗通办""一人包办""红色代办"等服务，实现"群众办事看清单不看脸色，部门审批看材料不看面孔"。企业开办时间压缩至4个小时，企业注销办理时限压缩至1~3个工作日，压缩法定办理时限80%以上，减少办理材料30%以上，实现审批效率提升50%，相关改革经验被《中国县域经济报》刊载。优化政务服务，推进政务服务"好差评"国家标准试点，印发《彭山区政务服务"好差评"国家标准试点工作实施方案》，采用"线上+线下"评价相结合的方式，对政务服务机构、平台、人员的服务态度、服务质量、服务效率、服务环境等内容进行评价。全年累计办理政务服务事项1.64万件，接收服务对象对办件、咨询等评价1.72万次、建议238条，政务服务满意度达100%。2020年10月，该试点顺利通过国务院办公厅现场验收，被《中国改革报》《政务晨讯》等刊载。彭山区行政审批局获评"全国政务服务最具创新力政务服务大厅""2020年度政务服务创新奖""2020年度优秀政务服务宣传片奖"3项国家级奖项。

【供给侧结构性改革】 推进四川彭山经济开发区扩权提效工作，印发《关于推进四川彭山经济开发区扩权提效的实施意见》，聚焦新能源新材料、高端装备制造等产业，通过深化园区管理体制、行政审批、园区平台建设、投资环境建设等领域改革，建立健全"授权充分、系统完备、科学规范、运行有效"的机制体制，打造省级一流示范园区。相关改革经验被《中国县域经济报》《四川工人日报》刊载。

【财政管理改革】 推进全面试编权责发生制政府综合财务报告制度改革试点，对各单位上报的综合财务报告有序编制、严格审核，保证财务报告全面反映彭山区财务状况和运行情况。建立涉农资金统筹整合长效机制试点，制定《眉山市彭山区关于探索建立涉农统筹整合长效机制的实施意见》，通过年初预算，围绕重点领域，对各部门安排的投向相近、目标相似、使用分散的涉农资金进行相关行业内整合，提高资金使用效益。

【医疗卫生改革】 推进医药卫生体制综合改革试点，引进三级医院优质资源，建立分级诊疗制度，实行城乡居民基本医疗保险统一信息系统、统一的"三个目录"和统一的报销比例，实现全民医疗保障。

【企业制度改革】 推进民营企业建立现代企业制度，制定《关于促进有条件的民营企业建立现代企业制度实施方案》，对拟建立现代企业制度的企业，通过政府购买服务、企业免费使用的方式，对企业进行走访诊断、评审验收等，提高企业品牌建设能力。全年全区参与培育企业35家，通过评审验收企业16家。

【审计方式改革】 创新实施审计项目计划管理，按照调查研究、收集需求、综合分析、初步确定、可行性研究等程序，确定33个项目纳入审计计划安排。

【税收管理改革】 创新推动统一税收征管方式，坚持“管事+管户”（管事：按事项分工；管户：系统设置要求每户企业要有管理员）的指导原则，按照“四大序列”（纳税服务序列、基础税源序列、风险管理序列、法制事务序列）配套落实“三项措施”（机构设置、管户分配、人员搭配），优化设置基础税源“四类团队”（信息报告及宣传辅导团队、工单管理及调查核实团队、事后监控及税收分析团队、重点项目管理跟踪及个性化服务团队）、风险管理“两个小组”（风险应对小组、土地增值税清算小组），实现征收管理方式优化和税务监管体系完善。相关工作经验被《川报观察》刊载。

【社会治理体系改革】 探索创新基层社会治理体系，构建党组织引领下的新型城乡基层治理体系和健全党组织领导下的自治、法治、德治相结合的乡村治理体系2项改革，探索“镇街吹哨、部门报到”“城乡基层治理经费多元化投入机制”等15项城乡基层制度机制，健全党组织领导下的“三治融合”治理体系，以果园村试点开展“五治融合”工作模式，持续提升区、镇（街道）、村（社区）三级城乡基层治理能力建设。彭山区乡村治理体系建设相关经验在农业农村部农村改革试验区干部培训班上交流。果园村“五三工作法”构建乡村善治格局相关经验被《四川经济日报》刊载。建立市域社会治理现代化试点工作责任制改革，坚持共建、共治、共享理念，通过“五治”“改造”“服务”“应急”“咨询”工作，全力提升全区社会治理现代化水平，相关工作经验被《四川法治报》刊载。不断深化司法体制改革和司法体制综合配套改革，探索创新“一案多移”案件管理方式，制定《眉山市彭山区人民检察院受理案件“一案多移”实施办法（试行）》，将案件受理审查中发现适用速裁程序、诉讼监督等案件线索和需要重点关注情形，同步移送相关部门。全年对190件受理案件进行“一案多移”，移送相关线索、情形184件，工作经验全市推广交流。建立健全镇（街道）、村（社区）纪检组织体系，印发《眉山市彭山区村级小微权力运行“两张清单”》等文件，进一步探索健全村级纪检组织运行机制，加强基层纪检监察组织建设，规范村级事务财务权力运行。全年查处违规发放津贴、补贴等问题29件45人，党纪政务处分37人，组织处理8人。

【民生领域改革】 深入推进生态文明体制改革，探索建立企业治污设施用电监管系统试点，率先在全省开展“电监管”（在企业产污设施、治污设施上安装采集设备，实时收集、传输、模拟分析，24小时远程监控）试点工作，通过“物联网+互联网”技术手段，实现从传统“结果监管”到“过程监管”的转变。南方家居园区38家工业企业实现用电监管系统全覆盖，工作经验被生态环境部《生态环境执法简报》刊载，经验在全国推广。深化教育综合改革，推进高中阶段学校考试招生制度改革试点，搭建初中学生综合素质评价平台，完成2020年学生综合素质评价、文科综合考试、成绩等级呈现等改革，有效推动学生全面发展。其他民生领域：强化党建引领，加强老旧小区改造，创新“六步七化”工作机制，印发《彭山区老旧小区改造导则》，标准化、规范化、特色化、精准化推进老旧小区改造。全年累计投入资金2000万余元，完成老旧小区改造39个，惠及群众6000余人。老旧小区改造经验在全省交流，写入眉山市委四届十四次全会决定。推动复工复产，印发《支持中小企业共渡难关二十三条措施》，创新推出“零成本”开办企业服务，提供“三免”服务（免收印章刻制费、免收复印资料费、免收寄递费）。全年全区有330家企业和农民专业合作社实现“零成本”开办。

【党建相关领域改革】 完成村级建制调整改革和乡镇行政区划调整改革，全区乡镇（街道）由13个调整为8个，行政村（社区）由108个调整为65个，减幅达40%。镇（街道）新班子成员平均年龄37岁，大学本科及以上学历占74%，41个涉改村（社区）全部实现支书、主任“一肩挑”，实现干部年轻化、知识化、专业化。相关工作经验被《眉山组工》《眉山市委城乡基层治理委员会办公室简报》刊载，经验在全市推广。深化监察体制改革，持续探索创新派驻监督“彭山模式”，制定《加强和改进派驻监督工作的若干措施》，推动派驻纪检监察组内部运行规范化、日常监督精准化、监督手段多样化、工作开展有形化、管理考核严实化。全年各派驻纪检监察组开展提醒谈话77人次，上报线索12条，完成线索初核、案件办理46件。深化基层党建工作改革，探索小区党建新模式，制定小区（片区）党组织工作、党员管理、党建联席会议3项制度，通过单独建、联合建、过渡建方式，在居民小区、街巷、片区建立党组织，构建党建引领社会治理新格局。全市基层党建工作重点任务现场推进会在彭山区召开。创新实施“标准化工作法”，拟定“收发文管理流程表”、《国省县道公路治理导则》等，用标准规范回答管理、应用和验收等问题，让事事落地有底线、有质量、有品质。强化干部管理改革，推进青年志愿服务制度改革试点，建立青年志愿者服务队、防控疫情青年突击队、地灾防治志愿服务队等志愿服务组织28个，组织开展志愿活动71次，完成志愿服务时长6035小时。相关工作经验被中国青年网、人民网等媒体宣传报道。推进融媒体中心改革，构建强大媒体矩阵探索，印发《彭山区融媒体中心关于完善内部管理若干规定的通知》，实现“一次采集、多种生成、多元传播”，构建“策采编播发”体系。探索建设新时代文明实践中心（所、站），以志愿服务形式，整合各类人员、资金等，打造基层宣传思想文化和精神文明建设的实践阵地。全年开展新时代文明实践活动50余次，志愿服务活动90余场。黄丰镇团结村新时代文明时间站“一村一案”试点活动被央视《朝闻天下》播报。创新年鉴编纂方式，《彭山年鉴（2018）》在第六届全国地方志优秀成果（年鉴类）评审中荣获全国三等奖。不断壮大开放型干部人才队伍，深化人才体制机制改革，拟定《眉山市彭山区柔性引进“候鸟型”人才实施办法》，推动“三大工程”落地，形成“1+N”人才政策体系，全年通过挂网引才、赴高校引才和区外考调等方式引进80余人。

成渝地区双城经济圈建设

【概况】 全年聚焦开放发展，推动成渝地区双城经济圈建设。抢抓成渝地区双城经济圈建设重大机遇，深化成德眉资同城化发展。争取彭山纳入成渝地区双城经济圈规划纲要及专项规划，实现与成都在基础设施、公共服务、文化旅游等重点领域的有机统一。

【融入成都同城发展】 深入规划“融入成都、同城发展”，全面融入成渝地区双城经济圈建设，与成都市新津区共同制定《成都市新津县——眉山市彭山区交界地带融合发展实施方案》，协同打造成眉交界地带融合发展试验区，形成两地党政定期互访、交界乡镇常态交流等合作机制，相关改革经验被《四川工人日报》刊载。

【东坡区彭山区一体化发展】 推进东坡区彭山区一体化发展，配合编制《成都都市圈（成德眉资同城化）国土空间规划》《眉山市中心城区中央活力区策划与概念规划方案》等，加快推动东坡区和彭山区在产业发展、基础设施、公共服务等方面一体化发展。

【政务服务事项跨区域合作】 探索政务服务事项跨区域通办，与成都市双流区、新津区，德阳市什邡市，资阳市雁江区行政审批局签订跨区通办协议，公布第一批异地通办事项清单，其中新津区跨区域通办事项45项、雁江区49项。

【医疗卫生领域合作】 持续深化医疗卫生领域合作，加快推进四川省人民医院托管彭山区人民医院工作，实现区人民医院儿科、麻醉科等科室常驻省级专家20余人，新开设血管介入中心。

【同城交通建设】 签订《成眉铁路公交化运营合作协议》，实现成彭动车公交化运营。岷东大道彭山段全线贯通，实现与成都剑南大道无缝对接。工业大道彭山段、成乐高速公路扩容彭山段建成通车。推进全域公交，开通彭山至黄龙溪、新津两条公交线路，持续推动农村客运线路公交化改造。

大事记

1月

2日　彭山区市民服务中心（区政务服务新大厅）正式建成并投入使用。新大厅建筑面积1万平方米，是全区政务服务的综合平台、政务会客厅、市民中心，兼具综合宣传展示功能。

3日　眉山市委副书记胡元坤调研督导彭山区重大项目建设、政务服务、园区新区建设、乡村振兴及“开门红”等工作，推动省委和市委决策部署在彭山实地落实。

10日　江口沉银遗址第三期考古正式开始挖掘。

12—13日　中国共产党眉山市彭山区第二届代表大会第五次会议召开。区委书记罗万东向大会作工作报告。

13—16日　中国人民政治协商会议眉山市彭山区第二届委员会第五次会议召开。区委副书记、区长郭红作政府工作报告，区政协主席谭福轩作区政协常委会工作报告。

14—16日　眉山市彭山区第二届人民代表大会第七次会议召开。区委副书记、区长郭红作政府工作报告，区人大常委会主任钟建成作区人大常委会工作报告。

17日　全区援藏援彝、驻外招商干部人才座谈会召开。

20日　全区在外优秀儿女新春联谊会召开。部分在外务工优秀农民工代表受邀参加联谊会。

同日　副区长、公安分局局长车伟率公安分局治安大队、交警大队、谢家派出所、观音派出所等部门负责人深入辖区开展节前安全大检查。

27日　全区挂职干部座谈会召开。

2月

2日　眉山市委书记慕新海到彭山区检查疫情防控及企业和重点项目复产复工工作，看望慰问坚守岗位一线的工作人员。

4日 四川省委组织部召开全省组织部门贯彻落实习近平总书记重要指示精神和中央、省委决策部署电视电话会议后，区委常委、区委组织部部长张川庚即主持召开区委组织部视频会议，学习传达四川省委组织部会议精神，对当前彭山区委组织部门防疫工作再强调、再部署，要求全体组工干部强化政治意识和责任担当，坚守岗位，为打赢疫情阻击战提供坚强政治保障。

8日 四川省生态环境厅副厅长雷毅带队检查彭山区五湖四海扬尘防治工作。

9日 区委、区政府组织彭山7名“白衣战士”火速组建医疗队，赶赴眉山市卫健委集合，随后到双流国际机场与四川省第四批医疗队会合，奔赴湖北。

11日 区委二届第一百次常委会会议召开。会议传达学习《中共四川省委办公厅、四川省人民政府办公厅关于贯彻落实习近平总书记重要讲话精神进一步加强新型冠状病毒肺炎疫情防控工作的通知》以及市委常委会暨市应对新型冠状病毒肺炎疫情工作领导小组会议精神，听取全区近期新型冠状病毒肺炎疫情防控工作情况汇报，审议《关于坚决打赢疫情防控和经济社会发展两场攻坚战的实施意见》《眉山市彭山区2020年经济工作要点》等其他事项。

16日 彭山区农民工服务保障工作会在区委圆桌会议室召开。会议对防疫控疫期间农民工返岗、企业复工复产等工作进行安排部署。

26日 副省长李云泽到彭山调研复工复产和春耕备耕情况。

同日 眉山市彭山区人民检察院提起公诉的首例全程“零接触”一审案件宣判。该案是彭山区检察院在疫情防控期间收到的首例符合适用速裁程序条件的案件，通过远程视频提讯系统完成量刑协商、律师提供法律援助、具结书签署过程，保障认罪认罚从宽制度的正确适用。

28日 全市区县“不见面”开标项目——彭山区种子临时存放场所工程项目在彭山区公共资源交易分中心“不见面”开标室成功开标，当天共有3个工程项目开标并全部完成评标工作。

同日 区委书记罗万东率队前往彭山产业新城调研，并主持召开座谈会。

同日 眉山市彭山区与巨星农牧股份有限公司优质生猪产业化项目正式签约。生猪产业化项目的签约和运行投产，标志着彭山区生猪产业迈向一个崭新台阶，为加快乡村振兴建设提供强劲动力。

29日 彭山启动农民工安全有序返岗“春风行动”，组织“点对点、一站式”直达运输服务和公铁旅客联程运输，安全有序将返岗（务工）的农民工输运至岗位。

2—3月 彭山区建立抗疫临时党支部和党员服务队，划拨专项党费，组织开展慰问，推动全区各级基层党组织在疫情防控中发挥战斗堡垒作用。

3月

1日 市委副书记、市政府代理市长胡元坤到彭山检查疫情防控和经济社会发展工作部署落实情况。

2日　副市长，市公安局党委书记、局长罗毅到彭山区分局调研指导公安工作。

4日　四川省人社厅党组书记、厅长胡斌带领相关负责人到彭山区调研农民工务工返岗和企业复工复产工作。

同日　四川省委常委、政法委书记邓勇到公义镇调研疫情防控和综治工作。

同日　区委副书记、区长郭红主持召开区第二届人民政府第五十六次常务会议。

6日　四川省委组织部调研彭山区基层党组织和广大党员干部在疫情防控中发挥战斗堡垒、先锋模范作用以及城乡基层治理等工作。

10日　彭山区法院首例全程“零接触”办理的被告人陈某容留他人吸毒案生效。

12日　市政协副主席余自生调研公义污水处理厂工作。

15日　由彭山区主流媒体、区农业农村局、区果业商会共同举办的网络直播培训活动——“葡萄特色种植技术培训”在眉山市彭山区公义镇鼎和葡萄园举行。

16日　区委经济工作会议在区委会议中心召开。

16—20日　彭山区开展以“放心农资下乡，质量兴农惠民”为主题的“放心农资下乡进村宣传周”活动。

16—21日　全区开展“春雷行动”农资打假和农产品质量安全专项整治工作。

17日　区政协党组书记杨红率队调研彭山区城市更新改造工作。调研组一行先后到北苑小区、80号小区、毛河湿地公园建设项目、城市生活污水厂，现场察看老旧小区改造后的风貌及城市更新改造项目的建设情况，并听取相关工作的情况汇报。

同日　全区召开城乡基层治理委员会第一次全体会议，审议通过《中共眉山市彭山区委城乡基层治理委员会工作规则》《中共眉山市彭山区委城乡基层治理委员会办公室及其工作机构组建方案》《眉山市彭山区城乡基层治理重点任务清单》。

18日　团市委书记李永康到公义场社区指导“童伴之家”工作。

同日　区委二届二十次全体会议暨区委党建工作会议、全区基层治理大会在区委会议中心召开。会议安排部署2020年全区组织、宣传思想、统战和群团有关工作，会议审议并表决通过《中共眉山市彭山区委关于深入推进城乡基层治理体系建设的决定》。

同日　区政府与广东阿格蕾雅光电材料有限公司签订工业项目投资协议，项目落户四川彭山经济开发区。

同日　眉山市彭山区人才工作会在区委大会议室召开。会议总结2019年人才工作，部署2020年人才工作；并为33名创新型企业家、创新型科技人才、田园明星、寿乡文艺名家等优秀本土人才颁发荣誉证书。

同日　驻彭山空军某部为区政府、区退役军人事务局赠送锦旗，对区政府、区双拥办在新冠肺炎疫情防控期间走访慰问一线执勤官兵并支持部队防疫物资表示衷心感谢。疫情发生后，区双拥办（区退役军人事务局）受区双拥工作领导小组委托共支援驻彭山部队、武警眉山支队执勤一大队彭山中队等部队一次性医用口罩1.1万个、KN95口罩1200个、酒精20

瓶、84 消毒液 40 瓶，切实保障部队抗击疫情及驻训需求。

20 日　四川省委宣传部副部长、省文明办主任刘龙章带队到彭山专题调研重点文化产业项目——江口沉银博物馆建设工作。

23 日　市人大常委会主任刘十庆率队到彭山区调研法治政府建设工作情况。

同日　市委常委、市委组织部部长黄传龙到彭山区调研乡村振兴学院、乡村治理、党建引领小区治理、老旧小区治理等工作。

同日　市人大常委会副主任李永高一行到彭山生态环境局调研法治政府建设工作推进情况。

同日　中共四川彭山经济开发区工作委员会、彭山经济开发区管理委员会揭牌仪式在彭山产业新城举行。

24 日　丹棱县党政代表团到彭山考察工业经济、投资促进、城市建设、文旅融合等工作，并就深化两地合作，促进互动发展进行友好交流。

25 日　市人大常委会主任刘十庆率队调研彭山区公共卫生服务能力建设工作。调研组先后到区疾控中心、区中医医院、区人民医院和公义镇卫生院，实地察看新冠肺炎疫情防控和公共卫生服务等方面的情况，现场听取工作汇报。

30 日　四川省公安厅副厅长袁刚到公义镇指导调研交通安全综治整治工作。

31 日　四川省委农村工作会在成都举行。彭山区入选 2019 年全省农村改革工作先进县（市、区）名单，彭山区葡萄现代农业园区获得“四川省五星级现代农业园区”称号。

同日　四川省农业农村厅总农艺师陈孟坤调研彭山春耕生产、高标准农田建设、生猪生产保供情况。

4 月

1 日　全区农业农村工作暨决战决胜脱贫攻坚工作会议召开。

2 日　四川省农业农村厅直属机关党委专职副书记、党办主任李劲到公义镇新桥村、五马村调研彭山区 2019 年高标准农田建设和惠民惠农政策落实情况。

同日　全市党校系统乡村振兴学院培训会在彭山乡村振兴学院公义分院召开。

3 日　区委书记罗万东看望慰问彭山区援鄂医疗队 7 名队员并召开座谈会。

8 日　彭山区脱贫攻坚工作推进会暨挂牌督战业务培训会在区政府礼堂召开。对深入推进脱贫攻坚进行再动员、再部署，进一步压实责任、明晰路径，动员全区广大干部群众齐心协力、众志成城，全力打赢 2020 年脱贫攻坚战。

9 日　市委常委、市政府常务副市长刘先伟检查彭山区第一中学开学复课准备、疫情防控等工作。

10 日　区总工会、区妇联、区就业服务中心联合滨江翡翠龙湾小区党支部、四川嘉联华物业服务公司在凤鸣街道翡翠龙湾小区举办“送岗位进小区”招聘会。招聘会是彭山区疫情以来第一次小区就业招聘会，共提供就业岗位 350 余个，发放宣传资料 820 余份，进场人数 600 余人次，达成就业意向 48 人。

11 日　区委书记罗万东主持召开彭山革命

历史遗迹开发利用专家研讨会。受邀参会的11位省内党史和现代史专家一致认为：彭山是川西南马克思主义传播的核心区和实践地；彭山县委是川西南成立的第一个县委；彭山的革命历史是中国革命历史的典型缩影。四川省委宣传部副部长高中伟参会并到公义调研考察了彭山公义红色教育研学实践基地。

13日　市委副书记、市政府代理市长胡元坤调研彭山区城市建设和乡村振兴工作。胡元坤先后前往毛河公园、80号小区、北苑小区、彭山区农村产权流转交易服务中心、凤鸣花谷、乡村振兴学院，实地调研城市公园建设、老旧小区改造、社区治理等工作开展情况。

14日　四川省农村发展研究中心副主任冉瑞平教授一行调研指导彭山乡村振兴工作。

15日　彭山区金融纠纷多元化解机制建设工作座谈会在区法院召开。

16日　彭山区政法信访工作会暨扫黑除恶专项斗争工作会议召开。区委书记罗万东为市民王伟颁发“见义勇为公民”荣誉证书。

同日　全区城市发展大会召开。会议全面总结2019年全区城市发展工作，研究部署2020年城市建设目标任务。

17日　四川省委党建办副主任、省扫黑办副主任程文茂到公义镇调研。

同日　成眉石化园区管理委员会与深圳市研一新材料有限责任公司签订工业项目投资协议，项目落户四川彭山经济开发区。

22日　区委书记罗万东率队前往公义镇、观音街道等地调研城乡环境治理、道路沿线绿化、乡村振兴等工作，由此展开第一季度“晒思路、比进度、促落实”拉练活动。

23日　市人大常委会主任刘十庆到彭山区开展大走访活动，慰问困难群众。

同日　成眉石化园区管理委员会与四川新环塑材料有限责任公司签订工业项目投资协议，项目落户四川彭山经济开发区，该公司拟建设年产2万吨复合新材料生产基地。

同日　成眉石化园区管理委员会与四川明晶光电科技有限公司、上海沪冈光学有限公司、什邡市凯锐半导体材料研究所签订工业项目投资协议，项目落户四川彭山经济开发区。

24—25日　政协眉山市彭山区第二届委员会第六次会议在区委会议中心召开。会议选举杨红为政协眉山市彭山区委员会主席；新当选的政协眉山市彭山区委员会主席杨红在会上讲话。

25—26日　眉山市彭山区第二届人民代表大会第八次会议在区委会议中心召开。

26日　区长郭红调研位于谢家街道喻沟村8组的德康集团彭山项目种猪场建设情况。

同日　全区召开2019年度干部选任工作“一报告两评议”会议。

27日　市委党校副校长向健民一行对彭山区委党校教学质量进行评估。

28日　由区人社局、谢家街道办主办，区总工会、区妇联、区残联、团区委、区退役军人事务局协办的“同心抗疫、暖企惠民”现场招聘会在谢家街道毛河安置小区举行。招聘会提供各类岗位600余个，进场人数500余人，现场达成就业意向196人。现场开展就业创业惠民政策、农民工工资保障等法律法规宣传，共发放各类宣传资料600余份。

同日　江口沉银遗址第三期考古结束，共

计发掘面积5000平方米，勘探面积1万平方米，出土文物1万余件。其中，“蜀世子宝”是国内首次发现的明代世子金宝实物。

30日　副市长孙剑到彭山区特巡警大队走访慰问在交通协管员岗位上工作的困难户张建明。

5月

5日　眉山市彭山区第四小学在第三十五届四川省青少年科技创新大赛中获得省二等奖1项、省三等奖2项。

6日　市委常委、市委组织部部长黄传龙到公义镇马林村调研乡村振兴学院建设情况。区委书记罗万东汇报了党校分类建设相关工作事宜。

同日　彭山区召开区委理论学习中心组（扩大）学习会暨援鄂医疗队先进事迹报告会。4名抗疫英雄代表分别进行事迹宣讲，分享抗击疫情故事。

7日　四川省农业农村厅发展规划与农业园区处处长徐勇、市场与信息化处处长周晓琴、中国移动成都产业研究院相关专家一行到彭山区调研园区数字农业。

11日　区委书记、区委全面依法治区委员会主任罗万东主持召开区委全面依法治区委员会第二次会议并讲话。会议传达贯彻中央全面依法治国委员会第三次会议、省委全面依法治省委员会第二次会议和市委全面依法治市委员会第二次会议精神，总结全区2019年全面依法治区工作，审议区委全面依法治区委员会2020年工作要点，并对下一步工作进行安排部署。

同日　江口街道泥湾村福临家园小区被确定为全市党建工作现场会点位，“六进小区”农村安置小区治理工作法在全市推广。

12日　彭山区与电子科技大学电子科学与工程学院、大学生文化素质教育中心签署校地合作协议，达成双方在合作共赢基础上建立全面战略合作关系的共识。

同日　彭山乡村振兴学院电子科技大学基地在电子科技大学大学生文化素质教育中心正式挂牌。

13日　四川省委组织部调研彭山区两新组织参与疫情防控、服务基层治理等工作。

同日　四川彭山经济开发区管理委员会与眉山茵地乐科技有限公司签订工业项目投资协议（二期），项目落户四川彭山经济开发区，该公司拟投资建设年产10万吨新材料生产基地。

14日　四川省农业机械研究设计院院长邱云桥一行到彭山调研现代农业装备发展“十四五”时期推进方案。

同日　四川省农业农村厅总经济师廖蔚到彭山调研全国确权总结大会的前期筹备工作。

15日　眉山市彭山区召开根治拖欠农民工工资迎检工作推进会。

17日　四川彭山经济开发区管理委员会与重庆永川港桥工业园管理委员会签订战略合作协议，进一步融入成渝地区双城经济圈建设，推进园区在制度创新、信息共享、产业协作、人才交流等方面深度合作。

20日　彭山区举行2020年度土地推介会。对6宗土地（23.71公顷）进行推介。

27日　区人大常委会、区政协组织部分人大代表、政协委员组成联合视察组，对彭山区农村人居环境整治工作进行视察。

28日　四川省公安厅党委委员、副厅长王

雄，省文旅厅副厅长王毅一行到眉山市公安局彭山区公安分局调研文物保护工作和打击盗掘文物犯罪工作情况。

同日　区委理论学习中心组（扩大）学习会暨2020年第一期“锦江大讲堂”在区委会议中心举行。会议邀请眉山市人大常委会副主任宋仕祥作题为“坚持三做，用心工作”的专题讲座。

同日　重庆永川港桥工业园党（工）委书记、管委会主任李国财率领考察团到彭山区考察并召开座谈会。双方就今后充分发挥两地优势，加强在经验共享、优势互补、产业互动等方面的合作，携手打造全方位、立体化的合作新格局，助推成渝地区双城经济圈建设等方面达成共识。区委副书记杨翔宇陪同考察。

6月

2日　四川省委第四巡视组巡视眉山市彭山区工作动员会召开。会上，省委第四巡视组组长丁宗进传达中央和省委有关巡视工作精神，并就即将开展的巡视工作作讲话。

同日　区委常委、区委组织部部长张川主持召开区委城乡基层治理委员会办公室第一次会议，安排部署城市基层治理示范区创建相关工作。

同日　成都市双流区黄龙溪镇与眉山市彭山区锦江镇在恒大金碧天下酒店签订缔结友好乡镇框架协议并结为友好乡镇，正式建立互惠互通、共治共享的合作关系。

3日　彭山区“决胜全面小康　决战脱贫攻坚”主题宣传走进谢家街道石山村。彭山新乡贤、电商协会副会长舒会刚围绕“决胜全面建成小康社会　决战脱贫攻坚——农产品的互联网新零售”主题进行分享；彭山区道德模范、四川好人李建群向石山村村干部和村民分享自己种植红心猕猴桃和柑橘的经历。

4日　彭山区举行“寿乡优才卡”发放仪式，为全区50余名高层次人才提供优才服务。

5日　中共眉山市委机构编制委员会批复成立眉山岷江现代农业示范园区发展领导小组。

9日　新启用的彭山区人力资源市场（星辰中心二楼）举行首场招聘会。立顿洗涤、思念食品、中欧远大建筑科技等16家企业提供工作岗位450余个，进场人数300余人，发放宣传资料900余份，现场达成就业意向97人。

10—11日　四川省委常委、省委宣传部部长甘霖调研眉山市宣传文化阵地建设、媒体融合发展、文物挖掘保护、文旅融合等工作，实地察看彭山区谢家街道毛河院子、区融媒体中心、江口沉银遗址、果怡农业葡萄种植基地。

11日　由中国共产党中央委员会宣传部组织的“走向我们的小康生活”大型主题采访报道活动启动仪式四川分会场活动在彭山区观音街道果园村举行。四川省委常委、省委宣传部部长甘霖出席。市委书记慕新海代表眉山作交流发言。《人民日报》、新华社、中央广播电视总台、《光明日报》、《四川日报》、四川电视台等16家中央和省级主流媒体记者组成的采访团在活动结束后，到彭山区观音街道果园村、毛河院子、石山学堂，围绕“决战脱贫攻坚·决胜全面小康”主题进行集中采访。

同日　区委常委、区委组织部部长张川深入江口街道茶场村、永丰村，谢家街道义和场社区、悦园村等村（社区）调研。

16日　四川省水利厅王华副厅长到公义镇调研。

同日　区委中心组（扩大）学习会暨2020年第二期“锦江大讲堂”在区委会议中心举行。会议邀请四川大学经济学院副教授、硕士生导师余澳围绕疫情对中国经济社会造成的影响及应对策略作专题讲座。

17日　彭山区人才公寓入住仪式在幸福园小区举行。企业高技术人才26名、党政人才6名、医疗专家4名共计36名引进的高层次人才通过资格审查，成为人才公寓的首批入住者。

18日　四川省委党校副校长李章忠、吴刚强，教育长胡雪松，二级巡视员张劲松和重庆市委党校副校长谢全峰一行到彭山，考察调研“观音果园农业产业化”“县区党校分类改革”“市区一体办学”“乡村振兴学院建设”等课题。

同日　区委副书记、区长郭红主持召开区委平安彭山建设领导小组第一次全体会议。会议审议区委平安彭山建设领导小组工作规则、设立彭山区市域社会治理现代化试点专项工作组有关事项、推进全区市域社会治理现代化试点工作实施意见及3个清单、2020年彭山区市域社会治理现代化试点工作安排等事项。

20日　2020年村（社区）党组织书记、村居委会主任暨新任第一书记培训班开班，培训人数67人。区委书记罗万东出席开班仪式，并结合如何当好一名基层党组织书记，为学员讲授“第一课”。

24日　彭山区举办2020年度“中国创翼”创业创新大赛选拔赛。

同日　四川省委组织部现代治理视角下基层组工干部队伍建设课题组在彭山开展专项调研。

29日　市委副书记、市长胡元坤到彭山区开展“七一”走访慰问活动，为困难党员和老党员送去党组织的关心关怀，并向全市党员致以节日的问候。

同日　区平安彭山慧眼工程建设推进会召开。会议听取移动和电信两家运营商关于平安乡村慧眼工程建设方案的介绍，制定了《眉山市彭山区平安彭山慧眼工程实施办法》。

30日　区检察院对办理的以赵某某为首的恶势力集团犯罪案件中的27人提起公诉。

7月

1日　彭山区召开市域社会治理现代化试点工作动员会。

2日　彭山区召开2020年第二季度干部监督联席会。会议学习了《干部选拔任用工作监督检查和责任追究办法》及相关文件精神。

6日　区委组织部组织67名村（社区）党组织书记、村（居）委会主任及新任第一书记举办为期4.5天的培训。

同日　副市长，市公安局党委书记、局长王景弘深入彭山区公安分局调研指导公安工作。

6—10日　区农业农村局、区委党校、彭山乡村振兴学院联合举办为期5天的“眉山市彭山区2020年农业农村局农技提升及乡村振兴专题培训班”。全区农业农村局基层农技员共80人参加培训。

8日　副区长、区公安分局党委书记、局长王胜督导检查彭山一中高考安保工作。

同日　彭山区完成全区各类人才信息统计，建立4000余人的人才信息库。

9日 区委书记罗万东主持召开区委理论学习中心组专题学习会。会议组织观看四川森林草原防灭火警示教育片；传达学习习近平总书记关于应急管理，安全生产，防灾、减灾、救灾，森林草原防灭火工作重要论述和重要指示批示精神；传达贯彻国务院督导四川省森林草原防灭火专项整治工作动员会精神。

同日 彭山区召开扫黑除恶专项斗争领导小组第十二次会议。会议传达学习全省扫黑除恶专项斗争领导小组“六清”行动视频推进会议精神；听取2020年十大重点整治行业领域主管部门工作汇报；安排部署下一步全区扫黑除恶专项斗争工作；会议审议并通过线索奖励请示。

9—13日 区委书记罗万东率队到阿坝州金川县考察。考察组先后到卡拉脚乡玛目都村、二普鲁村、金眉园区等地调研帮扶工作、产业发展、旅游开发、基层党建等工作，并召开对口帮扶金川县乡村振兴工作座谈会。

10日 彭山区召开重点行业领域突出问题系统治理推进会。区委常委、区纪委书记、区监委主任李勇刚出席会议并讲话。

同日 彭山区完成城南农贸市场升级改造后商家回迁工作。

14日 市农业农村局农建科工作人员和勘测设计公司人员及评审专家开展项目区现场踏勘工作，召开项目实施方案评审工作会并通过评审。该次评审会议的主要目的是研究眉山市彭山区2020年黄丰江口锦江公义片区高标准农田建设项目实施方案的可行性，更加快速推进彭山区2020年黄丰江口锦江公义片区高标准农田建设。该项目的建设对项目区水土保持及环境保护有积极意义。

15日 全省召开农民工工作电视电话会议后，区委书记罗万东立即主持召开会议，就如何贯彻落实省、市会议精神进行安排部署。

同日 由市退役军人事务局、市科技局、市财政局、市人社局等9个部门联合举办的全市2020年退役军人创业创新大赛在彭山区举行。大赛以“展退役军人新时代风采，促创业创新高质量发展”为主题，旨在搭建眉山市退役军人创业项目展示交流和资源对接平台，以创业带动就业。

同日 泸州市委组织部领导一行到区委党校（彭山乡村振兴学院）参观学习。

16日 副市长曹晖一行到彭山区开展“双创”工作情况专题调研。

同日 青神县委书记肖巍率党政代表团一行到四川彭山经济开发区调研工业项目落地及招商引资等工作。

17日 全区2020年基层党建重点任务推进会召开。会议安排部署村书记主任“一肩挑”、农民工党员发展、壮大村级集体经济等年度村党建重点任务。

同日 区农业农村局农建中心、财务股、项目办、纪检组工作人员及公义镇农服中心工作人员组成验收小组，对彭山区2019年省级现代农业园区培育秸秆（枝条）还田项目进行验收。验收小组在现场察看项目实施情况并查阅相关资料后，一致同意该项目通过验收。

20日 成都市新津区人社局局长杨武一行9人到彭山区人社局进行成眉同城化和人社工作交流。

同日 2020年政府安排工作退役士兵和国家综合性消防救援队伍退出消防员待分配期间

教育培训班正式开班。

21日　四川省委组织部副部长易林到区委党校调研“市区党校一体办学”“彭山乡村振兴学院”相关事宜。

同日　区委政法委组织召开2020年度政法系统政治督察、执法检查、作风巡察工作培训会。该次督察巡察主要采取随机抽查、明察和暗访相结合等方式，聚焦政法单位政治建设、纪律作风建设和贯彻落实上级重大决策部署情况，重点对区级政法各部门遵守政治规矩和政治纪律情况，特别是重大事项请示报告制度的执行情况以及党的建设等7个方面的主要内容进行督察巡察。

同日　区司法局联合观音街道办事处在山水福都小区开展《中华人民共和国民法典》进小区宣传活动。活动以“学习民法典，护航新时代美好生活”为主题，通过摆放宣传展架、赠送《中华人民共和国民法典》书籍、发放宣传手册和宣传物品、工作人员现场讲解和提供法律咨询等形式，向小区居民宣传《中华人民共和国民法典》编写的意义、亮点解读、法律条文等内容，特别向居民讲解《中华人民共和国民法典》中新增加的与居民息息相关的各类法律条文，引导居民养成自觉守法的意识，形成守法用法的习惯，培养依法解决问题的能力。

23日　四川省文旅厅副厅长、省文物局局长王毅，眉山市委常委、市委宣传部部长何迎晓正式向江口沉银博物馆筹备组常务副组长梁兰、副组长刘志岩授予“江口沉银博物馆筹备组”牌匾，此举标志着备受关注的江口沉银博物馆进入建设倒计时。

同日　“种中国最好的葡萄，过城里人向往的生活”。彭山区观音街道果园村登上央视《新闻联播》。

同日　眉山考古工作站在张献忠“江口沉银”遗址所在地四川省眉山市成立。这是四川在市（州）一级成立的首个考古工作站，主要负责眉山范围内的考古调查、勘探、发掘和出土出水文物的修复、保护、研究等工作。

26日　眉山市彭山区2020彭山葡萄丰收季暨农旅推介活动在成都环球中心举行。

28—29日　眉山市彭山区妇女联合会举办2020年度基层妇联主席能力提升培训班，参培人数68人。

29日　市委组织部调研彭山村级建制调整改革后村级集体经济发展、乡村基层治理等工作。

同日　区农田水利基本建设指挥部组织区农业农村局、区财政局、区自然资源和规划局、区水利局、区发改局、黄丰镇人民政府、公义镇人民政府及江口街道办事处等部门相关人员组成区级自查验收小组，按照高标准农田建设项目管理办法要求，对彭山区2019年公义江口黄丰片区高标准农田建设项目实施情况进行实地核查。

同日　国网眉山市彭山供电公司、中国电信彭山分公司、中国移动彭山分公司、中国联通彭山区分公司联合签订电力杆塔资源共享合作框架协议，四方在建设能源领域新型数字基础设施、推动电力杆塔资源方面共享合作，全面落实“数字新基建”重点建设任务在彭山落地。

31日　共青团眉山市彭山区第一次代表大会在区委会议中心召开。会议选举共青团眉山市彭山区第一届委员会常委、副书记、书记。

会议对先进共青团组织、先进共青团干部和先进少先队辅导员进行通报表彰。区委书记罗万东出席会议并讲话。

同日　彭山区青年人才中心党支部成立并组织召开青年人才党支部第一次党员大会，选举产生支部委员。

8月

11—12日　区文广旅局开展汛期安全排查。先后察看兴铁宾馆、彭祖山、汉崖墓博物馆、梓潼宫、部分星级农家乐等文化市场经营场所和旅游企业9家次，共发现隐患3处并要求业主迅速整改完毕。

14日　市委书记慕新海带队到凤鸣街道城中社区、工务段小区，观音街道、泊林郡小区调研乡镇行政区划、村级建制调整改革“后半篇”文章等工作。

16日　连日持续雷暴雨造成眉山市彭山区110千伏双河变电站内电缆沟积水严重，国网眉山供电公司与消防、交警等部门联动迅速出动30余名应急抢险人员、10辆抢险车辆和1辆发电车紧急抢险，经过10小时奋力抢险，110千伏双河变电站脱险。

17日　区委组织部指导各镇（街道）召开“排查整顿农村发展党员违规违纪问题”动员会、培训会，启动党员档案排查等工作。

19日　市委副书记、市长胡元坤调研府河彭山江口段及江口街道泉水社区，察看灾情和灾后生产生活恢复情况，看望慰问受灾群众和防汛一线工作人员，指导迎接新一轮降雨的各项准备工作。

同日　副市长、市公安局局长王景弘到彭山公安分局指导“坚持政治建警　全面从严治警”教育整顿民主生活会。

20日　彭山区双拥办走访慰问2名彭山籍在中印边境阿里地区服役的现役军人家属。

25日　市委常委、统战部部长来建调研彭山区统战工作。调研组一行先后前往慧光寺、区创意孵化园、新的社会阶层联谊会等地，详细了解彭山宗教活动场所规范化、民族团结进步示范基地和经济统战建设的情况。

同日　彭山区农业农村局党员服务队到谢家街道悦园村10组建群家庭农场开展猕猴桃栽培技术指导服务。

26日　农业农村部和中国农科院专家组到彭山调研闲置宅基地和闲置农房盘活利用工作。

27日　彭山教育促进会在区委会议中心举行2020年“李密奖学金”发放仪式，隆重表彰2020年高考取得优异成绩的学生、教师和集体。

9月

2日　彭山区纪委监委联合区“三创”办、区目督办组成3个督查组，采取“四不两直”方式，深入创卫创文迎检点位开展专项监督检查，现场反馈检查发现的问题，督促相关单位对照创卫创文标准，第一时间进行整改。

4日　区委副书记、区长郭红率队专题调研督导彭山公安“坚持政治建警　全面从严治警”教育整顿工作。区委常委、政法委书记郭益，区委常委、组织部部长张川，区纪委监委、区政府办相关负责人参加调研督导。

9日　彭山区举行“有事来协商·和谐助寿乡”第一次协商会议。探索和搭建融协商、监督、参政于一体的“有序来协商”特色协商品牌。

9—10日　省社会科学院研究员郭晓鸣一行代表农业农村部到彭山探索农业农村发展用地保障机制试点验收评估。

10日　眉山市委书记慕新海到彭山区第四小学调研教育教学工作开展情况，慰问教师代表。

14日　市委副书记、市长胡元坤到彭山区现场办公，调研彭山改革发展有关工作，协调解决发展中遇到的困难和问题，推动省委、市委全会精神在基层落地落实。胡元坤强调，要坚定以习近平新时代中国特色社会主义思想为指导，抢抓重大机遇，大胆改革创新，奋力推动经济社会高质量发展，为眉山建设成都都市圈副中心做出积极贡献。

15日　全国人大代表、省人大代表团到四川彭山经开区参观考察。

同日　市委党校讲师团成员张素文到彭山宣讲省委十一届七次全会、市委四届十五次全会精神和“两个决定”及“成渝双城经济圈”内涵。

同日　国网眉山市彭山供电公司与区交警队、发展控股公司等部门联合开展城区废旧通信光纤隐患整治，保障用电安全，美化城市环境，助力“双创”。

17—18日　彭山区红十字会在区政府四会议室开展为期2天的应急救护培训。以理论授课、技能操作、实战演练等方式进行创伤急救、止血包扎、固定搬运、心肺复苏等急救方面知识的培训。

18日　市人大常委会党组书记、主任刘十庆带队到彭山区实地调研彭山区医疗保障工作情况。

同日　彭山区召开2020年秋季秸秆禁烧暨迎检省环保督察工作会。

19日　“名家看四川——走进彭山”文学采风暨第三届全国文学名刊论坛启动仪式在彭山区江口沉银地举行。四川省作家协会主席、茅盾文学奖及鲁迅文学奖获得者阿来，中国作家协会办公厅主任、著名作家、评论家李一鸣，《人民文学》杂志副主编、茅盾文学奖获得者徐则臣，四川省广播电视局副局长、山西省作家协会副主席、鲁迅文学奖获得者李骏虎等50余名文学名家，齐聚东坡故里、长寿之乡，近距离感受东坡故里的千年文脉，探寻长寿之乡的不老之谜。

23日　成眉石化园区管理委员会与新乡汇森科技有限公司签订工业项目投资协议，项目落户四川彭山经济开发区（原成眉石化园区），该公司拟投资建设年产17.8万吨表面活性剂生产基地。

24日　华中师范大学在观音街道果园村、果园小区对农村改革试验区建设开展中期评估调研。

25日　眉山市彭山区召开根治拖欠农民工工资工作推进会。彭山区委常委、政法委书记、区根治拖欠农民工工资工作领导小组组长郭益出席会议并强调，根治拖欠农民工工资工作事关千万家庭幸福和社会和谐稳定，各行业主管部门要提高政治站位，增强大局意识，认真贯彻落实五个制度，按照属地管理、分级负责和“谁主管、谁负责”原则，定人、定责、定时解决好问题，着力维护好农民工的合法权益。

同日　彭山区人民法院法警大队全体法警参加由四川省高级人民法院组织的全省法院司

法警察向警旗宣誓活动。全体法警以远程视频的方式认真观看习近平总书记向中国人民警察授旗仪式并致训词，省法院司法警察总队干警向警旗宣誓仪式。

27日 市委书记慕新海出席“眉山市第三季度重大项目集中开工仪式暨江口沉银博物馆项目开工”仪式。

同日 江口沉银博物馆开工建设，该馆建设总投资10亿元。江口沉银博物馆选址江口沉银原址旁的岷江、府河两江汇流三角洲，在选址上坚持原址保护原则。建筑规模5.4万平方米，其中地上3.25万平方米、地下2.15万平方米。

28日 眉山市彭山区召开农村集体“三资”管理培训会。

同日 “万人赏月诵中秋”群众文化活动在眉山市彭山区黄丰镇团结村橘花广场举行。

同日 眉山市社会保险监督委员会到彭山区开展社保监督工作交流、调研活动。

30日 眉山市彭山区召开“长江禁捕”专题工作会。会议贯彻落实党中央、国务院决策部署和市委、市政府关于长江流域天然水域禁捕工作的具体要求，确保彭山区“长江禁捕”工作向纵深推进。会议强调，全区上下要按照区委、区政府的工作安排，抓紧、抓实、抓细禁捕工作。

9月 彭祖广场地下停车场项目建设全面完工投入使用。

10月

10—11日 由四川省农业农村厅和省市场监管局技术专家组成的“双认证”评审组，对彭山区农产品质量安全检验检测站实验室进行资质认定和农产品检测机构资质考核现场评审。专家评审组一致认为，彭山区农检站在机构、人员、设施与环境、质量体系运行、检测能力等方面，基本符合国家检测机构资质认证标准，同意现场评审基本通过。

11日 眉山市彭山区社会治安志愿者协会组织30余名志愿者前往区特困老人康养中心、公义敬老院，开展主题为“情暖夕阳红·爱在敬老院”的志愿服务活动。

12日 眉山市彭山区2020年茶艺培训班在该区省残疾人体育训练中心举行。来自省残疾人网球队、省残疾人硬地滚球队的队员以及彭山区部分茶艺爱好者参加培训。

同日 区公安分局公安工作绩效考核“百日攻坚”部署会召开。

13日 区委召开理论学习中心组（扩大）学习会。会议邀请中国社会科学院博士，中国人民大学博士生导师、教授，全国政协文化和学习委员会副主任叶小文作题为“民族文化自信和文化传承”的专题讲座。

同日 眉山市彭山区第四小学开展“学习新思想，做好接班人”中国少年先锋队建队71周年主题教育系列活动，1700余名师生参加活动。

同日 国网眉山市彭山供电公司与彭山区林业和园林中心共同开展的试点廊道清理工作圆满完成，这是该公司继8月31日与彭山区林业和园林中心签订《电力线路廊道清理合作框架协议》后取得的又一成果，标志着“政企合力化解树线矛盾”彭山样板试点工作取得阶段性成果。

14日 彭山区检察院办理的全省首例监狱

内罪犯刺杀狱警案判决生效。

15日 省农业农村厅副厅长薛学深一行到彭山调研深化农村宅基地制度改革试点工作。调研组深入先行试点村公义镇新桥村，先后调研聚居点、稻香民宿等改革示范点并召开座谈会，听取彭山区关于深化农村宅基地改革试点工作进展情况的汇报。调研组对彭山区农村宅基地管理与改革工作给予充分肯定，并要求彭山继续做好试点工作，摸清摸实家底、细化实施方案、完善政策制度，确保改革取得实效。

同日 “2020年眉山市彭山区中小学足球联赛”在彭山三中操场落幕。义和学校男子足球队勇夺小学男子组第一名。

16日 眉山市彭山区教育研究和培训中心邀请四川省第十一届人大代表、四川省名校长、眉山市教育专家岳家军到彭山二中开展“高品质学校建设的思考与实践”专题讲座，全区中小学校长参加讲座。

同日 全市检察机关扰序类案件研讨会在彭山区检察院召开。

同日 彭山区公安分局制作的《警花说反诈》预防电信诈骗短视频作为四川省公安厅推选的三个节目之一，代表眉山公安走进成都理工大学，参加“青春护航 共建无诈校园”反诈宣传活动启动仪式。

18—21日 四川省动物疫控中心推广研究员、副主任阳爱国率省血吸虫病消除评估专家组一行8人，对彭山区血吸虫病消除达标工作进行为期3天的考核评估。在21日眉山市召开的血吸虫病消除达标评估结果通报会上，评估组组长阳爱国代表评估组宣布，彭山区血吸虫病防治工作各项指标均已符合血吸虫病国家消除标准，以高分顺利通过评估验收，标志着彭山区血防工作又迈上一个新的台阶。

18日 四川省人民医院彭山医院一住院大楼七楼的血液透析室全新升级投入使用，标志着彭山医院血液透析发展翻开新的篇章。

19日 彭山区公安分局召开社会化评价工作推进会。会议传达2020年10月15日全省社会化评价工作会议精神，以及《彭山区公安分局关于2020年社会化评价工作方案》，并对接处警评价、窗口服务、治安安全感评价工作进行部署。

20日 省农业农村厅副厅长卿足平到公义镇调研臻润现代农业示范园并考察农业专家大院、家庭农场、农业酵素成品区。

21—22日 区委统战部组织35名统一战线代表人士开展爱国主义教育培训。

22日 国网眉山市彭山供电公司青年志愿者和共产党员服务队为百岁老人送去节日的祝福与慰问品。

23日 四川省眉山市委主要领导代表市委和市政府走访慰问彭山籍抗美援朝老兵卢陆念。

同日 彭山区公安分局组织交警走进辖区学校为学生讲授“交通安全课”，倡导学生争做交通安全践行者和宣传员，以“小手拉大手”带动树立法规意识、防范意识、靠右意识、观察意识，时刻做到文明出行。

25日 彭山区黄丰镇团结村组织平均年龄83岁的50对金婚、钻石婚老人举办“庆重阳”金婚老人集体婚礼。

25日至11月26日 2020年度彭山区优秀年轻干部铸魂工程递进班（中青年干部）在市委党校开班，51人参加培训。

26日 彭山区首个小区团支部在永达泊林郡小区成立。该小区团支部依托小区物业公司，结合基层治理，引导小区团员到小区报到，最大程度地把共青团员聚集在一起，推动小区治理更加多元化、年轻化、系统化，推动城市治理现代化。

26—30日　区医保局联合区卫健局组成检查组对彭山区家庭医生签约服务工作开展专项检查，推动家庭医生作为人民群众“健康守门人”履职尽责，切实提高群众健康获得感、安全感和满意度。

27日　中国法学会党组成员、副会长张苏军一行到眉山调研《关于进一步加强法学会建设的意见》贯彻落实情况并召开座谈会。调研组到彭山区经济开发区和山水福都小区，实地了解区县法学会会员入驻机关部门参与信访疑难案件化解，帮助企业开展法律风险防控，并参与居民小区自治，推动市域社会治理试点工作在基层落地。

同日　区委常委彭盛东调研彭山一中教育教学工作，区教育和体育局局长罗鸿翔陪同调研。

同日　区公安分局在实验小学开展“三长进校园”禁毒宣传活动。

28日　区公安交警联合派出所、区交通综合治理服务中心共同开展“百日会战”夜查行动。共检查货车80余辆次，查处货车严重超载违法行为5起，在辖区内形成严查、严管、严处的高压态势，及时消除道路交通安全隐患，有效确保中共十九届五中全会期间辖区治安大局平稳。

同日　彭山区在公义镇马林村彭山乡村振兴学院组织召开城乡居民收支调查第二轮换组调查户记账知识和调查技巧培训会。

30日　共青团眉山市彭山区委员会、彭山区机关事务中心组织全区西部计划志愿者广泛深入开展以“厉行节约，反对浪费”为主题的团日活动。活动共吸引400余名机关干部职工参与，以身作则，率先垂范，承诺拒绝餐饮浪费。

同日　区应急管理局组织开展全区危险化学品安全生产专题培训。全区重点部门分管负责人和具体工作人员以及重点危化化工企业、重点加油站主要负责人和安全部门负责人共120余人参加培训。

11月

1日　文化和旅游部副部长李群到彭山调研文物保护工作。李群一行到江口沉银遗址现场，详细了解历史文化遗产发掘保护和开发利用情况，并慰问考古工作人员。

2日　中国政法大学“健全城乡基层治理体系研究”课题组到彭山调研。

3日　彭山区召开领导干部大会，宣布省委关于彭山区委主要领导人员职务调整的决定：黄秀航任中共眉山市彭山区委委员、常委、书记。市委常委、组织部部长黄传龙出席会议并讲话。

2—3日　眉山市中小学音乐教师基本功培训暨“唐议名师工作室”中华小四弦培训在彭山区第四小学举行。

2—4日　彭山生态环境局开展城镇污水普法宣传活动。向10家污水处理厂现场发放《倡导节能节排　共建绿色家园手册》《中华人民共和国环境保护法》《中华人民共和国环境影响评价法》以及大气、水、固废污染防治等法律法规宣传资料共计120余册，要求污水处理厂定期开展集体学法、普法活动，提升法律素养，并融入日常生产生活中。同时，执法人员对污水处理厂设施运行、出水现状、在线设备运行、危险废物管理情况等开展现场检查，要求污水处理厂在枯水期间加强运行管理，确保区域水环境质量。

2—26日　眉山市彭山区2020年度新任科级领导干部培训班在市委党校开班，37人参加培训。

3日　彭山区人大常委会副主任胡志中率区人大司法和监察委、法制委等6位人大代表对全区“七五”普法工作情况进行视察。

4日　市人社局机关党委书记周伟一行到彭山区开展市域社会治理现代化试点工作专题调研。

同日　区委常委、区纪委书记、监委主任徐国调研彭山区廉洁文化基地建设情况及公义镇党风廉政建设工作。

同日　眉山市妇联家长学校、眉山市彭山区社会治安志愿者协会、彭山区未成年人心理健康辅导中心组织志愿者到区武阳中学和武阳小学开展“心教育·心公益”活动，100余名中小学生聆听心理健康知识，接受心理健康辅导。

5日　省农业农村厅疾控中心主任周明忠一行到彭山指导动物防疫工作。

同日　成眉石化园区管理委员会与亿虎控股（集团）有限公司签订工业投资协议。

同日　区人大常委会专题调研彭山区贯彻落实《中华人民共和国大气污染防治法》情况。

7日　区委书记黄秀航专程看望慰问部分在彭山居住的退休老干部。区委常委、组织部部长张川陪同。

9日　市人大常委会主任刘十庆一行专题调研彭山区对市人大四届六次会议代表建议的办理情况。

同日　区委常委会召开扩大会议传达贯彻习近平总书记在第三届中国国际进口博览会开幕式上发表的主旨演讲精神，并通报眉山市参加进博会的有关情况。

同日　彭山区义和学校开展“119”安全疏散演练。

11日　彭山区2020年度脱贫攻坚工作推进会召开。会议对脱贫攻坚省级考核工作作具体安排部署，力求做到考核时间、内容、过程3个明确；全力聚焦脱贫目标任务、克服疫情影响、脱贫退出质量、问题整改情况、项目推动和数据质量5项重点工作；把握检查工作6项要点。

12日　区委书记黄秀航到区人大常委会机关、区政协机关调研，看望机关干部，听取工作汇报，征求意见建议。

同日　由中国公共资源交易跨区域合作联盟联合业界权威学术机构举办的“2020年度首届全国公共资源交易百强县（市、区）”揭晓榜单，彭山区获得“2020年度首届全国公共资源交易百强县”称号。

14日　眉山市彭山区第四小学举办主题为“弘扬优秀文化，传承国学经典”的2020年国学经典培训活动。活动由眉山市彭山区档案馆、彭山区作家协会、彭山区第四小学共同主办，区部分作家协会会员，彭山四小师生、家长和各街道、单位文学爱好者等400余人参加培训。

17日　彭山区域化“两新”党建联合体启动仪式在彭山产业新城召开。标志着彭山“两新”组织携手推动城市商圈治理、园区经济发展和乡村振兴进入崭新的局面。60余家首批党建联合体成员单位参加活动。

18日　市委书记慕新海陪同宝能集团董事长姚振华调研四川彭山经济开发区，参观考察产业新城规划及项目拟选地块。区委书记黄秀航，四川彭山经济开发区党工委副书记、管委会主任张仕兵陪同参观。

同日　区委书记黄秀航深入凤鸣街道江渔村、城南污水处理厂、南方家居园区等地调研生态环境保护工作情况时强调，要认真学习贯彻习近平生态文明思想，践行“两山”理念，推动全区环保工作再上台阶。

同日　区委书记黄秀航在调研区政府工作时强调：深入学习贯彻习近平总书记在党的十九届五中全会上的重要讲话精神，奋力建设开放发展先行区，为谱写新时代彭山篇章作出新贡献、开创新局面。区政府班子要紧密团结在区委周围，同心、同向、同行，努力保持彭山发展的良好势头，咬定发展不放松、坚持发展不动摇，为当前和今后一个时期彭山高质量发展奠定基础；要进一步加强自身建设，持续改善营商环境，争创全省、全市一流，努力建设法治、和谐、廉洁、高效的人民满意政府；要加强党风廉政建设，压实主体责任，勇于担当尽责，自觉接受监督，把政府系统党风廉政建设工作落到实处。

同日　区委组织部制发《关于做好村（居）民小组建立党支部工作的通知》，推进村民小组党支部设立，进一步理顺镇村社党组织架构。

同日　市民罗某前往彭山区公安分局，将一面印有“反诈英雄·挽回损失”字样的锦旗送到民警手中，以此表达对公安民警成功帮助其追回被骗钱款18万余元的感激之情。

19日　区委书记黄秀航到区纪委监委调研纪检监察工作。

同日　彭山区公安分局组织开展“论人民警察的职业修养”专题宣讲会。

20日　区委书记黄秀航到四川彭山经济开发区、岷江大桥、尖子山航电、毛河生态湿地公园、环湖东路、武阳安置区等9个民生重点工程项目建设现场调研督导时强调，要把项目建设作为贯彻落实党的十九届五中全会精神的具体行动，聚焦目标任务，紧扣时间节点，强化服务保障，全力推动项目建设提速增效，为全区经济高质量发展奠定基础。

23日　市委书记慕新海在四川大学锦江学院向高校师生宣讲党的十九届五中全会精神，并作题为“开百年新局·做时代新人·勇担中华民族伟大复兴历史重任”的形势政策报告。慕新海围绕深刻认识党的十九届五中全会召开的重大意义，准确把握党和国家事业取得的历史成就，以及2035年远景目标和“十四五”时期发展的指导方针、主要目标、重点任务等方面，对全会精神进行详细解读。慕新海勉励高校师生要结合自身工作和学习，在学懂弄通做实党的十九届五中全会精神上下功夫，将个人梦想同伟大中国梦紧密联系起来，努力为全面建设社会主义现代化国家添砖加瓦。市委常委、宣传部部长何迎晓主持宣讲报告会。

24日　省检察院“文明接待室”检查验收组检查验收彭山区人民检察院创建全省文明接待室工作。

同日　区委书记黄秀航先后前往区委统战部、区委政法委、区委组织部和区委宣传部开展工作调研并慰问机关干部和一线工作人员。

同日　彭山区幼儿园部分骨干教师到江口镇中心幼儿园开展送教下乡活动。

同日　眉山市2020年“乘风破浪　舞动眉州”群众广场舞集中展演在彭山区彭祖广场举行。

同日　眉山市公安局彭山区分局与成都市公安局新津区分局签约建立森林火灾案件侦查工作警务协作机制。

24—25日　区委书记黄秀航调研全区交通工作。

25日　“成都市新津区—眉山市彭山区审批服务事项跨区域通办签约活动”在成都市新津区政务服务中心举行，身份证遗失补办、申报纳税、护照换发等45个事项被纳入首批跨区通办，为提升成眉两地群众获得感和幸福感，推进办事便利化按下“快进键”。

同日　彭山区召开“十四五”规划代表建议意见收集座谈会。会议对眉山市彭山区“十四五”时期国民经济和社会发展基本思路征求意见稿进行说明，与会人员重点围绕彭山区“十四五”时期抢抓国家新一轮西部大开发，成渝地区双城经济圈建设，四川省实施“一干多支、五区协同”和成德眉资同城化，眉山市融入都市圈，建设副中心等机遇，在扩大开放合作，加快产业体系建设，全面拓投资、扩内需，夯实基础设施发展，统筹城乡建设，深化创新改革，改善社会民生，提升生态环境质量，提升治理能力等领域提出意见和建议。

同日　彭山区公安分局召开打击森林违法用火行为专项行动推进会。

同日　彭山区举行社会心理服务中心启动仪式。市委常委、政法委书记周孝平出席仪式并宣布彭山区社会心理服务中心正式启动。市卫健委主任蒋传德、区委常委彭盛东为彭山区社会心理服务中心授牌，区委书记黄秀航致辞。

同日　彭山区召开年轻干部座谈会。

26日　省委组织部在彭山开展2020年度抓党建述职评议考核专项调研督导工作。

同日　全区禁毒重点整治攻坚战工作会在区委会议中心召开。会议传达省、市禁毒人民战争2020年冲刺推进工作会和市创建全国禁毒示范城市电视电话会议精神，安排部署全区禁毒重点整治攻坚战工作。

27日　成眉石化园区管理委员会与苏州金宏气体股份有限公司签订工业项目投资协议。

28日　省委第四巡视组组长丁宗进反馈巡视眉山市彭山区的情况并对抓好巡视整改工作提出要求。中共眉山市彭山区委书记黄秀航主持会议并就做好巡视整改工作作表态发言。

30日　彭山区举行禁毒专项整治集中清查行动启动仪式。该次集中清查共有100余名民辅警参加，盘查车辆569辆，盘查人员420人，清查网吧21家、旅馆81家、文化娱乐场所31家、洗浴场所17家，抓获涉毒人员13人，查获酒驾1人、醉驾1人，监督促行业隐患整改5家。

同日　彭山区在彭祖广场举行以“深入学习宣传习近平法治思想，大力弘扬宪法精神”为主题的宪法宣传周启动仪式。

同日　成眉石化园区管理委员会与四川明晶光电科技有限公司签订工业项目投资协议。

12月

1日　彭山区“清风扬眉”党纪法规知识竞赛活动在区委会议中心举行。来自各镇（街道）和派驻纪检监察组组成的12支代表队，分两轮展开角逐。通过“以赛促学”的方式，在全区形成学党纪法规的浓厚氛围，让党员干部树牢“因觉悟而不想腐”的思想自觉。

同日　彭山区召开政法系统禁毒重点整治攻坚战动员会，对禁毒重点整治攻坚工作进行再动员、再部署。

2日　区委理论学习中心组召开专题学习会，集中学习习近平总书记关于加强和改进人民政协工作的重要思想。

同日　区委第一巡察组向区彭祖山发展推进中心党组反馈巡察意见。

2—4日　2020年度机关党务干部培训班开班，51人参加培训。

3日　市委常委、统战部部长来建率全市基层统战工作推进会议参会人员到彭山区开展新的社会阶层人士联谊会工作。

同日　由彭山区关工委、文明办、教体局主办的以“传承抗疫故事，争做时代新人”为主题的冬令营开幕式在区青少年社会实践基地举行。义和学校4～6年级80余名学生参加活动。活动包括“基础军训”“卫生与健康教育”“参观红色教育基地”“重走长征路”“户外拓展训练”等项目，旨在让学生了解革命历史，传承红色基因。

同日　彭山区公安分局举行“基层民警与证据实务”专题讲座。讲座邀请四川师范大学法学院教授、法学博士李长城开展专题辅导。

4日　省社科院研究员郭晓鸣到彭山调研指导农村改革工作。

同日　全区村（社区）“两委”换届工作动员会暨业务培训会在区委会议中心召开。会议深入学习习近平总书记关于基层组织建设的重要指示精神，传达省委、省政府《关于高质量做好村（社区）“两委”换届工作的通知》精神，对彭山区村（社区）“两委”换届工作进行动员和部署。会议第二阶段开展换届业务、换届纪律、疫情防控等专题培训。

同日　区委常委、常务副区长李忠云，副区长王胜、游德华召集十个专项组成员单位和各镇（街道）主要负责人召开森林防灭火暨迎接国务院督导工作会议，传达学习省市森林防灭火工作会议精神，听取各专项工作组工作推进情况汇报。会议要求各镇（街道）和相关部门要坚决克服麻痹思想与侥幸心理，再次对照工作方案及四个清单，全力做好迎检各项准备工作。

5日　第十届全国人大常委会副委员长、中国关工委主任顾秀莲到彭山区鹏利小学调研。

7日　区委召开第一百三十七次常委会（扩大）会议，专题传达贯彻省委十一届八次全会精神，研究部署彭山区贯彻落实意见。会议学习《中国共产党四川省第十一届委员会第八次全体会议公报》，传达学习省委书记彭清华在全会上的讲话、《中共四川省委关于制定四川省国民经济和社会发展第十四个五年规划和二〇三五年远景目标的建议》及建议（讨论稿）说明、省委常委会工作报告等文件和讲话精神。

同日　区委书记黄秀航先后到公义镇和江口街道，就全区文旅工作进行调研，与当地党政一把手、企业负责人深入探讨交流，共商彭山文旅发展大计。

8日　省纪委监委驻省卫健委纪检组组长张峰带队到彭山区检查医保领域系统治理工作情况。

同日　全区安全生产委员会（扩大）会议召开。会议传达学习近期中央、省、市关于安全生产工作相关的会议精神，听取近期安全生产工作情况（包括森林防灭火和迎接国务院督导准备工作情况）汇报，区委常委、区政府常务副区长李忠云总结2020年前期安全生产并对2020年冬季及2021年春季安全生产形势进行分析，区长郭红对全区下一步安全生产工作进行全面部署。区委书记黄秀航主持会议并对全区安全生产工作提出工作要求，再次强调必须全力以赴，狠抓隐患排查治理，确保不出事，尤其是森林防灭火工作要抓紧督察，补齐短板，确保顺利迎接国务院督导。

同日　区委书记黄秀航分别到公义镇和凤鸣街道，开展毛河流域治理工作专题调研。

同日　全区新冠肺炎疫情防控工作专题会议召开。会议传达学习省委、市委疫情防控工作有关会议精神，分析彭山区当前疫情防控形势，部署下一阶段防控工作。

同日　区人大常委会主任杨兴弘调研观音街道禁毒工作开展情况。通过察看禁毒台账、实地走访的方式，对街道戒毒、社区康复人员档案和禁毒宣传等重点工作的落实情况进行逐项检查。

9日　省委农工办第一考评组对彭山区星级现代农业园区进行考评检查。考评组听取彭山区关于星级现代农业园区建设的汇报后，前往园区观景台、天鑫农业公司、果怡公司、臻润农业废弃物循环利用基地、园区科技服务中心、专家大院、乡村振兴学院等点位实地检查，查看资料并打分。考评组对园区的工作给予肯定。

同日　区委副书记、区长、区应对新冠肺炎疫情领导小组组长郭红主持召开彭山区疫情防控工作第四十一次调度会，安排部署彭山区疫情防控工作。

10日　彭山区组织开展2020年森林防灭火救援实战演练，是彭山区森林火灾专业扑救队伍成立以来第一次综合实战演练。演练科目包括森林火灾预警报告、灭火救援指挥调度、被困人员内攻营救、枪炮协同纵深扑救、防火隔离带及掩护幕墙构建、远距离中转供水等。

11日　副市长冉登祥率队到彭山区督导森林防灭火工作。督导组一行先后前往彭祖山风景区和公义镇开展督导工作，现场了解物资配备、人员备勤、装备实操等情况。冉登祥指出：彭山区有超过9333.33公顷的林地，森林防灭火工作压力较大。要认真吸取近年来全国全省森林火灾教训，提高认识、落实举措，营造浓厚的森林防灭火社会氛围。要完善制定应急预案，强化队伍建设管理，严格值班值守制度，备足备齐装备物资，加强专业人员培训，以演练促进技能提升。要加强重点区域和重点人员的监督管理，全面开展排查，杜绝火灾隐患。

15日　区委书记黄秀航调研城市建设、园林绿化和城市管理工作并强调，要坚持以人民为中心的发展理念，突出规划引领，坚持精细化管理，提升城市品位、改善人居环境，为彭山高质量发展提供有力支撑。

16日　副市长、市公安局党委书记、局长王景弘深入彭山区公安分局调研指导公安工作。

同日　眉山市检察院党组书记于强一行到彭山区检察院调研指导工作。

同日　眉山市区县首例异地远程评标工作在彭山区公共资源交易分中心完成。该项目是绵阳市的一个棚户区改造项目，在主场绵阳市政务服务和公共资源交易服务中心有3位评标专家，在辅场彭山区公共资源交易分中心有4位评标专家，通过音视频同步传输与保存，实现在线交流、在线打分，系统自动生成评标报告。

17日　区委书记黄秀航到凤鸣街道调研农村人居环境改善、基层社会治理、小区党建等工作。

18日　学习贯彻中共十九届五中全会精神市委宣讲团在彭山区住建系统开展宣讲活动，市委宣讲团成员、市委党校副校长周光普作宣讲报告。周光普从会议基本概况、重大意义、取得的最重要成果，以及建设小康社会取得的决定性成就，中国发展环境面临的深刻复杂变化，2035年远景目标，“十四五”时期主要目标任务，为“十四五”时期经济社会发展提供坚强保证等方面，对党的十九届五中全会精神作全面宣讲和深入阐释，并对全会精神中关于推动成渝地区双城经济圈建设的总体要求进行解读。

同日　眉山市彭山区2020年黄丰江口锦江公义片区高标准农田建设项目正式开工。

21日　区委二届常委会第一百四十次（扩大）会议召开。会议传达学习贯彻中央经济工作会议精神和市委常委会（扩大）会议精神。

同日　区委理论学习中心组专题学习会召开。会议专题学习领会习近平总书记关于党的组织建设和“三农”工作的重要论述。

同日　彭山区召开学习贯彻党的十九届五中全会和省委十一届八次全会精神区委宣讲团动员会暨集体备课会。会议对全会精神宣讲工作进行安排部署。会议要求，全面、系统、准确宣讲全会精神，要把握工作要求，高质量、高水平完成全会精神宣讲任务。

22日　眉山市彭山区黄丰镇关工委携手黄丰小学、黄丰中学举行“暖冬公益行动黄丰镇集中发放仪式”，69个孩子通过“暖冬行动”收获“冬日惊喜”。

23日　眉山市彭山区妇女第二次代表大会召开。大会审议并通过区妇联第一届执行委员会工作报告，选举产生区妇联第二届执行委员会委员、常务委员、副主席、主席。会议通报表扬全区妇女儿童工作先进集体和先进个人。

24日　市委督查室、市政府督查室、市委城乡基层治理委员会办公室对彭山区构建新型城乡基层治理体系工作进行专项督察。

同日　党的十九届五中全会和省委十一届八次全会精神市委宣讲团报告会暨区委理论学习中心组（扩大）学习会在区委会议中心举行。市委宣讲团第一分团负责人、市委组织部一级调研员杨志华作题为“擘画新蓝图　开启新征程”的宣讲报告。

同日　政协眉山市彭山区委员会第二届第二十八次常委会会议在兴铁宾馆会议中心召开。会议学习传达中央经济工作会议精神、省委十一届八次全体会议精神、市政协四届十八次会议精神，听取区纪委监委2020年全区党风廉政建设和反腐倡廉工作情况的通报，区人民法院、区人民检察院2020年度工作情况通报，区人民政府2020年新冠肺炎疫情防控工作情况的通报，审议政协眉山市彭山区委员会2021年工作要点审议稿。区政协主席杨红出席会议并讲话。

同日　彭山区制发《眉山市彭山区干部政治素质考察办法》。坚持把政治标准放在首位，聚焦标准设置、操作流程、结果运用三大环节，细化132条正向标准、10项负面清单，通过专项测评考察、重要节点考察、关键时刻考察、社会评价考察等方式，灵活掌握干部“八小时内外”政治素质表现，有效构建干部政治素质考察“四个一”体系，全方位考准、考实干部政治素质。

25日　区委书记黄秀航调研观音街道工作。

27日　驻彭山某部队联合区退役军人事务局、公义镇人民政府到公义镇新开村，为现役军人刘涛家属送去三等功喜报和慰问金。

28日　彭山二中举行以“珍爱生命，远离毒品”为主题的禁毒宣讲活动。

29日　彭山区疫情防控工作领导小组第四

十二次会议召开。会议深入贯彻落实全国、全省、全市冬春季疫情防控工作会议精神；通报区疫情防控工作领导小组督察情况，安排部署全区疫情防控工作。

同日 区委书记黄秀航到谢家街道宣讲中共十九届五中全会精神和省委十一届八次全会精神。

同日 区消防救援大队在陶氏化学（四川）有限公司举行化工企业灭火救援实战演练。

同日 眉山市彭山区2020年城乡住户调查工作总结暨表彰会召开。

同日 彭山区交通运输局联合区卫计局、区疾控中心等相关单位在彭山客运站开展应对新冠肺炎疫情防控应急演练。

30日 省大气监督帮扶组、市生态环境局到彭山区南方家具园区组织召开冬季大气污染防治攻坚帮扶法律法规宣传培训会。

同日 中共眉山市委基层治理委员会办公室发文公布全市城市基层治理十佳示范社区、十佳示范小区名单，凤鸣街道城南社区获“全市城市基层治理十佳示范社区”称号，翡翠龙湾小区获“全市城市基层治理十佳示范小区”称号。

同日 彭山区市场监管局召开“春雷行动2021”暨冷链物流疫情防控执法行动（以下简称“春雷行动”）动员部署会。

31日 区委二届常委会第一百四十二次（扩大）会议召开。会议专题传达学习市委四届第十六次全会暨市委经济工作会议精神，研究彭山区贯彻意见。

12月 彭山区开展彭山城区人力客运三轮车残值回购与奖励，消除三轮车运行带来的交通安全隐患。

基本区情

政　区

【地理位置】　眉山市彭山区位于四川盆地西部，地处岷江中游。地理坐标为北纬30°07′~30°21′，东经103°40′~103°59′，东西长28.7千米，南北宽25.9千米。东临仁寿县，南接东坡区，西与蒲江县、邛崃市交界，北与新津、双流两区相连。彭山地处成都平原经济圈核心层，距省会成都45千米，距眉山市18千米，距双流国际机场30千米。

【建置沿革】　彭山区在战国时期为蜀国之地。周慎靓王定五年（公元前316年）秦灭蜀后，设置郡县，置武阳县（县治地在今彭山区江口街道武阳社区），属蜀郡。南朝梁武帝天监四年（505年），分武阳县地置灵石县（约今彭山区境）。大同十年（544年），改灵石县为犍为县（一说为江阳县），属江阳郡。西魏废帝元钦二年（553年），撤犍为县置隆山县（约今彭山区、新津区）。县治地由岷江东岸迁到岷江西岸（今彭山区凤鸣街道），属江州。唐玄宗先天元年（712年），隆山县改名为彭山县，隶属眉州。历经前蜀、后唐、后蜀、北宋、南宋，直至元末都没有大的变动。

明太祖洪武十年（1377年）五月，彭山县并入眉县。洪武十三年（1380年）眉县升为眉州，11月复置彭山县，属眉州。

清康熙元年（1662年）彭山县并入眉州。雍正六年（1728年）复设彭山县，仍隶属眉州。

民国时期（1912—1949），彭山县先后隶属上川南道、建昌道、第四行政督察区。

1950年1月，彭山县属川西区眉山专区管辖。1953年年初，眉山专区撤销，彭山县划归乐山专区管辖。1959年4月，彭山县并入眉山县，为眉山县彭山区（区公所设彭山镇）。1962年11月，恢复彭山县，仍属乐山专区。1968年改地区为专区，1985年5月乐山地区改为乐山市（省辖市），彭山县的隶属关系未变。1997年8月行政区划调整，彭山县划归眉山地区管辖。2000 年 12 月，眉山地区改为眉山市（省辖市），彭山县属眉山市管辖。

2014 年 10 月 20 日，设立眉山市彭山区。

【行政区划】 2020 年，彭山区行政区域面积 466.93 平方千米（含天府新区彭山区域），辖凤鸣、观音、谢家、青龙、江口 5 个街道和锦江、黄丰、公义 3 个镇，有 35 个村、227 个村民小组，30 个社区、274 个居民小组。青龙街道和锦江镇委托眉山天府新区管委会进行直接管理。

【村级建制调整】 2020 年，彭山区进行村级建制调整改革，全区村（社区）由原来的 86 个减少到 51 个，总减幅达 40.7%。行政村（社区）平均管辖面积从改革前的 4.30 平方千米增加到 7.15 平方千米，行政村（社区）平均人口从改革前的 3035 人增加到 5042 人，同比均增长 66%。全区共设社区党委 13 个、社区党总支 9 个、村党总支 18 个、村党支部 11 个。

2020 年镇（街道）区划调整后村（社区）标准名称一览表

表 1

镇（街道）名		辖村（社区）名
锦江镇	3 个村、19 个组	正华、天宫、象耳
	4 个社区、36 个组	毛家渡、锦江、牧马、莲花
黄丰镇	4 个村、19 个组	团结、共和、合力、双塘
	2 个社区、12 个组	新丰、丰华
公义镇	7 个村、47 个组	欣荣、农乐、金岗、天柱、龙安、五马、新桥
	2 个社区、18 个组	公义场、保胜场
凤鸣街道	2 个村、11 个组	江渔、金烛
	7 个社区、86 个组	城中、城南、平乐、红星、易埝、城东、城西
观音街道	3 个村、27 个组	果园、文昌、椿巅
	6 个社区、44 个组	毛店、兴崇、龙门桥、五湖、观音铺、蔡山
谢家街道	6 个村、44 个组	邓庙、李山、石山、汉安、悦园、岐山
	2 个社区、26 个组	谢家场、义和场
青龙街道	3 个村、14 个组	桂林、同乐、狮子
	4 个社区、29 个组	龙都、永远、先锋、莲池
江口街道	7 个村、46 个组	泥湾、大塘、茶场、石龙、双江、土桥、永丰
	3 个社区、23 个组	武阳、泉水、江口
合　计	全区有 3 个镇，5 个街道，35 个村，227 个村民小组；30 个社区，274 个居民小组	

【人口】 年末，全区户籍总户数 12.61 万户，户籍总人口 32.59 万人。常住人口 32.82 万人，其中，城镇常住人口 18.93 万人，常住人口城镇化率 57.68%，比 2019 年高 1.04 个百分点。

全年出生人口 2506 人，人口出生率 7.71‰；死亡人口 2592 人，人口死亡率 7.98‰；人口自然增长率 -0.26‰。

自然环境

【地形地貌】 彭山区地处四川盆地川西平原南缘，东依龙泉山，西靠总岗山。属四川盆地与川西北丘状高原山地过渡地带前缘。东西被龙泉山和总岗山断裂所挟，两山属多圆浅丘地带，两山之间断裂为古隆中新凹陷雁行褶皱带，南北敞开。中部为开阔的平坝区，占总面积的 32%。牧马山台地由北向南展入区境，台地东为府河，台地西为南河，府、南二河在江口汇合后入岷江。岷江由北向南纵贯区境，构成中部冲积平原。总面积 466.93 平方千米。海拔 410~711.6 米，西北高，东南低。

【土壤】 依据第二次土壤普查资料，彭山区土壤酸碱性以中性偏碱为主，有 4 个土类（紫色土类、潮土类、黄壤土类和水稻土类），9 个亚类，21 个土属，48 个土种。其中，东西山两背斜平行分布着紫色土类，紫色土有 3 个亚类，6 个土属，12 个土种；北部牧马山台地及东西部丘陵间断分布着黄壤土类，只有 1 个亚类，1 个土属，3 个土种；而沿河流两岸分布着近代流水沉积物发育起来的潮土类，有 1 个亚类，3 个土属，3 个土种；还有在以上三大类土壤上人为水耕熟化、长期种稻发育而成的水稻土类，有 4 个亚类，11 个土属，30 个土种。水稻土是彭山区的主要土壤类型之一，其面积占到农耕地面积的 72.7%；紫色土是全区旱地的主要土类，主要分布在东西山，其面积占总耕地面积的 17.64%，遍布全区各乡镇。

【植被】 境内植被属亚热带湿润常绿阔叶林带，自然植被主要有马尾松、青杠、桤木、松树、柏树、慈竹等。除天然林外，其余为人工造林及零星分布的树、草、竹等。全区森林覆盖率 37.87%。

【山脉】 **东山** 位于区境岷江以东的江口街道、锦江镇、黄丰镇，属龙泉山西麓丘陵地带。山脉发源于成都东部的龙泉驿，海拔高度450~644.5 米，相对高差 194.5 米，属浅丘宽谷，冲沟宽度一般在 100~150 米。境内主要山峰有彭祖山、象耳山、关刀山、石仓洞山等。

西山 位于西面的青龙街道、谢家街道、公义镇所辖诸山，属总岗山南麓地带。山脉走向由东北向西南延伸，海拔 458~711.6 米，相对高差 253.6 米。中丘宽谷，冲沟宽度在 150~200 米。区内主要山峰有北平山、金刚山、平盖山等。

【河流】 境内河流主要有岷江及其支流府河、南河。

府河 古名锦江，又名蜀江，因流经成都府，故名。河道由北向南，从双流区黄佛镇铜钱石入境，流经原府河、净皇、江渎、江口等乡镇，在下江口与南河合流，全长 16 千米。

南河 古名武阳江，在新津区邓双镇入境。河道由东北向东南，流经原青龙、观音、彭溪、江口等镇，在下江口与府河汇合，全长 16.6 千米。

岷江 古名汶江，又名导江，以发源于松潘的岷山而得名。自北向南经茂县、都江堰，分内外两江穿成都平原，分别在双流区黄佛镇铜钱石及新津区邓双镇入县境，在下江口汇合继续南流入眉山境。岷江流经县境段属岷江中游（包括府河、南河两支流），全长40.1千米。

【气候】 2020年，彭山区平均气温18.5℃，比历年平均值17.2℃偏高1.3℃；年极端最高气温39.0℃，比历年极端最高值38.6℃偏高0.4℃；年极端最低气温0.5℃，比历年极端最低值-3.2℃偏高3.7℃。年日照时数2309.3小时，比历年平均值1056.3小时偏多119%。5月至6月出现日最高气温超过35℃的天数有11天，7月下旬至8月出现晴热高温天气，日最高气温超过35℃的天数有10天，其中7月27日极端最高温度为39.0℃，突破同期历史极值。全年共计出现区域性暴雨天气过程8次，分别为7月30日、8月11日、8月15日、8月17日、8月18日、8月31日，大暴雨天气过程为8月12日、8月16日；其中8月12日有11个监测站点降雨量超过100毫米，16日有18个监测站点降雨量超过100毫米。

自然资源

【土地资源】 彭山区分为低山、丘陵和河谷平原三种地貌类型。县城中部为贯穿南北的岷江冰水堆积平原和冲积平原，岷江之东的江口、黄丰等乡镇为丘陵地带，西部为低山及丘陵地带。

土地利用呈现明显的地域差异性，自然和经济条件的差异，造成彭山区区域间土地利用结构存在较明显的差异。耕地主要分布于中部平原地区，有少量分布于西部浅丘地区和东南部浅丘地区；园地与林地主要分布于岷江、南河东岸沿岸中丘地区和西部山区；工业和城镇等建设用地主要集中分布于岷江、府河西岸沿岸地带。

【动植物资源】 境内动物有野生动物和驯养动物两大类。彭山区内有国家二级重点保护野生动物虎蚊蛙、灰雀等33种国家保护的野生动物以及其他一般兽类、禽类、蛇类、虫类。驯养动物有兽类、禽类、鱼类、虫类。其中，家畜有牛、羊、猪、兔、猫、犬，家禽有鸡、鸭、鹅、鸽。

植物资源丰富。彭山区有本土植物资源264种，分属于80科186属。其中，蔷薇科、豆科、桑科、木本植物种类最为丰富，分别有13属26种、13属14种、6属11种、3属10种约占彭山区已登记木本植物种类的23.11%。2020年，彭祖寿柑、丰水梨、巨峰葡萄、琯溪蜜柚、猕猴桃等优质水果占据全区水果市场的主导地位。

【矿产资源】 彭山区矿产资源丰富，主要有钙芒硝、金、硫铁矿、页岩、红石、黏土、砂石、石英砂、矿泉水、煤、天然气等矿产资源。已探明彭山区矿产资源的储量有：钙芒硝矿储量40.89亿吨以上，页岩储量100亿立方米。

【水资源】 全区地表水资源量32370万立方米，地下水资源量5019万立方米。水资源总量32370万立方米，人均占有水资源量900余立方米。年平均降水量1235.8毫米，比多年平均偏高20.7%。用水总量为16671万立方米，城镇人均日生活用水量0.1068立方米，农村人均日生活用水量0.0825立方米。

国民经济和社会发展状况

【概况】 2020年，全区实现地区生产总值（GDP）183.39亿元，按可比价计算，比2019年增长4.5%。其中，第一产业增加值实现17.80亿元，增长5.5%；第二产业增加值实现82.51亿元，增长3.6%；第三产业增加值实现83.08亿元，增长5.3%。三次产业对经济增长的贡献率分别为11.7%、41.9%、46.4%，分别拉动经济增长0.5、1.9、2.1个百分点。三次产业结构由上年的9.0∶46.5∶44.5优化为9.7∶45.0∶45.3。

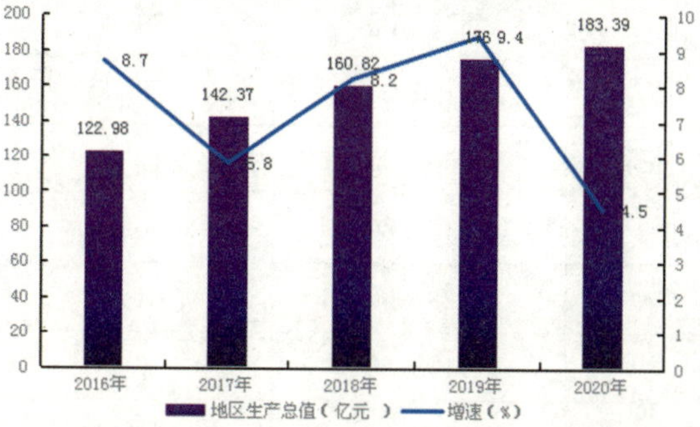

2016—2020年彭山区地区生产总值（GDP）及增速图

全年民营经济（未含港澳、外商经济）增加值103.73亿元，按可比价格计算比上年增长3.4%，占地区生产总值比重为56.6%，对经济增长的贡献率为45.1%，拉动经济增长2.0个百分点。其中，第一产业增加值7.59亿元，增长5.5%；第二产业增加值54.64亿元，增长3.7%；第三产业增加值41.50亿元，增长2.5%。

【农业】 全年农林牧渔业总产值29.08亿元，按可比价计算比上年增长5.9%；农林牧渔业增加值18.37亿元，按可比价计算增长5.8%。

全年农业产值13.76亿元，比上年增长5.7%。农作物总播种面积22516公顷，其中，粮食作物12472公顷，油料作物4436公顷，药材1613公顷，蔬菜及食用菌2699公顷。

全年粮食总产量95285吨，比上年增长0.7%；油料产量10693吨，比上年增长1.3%；蔬菜及食用菌产量44794吨，增长2.9%；水果产量72592吨，增长3.9%。

全年牧业产值10.53亿元，比上年增长8.0%。全年出栏肉猪10.10万头，下降6.5%；出栏牛810头，增长67.1%；出栏羊2.18万只，增长3.5%；出栏家禽389.11万只，下降5.5%。全年肉类总产量13830吨，下降10.8%。其中，猪肉7075吨，牛肉126吨，羊肉290吨，禽肉5147吨。全区禽蛋产量6607吨。

全年林业产值0.67亿元，比上年增长2.9%。年末森林面积17664公顷，森林覆盖率达到37.87%。

全年渔业增加值3.20亿元，比上年增长4.5%。水产品养殖面积1132公顷，水产品产量20000吨。

【工业和建筑业】 全年工业增加值65.93亿元，比上年增长3.5%，对经济增长的贡献率为34.9%，拉动经济增长1.6个百分点。全区工业性固定资产投资达到52.67亿元，增长1.5%。

全年规模以上工业企业总数134家，比上年增加12家。全年规模以上工业增加值增长5.2%。

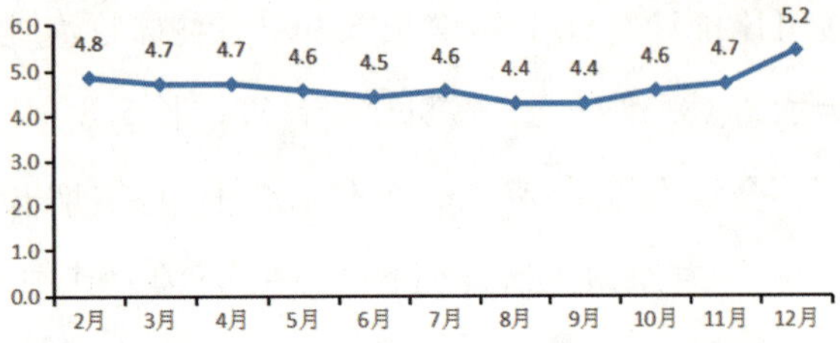

彭山区规模以上工业增加值增速（累计同比）图

在统计的36种工业产品中，有22种产品产量增长，增长面为61.1%。规模以上工业企业产销率为98.0%。全区134家规模以上工业企业实现营业收入414.43亿元，增长4.7%；实现利润总额17.33亿元，增长31.3%。

2020年彭山区规模以上工业主要产品产量一览表

表2

产品名称	单位	2020年	比上年增长%
水泥混凝土排水管	千米	330.00	2.5
塑料制品	吨	41184.80	19.9
合成洗涤剂	吨	298270.00	5.5
金属门窗及类似制品	吨	4251.10	15.4
环境污染防治专用设备	台（套）	1329.00	2.2
饲料	吨	875483.40	3.3
沥青和改性沥青防水卷材	平方米	27710239.00	-11.3
变压器	千伏安	4301714.00	9.2
玻璃包装容器	吨	8351.00	-89.7
饮料酒	千升	1130.00	0.0
家具	件	502409.00	-12.7
磷酸（含量85%）	吨	6183.80	90.5
化学试剂	吨	268284.00	61.8
涂料	吨	415198.50	3.3
化学纤维	吨	89880.00	-11.9
多色印刷品	对开色令	213843.00	-26.6
日用玻璃制品	吨	17371.00	18.2
电梯、自动扶梯及升降机	台	1478.00	-15.0
纸制品	吨	73705.70	7.4
气动元件	件	2208536.00	-10.4
非织造布（无纺布）	吨	1687.00	69.4
输送机械（输送机和提升机）	吨	35889.00	-14.6
钢结构	吨	67619.00	6.3
钢丝	吨	6484.50	-4.0

续表 2

产品名称	单位	2020 年	比上年增长%
食品添加剂	吨	10716.00	45.5
氧化铝	吨	43084.00	9.0
水泥	吨	1278223.00	-6.2
人造板	立方米	855207.00	-0.7
商品混凝土	立方米	2455393.00	32.8
精制食用植物油	吨	159055.00	26.0
自来水生产量	万立方米	1699.00	30.2
速冻食品	吨	86934.65	15.9
预应力混凝土桩	米	718685.00	181.2
铜材	吨	16428.00	-23.3
砖	万块	1829.00	-2.1
元明粉	吨	18257.00	6.3

全年建安工程投资完成 198.61 亿元，全年建筑业增加值 16.58 亿元，比上年增长 4.2%。全区具有资质总承包的建筑企业 26 家，建筑业企业房屋建筑施工面积 316.79 万平方米，增长 10.6%；房屋建筑竣工面积 134.56 万平方米，同比下降 22.7%，其中，住宅竣工面积 98.08 万平方米，同比下降 17.8%。

【固定资产投资】全年全社会固定资产投资 219.13 亿元，比上年增长 10.2%，其中，基础设施投资下降 3.9%，房地产开发投资增长 28%，更新改造投资增长 15.2%。分产业看，第一产业投资比上年增长 217.2%，第二产业投资增长 1.5%，第三产业投资增长 11.6%。第一、二、三产业投资占全社会投资的比重分别为 1.7%、24.1%和 74.2%。

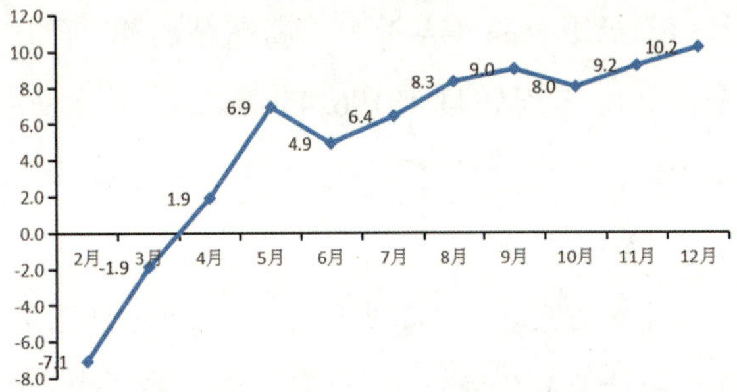

2020 年彭山区全社会固定资产投资增速图

全年房地产开发投资 76.15 亿元，比上年增长 28%。商品房销售面积 186.59 万平方米，增长 39.6%；销售额 136.88 亿元，增长 28.4%。

【国内贸易】 全年全区社会消费品零售总额 73.73 亿元，比上年下降 2.5%。其中，批发业 10.54 亿元，下降 4.5%；零售业 54.25 亿元，下降 0.5%；住宿业 2.23 亿元，下降 13.9%；餐饮业 6.71 亿元，下降 9.9%。从销售单位所在地看，城镇实现零售额 52.85 亿元，下降 2.6%；乡村实现零售额 20.88 亿元，下降 2.2%。

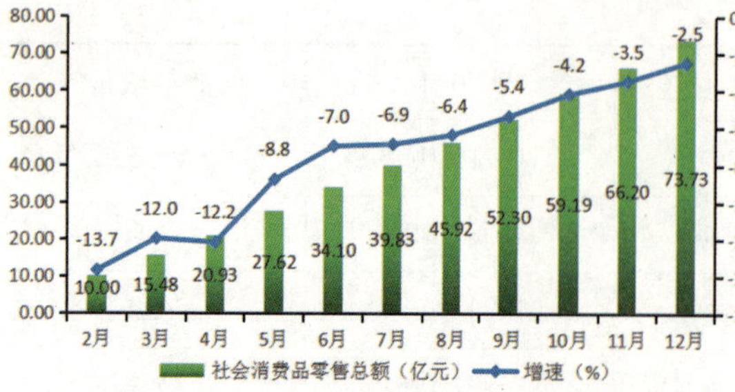

2020 年彭山区社会消费品零售总额及增速图

【对外经济】 全年外贸进出口总额 13424 万元。其中，出口 7645 万元，进口 5779 万元。全年（不含天府新区彭山区域）实际利用外资 1460 万美元，全区招商引资到位资金 92.26 亿元人民币。

【交通和邮电】 全区境内公路里程 786 千米，其中，等级公路 744 千米，高速公路 42 千米。全社会旅客周转量 18196.45 万人千米，增长 15.0%，全社会货运周转量 11023.9 万吨千米，增长 15.0%。

全区邮政业务总量 3.90 亿元，增长 15.5%；全区电信业务总量 15.82 亿元，增长 37.2%。全区固定电话用户 76530 家，下降 0.4%；移动电话用户 349024 家，增长 2.8%；宽带用户数达到 137297 家，增长 9.2%。

【旅游业】 全年共接待游客 458.41 万人次，比上年下降 20.0%；旅游收入 37.00 亿元，下降 26.0%。

【金融业】 全年实现地方财政收入 98.21 亿元，比上年增长 5.8%；地方一般公共预算收入 16.69 亿元，同口径增长 2.1%；其中，税收收入 11.42 亿元，同比下降 1.1%；地方一般公共预算支出 33.24 亿元，同比增长 0.6%。

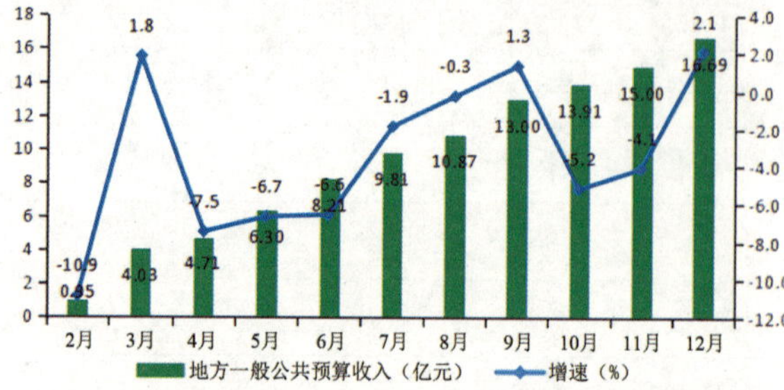

2020 年彭山区地方一般公共预算收入及增速图

全区金融机构各项存款余额 300.34 亿元，比上年增长 15.3%。其中，住户储蓄存款余额 217.76 亿元，增长 14.5%。金融机构各项贷款余额 170.18 亿元，增长 37.2%。

全年保费总收入 59159.33 万元，财险保费收入 15978.83 万元，寿险保费收入 43180.5 万元。

【教育和科技事业】 全年申请专利 563 件，专利授权 311 件；全年举办科技培训 10 次，培训人员 400 人次。区财政投入科学技术支出 753 万元。全年财政投入教育支出 40352 万元。

【文化卫生】 年末，全区拥有文化馆 1 个，文化站 13 个，公共图书馆 1 个，博物馆 1 个，体育场馆 3 个，电视台 1 个。年末公共图书馆图书总藏量 5 万册。

全年财政投入医疗卫生支出 24215 万元。全区共有医疗卫生机构数 260 个，实有床位数 2020 张，全区医疗机构共有技术人员 1995 人，其中，执业医师 766 人。

【民生福祉】 全年城镇居民人均可支配收入 40016 元，比上年增长 5.9%。其中，工资性收入 21644 元，增长 4.6%；家庭经营净收入 9166 元，增长 0.6%；财产净收入 2541 元，增长

19.3%；转移净收入6665元，增长19.3%。人均消费性支出24267元。其中，居住支出4448元，生活用品及服务支出1543元，交通和通信支出3007元，其他支出15269元。城镇居民恩格尔系数38%。

全年农村居民人均可支配收入21944元，比上年增长8.7%。其中，工资性收入10265元，增长8.9%；家庭经营现金收入7474元，增长8.8%；转移性收入800元，增长3.6%；财产性纯收入3405元，增长9%。农村居民人均生活消费支出16935元。农村居民恩格尔系数为34%。

全年参加城乡居民社会养老保险人数110062人，参加城镇职工基本养老保险人数138411人，参加城乡居民基本医疗保险人数261426人，参加职工医疗保险人数36952人，参加失业保险人数31575人，参加工伤保险人数26962人，参加生育保险人数27430人。全年城镇新增就业4392人，城镇登记失业人数1933人，城镇登记失业率控制在2.99%以内。

年末，全区各种社会养老机构11所，城镇居民最低生活保障人数1307人，农村居民最低生活保障人数5276人，城乡特困供养人数1263人。

2020年彭山区经济社会发展主要指标一览表

表3

地区生产总值（亿元）		第一产业增加值（亿元）		第二产业增加值（亿元）		第三产业增加值（亿元）		民营经济增加值（亿元）		全社会固定资产投资	社会消费品零售总额	地方一般公共预算收入	一般公共预算支出	城镇居民人均可支配收入	农村居民人均可支配收入
绝对量	增幅（%）	绝对量	增幅（%）	绝对量	增幅（%）	绝对量	增幅（%）	绝对量	增幅（%）	增幅（%）	（亿元）	（亿元）	（亿元）	（元）	（元）
183.39	4.5%	17.80	5.5%	82.51	3.6%	83.08	5.3%	103.73	3.4%	10.2%	73.73	16.69	33.24	40016	21944

风景名胜

【彭祖山风景区】 彭祖山古称彭蒙山、彭王（亡）山、彭女山、仙女山，据传是八百岁寿星商贤大夫彭祖的故里和安葬地，因此而得名。海拔610米，垂直高差158米，因是养生术创始人彭祖修炼和陵寝之地而闻名四海。2016年起，彭祖山文化旅游综合开发项目由成都环球融创文化旅游有限公司投资开发，项目规划面积约28.6平方千米，总投资10亿元，建设年限至2021年。项目以长寿养生文化为核心，打造以旅游度假、文化休闲、养老养生为主的全国养生养老度假产业基地。项目主要建设内容包括新建、改扩建彭祖书院、彭祖祠、膳食术馆、彭祖文化中心、彭祖墓、采气场、养生殿、彭祖居、禅茶院子、不老阁等18个单体建筑及茶园、果园等4个园林景观，该项目集文化展示与休闲旅游于一体，服务与设施一流，按国家AAAAA级旅游景区标准建设成为参与性和体验性极高的综合性特色旅游度假目的地。

彭祖山景区全景

【江口汉崖墓】 江口汉崖墓为国家级重点文物保护单位。江口崖墓位于彭山区江口街道和锦江镇，时代为东汉时期，以江口街道石龙村为中心，南北长10千米、东西宽3千米的地带内保存有崖墓5000余座。包括长山埂崖墓群、高家沟崖墓群、盐井沟崖墓群、豆芽房沟崖墓群、打渔沟崖墓群、寨子山崖墓群、油房沟崖墓群、江渎崖墓8个保护区。江口汉崖墓墓葬形制分单室和多室两类，单室墓由墓道、墓门、墓室组成；多室墓较单室不同处，多在主室两侧再开凿数量不等的侧室，葬具有崖棺、随崖原棺等。在雕刻方面，雕刻技法以平面浮雕为主。2020年，江口汉代崖墓博物馆基本展布展完成并对外接待游客，“崖筑天阶”主题展共展出116件文物，其中上级文物30件。

江口汉代崖墓博物馆“崖筑天阶”主题展馆

【江口沉银遗址】 江口沉银遗址位于四川省眉山市彭山区江口街道岷江河道内，北距成都市60余千米，南距眉山市20余千米。

清代以来的文献中，多记载明末大西军领袖张献忠曾沉银于此，民间亦有“石龙对石虎，银子万万五，谁人识得破，买尽成都府”的传说。清初著名诗人吴伟业的《鹿樵纪闻·献忠屠蜀》，彭孙贻的《平寇志》，彭遵泗的《蜀碧》卷三，清朝官修的《明史》《明史·张献忠传》《大清历朝实录》，杨鸿基的《蜀难纪实》，欧阳直的《蜀乱》（又名《欧阳氏遗书》），冯苏的《见闻随笔》，费密的《荒书》，都江堰贡生高履和的《普照寺源流记》，《彭山县志》，清嘉庆十七年《乐山县志》卷十人物志，清光绪《青神县志》，民国《江津县志》等文献中均有类似记载，只是说法略有不同，一称“锢金”，一称“水藏”。《蜀碧》记载：“（张）献忠闻（杨）展兵势甚盛，大惧，率兵十数万，装金宝数千艘，顺流东下，与展决战。”相传清顺治三年（1646年），清军入川，张献忠“携历年所抢”的千船金银财宝率部向川西突围。但转移途中猝遇地主武装杨展，张献忠的运宝船队大败，千船金银沉入江底，张献忠只带少数亲军突围成功。

自20世纪20年代起，遗址所在的岷江河道内陆续发现有文物出水；2005年岷江河道内修建饮水工程，在施工过程中发现一段木鞘，内藏7枚银锭；2011年岷江河道内取沙，发现了金册、西王赏功等文物；2013年以来江口沉银遗址遭到严重盗掘。2016年4月至2020年4月，经国家文物局批准对江口沉银遗址进行了三期考古发掘，共出水文物5.2万余件。种类以金、银、铜、铁等金属材质为主，其中包括张献忠大西国的金封册、铸造的“西王赏功”

金币、蜀王金宝及币范、“西王赏功”银币、“大顺通宝”铜币、铭刻大西国国号的五十两银锭和运载银两的木鞘等；明代蜀、楚、荣、吉等藩王府的金封册、银封册、金宝、银印和铭刻万历、天启、崇祯等年号的五十两银锭等；此外还有戒指、耳环、发簪、手镯等各类金银首饰；铁刀、铁剑、铁矛、铁箭镞等各类兵器；金碗、金锁、金纽扣、金顶针，银碗、银勺、银筷子、银镜、银带扣，铜镜、铜绦钩、铜锁、铜钥匙，铁秤砣、铁篙杆等各类生活用具。出水文物时代明确，自明代中期延续至明代晚期；来源地域广泛，北至河南、陕西，南至两广，西到四川、云南，东到江西，范围涵盖了明代的大半个中国；等级较高，包含了诸多张献忠大西国及明代皇室文物。最为重要的是发现了一枚蜀王金宝。据明史记载，皇子封亲王，授金册金宝。世子承袭王位，止授金册，传用金宝，也就是说每个藩王府只有唯一一枚金宝，因此较金册显得更为稀少和珍贵。江口沉银遗址出水文物数量之多、等级之高、种类之丰富、价值之高，对研究明代的政治史、经济史、军事史和生活史等具有重要意义。

考古发掘确认江口沉银遗址为张献忠沉银地点，遗址的形成可能与文献中记载的大西军领袖张献忠与明代参将杨展“江口之战”这一历史事件直接相关，为解决有关张献忠的诸多历史传说提供了科学依据，为研究张献忠大西军征战历史、政权建设和经济建设等方面提供了丰富的实物资料。同时对认识明代中晚期的政治制度、社会经济、物质文化乃至明末清初以来的社会历史走向等都具有重要的意义。

建设中的江口沉银博物馆

【中国长寿城牌坊】 中国长寿城牌坊是彭山区的标志性建筑，也是由城区通往江口古镇、彭祖山风景名胜区的大门，始建于1992年。该牌坊宽33米、高33.8米，占地700余平方米，由九重宝顶、6个四方楼亭、8.8米的大门组成。九重宝顶，金光灿烂，象征九九长寿及生命的延续；两重6个楼亭作攀高、休闲、观景使用；大门以彭祖八百八十高寿数字为高度，寓意走进长寿之门。整个建筑气势雄伟，造型独特，工艺精湛。据考证，该牌坊高度、规模为亚洲第八位牌坊。站在城楼向南可一览彭山城区风貌，向北可观两江汇合，浮想千船沉银壮景，向东可眺望彭祖山层层叠嶂、山峦起伏。牌坊南北正门两面刻有彭祖、西王母采气炼丹图；背面为汉代画像砖阴阳交媾图；青龙、白虎、朱雀、玄武等刻嵌于东西两侧。

整个牌坊设计融四川吊脚楼、江南飞角、云南佛塔，以及陕西、北京十三陵墓神道石雕等多种元素于一体，采用现代建筑工艺，新颖别致，独具一格，蜀中罕见。

中国长寿城牌坊

【象耳寺】 象耳寺原名大圣寺，建于南北朝，唐宋时期达于鼎盛，有九楼十八殿，大小房间3000余间，上千僧众相见不相识，有“鸣钟晓吃饭，骑马关山门”之说。元、明、清各代，象耳寺屡遭破坏，又屡有建修。现存有李白读书台、磨针溪、洗砚池等胜迹，著名的象鼻山、象耳山、擦耳岩等环拱寺前，植被繁密，风光清丽。

地方特产

【彭祖八百寿酒】 彭祖八百寿酒为浓香型白酒，主要有“彭祖”“八百寿”两大品牌。该酒为首批四川十大名酒之一，1986年和1991年先后两次被四川省人民政府授予四川省名酒称号；2008年，“八百寿”被授予中国驰名商标称号；2011年，“彭祖”商标被商务部认定为“中华老字号”。2020年，“彭祖八百寿系列酒”在2020四川特色旅游商品评选活动中获旅游酒类铜奖。

【甜皮鸭】 彭山甜皮鸭又称贡鸭、卤鸭子，是彭山的一道名菜，沿用的是清朝御膳工艺。彭山甜皮鸭选取使用健康粮食喂养、采用放养方式的土仔鸭，辅料考究，采用传统工艺精制而成，不肥不腻。由民间发掘、改进，其卤水别具特色。

甜皮鸭

【长寿漂汤】 长寿漂汤在彭山也叫长寿汤，用棒骨和老鸡熬成汤底，然后加入多种荤素食材一起煮熟，大致有酥肉、肚条、心舌、香酥小鱼、猪肉片、豆腐、白菜、粉条等，配有一个味碟。先吃菜、后喝汤。荤素搭配、浓淡相宜。

长寿漂汤

【天下第一羹】 “天下第一羹”是彭祖膳食养生的集大成者。相传，4000余年前，彭祖创制了味道鲜美的雉羹，即野鸡汤，献给尧帝使用，治愈了尧帝的多年重病，尧帝便把彭城（今江苏徐州）封给了彭祖，故而后世称彭祖为厨师之鼻祖。彭祖首创雉羹，影响深广，《礼记》《楚辞·天问》等古籍中均有记载，虽时代变迁，但经过历代厨师的不断努力，使彭祖遗艺有继，并逐步改良。据《大彭烹事录》记载，“雉羹”被历代皇帝视为珍品，至今仍是高级宴席上的珍馐美食。

【小马卤耳朵】 小马卤耳朵的创始人马胜元，彭山区谢家镇人，于清光绪八年（1882年），在谢家场创办了“小马猪耳朵”。该传统制品技术，经过马登成、马先正、马玉明、马国中四代人的努力，至今已有138年历史。

【葡萄】 彭山葡萄为国家地理标志保护产品。彭山已建成特色葡萄产业1500余公顷，培育了夏黑、香妃、红芭拉多和美人指、红提等36个品种。彭山葡萄鲜脆多汁，同时还带有玫瑰香味，口感上佳，营养丰富，鲜食品质极优。

彭山葡萄（美人指）

【黄丰柑橘】 彭山区黄丰镇以柑橘产业为支柱产业，拥有柑橘833.33公顷、80万余株，年产柑橘总量达8万吨，品种（柑、橙、柚）齐全，常年有鲜果上市，是四川省著名的柑橘生产基地，享有“柑橘之乡”的美誉。

黄丰柑橘

【谢家猕猴桃】 谢家猕猴桃被四川省农业厅认证为“无公害农产品”，打响了“种四川最好猕猴桃”的口号。拥有优质猕猴桃产业园400公顷，引进红阳、金艳、红什2等7个优质品种，创建了“丹蕖”“悦园”等品牌4个，建立产销一体化模式，年销售量达7500吨。

谢家猕猴桃

中国共产党眉山市彭山区委

重要会议

【中国共产党眉山市彭山区委第二届代表大会第五次会议】 2020年1月12—13日，中国共产党眉山市彭山区第二届代表大会第五次会议在区委会议中心二楼大会议室召开。大会的主题是“不忘初心、牢记使命，为推动彭山开放发展高质量发展努力奋斗”。大会听取区委书记罗万东代表眉山市彭山区第二届委员会向大会作的工作报告、区纪委工作报告、区第二届第四次党代会代表提案办理情况报告。大会通过关于区委工作报告的决议、区纪委工作报告的决议。大会以习近平新时代中国特色社会主义思想为指导，深入贯彻落实中共十九大、十九届四中全会精神和习近平总书记对四川工作系列重要指示精神，紧紧围绕省委“一干多支”和市委“135”战略部署，坚持开放发展战略不动摇，坚持彭山区“132”（全力“支持一带”、高质量“做强三区”、高标准“发展两翼”）发展布局不动摇，坚持高质量发展目标不动摇，全力推动经济社会发展实现新突破。

【区委常委会会议】 2020年，中共彭山区委共召开区委常委会会议51次。组织传达学习贯彻习近平总书记在中央财经委员会第八次会议上的重要讲话精神、习近平总书记在基层代表座谈会上的重要讲话精神、习近平总书记在科学家座谈会上的重要讲话精神、习近平总书记在2020年秋季学期中央党校（国家行政学院）中青年干部培训班开班式上的重要讲话精神、习近平总书记在全国两会期间重要讲话、习近平总书记在十九届中央政治局第二十一次集体学习时发表的重要讲话精神、习近平总书记在中央政治局第二十三次集体学习时的重要讲话精神、习近平总书记在教育文化卫生体育领域专家代表座谈会上重要讲话精神；中共中央政治局常务委员会会议，中央全面依法治国委员会第三次会议精神，中央、省委、市委政法工作会议精神，中央、省、市扫黑除恶专项斗争工作会议精神，中共中央政治局会议及市委常委会会议精神，全国民营经济统战工作会议精神，全国两会和四川省、眉山市传达学习全国两会精神大会精神，国务院督导四川省森林草原防灭火专项整治工作动员会精神；中共中央办公厅《关于巩固深化“不忘初心、牢记使命”主题教育成果的意见》《法治中国建设规划（2020—2025年）》《法治社会建设实施纲要(2020—2025年)》《贯彻落实中央统一战线工作领导小组〈关于坚持我国宗教中国化方向的意见〉分工方案》《中华人民共和国社区矫正法》《中国共产党党和国家机关基层组织工作条例》《中华人民共和国国家安全法》《党委（党组）落实全面从严治党主体责任规定》等精神；全省新型冠状病毒感染的肺炎疫情防控工作会议，省委十一届八次全体会议精神，全省抓党建促决战决胜脱贫攻坚电视电话会议精神，省委十一届七次全会精神，省、市档案工作会议精神，省、市服务业发展大会会议精神，省委、省政府《关于推进“三农”工作补短板强弱项确保如期实现全面小康的意见》文件精神，省委办公厅《关于进一步加强和改进党委（党组）理论学习中心组学习的实施意见》《关于进一步强化县级党委、政府防范应对汛期洪涝地质灾害主体责任的紧急通知》《四川省开放发展工作激励办法（试行）》精神，省安委会《关于印发进一步推进安全生产清单制管理工作方案的通知》；市委四届常委会第一百二十九次（扩大）会议精神，市委常委会（扩大）会议精神，全市保密和机要工作会议精神，全市市域社会治理现代化试点工作推进会精神，4月8日眉山市委书记慕新海到彭山调研指示精神，4月13日眉山市代理市长胡元坤到彭山调研指示精神，政协第四届眉山市委员会第五次会议和眉山市第四届人民代表大会第六次会议精神，《眉山市市级领导干部政务工作25条》，《重大行政决策程序暂行条例》《关于2019年市委常委会贯彻执行中央八项规定精神情况的报告》《关于解决形式主义突出问题为基层减负工作情况的报告》《深化四川重庆合作推动成渝地区双城经济圈建设工作方案》《推动成渝地区双城经济圈建设工作机制》等文件精神。听取2019年全区主要经济指标、重点项目、向上争取项目资金工作完成情况的汇报，2019年全区老旧小区、城中村改造工作完成情况的汇报，全区农业农村工作情况报告，关于新型冠状病毒疫情防控的情况汇报，全区统筹推进疫情防控和经济社会发展情况汇报，区财政局党组关于2015年以来全区大额财政性资金支出审批情况的报告，区应急管理局党委关于全区森林防灭火和消防安全隐患排查整治工作情况的报告。审议通过《关于深入推进城乡基层治理体系建设的决定》《关于表彰2019年度纳税十强企业和十佳企业的请示》《区委书记罗万东同志2019年度落实主体责任查摆问题整改方案》《2019年脱贫攻坚成效考核反馈问题整改工作方案》《彭山区村级“小微权力”运行流程图》《眉山市彭山区对口帮扶金川县卡拉脚乡二普鲁村乡村振兴工作方案》《关于补齐“三农”领域短板决战决胜全面建成小康社会的意见（审议稿）》《中共彭山区委巡察组工作规则（试行）》《关于新时代加强和改进人民政协工作的实施意见》《关于授予彭山援鄂医疗队“抗疫英雄团队”称号并号召全区学习的决定》《关于区委常委班子成员联系社区（村）区级领导包保小区（片区）推进城市基层治理的通知》《眉山市彭山区村级建制调整改革方案》《彭山区村级建制调整改革情况报告》《关于表彰长寿村（社区）、十佳寿星、十佳孝子的请示》《江口沉银遗址保护利用工作推进会议纪要》《凤鸣、观音、谢家、江口等4个街道“三定”规定》等议题。

【区委经济工作会议】 3月16日，区委经济工作会议在区委会议中心二楼大会议室召开，会议传达学习了中央、省委、市委经济工作会议精神，区委书记罗万东主持会议并作讲话。会议强调，全区上下要进一步统一思想、坚定信心、保持定力、担当作为，抢抓成渝地区双城经济圈建设新机遇，在推动彭山开放发展、高质量发展征程上再创佳绩。会议指出，在正确认识疫情对经济客观影响的同时，坚定信心，在“抢”字上做文章，在“争”字上下功夫，在“创”字上出实招，围绕一季度“全面恢复”、二季度“抢进度”、三季度“大冲刺”、四季度“夺目标”的阶段部署，努力全面完成2020年经济社会发展目标任务。会议通报2019年全区重点项目和对上争取工作完成情况，总结和安排部署全区工业经济、第三产业、主要经济指标、向上争取、项目等工作，通报表彰全区经济工作先进集体和先进个人以及2019年纳税十强、十佳企业。区级相关单位主要负责人围绕如何推进全区重点项目和经济发展作表态性发言。

【区委党建工作会议、全区基层治理大会】 3月18日，彭山区委二届二十次全体会议暨区委党建工作会议、全区基层治理大会在区委会议中心二楼大会议室召开，区委书记罗万东主持会议并讲话，会议安排部署2020年彭山区组织、宣传思想、统战和群团有关工作，强调要将党的建设贯穿到推动实现高质量发展的全过程及各领域，不断开创彭山区各项工作新局面。区委副书记、区长郭红，区政协党组书记杨红出席会议。会议审议并表决通过《中共眉山市彭山区委关于深入推进城乡基层治理体系建设的决定》。会上，区委常委、区委组织部部长张川，区委常委、区委宣传部部长梁兰，区委常委、区委统战部部长蒋会强，分别就全区组织、宣传思想、统战和群团工作进行总结与安排部署。

【区委农业农村工作会】 4月1日，彭山区委农业农村工作会暨决战决胜脱贫攻坚工作会议在区委会议中心二楼大会议室召开。区委副书记、区长郭红主持会议，区委书记罗万东作了讲话。会议传达中央农村工作会议、省委决战决胜脱贫攻坚工作推进会议、市委农村工作会议暨决战决胜脱贫攻坚工作会议精神；观看眉山市彭山区2019年乡村振兴宣传片；区委副书记杨翔宇宣读2019年度乡村振兴（含农业农村）工作及脱贫攻坚工作先进集体和先进个人表扬通报；区科技和数字经济局、区城乡环境综合治理服务中心、黄丰镇、谢家街道分别围绕创建省级科技农业园区、农村人居环境整治、争创省级乡村振兴先进乡镇、打好脱贫攻坚战作了发言；区委常委王松总结彭山区2019年乡村振兴、农业农村和脱贫攻坚工作，安排部署2020年工作。区级领导罗万东、郭红、杨红、杨翔宇、李忠云、王松、郭茂参加会议。

（秦昊杰）

决策部署

【《关于推进四川彭山经济开发区扩权提效的实施意见》】 6月8日，区委、区政府出台《关于推进四川彭山经济开发区扩权提效的实施意见》，要求全区各级坚持以习近平新时代中国特色社会主义思想为指导，以市委“三区协同，竞相发展”和区委“132”发展战略为根本遵循，准确把握市委、市政府对园区工作的新定位、新要求，通过改进管理体制，增强园区发展统筹力；创新行政审批，增强园区发展自主力；完善财政体制，增强园区发展保障力；做实工投公司，增强园区发展内生力；优化人力环境，增强园区发展吸引力。通过扩权提效，建立健全“授权充分、系统完备、科学规范、运行有效”的机制体制，努力打造省级一流示范园区，为眉山建设环成都经济圈开放发展示范市、彭山建设开放发展先行区奠定坚实基础。

【《关于加快构建“6+3”现代农业产业体系的实施意见》】 9月29日，区委、区政府出台《关于加快构建“6+3”现代农业产业体系的实施意见》，要求全区各级要深入贯彻落实习近平新时代中国特色社会主义思想和习近平总书记对四川工作系列重要指示精神，加快构建具有彭山特色的现代农业产业体系。坚持以政府为引导、市场为主体，按照合理布局、绿色发展、园区引领、联农带农为原则，聚焦6大主导优势产业（粮油、生猪、柑橘、中药材、葡萄、猕猴桃）融合发展，夯实3大先导性产业（现代农业种业、现代农业装备、现代农业烘干），培育形成特色鲜明、结构合理、链条完整、全国领先的“6+3”现代农业产业体系。该实施意见试行三年。

（秦昊杰）

综合事务

【概况】 2020年，彭山区成功创建全国文明城市，被评为中国净水百佳县市、全省第一批县域节水型社会达标县（区）、全省平安建设先进县、全省首批“河湖管理保护示范县”创建单位。获得“四好农村路”省级示范县、四川省敬老模范县等荣誉称号。观音街道果园村作为全国8个现场点之一，承办中宣部“走向我们的小康生活”主题采访活动启动仪式。区行政审批局被国务院办公厅电子政务办列为全国一体化政务服务平台建设联系点，西部区县唯一。葡萄现代农业园区成功创建“四川省五星级现代农业园区”。

【办文办会】 持续推进整治形式主义和官僚主义、精文减会、重大活动统筹等工作。全年共计发文351件，承办各类重要会议120余场次，精减文件10.1%，精简会议21.6%，均完成在2019年基础上再减10%的目标，向眉山市委报备党内规范性文件34份。筹备并承办区委全会、区委常委会会议、区委重大工作统筹会等重要会议，及时传达区委常委会的工作思路、战略部署和工作要求，加强对区委领导的协调与服务，有力推动全区各项工作的开展。及时整理区委常委会会议、全会、重大工作统筹会会议纪要，全年编发各类纪要 86 期。

【信息调研】　全年撰写领导讲话、情况报告等材料 80 余篇，编发《彭山要情》22 期，上报市委信息 150 余条，市级以上刊物采用 100 余条，发展新型显示配套产业、全方面推进残疾人帮扶工作等信息被省委办公厅信息刊物采用。

【档案工作】　统筹档案局（馆）工作，安排 2 名执法人员参与档案执法检查 18 次，对 8 个机关事业单位档案工作进行规范化检查，开展重点项目档案备案 20 个，验收 4 个。

【机要保密】　召开保密委全体会议，制发《2020 年彭山区保密工作要点》，完成全区 2019 年度定密基础数据的统计分析工作和国家秘密变更及解除工作，建成互联网接入口保密监测平台，进一步提升网络防范能力。

【改革创新】　围绕深化改革和政策研究职能开展工作，承担中省改革任务 20 项、小微创新改革 74 项，全年新增中央、省改革试点 10 项。改革创新经验累计被中央、省级主流媒体宣传报道 200 余次，被中央、省、市交流推广 8 次，迎接省级以上督导、调研 20 余次。

【目标督察】　围绕全区加快建设“开放发展先行区”总体任务，出台目标考核专项加扣分办法，全年开展上级党委和区委重大方针政策、重要部署贯彻落实的督促检查并形成专报 22 期；开展疫情防控、安全生产、乡村振兴等重要工作督察督办 80 余次。

【巡视巡察整改】　配合四川省委第四巡视组开展全区常规巡视工作。承担区委巡视整改领导小组办公室职责，对省委巡视组反馈的 44 个问题，牵头制定整改方案，落实整改措施，推动巡视整改。配合区委第二巡察组完成对区委办的巡察工作，对巡察组指出的 9 个问题立行立改，建立长效机制。

【后勤服务】　全年接待客人 112 批次、2985 人次，其中副国级领导 3 人。协助区委、区政府完成重大接待工作，组织安排大小会议。

【安全稳定】　抓安全生产责任落实，履行安全生产责任制职责，严格按照“党政同责、一岗双责”要求，聚焦重点工作、关键节点，健全机关安全管理制度，深入各股室开展知识宣传和专项排查，从严从实加强事故防范和风险化解。

（秦昊杰）

巡察工作

【概况】　2020 年，彭山区委巡察工作完成常规巡察 2 轮，省委巡视上下联动巡察 1 轮，接受四川省委巡察专项检查和眉山市委巡察办督导调研各 1 次。

6 月 4 日，省委第四巡视组巡视带巡察彭山区法院工作动员会召开

【巡视巡察】 2020 年 3 月，在全省全市率先启动第九轮巡察工作，对区委统战部、区财政局等 11 个单位开展常规巡察，于 7 月全面结束进驻。其间，组建 3 个巡察组共 28 人次开展巡视带巡察工作，联动巡视巡察区政协办公室、区机关事务中心、区人民法院 3 个单位。及时向市委巡察请示协助，是年 10 月，全面启动对区委办公室、区委宣传部、区委政法委等 7 个单位的常规巡察。两轮巡察共发现问题 106 个。全年移交线索 28 条，立案 8 件，党纪政务处分 7 人。

【督察整改】 完成第八轮巡察 13 个单位反馈工作。加强对整改问题的指导，各巡察组先后指导具体问题整改 20 余次，巡察办与被巡单位主要负责人电话沟通 10 余次，个别单位达 3 次以上。至 2020 年 5 月底，第八轮巡察单位所发现 130 个问题全部整改完成并完成反馈。在专项检查组进驻前短信和电话提示 40 余个重点单位作好巡察专项检查准备。在省委巡察专项检查走访期间，巡察效果得到专项检查组的肯定。

【巡察队伍建设】 安排 3 个巡察组、28 名巡察干部配合联动巡察工作，近距离接受四川省委巡视组的指导，其中部分问题进入巡视工作报告，巡察干部在政治监督内涵领悟、巡察工作方式深化、纪律作风建设上得到很大的提升，并在第十轮巡察工作中消化吸收上下联动工作经验。组织 13 名常驻干部外出学习借鉴荣县巡察机构对常委部门的巡察经验。发挥巡视机构党支部、中心学习组作用，将上级巡视巡察会议精神、巡视巡察参考资料、省市专题培训资料和关于巡视巡察文件的主要内容在会上传达学习，并将电子版资料下发给每个常驻干部，提升巡察干部学习的主动性和自觉性。在加强能力建设的同时，全面加强对巡察干部的道德建设和思想教育。利用省委纪委内部通报案件、彭山区“以案促改”案件和全区毒品专项治理通报情况，在机关内部及时开展警示教育和思想教育。全年开展集中谈话 4 次，个别谈话 20 余人次。

【巡察制度建设】 对建立巡察办以来的 15 项制度进行全面修订完善，新建立《彭山区委巡察整改工作办法》《巡察保障服务中心人员管理办法》《巡察底稿工作办法》《区委巡察组问题沟通办法》等制度。在具体工作中探索对制度的灵活运用，在专业人员不足时，协调专业部门派人临时协助巡察组工作。在报告环节，提醒并协助巡察组加强对汇报材料的质量把关。在管理环节，对人员的分工和管理提出明确要求。在考核激励方面，对特别优秀的抽调干部向被抽调单位发函，建议用适当的方式予以表扬或在评先选优中优先考虑。加强巡察资料的规范化管理，结合区档案局档案行政执法检查工作，建立健全档案资料的收集整理、立卷归档、保密保管、借阅等制度建设。在省委巡察专项检查期间，整理装订相关文件资料 10 本。

【巡察整改】 2020年，四川省委巡视组对彭山巡察工作开展专项检查，指出4个方面13个问题，由区委巡察办牵头负责整改方案和整改工作。区委巡察办提前组织人员对问题进行梳理，将13个方面和4条意见建议相结合，制定36条具体整改措施。在整改措施中，将市委督导调研指出的问题和提出的建议一并纳入，实现省委巡察专项检查与市委督导调研问题的贯通整改。整改方案征求纪律监委、组织部门、区委编办、区目标督查工作领导小组、区委巡察组的意见，形成思想共识，力求整改实效。结合巡察工作，落实巡视巡察会议精神学习、领导小组和书记专题会议规范、巡察中期调研和巡后总结、巡察报告审改、问题线索把关等整改措施。确定2名机关人员负责整改资料的收集，规范资料管理和进度报送程序。

【巡察工作创新】 统筹协调，及时与纪委监委对接，对线索移交前的把关和移交线索办理情况进行及时交接。与区委组织部门协调，提出巡察队伍建设的建议，及时收集巡察反馈问题整改情况。与区级相关部门沟通，在人员抽调上予以配合，在问题整改上增强时效。发挥参谋助手作用，在省委常规巡视和专项巡视期间，及时准备区委常委会理论学习内容，主动对接省委巡视组，向区委和相关领导提出资料准备、保障服务、联动配合等建议意见，提前组织谋划。常态化参与省委巡视的保障服务工作，保障省委巡视工作的开展。新领导到任后，及时、全面、真实汇报全区巡察工作情况和巡察干部情况，实事求是地提出工作建议。

【巡察规范建设】 2020年，区委巡察办增加保障服务中心，及时制定《保障服务中心人员管理办法》，规范人员管理。巡察期间，将保障服务中心和巡察股4名年轻干部下派到巡察组，承担联络协调职责，优化组内人员结构，有效提升巡察组工作效率和信息化建设水平。进驻结束，全面服从区委巡察办的统一安排，做好资料的收集整理和会务服务工作。

（胡　迪）

组织工作

【概况】 2020年，彭山区组织工作坚持把加强理论武装和思想教育落实到抓严抓实党内政治生活中去，坚持经常性和集中性教育相结合，引导党员干部筑牢信仰之基、把稳思想之舵；坚持以提升组织力为重点，突出政治功能，夯实基层基础，做实做优品牌，推动基层党组织全面进步、全面过硬；坚持党管干部原则，认真落实好干部标准，紧扣事业发展选人用人，有效激发领导干部干事创业、竞相赶超的内生动力，为全区经济社会发展持续输送源动力；坚持党管人才原则，推进制度创新和环境优化，以项目为牵引，激发人才活力。

【思想政治教育】 聚焦建立“不忘初心、牢记使命”的制度安排，集中开展主题教育专项整治“回头看”，聚焦主题教育中的经验做法，系统部署、巩固深化“不忘初心、牢记使命”主题教育成果7大板块、33条举措，围绕健全理论学习制度、自我革命制度、服务群众制度、作风建设制度等目标任务，推动“不忘初心、牢记使命”党建永恒课题和全体党员干部的终身课题常抓常新。

【干部理论培训】　持续抓好“一把手”提能、专业化领导干部培养、年轻干部铸魂“三大工程”，综合运用“线上 + 线下、党校 + 高校、课堂 + 基地”等形式，将意识形态、党史教育、安全管理、禁毒等多项工作要求纳入培训内容，举办领导干部读书班、科级干部提能班等主体班 10 期，培训干部 3600 余人次。全面建设以眉山（彭山）乡村振兴学院为核心，以教学基地多点布局，集理论培训、政策研究等于一体的高水平干训综合体，市委常委、组织部部长曾令举调研指出：“彭山‘党校 + 基地’建设全市领先，要将学院建成支撑全市干训工作的主阵地。”

【组织生活】　不断完善“三会一课”、组织生活会、民主生活会、双重组织生活等制度，固化“主题党日”制度，推动常态化的谈心谈话、党性分析等与党员工作生活相融合。聚焦巡视整改，建立、健全领导班子民主生活会全过程督导叫停、问题剖析“一把手”审签等制度，670 个基层党支部聚焦主题开展民主评议党员，29 名区级领导以普通党员身份参加支部组织生活会，推动组织生活抓在日常、严在经常。

【基层党组织建设】　按照“地域相邻、优势互补、治理相容”原则，推动顺向调整、中心集聚，灵活运用“建、改、合、分、调”，依法将全区 86 个村（社区）调整优化为 51 个，村（社区）平均人口、面积增幅分别达到 66.3% 和 66.1%；升格村（社区）、机关等各领域基层党委 54 个；优化设置村民小组、小区（片区）、“两新”组织、商圈（楼宇）等党支部 395 个，基层治理单位得到整合、布局得到优化、空间得到重塑。成立疫情防控临时党支部和党员先锋队 84 支，划拨专项党费 37.5 万元，提出打赢疫情防控阻击战“八项要求”（必须讲政治、守规矩；必须履职尽责、担当作为；必须科学防控、精细排查；必须正面宣传、正确引导；严禁不讲规矩、不听指挥；严禁不担当、不作为；严禁慢担当、乱作为；严禁作风漂浮、不严不实），2 名党员获省委表彰；驻村帮扶工作以“零问题”通过省级交叉验收。完成村级“两委”换届，书记、主任“一肩挑”比例达到 100%，“两委”交叉任职比例超过 80%。推行“基本报酬 + 绩效报酬 + 社保补助 + 集体经济发展创收奖”待遇体系，村级干部激励机制更加健全。持续推进党群服务体系建设，建成全功能村级党群服务中心 20 个；健全完善“彭山 e 支部”“党群互联屋”支撑功能，提升智慧化水平。规范党员发展基础性工作，推动“三级预审”［指在发展党员工作中，推行党支部（总支）、基层党（工）委、区委组织部“三级预审”做法，确保发展党员程序合规］发展为“四联工作法”（人选联推、对象联育、资格联审、程序联控），该做法被《眉山组工》推广。完成农业农村部“农村集体经济新的实现形式和运行机制”试点课题，形成发展集体经济 15 种引导模式、土地流转“四步机制”（农村土地流转“三级土地预推—资质审查前置—平台公开交易—风险应急处理”四步机制）等经验。推出党建引领基层治理 15 项创新课题，创建公义镇、观音街道、黄丰镇团结村、凤鸣街道江渔村等省市级基层治理示范点 11 个，党建引领老旧小区改造“六步七化”写入市委四届十四次全会公报，果园村“五治融合”（政治引领、自治基础、法治保障、德治教化、智治支撑相融合）经验参评全省十大乡村基层治理创新案例，时任市委常委、组织部部长黄传龙批示“将果园村建设为全市农村社区治理的样板”；以“五联措施”（组织联建、队伍联管、服务联抓、资源联用、品牌联创）为抓手的社区区域化党建工作被省委机关刊《四川党的建设》刊载推广。

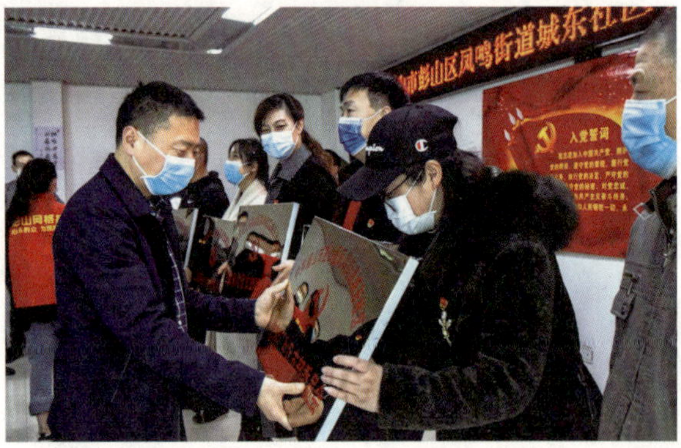

3 月 11 日，区委常委、组织部部长张川（左一）为凤鸣街道城东社区小区党支部授牌

【机关党建】　推行机关党建助推高质量发展“三大行动”，破解党建与业务“两张皮”问题抓手更加丰富；实施“两新”党建三个区域化联合体建设，社会资本服务中心大局导向更加明确。

11 月 17 日，区委常委、组织部部长张川参加区域化“两新”党建联合体成立启动仪式

【干部队伍建设】　坚持党管干部原则，建立健全年轻干部帮带、选调生定向培养等机制，把年轻干部培养储备作为一项基础性、战略性工程常抓不懈。统筹近期需要和长远需求，实施“8590 蹲苗计划”，规范建设青年人才党支部，采取铸魂培训、一线淬炼、领办实践任务等方式，加强跟踪培养，打破隐形台阶，动态储备“85 后”优秀党员、选调生和“90 后”副科级领导共 110 名，推动形成一批梯次结构合理、能力素质相适的干部队伍。坚持“赛场选马”、同场竞技，把优秀干部放在一线，在一线识别优秀干部，注重选配经过实践检验、具备驾驭经济社会发展全局和处理复杂问题能力的干部，优化 31 个单位（部门）班子功能结构，并将贯彻落实宣传思想、疫情防控、作风建设、党建工作、安全生产、食品安全、生态环保、禁毒工作、创文创卫等重点工作纳为干部年度考核、评先评优和提拔晋升的重要参考内容；坚持“用人所长、用人所愿”，以“紧缺急需”为导向，区外引进专业化干部 60 余名。强化政治把关，聚焦平时考察、针对性考察和“八小时外”考察，制定正向标准 132 条、负面清单 10 项和个性标准 4 类，形成干部政治素质考察“四个一”（设置一套考察标准、建立一套制度机制、明确一套考察办法、落实一套运用办法）体系，相关做法被《眉山组工》、省委组织部《党建参阅》刊载。集中实施“六个专项清理”（开展基层党组织设置清理整治、开展档案审核“回头看”专项整治、开展“四类人员”审查“回头看”专项整治、开展违规选拔中层干部专项整治、开展违规抽

借调干部专项整治、开展年度考核专项整治），开展违法违纪干部、提醒函询诫勉、中层干部选任、经济责任审计等工作的“回头看”，进一步规范干部任用管理；严格执行干部选拔任用全程纪实，落实“双专员”制度。开展干部人事档案专审，建立健全“干部人事档案数字化信息库”，实现干部资源“大数据”管理。规范干部借用工作管理，杜绝机关事业单位用人的随意性，切实为基层减负。激励干部做到“两养成一学会”（养成在繁重任务环境中克难攻坚的习惯、养成运用市场思维和法治手段解决问题的习惯、学会通过党组织有效领导调动各方积极推动发展的工作方法）。推荐12名优秀干部上挂锻炼，稳妥有序实施公务员平时考核、分类管理和职级晋升。

【人才工作】 立足成都经济圈人才协同发展，制发《彭山区柔性引进“候鸟型”人才实施办法》《彭山区人才工作协调运行机制》，形成高端人才“回引”、区域人才“协同”、本土人才“帮带”三项机制，汇聚知名专家、知名高校毕业生、“土专家”等各类人才500余人；建立专家（博士）工作站、技能大师工作室4个；启动实施乡村人才振兴“双百计划”（培养100个行业带头人、影响100个大学生服务“三农”），促成与四川大学、电子科技大学、西南财经大学建立校地合作。突出项目支撑、示范引领，制发《彭山区打造新能源新材料产业人才洼地实施方案》，建立项目、人才“双引”机制，围绕湿电子技术、应用化工等，依托阿格蕾雅、研一、明晶光电等高端项目，为32名高精尖人才搭建创业平台。完成《创新乡村人才激励和培育引进使用机制》国家试点课题，通过建立彭山青年致富带头人联盟、举办彭山青年峰会，实行“1个片区+1个龙头企业+1个技术团队+1个特色项目”模式，推动建基地、搞研发、创品牌，其中“沈厅筑梦家庭农场”项目获第六届中国国际“互联网+”创新创业大赛全省金奖、全国银奖。全面贯彻区委“百千万”人才政策，建立“八类本土人才”（创新型企业家，创新型科技人才，寿乡名医，名师、名校长，寿乡名厨，寿乡名匠，寿乡田园明星，寿乡文艺名家）培育、“寿乡才俊”评选、创客孵化等制度，开展高层次人才认定，为52名高层次人才发放奖励资金101.76万元；发放“寿乡优才卡”50张，提供就医、就学等便捷服务10项；落实本土人才培育经费80万元，组织200人次开展专项培训，选派18名科技特派员服务乡村振兴；投入420.1万元，完成人才公寓整体装修60套，54名高层次人才拎包入住人才公寓，全区人才服务保障有制度、有深度、有温度。

（曾柏儒）

宣传工作

【概况】 2020年，彭山区委宣传工作认真贯彻落实中央、省、市、区的各项决策部署，增强“四个意识”，坚定“四个自信”，做到“两个维护”，坚持正确舆论导向，坚守正面宣传阵地，坚定精神文明创建，讲述好彭山故事，传递好彭山声音，为彭山建设开放发展先行区、决胜全面建成小康社会、决战脱贫攻坚、打赢疫情防控阻击战营造良好舆论环境和社会氛围。全国文明城市创建成功，彭山区被评为“全省未成年人思想道德建设工作先进区县”，区文明办被评为“全省家庭工作先进集体”，鹏利小学被评为“全国文明校园”，实现全市“全国文明校园”零的突破。彭山作为四川唯一分会场承办中国共产党中央委员会宣传部（以下简称中宣部）组织的“走向我们的小康生活”大型主题采访报道活动启动仪式。举办“名家看四川——走进彭山”采风活动，省作家协会主席阿来，4 位鲁迅文学奖、茅盾文学奖获得者到彭山参加活动。江口沉银博物馆开工建设，江口汉崖墓博物馆开馆试运营。

【意识形态工作】 2020 年度召开意识形态工作联席会议 4 次，组织开展全区意识形态工作督察 1 次，督促区委第八轮巡察中存在意识形态问题的单位做好整改。完成四川省委第四巡视组意识形态工作专项巡视检查，反馈问题 4 类 16 个，完成整改并长期坚持 7 个，阶段性完成整改并长期坚持 9 个。以钉钉子精神抓好中央巡视、省委巡视和市委督察反馈问题的整改。

【同心战疫】 制作知“疫”、防“疫”、抗“疫”短视频、漫画、H5 等类型的新媒体作品 320 余件、文艺作品 660 余件，形成强大宣传声势。原创抗疫主题音乐《最美逆行》被《人民日报》、新华社等多家媒体报道转载。

【理论武装工作】 印发《2020 年全区党委（党组）理论学习中心组专题学习安排意见》《区委理论学习中心组 2020 年度学习计划》，规范调整区委理论学习中心组成员。全年开展区委理论学习中心组学习 13 次，推动区委理论学习中心组学习制度化、规范化。邀请眉山市人大常委会副主任宋仕祥、市社会科学界联合会专职副主席李广平、四川大学副教授余澳、市经济技术合作局局长赖刚、西南政法大学教授孙鹏、中国社会科学院博士叶小文等专家学者开展专题讲座 6 期。构建区、镇（街道）、村（社区）三级学习推广体系，建立“学习强国”学习组 69 个，做到全区各级党组织全覆盖。开展中共十九届五中全会、省委十一届七次和八次全会精神等理论宣讲 300 余场次，运用“微彭山”“不老彭山”微信公众号，QQ 群，LED 大型显示屏等载体开展群众性宣传 1000 余次。发放《习近平谈治国理政》（第三卷）7500 册，充实中心组成员的业余生活，补足精神之钙。申报《聚焦党建引领城乡基层治理对策研究》《县级融媒体中心建设的实践与探索——以彭山区为例》2 篇市级课题研究并结项，确立规范基层“小微权力”运行的探索与实践等 29 项课题为 2020 年度区级课题。加强对立项社科课题的管理、服务与指导工作。做好《眉州学刊》稿件选送推荐工作，有 4 篇课题在市级以上刊物发表。做好彭山本土文化整理、挖掘、研究和汇编工作，完成《武阳买茶》《彭山孝行故事》《百岁人生》组稿，《彭山生活方式研究》顺利结项。开展科普宣传，开设彭山地方特色文化微课堂、武阳茶学课堂等 20 余期。

【新闻宣传】 印发《眉山市彭山区2020年新闻舆论工作要点》，建立重大外宣选题策划制度，确定江口沉银遗址第三期考古发掘、“走向我们的小康生活”、疫情防控等50余个重大外宣选题，全年外宣上稿3820篇（条），同比增长14.2%，其中，中央级媒体刊播750篇（条），同比增长48%；省级主流媒体上稿1940篇（条）。创下了《人民日报》、新华社、《新华每日电讯》、《光明日报》、《农民日报》、《经济日报》头版和央视《新闻联播》单条多次刊登（播）的纪录，实现眉山设市、彭山建区以来首次于《人民日报》头版头条、央视《新闻联播》单条播出的历史性突破。26条新闻入选2020年度“眉山新闻奖”，《人民日报》头版头条刊登的《四川特色农业促增收》、央视《新闻联播》专题播出的《果园村的“幸福密码”》获2020年度“眉山新闻奖”广电类和报刊类特等奖。成功举行江口沉银遗址第三期考古发掘成果新闻通报会，全网阅读播放量超2亿次，央视13套《新闻直播间》用8分15秒的时间刊播报道《“江口沉银”第三期考古成果公布》。不断巩固壮大网络评论员、新闻发言人、新闻通讯员“三支队伍”，组织开展专题培训，进一步提升新闻队伍反应能力。统筹好网上网下两条线，特别是在新冠肺炎疫情防控期间，发现谣言迅速查处、迅速辟谣，清朗网络空间。

【网络综合治理】 2020年，彭山区被确定为全省网络综合治理体系建设试点之一，以再造一个“网上彭山”为目标，通过建立一个指挥调度中心、一个线上信息集纳中心、一个线上展示平台、一套科学运行体系、一套合理工作机制的“五个一”工作思路，实现“网上敲门、掌上办事、线上吹哨、线下报到”。区融媒体中心构建了以“不老彭山”APP为主，官方抖音、微信、微博、快手等新媒体为集群的“融媒矩阵”平台，APP用户覆盖率超过全区人口总数的70%，官方新媒体用户总量达到50万人，“微彭山”微博120次进入全国政务排行榜前100名，多次位列眉山政务榜第1名。6月，四川省委常委、省委宣传部部长甘霖到彭山区调研，对彭山推动媒体融合发展取得的经验和成绩给予肯定。

【公共文化服务建设】 完成江口沉银遗址第三期考古发掘，出水各类文物1万余件，其中重要文物2000余件，出水的“蜀世子宝”金印属国内首次发现世子金宝实物。江口沉银博物馆开工建设，汉崖墓博物馆开馆试运营。彭祖山风景区创国家AAAA级旅游景区顺利通过省级评估。正式启动彭山全域旅游示范区创建工作。举办“名家看四川——走进彭山”采风活动和省音乐家协会“听见中国听见你”原创音乐作品展演活动。《李密还乡》竹琴表演进入四川乡村艺术节决赛。率先出台版权奖励办法，推进知识产权工作创新。江口汉崖墓博物馆申报纳入四川省文化产业发展项目库，并通过省委宣传部复审。携“非遗”艺人及“彭祖祖”系列文创产品参展第七届四川国际旅游交易博览会、第十六届海峡旅游博览会、第六届中国（厦门）国际休闲旅游博览会及2020年四川省乡村艺术节等宣传活动。全年开展文艺惠民演出100余场次，惠及群众达12万人次。改造提升区图书馆、区文化馆。

（张艺达）

精神文明建设

【概况】 2020年，彭山区作为创建国家卫生城市、全国文明城市主创城区随眉山市成功创建国家卫生城市、第六届全国文明城市，实现“首创即成”。

【乡风文明】 组织开展“星级文明户”等评先树优活动，通过选树先进典型，引导群众自觉践行社会主义核心价值观和家庭美德，弘扬和谐文明的社会风尚。鹏利小学入选第二届全国文明校园。深入实施公民道德建设工程，全面做好道德模范、“四川好人”、“中国好人”评选，盛恩利成功入选2020年中国好人榜（同时入选第二批四川好人榜），葛均丽成功入选“四川好人榜”，全区涌现“中国好人”4人，“四川好人”16人，眉山道德模范13人，“眉山好人”37人，眉山首届文明家庭2家等一大批“最美彭山人”。建设志愿服务站点近200个，常态化参与志愿服务活动1万余人次。黄丰镇团结村深入推进“一村一案”文明实践试点工作，经验做法先后被《人民日报》、中央电视台、四川电视台等中央、省级媒体报道。全区各镇（街道）、村（社区）全面完成新时代文明实践制度上墙和挂牌，累计开展文明实践活动200余场次。

【道德风尚活动】 组织开展第四届区道德模范评选推荐活动，开展好家风好家训推荐评选活动；组织开展“道德模范、身边的志愿者系列巡讲”活动，受众1200人。开展道德模范帮扶活动，年初慰问道德模范、身边好人和首届文明家庭等先进模范29人，支付奖金3.6万元。通过融媒体中心平台，依托“不老彭山”APP和“微彭山”、“文明彭山”微信公众号以及宣传展板、公交车站台等各类载体，对评选出的先进人物广泛宣传报道，提升先进典型知晓率。

【未成年人思想道德建设】 加强未成年人公益性校外活动场所的建设和管理，全区范围内烈士陵园、公益性图书馆、文化馆、美术馆、纪念馆、农家书屋全部免费向未成年人开放，推进乡村学校少年宫建设。开展“我们的节日”主题活动，在清明、“六一”、“七一”、“十一”、抗日纪念日等重要时间节点，组织开展“扣好人生第一粒扣子”“童心向党”等6项创建与评比活动，开展“向榜样学习”等实践活动，参加学生人数达1.2万余人。不断深化未成年人心理健康辅导工作，依托未成年人成长指导中心，探索采用“学校+社会组织”“中心+社区”联动的模式，通过“每周心理辅导日”“心理讲座进学校”“美丽心灵，健康生活”等系列活动定期开展各类心理辅导活动。教育部关心下一代工作委员会开展的“新时代好少年·美好生活劳动创造”主题教育读书活动中，彭山区第四小学、观音镇中心小学获得先进集体称号，第四小学倪萍老师获得先进个人称号。

【群众性精神文明创建】 坚持对标中央、省、市标准，逐步修订完善区级文明村镇、文明单位、文明校园测评体系标准，对各级文明村镇、文明单位、文明校园的常态创建和业务指导，开展“亮牌子·美环境·树形象”主题活动，健全创建动态管理措施，建立健全文明创建复查考核方式，实施“一票否决”制度，培育各级各类文明创建的先进典型。全区共培育出全国文明单位1个（区法院）、全国文明村镇1个（黄丰镇团结村）、省级文明单位和文明村镇12个、市级文明单位和文明村镇34个、区级文明单位和文明村镇73个；创建全国文明校园先进学校1所（鹏利小学）、省级文明校园3所、市级文明校园2所、区级文明校园19所。

【志愿服务】 坚持“一月一主题”“周周有活动”，开展“关爱寿乡老人”“关爱农村留守儿童”等19个主题志愿服务活动，加强志愿服务项目建设，引领志愿活动常态化开展。全区实名注册志愿者5万余人，打造区图书馆、区文化馆2个市级公共设施志愿者服务站点，建设志愿服务站点200个，开展文明劝导、文明交通等助力创建志愿服务活动1.1万次，参与志愿者5万余人次，为群众办实事件1.05万件。指导建立乡镇养老志愿者队伍6支，培育健全友仁志愿者联盟和寻找关爱抗战老兵志愿服务组织，打造“爱心连线”关爱留守儿童、社会治安志愿者协会“做文明使者”志愿服务品牌。

【新时代文明实践中心建设】 成立彭山区新时代文明实践中心，文明实践线上平台进行软件调试；完成全区6个镇（街道）实践所、51个村（社区）实践站制度上墙和挂牌，累计开展文明实践活动400余场次；在谢家毛河院子（谢家街道实践所）、谢家石山村，江口茯苓村、双合村，黄丰团结村开展“一村一案”试点建设工作。黄丰镇团结村新时代文明实践站挂牌并开展活动，探索新时代文明积分管理制度。培育“8+N”志愿服务队，大力开展“三关爱”、“扶残助残”、“童伴之家”、保护环境、文明劝导、“义集义仓”等主题志愿服务主题活动10余次。

（彭晓波）

统战工作

【概况】 2020年，彭山区统战工作深入贯彻落实《中国共产党统一战线工作条例（试行）》精神，围绕“不忘初心、维护核心、服务中心、凝聚人心”工作定位，继续以创新思维开展统战工作，为彭山建设开放发展先行区贡献彭山统战力量。

【思想政治教育】 切实加强统一战线意识形态工作，全面落实意识形态工作责任制。采取部领导带头学、机关干部集中学、召开统一战线工作座谈会等形式，组织广大统一战线成员深入学习贯彻习近平新时代中国特色社会主义思想和中共十九届四中、五中全会精神及省委十一届八次全会精神。把全区统一战线成员的思想和行动统一到习近平新时代中国特色社会主义思想上来，把全区统一战线成员的智慧与力量凝聚到推动中央，省、市、区委各项决策部署落地落实上来，不断凝聚政治共识，筑牢思想基础，从本质上、根本上解决人心及力量的问题，找到最大公约数，画出最大同心圆。

【基层统战提升年工作】 在全区6个镇（街

道）配齐统战委员，各村（社区）支部书记明确为统战联络员，区级各部门确定分管领导，对基层统战人员进行全覆盖培训。制发《眉山市彭山区镇（街道）统战委员、村（社区）统战联络员职责》，明确统战工作职责，确保基层统战工作规范运转。更新建立彭山统一战线代表人士信息管理系统，录入700余名代表人士信息，实现信息动态化管理。按“四区一企”（即县区、社区、园区、校区、国有企业）统战阵地建设要求，对阵地进行提升打造。区新联会阵地受全市统战工作现场会检阅，新建“侨胞之家”，接待市委统战部及其他市州人员到彭山参观学习。新冠疫情防控期间，区委统战部号召全区统一战线为疫情防控共计捐款89.72万元，捐赠医疗物资价值43.05万元，捐赠慰问物资折合59.72万元。

【多党合作】 强化民主协商制度，年初制定《2020年度政党协商计划》，组织各民主党派（党外人士）召开专题协商（通报协商）座谈会，重点审议党代会和政府工作报告，通报全区各项中心工作推进情况，广泛征求建议与意见。抓实思想政治教育，组织爱国主义教育培训2次。建立党外人士特约监察员制度，在全区民生、环保、脱贫攻坚等重点工作领域安排特约监察员16名，促进区委、区政府的重大决策全面贯彻落实。积极建言献策，在2020年区政协会上，各民主党派、统战团体、党外人士共提交提案54件，占全区总提案数的60%。

【党外干部队伍建设】 全年推荐党外干部参加市、区组织部门举办的年轻干部铸魂培训班9人次。2020年6—9月，指导各民主党派完成换届工作，沟通协商推荐21名党外后备干部报区委组织部重点培养，为换届作储备。

【在外优秀人士工作】 2020年，新建彭山人联谊会云南分会、重庆彭山商会。通过分区域成立“彭山人联谊会”（“异地商会”）宣传招引，有效对接企业35家，其中15家到彭山考察，项目4个落户彭山，成功招引彭山在外优秀人士回乡创业就业24人，促进彭山经济更好更快发展。疫情防控期间“彭山人联谊会”向彭山区捐赠一次性医用口罩1.05万只、N95医用口罩500只，捐款5万元。

11月23日，云南彭山人联谊会暨异地商会筹建座谈会在云南召开

【“新联会”统战工作】 指导区新的社会阶层人士代表联谊会（以下简称“新联会”）开展“彭山区2020年抖音网店运营交流活动”3期，培训农产品种植业主、电商从业者150人次，促进彭山区优势产业与电子商务深度融合，为电商发展培育新的增长点。

【新乡贤联谊会】 在全区6个镇（街道）创新建立新乡贤联谊会，推动新乡贤当好“八员”。截至年底，乡贤会成员共化解矛盾纠纷43起，宣传党委、政府决策部署3万余人次，为经济社会发展提出意见建议46条。

【非公经济统战工作】 加大民营经济思想政治引导力度，先后组织60余名民营经济代表人士到建川博物馆、天府新区眉山视高片区参观学习。积极建言献策，组织民营经济代表人士参加民营经济统战工作、优化营商环境、减税降费工作等座谈会共4期，提出建议意见30余条。疫情防控期间区果业商会另辟蹊径，为广大会员开辟“无接触”销售渠道，及时以较好的价格销售7500吨水果。该经验做法先后被《人民日报》、央视等媒体宣传报道。开展百企联百村工作及对口帮扶金川县，实施产业带动、基础设施建设、扶贫助困、捐资助学，解决贫困人员就业等各类项目10余个，开展就业创业培训2期、200人次，提供就业岗位300余个，解决就业100余人，投入资金230万元。

【民族宗教工作】 强力推进，抓实宗教突出问题整治。民族团结基地再创新，在城区十字口闹市区完成“民族团结之家形象墙”建设，把民族团结宣传融入社区治理，与社区各族群众“共居、共学、共事、共乐”。深入开展“法律进宗教活动场所”“培育和践行社会主义核心价值观”等系列活动，累计开展专题宣讲活动20余场次，发放各类宣传资料2000余份。规范管理，推动宗教活动场所民主管理、和谐文化、安全生产、依法管理等工作，积极引导宗教与社会主义社会相适应。

【港澳台工作】 完善台务信息统计，更新台资企业数据库，建立重点台胞台属联系卡制度。坚持台资企业走访活动，协调解决生产生活遇到的困难和问题10余条。做好台界帮扶工作，全年开展慰问活动3次，发放慰问金1万元。全年接待到彭山考察港澳台考察团10批次，引进台湾知名品牌仙草宓入驻彭山。

【侨务工作】 继续完善侨务信息统计工作，及时更新侨资企业数据库，建立重点海外华侨华人、归侨侨眷联系卡制度。坚持侨资企业走访活动，协调解决生产生活遇到的困难和问题20余个。全年开展慰问活动3次，发放慰问金1万元。区侨联开展“手拉手扶贫活动”被《人民日报》和全国侨联举办的“追梦中华·侨与脱贫攻坚”网络主题活动采用报道。拓展海外联谊和招商引资，全年接待到彭山考察海外华人华侨4批次。

（黄雨露）

机构编制

【概况】 2020年，彭山区机构编制工作围绕中心服务大局，巩固党政机构改革成果，持续深化重点领域体制改革，强化机构编制管理，盘活调优机构编制资源，为全区高质量发展提供有力的体制机制支撑。

【乡镇行政区划调整改革】 做好乡镇行政区划调整改革“后半篇”文章。牵头制定《关于进一步深化街道管理体制改革的实施方案》，明确深化街道管理体制改革的总体要求，细化工作任务，逐一明确牵头单位、责任单位和完成时限。制定《眉山市彭山区街道职能和机构优化调整方案》和4个街道的《直属事业机构的设置、职责和编制事项方案》，以区委办、区政府办名义印发4个街道“三定”（定主要职责、定内设机构、定人员编制）规定。按程序做好乡镇机构改革后跨层级调整街道行政编制工作，完成乡镇机构改革后，公安、司法、市场监管等区级部门派驻镇（街道）派出机构设置。

7月13日，市委编办副主任杨庆平（左二）到公义镇调研乡镇机构改革推进落实情况

【综合行政执法改革】 完成市场监管、生态环保、文化旅游、交通运输、农业农村5大领域“局队合一”改革任务。在镇（街道）统一设置综合行政执法办公室，整合区级部门派驻镇（街道）的执法力量和资源，采取“1＋x”综合行政执法模式，推动执法力量下沉，推进“一支队伍管执法”。

【基层治理机构编制工作】 组建城乡基层治理工作机构，成立区委城乡基层治理委员会及其办公室。在镇（街道）统一设置社会治理办公室和下属事业机构社会治安综合治理中心、城乡环境综合治理中心，承担社会治理事务性工作。对照省、市《乡镇（街道）属地事项责任清单指导目录（2020年本）》，印发镇（街道）属地事项责任清单事项110项。制定镇（街道）党政机构基层治理职责清单，推进基层治理工作取得实效。

【重点领域体制改革】 全年完成227个事业单位类别划分（公益一类202个，公益二类25个），应分尽分率100%。牵头协调应急管理与自然资源（林业）、水利等各相关职能部门厘清职责边界，督促建立责任清单3份，明确主要职责52项，细化206项事权划分，优化内部运转流程，确保履职到位。厘清森林警察大队与自然资源（林业）职责关系。健全森林防灭火体制机制，配合区应急管理局制定《眉山市彭山区森林防灭火工作体制机制和党政责任落实专项整治实施方案》，厘清党政责任，下达用于森林防灭火指挥机构行政编制1名，明确区消防队森林防火灭火职责。理顺地震工作管理体制机制，细化住建、应急管理等部门地震工作职责分工。推进落实党校分类建设涉及机构编制工作任务，在区委党校（区行政学校）增挂“眉山乡村振兴学院”牌子。

【机构编制管理】 组织学习并将《中国共产党机构编制工作条例》（以下简称《条例》）、《四川省贯彻〈中国共产党机构编制工作条例〉实施办法》（以下简称《实施办法》）纳入2020年新任科级领导干部培训内容，分送给各镇（街道）和区级各部门学习，增强各部门“编制就是法制”意识。组织全体干部参加全省“学习贯彻《条例》《实施办法》线上竞赛”活动和市委编办举办的专题培训班，撰写学习《条例》心得体会，不断提升做好机构编制工作的能力水平。严格执行《条例》《实施办法》明确的原则、程序、规定，把握机构编制事项动议、论证、审议决定、组织实施、监督问责5个关键环节规定，把加强党的领导贯彻到机构编制管理的各方面、全过程，严格按照规定的权限和程序审批办理机构编制事项。全年组织召开区委编委会议3次，提交区委编委会议议题37项，按程序报区委、市委编委（办）请示17件，印发各类批复通知81件。

【机构编制统筹】　按照市委调整优化中心城区园区管理体制的统一部署，理顺四川彭山经济开发区管理体制，组建区岷江现代农业示范园区管理机构，以区委办、区政府办名义印发四川彭山经济开发区和岷江现代农业示范园区的“三定”规定，优化园区机构设置，规范下属事业单位设置，明确职能职责。坚持“瘦身”与“健身”相结合，管住与管活两手抓，管住用好机构编制资源，为园区发展、重点工作、高层次人才引进、招聘援鄂医护人员和退役士兵安置等提供机构编制资源保障。主动与天府新区眉山管委会相关部门对接，协调农业、水利、教育、市场监管、司法、公安等区级有关部门派驻天府新区彭山区域相关机构和人员编制划转事项。督促指导相关区级部门理顺派驻天府新区彭山区域11个机构设置，调整相关编制141名，划转人员92人。

【巡视问题整改】　坚持问题导向，对省委巡视、市委编办专项检查反馈机构编制管理中存在的问题，制定整改工作方案，细化整改措施，明确整改时限，确保反馈问题在规定的时间节点内整改到位。对机构编制管理工作开展全面自查，紧扣机构编制违规问题台账，2020年整改销账19个问题。加强议事协调机构管理，严格议事协调机构设置前置审核，回复部门有关设立议事协调机构函33件，对不具备设立条件的函回复“不同意”8件，以区委办、区政府办名义制定《眉山市彭山区开展议事协调机构清理工作的通知》，明确清理范围、标准、程序及工作要求。纠正不规范设置的科级领导职数1名。

【机构编制报告制度】　全面落实中央机构编制委员会《机构编制报告制度实施办法》要求，区委编委按规定开展向市委编委、区委书面报告全年机构编制工作情况，制发通知指导督促部门（单位）党组（党委）向区委编委书面报告年度机构编制工作，覆盖率100%，强化机构编制管理主体责任。深入6个镇（街道）和11个部门就推进落实乡镇机构改革与党政机构改革要求进行监督检查，发出问题整改函2件，提出整改意见13条，限期整改到位。联合区委巡察办、区审计局等部门，加大机构编制监督检查力度，对6个区级部门主要领导开展任期内机构编制执行情况审计，查处纠正2个单位存在的机构名称不规范、超配中层职数等问题。

【事业单位法人登记】　全面完成全区257个事业单位2019年度法人年度报告公示工作，公示率100%。随机抽取5个事业单位，实地察看法人信息公示，完成2019年度法人信息公示抽查工作。办理事业单位法人设立登记35件、变更登记128件、注销登记34件、补领证书17件。办理机关群团“统一社会信用代码证书”21件。做好中文域名和网站标识管理工作。

【机构编制统计和实名制工作】　更新完善机关事业单位台账及实名制系统数据，推进机构编制台账和实名制系统动态管理。

【信息调研】　全年上报机构编制调研文章3

篇，机构编制信息23条，其中，被中央编办采用信息1条，市委编办采用信息14条，区级部门采用信息4条。

（陈保全）

老干部服务

【概况】　2020年，全区老干部服务工作坚持和完善老干部工作制度，做好离退休干部服务管理，引导老同志发挥优势作用，开展助力脱贫攻坚、助力乡村振兴、助力基层治理等正能量活动，老干部工作和关心下一代工作稳步有效推进。

【服务管理】　全面落实离退休干部政治待遇和生活待遇。认真做好离退休干部疫情防控工作，对195名离退休干部开展疫情大排查，第一时间购买医用口罩2000余个，挨家挨户为老同志送上门；分批次开展老同志集中学习7次，组织老同志参加彭山区情况通报会、区委“文明彭山　榜样力量”彭山区第四届民星汇颁奖典礼、政协征求意见会等；组织离退休干部到黄龙溪、百谷农旅等地参观考察640人次；重大节日走访慰问离退休干部和抗战老兵420余人次；提高新中国成立初期退休干部困难补助标准，补发2019年困难补助，落实2020年上半年困难补助共13.2万元，落实门诊医疗费用15.6万元；做好改变企业离休干部津补贴和新中国成立初期企业退休人员困难补助发放渠道协调工作；组织开展健康体检和健康疗养；落实17名有特殊困难的离退休干部及遗孀2020年困难帮扶资金5.1万元；及时探望生病住院离退休干部21人，慰问9位去世离退休干部家属；对接眉山天府新区管委会，落实6名离退休干部的政治、生活待遇，代管异地离退休干部10人；接待和妥善处理离退休干部来信来访18件，满意率达100%。

10月22日，彭山区召开2020年重阳节慰问老同志大会

【离退休干部党建】　加强离退休干部政治建设、思想建设和党组织建设，用好用活“彭山e支部”智慧党建平台，推动离退休干部党组织建设标准化、智慧化。充分利用彭山老干部网、微信群等信息平台宣传党的大政方针，开展“碎片式”学习教育。举办全区离退休干部服务管理信息系统培训，建立全区离退休干部信息数据库。区人大退休党支部、区税务局退休党支部分别被评为全省、全市离退休干部先进集体，评选“正能量·好榜样”离退休干部先进个人99人。按标准全面兑现离退休干部党组织书记、副书记、委员工作补贴。督促落实“三会一课”、收缴党费、党员学习等党内制度，指导开展党员民主评议、党员志愿服务等党组织活动。向全区离退休干部党组织免费赠阅《离退休党支部学习参考》50份，组织6名离退休干部参加全市离退休干部党组织书记培训。

【老干部活动】 以“三创一新”、脱贫攻坚、基层治理等上级重大决策部署为切入点，深入开展“增添正能量·共筑中国梦”正能量活动。开展兴趣小组活动改革，制定实施方案，对老干部兴趣小组活动主题、班子成员等进行重新设置，通过精简兴趣小组数量，控制报名人数，实现“活动更加高效，服务更加精准”。抗疫期间，及时转发《致全市离退休干部的倡议书》，号召全区广大离退休干部争做“群防群控”的先锋模范。全区909名离退休党员干部助力疫情防控捐款16.15万元，其中退休干部何图琴捐款2万元。积极建言献策。区委主要领导主持召开老干部代表座谈会，收到老干部建议意见26条，全部落实到具体部门进行办理。举办“我看脱贫攻坚新成就”座谈会，参加区医保工作意见征集活动，提出意见建议21条。组织离退休干部参加“东坡故里家风家训”活动、第三届“彭祖文艺奖”评选活动、“我和我的祖国”征文活动等，举办《晚情》文字专刊4期、《光与影》摄影专刊4期。积极参与基层治理，全区离退休党员干部主动到居住地报道，13名退休党员干部担任居住小区临时党支部书记或委员，参与小区党建、宣传、治理、调解等工作。退休干部采取“二帮一”“一帮一”的形式与联系户、困难学生结对，解决他们遇到的实际困难。区关工委老同志走访慰问贫困学生12人，开展“助学成才”贫困生资助工作，为全区76名贫困生发放助学金19万元。离退休干部主动担任文明志愿者、交通劝导员，对随地吐痰、乱扔垃圾、无序停车等不文明行为进行劝导，发放宣传资料500余份、调查问卷100余份。离退休干部在疫情防控期间支持疫情防控工作，主动担当小区志愿者，开展防疫政策宣传、设卡管控、入户排查等工作。

【关心下一代工作】 区委常委会专题听取关心下一代工作汇报，以区委办、区政府办名义印发2020年工作要点，将关心下一代工作纳入区委、区政府目标考核，完善保障机制。注重立德树人，充分发挥青少年社会实践基地、关爱活动室等阵地作用，开展主题宣讲、“四家”教育等活动，切实加强青少年思想道德教育、爱国主义教育、法治教育等。开展关爱帮扶青少年工作，举办“决胜脱贫攻坚，坚定三个热爱”彭山区第五届青年创客训练营，慰问“五失”（失学、失业、失亲、失足、失管）、残疾等青少年339名，送去慰问金和物资18.9万元。推进融入城乡基层治理，加强全区小区关工小组建设，发挥关工组织作用，动员引导“五老”（老干部、老战士、老专家、老教师、老劳模）参与城市街道、社区、小区及农村镇、村、组治理。做好关心下一代基金会募集，全年募集捐款25万元，区财政解决基金补助40万元，上交市关心下一代基金65万元。实施公益项目资金75万元，受益青少年2000余人。2020年，区关工委执行主任梁则栋被评为“四川关爱明天十佳五老”；中国关工委主任顾秀莲到彭山调研彭山关心下一代工作。

（钟　薇）

目标和绩效管理

【概况】 2020年，完成全区目标绩效管理和督查督办工作各项目标任务，获全市目标绩效考核二等奖。在全省试点开展镇（街道）评议区级职能部门工作，初步建立基层对区级职能部门的评议机制，通过年度四川省委督促检查暨绩效管理工作领导小组对试点工作的评审。

【目标考核】　科学设置“基础目标＋重点目标”的指标体系，相应实行基础得分与额外加分并行的计分办法，明确目标导向。围绕区委、区政府明确的重点工作，分类下达重点目标任务，主要评价核心任务完成情况，鼓励效率优先。差异化设置考核指标和分值权重，推动各镇（街道）区域协调发展、竞相发展，引导区级各部门围绕主责、主业聚焦发力，推动各项目标任务完成。建立单位分类评优奖金上浮制度，指导各单位建立健全干部考核机制等，彻底打破“干与不干、干多干少、干好干坏一个样”的“大锅饭”现象。

【督察督办】　深入一线、真督实察，确保件件有着落，事事有回音。针对各级党委重大决策部署落实情况开展重点督察督办，开展中央巡视反馈问题整改、整治形式主义为基层减负、推动成渝双城经济圈建设等督察督办24次，推动各项决策部署落地落实。在省委巡视彭山区反馈意见后，及时分解任务，明确工作分工职责，细化整改措施，推动整改工作有序进行。针对区委、区政府主要领导召开的重要会议和批示落实情况开展常规督察督办，定期收集核实区委常委会、区政府常务会、专题会议定事项，领导批示事项办理情况，形成专报22期报送区委、区政府主要领导。针对主要领导关注、群众关心的问题开展专项督查督办，开展生态环境治理、脱贫攻坚、老旧小区改造等方面专项督察60次。紧盯推进滞后工作，开展追踪督察督办，针对推进滞后的工作，采取“发点球”形式，印发整改通知单要求相关部门限时办结，并且列入重点督办事项一督到底，确保整改到位。

（林佳怡）

党政干部教育

【概况】　2020年，全区党员干部教育响应市委“市区一体化办学”要求，推进县级党校分类建设，创新举措，为彭山高质量发展提供智力支撑。

【市区一体化办学】　按照眉山市委党校“硬件一体投入、人员一体管理、学科一体建设、资源一体整合、培训一体组织”统一要求，2020年10月9日，区委党校正式全员入驻市委党校，与市委党校和东坡区委党校集中办公。推进彭山区在一体化办学中办公场地落实、后勤保障、编制置换、经费落实、制度机制建立等系列工作。全年，区委党校在市委党校举办主体班3个、区外培训班1个。

【乡村振兴学院】　2020年，完成彭山乡村振兴学院及运营公司机构注册、合作方招标、人员落实、师资库建设、课程菜单制定和宣传等工作，整合全区培训资源，开展区内外培训。建院一年来，已承接成都、重庆、甘孜、凉山、阿坝、眉山、仁寿、丹棱、彭山等区内外培训班22期（受疫情影响），培训人数2200余人次，承接会务30余场次，接待党政考察团50

余次。其中，接待电子科技大学、西南财经大学、邓稼先干部学院、市委党校等校现场教学9期。与市委党校、省委党校乡村振兴智库、邓稼先干部学院、电子科技大学、西南财经大学等高校建立战略合作关系。《眉山市彭山区推行开放式乡村振兴学院办学模式》被省委组织部《组工情况交流》2020年第35期采用；《彭山乡村振兴学院　寿乡大地递出的一张绿色名片》被《四川日报》《四川在线》《眉山日报》头版头条采用，并获得区政府2020年度“宣传彭山好新闻”三等奖。

5月8日，省委党校乡村振兴智库专家团调研彭山乡村振兴学院

【教学质量评估自评】　开展县级党校教学质量评估自评工作，接受市委党校初评，初评成绩名列全市第二，并根据市委党校初评结果进行立行立改。

【主体班培训】　区委党校联合区委组织部、彭山乡村振兴学院、电子科技大学、邓稼先干部培训学院等，举办彭山区2020年优秀年轻干部铸魂工程递进培训及新任科级领导干部、党员发展对象、机关党务干部、村社区党组织书记、两新党组织书记等主体班6期；联合区委统战部、区妇联、区人社局、区农业农村局、区工商联举办统一战线爱国主义教育、基层妇联主席、农技员、农业业主、现代农业园区职业农民、民营企业家等专题研讨班7期。利用“流动党校”送课下基层，开展党的十九届四中和五中全会、省委第十一届六次和七次全会、市委四届十五次全会精神宣讲，覆盖乡镇、部门、校园、企业共30余个，培训党员干部、学生、企业人员5000余人次。结合中央和省委成渝地区双城经济圈、成德眉资同城化发展战略布局，围绕省委“一干多支”和市委“135”战略部署、区委“132”发展布局，深入乡镇、村社、部门和企业开展调研，全年完成调研课题6篇，结项4篇。

【骨干教师培训】　2020年，选派骨干教师参加省委、市委党校各类师资培训班7期、20余人次；跟班学习11期、15人次；利用“锦江大讲堂”、市委党校各类培训班培训干部20余人次。建立完善专兼职师资库，汇集专家领导、“土专家”、企业家等师资300余名。

【学科建设】　加强学科建设，授课方式采用课堂讲授、现场教学、体验式教学、拓展训练等多种形式。课程设置突出乡村振兴、基层治理实训实践，开发特色课程9大类，针对14类培训对象精准制定课程。突出乡村振兴产业孵化功能，结合彭山深化农村改革经验，红色先锋引领绿色发展，土地流转四步机制，农村承包地三权分置、“两权”抵押，微生物技术转化生物有机肥等10余个本地特色精品课，开发全国先进基层党组织果园村、革命教育基地彭山公义红色教育研学实践基地、现代农业产业果怡农业、基层治理典型毛河院子、福临小区等各类现场教学点10余个，整合眉山、成都、绵阳、雅安等周边精品现场教学点50余个。

【思想教育工作】　抓好干部队伍和学员队伍意识形态教育工作。落实中央、省委、市委、区委关于意识形态工作责任制要求，明确责任分工，月月讲、会会讲、班班讲。邀请区委常委、区委宣传部部长梁兰到铸魂培训班和新任科级领导干部培训班开展意识形态专题讲座。切实做到教学阵地、科研阵地、机关阵地干净清爽，弘扬正气。加强对习近平新时代中国特色社会主义思想，中共十九大和十九届三中、四中、五中全会精神学习贯彻、理论研讨和宣传宣讲。运用微信公众号、QQ群、微信群、学员群、LED显示屏加强党的方针、政策宣传。

（官为桥）

眉山市彭山区人民代表大会

重要会议

【人民代表大会会议】 2020年1月14—16日，眉山市彭山区第二届人民代表大会第七次会议在区委会议中心召开。大会听取和审查区人民政府工作报告、区人民代表大会常务委员会（以下简称区人大常委会）工作报告、区人民法院工作报告和区人民检察院工作报告；听取区人民政府关于人大代表票决民生实事项目的工作报告（书面）、关于代表建议批评意见办理情况的报告（书面）；审查和批准区人民政府关于2019年国民经济和社会发展计划执行情况及2020年计划草案的报告（书面）、关于2019年财政预算执行情况和2020年财政预算草案的报告（书面）；审查2019年度全区环境状况和环境保护目标完成情况的报告（书面）；补选区第二届人大常委会委员；对彭山区2019年度民生实事项目办理落实情况进行满意度测评，票决出彭山区2020年度民生实事项目；大会还表决各项决议草案。第一次全体会议由区委书记罗万东主持，第二次全体会议由区人大常委会主任钟建成主持。

1月14日，眉山市彭山区第二届人民代表大会第七次会议在区委会议中心召开

4月25—26日，眉山市彭山区第二届人民代表大会第八次会议在区委会议中心召开。大会选举杨兴弘为区人大常委会主任；表决通过区人大有关专门委员会副主任委员人选名单草案。第一次、第二次全体会议由区委书记罗万东主持。

【人大常委会会议】 2020年，眉山市彭山区第二届人大常委会共召开常委会11次。

1月3日，眉山市彭山区第二届人大常委会第三十九次会议在眉山市彭山区人大常委会机关五楼会议室召开。会议审议决定召开区第二届人民代表大会第七次会议重要事项。会议审议表决通过召开区第二届人民代表大会第七次会议的相关事项。

1月9日，眉山市彭山区第二届人大常委会第四十次会议在眉山市彭山区人大常委会机关五楼会议室召开。会议对区人民政府办理区人大常委会关于计划、预算、《中华人民共和国动物防疫法》、《中华人民共和国土地管理法》、工业经济、审计工作6项工作的审议意见落实情况进行满意度测评。会议进行了人事任免。会议经审议和票决，免去刘莉眉山市彭山区人大常委会办公室副主任职务、伍建国眉山市彭山区人大常委会教育科学文化卫生工作委员会副主任职务、吴建康眉山市彭山区人大常委会农业工作委员会副主任职务、李廷忠眉山市彭山区人大常委会信访室副主任职务；决定免去舒建眉山市彭山区人民政府副区长职务、周惠眉山市彭山区人民政府副区长职务；决定任命周浩为眉山市彭山区人民政府副区长、邓志勇为眉山市彭山区人大常委会研究室主任（机构更名）、胡小丁为眉山市彭山区人大常委会人事代表外侨工作委员会主任（机构更名）、梁莉为眉山市彭山区人大常委会人事代表外侨工作委员会副主任（机构更名）、王嫦为眉山市彭山区人大常委会办公室副主任。会议经审议表决，通过《眉山市彭山区人民政府关于提请审议舒建同志“荣誉市民”的议案》，并作出决定。会议审议决定召开区第二届人民代表大会第七次会议有关事项。会议经审议表决，通过《彭山区人大常委会工作报告》；会议听取和审议，通过区人大常委会主任会议《关于完善区人大有关专门委员会设置建议的议案（草案）》，同意提交区第二届人民代表大会第七次会议按程序表决。

3月20日，眉山市彭山区第二届人大常委会第四十一次会议在眉山市彭山区人大常委会机关五楼会议室召开。会议对区人民政府办理区人大常委会关于国有资产管理工作审议意见和区人民检察院办理区人大常委会关于“两法衔接”工作审议意见落实情况进行满意度测评。参加满意度测评的组成人员共27人，测评结果如下：对办理区人大常委会关于国有资产管理工作审议意见落实情况的总体评价满意24票、基本满意3票；对办理区人大常委会关于“两法衔接”工作审议意见落实情况的总体评价满意25票、基本满意2票。会议进行人事任免。会议经审议和票决，决定免去张杰茜眉山市彭山区统计局局长职务、曾淑敏眉山市彭山区市场监督管理局局长职务、黎文林眉山市彭山区信访局局长职务、张鸿涛眉山市彭山区农业农村局局长职务、张富洪眉山市彭山区审计局局长职务。决定任命张杰茜为眉山市彭山区农业农村局局长、曾淑敏为眉山市彭山区审计局局长、黎文林为眉山市彭山区市场监督管理局局长。会议听取、审议区人民检察院关于开展公益诉讼工作情况的汇报，会议认为区委高度重视公益诉讼工作，专门建立区委政法委牵头的公益诉讼联席会议制度。会议听取2019年规范性文件备案审查情况的报告。

3月31日，眉山市彭山区第二届人大常委会第四十二次会议在眉山市彭山区人大常委会机关五楼会议室召开。会议补选眉山市第四届人民代表大会代表，会议经选举，杨兴弘当选为眉山市第四届人民代表大会代表，报眉山市人大常委会确认。会议进行人事任免，会议经审议和票决，决定接受钟建成辞去眉山市彭山区人大常委会主任职务，报区下次人民代表大会备案。会议听取代表资格审查委员会关于个别代表的代表资格审查报告，会议经审议，同意审查报告，确认169名区第二届人民代表大会代表资格有效。

4月22日，眉山市彭山区第二届人大常委会第四十三次会议在眉山市彭山区人大常委会机关五楼会议室召开。会议进行人事任免。会议经审议和票决，免去付超眉山市彭山区人民法院审判员职务，高朝兴眉山市彭山区人民法院审判委员会委员、审判员职务，岳龙建眉山市彭山区人民法院行政审判庭（综合审判庭）副庭长、审判员职务，张文清眉山市彭山区人民法院审判员职务。决定免去车伟眉山市彭山区人民政府副区长、眉山市公安局彭山区分局局长职务。决定任命王胜为眉山市彭山区人民政府副区长、眉山市公安局彭山分局局长，李昇锦为眉山市彭山区人民政府副区长，许旺为眉山市彭山区统计局局长。会议听取代表资格审查委员会关于个别代表的代表资格审查报告，会议经审议，同意审查报告，确认区第二届人民代表大会179名代表资格有效。会议审议决定召开区第二届人民代表大会第八次会议有关事项，会议经审议，表决通过有关事项，同意提交大会按程序表决。

5月9日，眉山市彭山区第二届人大常委会第四十四次会议在眉山市彭山区人大常委会机关五楼会议室召开。会议听取和审议区人民政府关于提请审议村级建制调整改革方案的议案。会议经审议和表决，同意区人民政府提请的村级建制调整改革方案，并作出决定。

5月28日，眉山市彭山区第二届人大常委会第四十五次会议在眉山市彭山区人大常委会机关五楼会议室召开。会议进行人事任免。会议经审议和票决，决定免去宁武眉山市彭山区卫生健康局局长职务、邓兵眉山市彭山区文化广播电视和旅游局局长职务、陈盼眉山市彭山区商务局局长职务。免去金戈眉山市彭山区人大常委会青龙街道工作委员会主任职务。决定任命龚涛为眉山市彭山区商务局局长、张敏为眉山市彭山区文化广播电视和旅游局局长、傅艳为眉山市彭山区信访局局长。任命彭静渊为眉山市彭山区人大常委会青龙街道工作委员会主任、马强为眉山市彭山区监察委员会委员。会议听取和审议区人民政府贯彻实施《中华人民共和国义务教育法》的情况汇报。

7月28日，眉山市彭山区第二届人大常委会第四十六次会议在眉山市彭山区人大常委会机关五楼会议室召开。会议对区人民政府办理区人大常委会关于《血吸虫病防治条例》《中华人民共和国环境保护法》《中华人民共和国安全生产法》3项工作的审议意见落实情况进行满意度测评。会议进行人事任免。会议经审议和票决，免去王太勇眉山市彭山区监察委员会副主任职务、黄僩眉山市彭山区法院人民陪审员职务。决定任命王太勇为眉山市彭山区卫生健康局局长。任命宁武为眉山市彭山区人民代表大会教育科技文化卫生民族宗教委员会副主任委员、邓兵为眉山市彭山区人民代表大会社会建设委员会副主任委员。会议听取区政府关于2020年上半年工作情况的汇报；区法院关于2020年上半年工作情况的汇报；区检察院关于2020年上半年工作情况的汇报。会议听取和审议区人民政府关于2020年国民经济和社会发展计划上半年执行情况的汇报。会议听取和审议区人民政府关于2020年财政预算上半年执行情况的汇报、关于2020年人大代表票决民生实事项目推进情况的汇报。

9月25日，眉山市彭山区第二届人大常委会第四十七次会议在眉山市彭山区人大常委会机关五楼会议室召开。会议进行人事任免。会议经审议和票决，接受李勇刚辞去眉山市彭山区监察委员会主任职务、廖伟辞去眉山市彭山区人大常委会副主任职务和区二届人大代表职务的申请，报区第二届九次人民代表大会备案。免去何锋眉山市彭山区人民检察院副检察长、检察委员会委员、检察员职务。任命李昌莹、谌英、毛荣龙、徐惠为眉山市彭山区人民法院审判委员会委员，余若薇、陈毅、张宇利、张强强为眉山市彭山区人民法院审判员，陈远萍为眉山市彭山区人民检察院检察委员会委员。会议听取和审议区人民政府关于2019年财政预算执行和其他财政收支情况的审计工作报告、关于2020年代表建议批评意见办理情况的汇报；会议审查和批准彭山区2019年财政决算。会议补选眉山市第四届人民代表大会代表。会议经选举，王景弘、梅斌当选为眉山市第四届人民代表大会代表，报眉山市人大常委会确认。

11月13日，眉山市彭山区第二届人大常委会第四十八次会议在眉山市彭山区人大常委会机关五楼会议室召开。会议进行人事任免。会议经审议和票决，决定接受余玺樟辞去眉山市彭山区人大常委会副主任职务和区二届人大代表职务。决定任命泽仁郎加为眉山市彭山区人民政府副区长。决定任命徐国为眉山市彭山区监察委员会副主任，并代理眉山市彭山区监察委员会主任职务。会议听取和审议区人民政府关于2019年国有资产管理情况、关于“七五”普法工作情况、关于贯彻实施《中华人民共和国大气污染防治法》情况的汇报。会议提出审议意见。

12月25日，眉山市彭山区第二届人大常委会第四十九次会议在眉山市彭山区人大常委会机关五楼会议室召开。会议对区人民政府办理区人大常委会关于《中华人民共和国义务教育法》《2020年国民经济和社会发展计划上半年执行情况》《2020年上半年财政预算执行情况》3项工作的审议意见落实情况进行满意度测评。会议进行人事任免。会议经审议和票决，接受夏成刚辞去眉山市彭山区人民法院院长职务，接受杨成芬辞去眉山市第四届人民代表大会代表职务；任命田利军为眉山市彭山区人民法院审判员、审判委员会委员、副院长，任柱为眉山市彭山区监察委员会副主任；决定田利军代理眉山市彭山区人民法院院长职务。会议补选了眉山市第四届人民代表大会代表。会议听取区人民政府、区住建局、区民政局、黄丰镇、彭山控股公司关于2019年审计查出突出问题整改情况的汇报。会议审查和批准区人民政府2020年财政预算调整方案、2020年地方政府债务限额的议案。会议经审议表决，通过《眉山市彭山区人大常委会关于批准眉山市彭山区2020年地方政府债务限额的决议》草案。

履行职责

【概况】 2020年，区人大常委会紧紧围绕抗击新冠肺炎疫情、推动经济向好发展，忠实履行《中华人民共和国宪法》和法律赋予的各项职权，全年听取、审议“一府一委两院”专项工作报告16项，对8个重大事项作出决定、决议，组织或者配合省、市人大常委会开展立法调研、执法检查、议题调研、工作视察50余次。完成区二届人大七次会议确定的各项任务。

【依法行权】　先后对人民代表大会的召开、2020年财政预算收支调整变动、政府债务限额等重大事项作出决定，常委会全力组织实施，支持并督促区政府及其有关职能部门创新管理、完善机制，依法执行决定，确保重大事项的推进。批准2019年决算，提出加强2020年计划执行的审议意见，推动并支持区政府加强疫情常态化防控，加快复工复产，全面做好“六稳”工作，认真落实“六保”任务，确保全面实现人大批准的计划任务。

建立完善国有资产管理情况报告制度，支持并监督区政府及其有关职能部门当好国有资产的“管家婆”，变资产为资本，推动国有资产管理效益化，防止国有资产流失，确保国有资产保值增值。

突出抓好对审计查出问题整改落实的监督，2018年、2019年审查出的73个问题已整改落实70个，跟踪问效尚未整改的3个问题，督促建章立制，推动解决“屡审屡犯”的问题。发挥人大预算联网查询、预警、分析、服务等功能，编发预算执行预警情况通报3期，督促28个部门“扯回销”强化预算执行，依法办理预算执行的审议意见。推动并支持区政府加强对部门预算的指导、监督和管理，切实维护预算的严肃性。全年共有9个省内外市、区（县）人大常委会到彭山学习交流。

深化法律监督，深入开展对义务教育法贯彻实施情况的调查研究，督促落实人大审议意见，推动义务教育工作不断改进和加强。加强对“七五”普法规划实施情况的监督，督促区政府及其有关职能部门加大对以《中华人民共和国宪法》为重点的普法宣传力度，确保“七五”普法规划目标任务按时完成。围绕公益诉讼工作，督促检察机关和行政执法机关依法履行法定职责，将加强公益诉讼与深化“两法衔接”有机结合，努力提高司法公信力，保障宪法和国家法规在全区的贯彻实施。依法对“一府一委两院”、乡镇人大主席团报送的19件规范性文件进行备案审查，对区委交办的43件规范性文件提出合法性审查意见，向市人大常委会报送13件规范性文件，切实维护国家法治与统一。

提升民生事项监督实效，围绕乡村人居环境治理、人大代表票决民生实事项目实施、医疗保障等关乎民生的事项，深入开展调查研究，广泛听取各方面的意见和建议，有针对性地提出可操作性的审议意见，督促把民生事项办好办实，回应广大人民群众的期盼。全区乡村人居环境不断改善，票决的10项民生实事项目顺利实施，医疗保障服务能力和水平不断提升，城乡居民的幸福感、获得感、安全感不断增强，促进社会和谐稳定。

不断规范任后监督，先后对16名拟任人员进行任前法律知识考试，任免或者决定任免常委会及街道工委、“一府一委两院”国家机关工作人员48人次，分6批组织开展向宪法宣誓仪式。完善任后监督机制，对区政府组成部门履职情况开展满意度测评，对测评结果末尾的“一把手”进行谈话，督促人大任命人员恪守承诺、履职尽责、服务发展。

【人大代表工作】 强化代表工作，共接受24名区人大代表辞去职务，根据工作需要补选26名区人大代表。不断改进和加强代表工作站建设，优化履职平台，强化代表来自群众、为了群众、服务群众的观念。不断完善人大代表履职登记制度，组织开展代表向选区选民述职测评活动，强化代表履职尽责的职务观。加强对代表履职先进事迹的宣传，树立典型、示范引领，激发代表模范带头、担当有为，强化代表的业绩观。畅通履职渠道，落实人大代表履职经费，加强和指导代表小组活动的开展，鼓励和支持代表深入基层、选区，用脚步丈量民情，用行动联系群众，征集民愿、汇聚民智，提出建议及批评意见。组织人大代表、人大干部200余人次参加人大理论和业务培训，不断提升代表履职能力。邀请人大代表列席常委会会议和区政府的重要会议，旁听法院庭审，参与常委会组织的议题调研、工作视察、执法检查以及上级人大常委会的立法调研等。不断完善“会商”办理、重点督办和专项督办制度。邀请代表全程参与，“点对点”联系，“面对面”沟通，“见证式”办理。组织调研代表建议办理工作，督促区政府及其承办单位落实审议意见，提高办理质量，并及时将办理落实情况答复代表，推动解决一批实际问题。

【联系工作】 新冠肺炎疫情发生以来，全区300余名各级人大代表参与疫情防控，其中捐助口罩、护目镜等防疫物资60万余元。常委会聚焦工业、农业、民生、服务业等重点领域，组织340名人大代表开展“双走访”活动，收集并督促解决疫情防控、复工复产等方面的突出问题68个，为实现彭山“零确诊、零传播”和经济快速恢复且向好发展贡献人大智慧与力量。推动打好“三大攻坚战”。审查和批准区人民政府2020年地方债务限额，确保政府债务限额在可控范围，防范财政重大风险。组织开展对城乡环境治理、大气污染防治法贯彻实施情况的调查研究，支持并督促区政府及其有关职能部门加大环境污染治理力度，认真办理人大审议意见，推动中央、省委环保督察发现问题的整改落实。加强对联系街道、镇脱贫攻坚工作的指导，对标“两不愁、三保障”总体要求，督促基层落实精准扶贫政策、核实人均收入、完善建档立卡等各项工作，推动全区脱贫攻坚决战决胜。组织人大代表建言“十四五”规划，汇集6大类29条意见，为区委提出彭山“十四五”规划提供决策参考。持续开展对全区项目规划执行情况的监督，发现并督促整改违规问题20个，各街道、镇拆除违建1297处、4.9万余平方米。先后组织开展对城市更新改造、毛河流域生态修复、未来水郡城等10余个全区重点项目的视察和调研，督促推动重点项目加快建设、速见实效。

【常委会建设】 首次规范拟定会前、事前学法计划，不断增强依法办事意识。坚持问题导向，增强调查研究的针对性和实效性。全年组织开展医疗保障、“七五”普法、公益诉讼等20余项工作调研，并形成专项工作调研报告。围绕代表工作、基层人大工作、换届选举等重点课题，组织常委会组成人员深入基层了解情况，与先进地区人大开展学习交流，完成8篇调研和考察报告。以调查研究为突破口，不断夯实工作基础，为常委会作出决定决议、形成审议意见、推动重点工作奠定坚实基础。严格执行《中华人民共和国各级人民代表大会常务委员会监督法》和常委会议事规则，坚持集体行使职权、集体讨论决定，把民主集中制贯穿人大履职的全过程、各方面，推动人大工作与时俱进、完善发展。

【宣传信息】　切实做好区级部门、乡镇和人大代表征订《中国人大》《人民权力报》《民主与法制》工作，推动全区民主法制建设进程。刊发《彭山人大》信息，及时做好人大网站动态信息的数据更新工作，全年共上传各类新闻、报告、制度建设等内容50余条次。

【协调服务】　起草制定区人大常委会2020年工作要点，做好综合协调工作。配合市人大调研组到彭山区开展调研视察、执法检查、座谈交流。加强与各镇、街道及区级各部门的沟通，及时传达区人大常委会的工作部署，使人大常委会的各项工作得以迅速贯彻落实。协调做好区人大参与区委中心工作，全年共组织召开人代会2次，举行常委会会议11次，听取和审议“一府一委两院”专项工作报告16项，区人大常委会主任会议17次，对8个重大事项作出决定、决议，组织或者配合省、市人大常委会开展立法调研、执法检查、议题调研、工作视察50余次。起草规范性文件30余个，起草、整理领导讲话、调研报告、工作总结、经验交流等文稿20余篇。

【文秘工作】　及时登记传阅上级有关重大事项的文件，并按要求认真组织落实，确保机关政令畅通。按要求组织起草以人大常委会党组、常委会、办公室名义的各类文件，形成会议纪要31期。组织向上级人大刊物编报录用的各类信息和调研材料，宣传人大工作动态，展现人大形象。

（杜冰洋）

眉山市彭山区人民政府

重要会议与活动

【区政府常务会议】 2020年，彭山区人民政府召开常务会议16次。审议议定事项主要有《调整眉山市彭山区根治拖欠农民工工资工作领导小组的通知》《关于送审成渝双城经济圈“四重”清单的请示》《关于提请审定新一中项目变更和新增工程量的请示》《眉山市彭山区全域供水管理办法（试行）》《关于送审眉山市彭山区加快投资项目落地建设的工作方案（送审稿）的请示》《关于收购四川省信托投资公司国有土地使用权相关事宜的请示》《眉山市彭山区应对新型冠状病毒肺炎疫情支持中小企业共渡难关的23条措施》《城乡公交全域化实施方案》《眉山市彭山区“绿荫彭山、全域增绿”活动方案》《2019年脱贫攻坚考核反馈问题整改工作方案》《关于印发眉山市彭山区打赢蓝天保卫战等九个实施方案的通知》《眉山市彭山区村级建制调整改革方案》《眉山市彭山区城区生活垃圾分类和处置工作实施方案》《关于推进四川彭山经济开发区扩权提效的实施意见（代拟稿）的请示》《关于表彰长寿村（社区）、十佳寿星、十佳孝子的请示》《眉山市彭山区禁毒重点整治工作实施细则》《眉山市彭山区知识产权资助奖励管理办法》《眉山市彭山区营商环境优化提升工作方案》等288项议题。

（彭国英）

重要政事

【新冠肺炎疫情防控】 面对突如其来的新冠肺炎疫情，全区迅速响应，医疗战线和各级干部冲锋在前，人大代表、政协委员积极响应，筑起抗击疫情的铜墙铁壁，实现“零输入、零扩散、零病例”。区中医医院7名医护人员临危受命驰援湖北，成为新时代“最美逆行者”。

1个集体获得全省抗击新冠肺炎疫情先进集体称号，3人获得先进个人称号。社会各界人士捐款捐物折合人民币361.76万元。在全市率先复工复产，出台支持中小企业共渡难关23条措施，累计补助减免各类资金4102.76万元，投放贷款34.47亿元。向市民投放惠民消费券400万元，拉动消费1576万元，经济复苏跑出了“加速度”。

【创建国家卫生城市】 2017年来，彭山区共投入创卫经费206011万元，其中，老旧小区改造1469万元，市政维修597万元，道路黑化、人行道改造、湿地公园建设、道路景观提升等87620万元，道路工程、排水管网建设20785万元，集贸市场建设和升级改造13490万元，“厕所革命”经费2500万元，污水处理厂建设24250万元，城中村和城乡接合部整治、河道治理、添置环卫设施、工作运行保障经费等共计55300万元。

4月10日，志愿者在城中社区百步梯开展爱国卫生运动

【创建全国文明城市】 2018年以来，彭山区先后制作核心价值观主题雕塑14个，路名牌灯箱广告80个，灯杆广告400处，城区建筑工地围挡围栏公益广告4700平方米，广泛开展各类主题教育活动进机关、进企业、进社区、进校园等300余场。区级媒体开设创文宣传栏目4个，发布文明城市创建信息700余条，短信30条，制作发放创文宣传手册25万册、宣传折页3万份，以创文为主题的各类小礼品、志愿者服装12万余个（套）。广泛开展了入户宣传、“文明交通劝导”、“戒烟控烟”、“文明养犬”等主题志愿活动，全区注册志愿者人数达到79869人，其中实名认证76159人，形成人人参与创文的良好氛围。截至2020年年底，涌现出“中国好人”4人，“四川好人”16人，四川省文明家庭2家，眉山市道德模范13人，“眉山好人”37人，眉山市文明家庭2家。2020年11月成功创建全国文明城市。

6月5日，“网格微家”志愿服务项目——区妇联组织巾帼志愿者进行文明劝导

【法治政府建设】 2020年，彭山区在处置重大突发事件中推进法治政府建设，提高依法行政水平，更好发挥法治对改革发展稳定的引领、规范、保障作用，为坚决打赢新冠肺炎疫情防控阻击战、推进成渝地区双城经济圈建设和彭

山开放发展先行区建设提供坚实的法治保障。持续加强法治政府制度体系建设，健全公共卫生法治体系。印发《关于重申在疫情防控期间减少公众聚集性活动的通知》《关于印发〈眉山市彭山区应对新型冠状病毒感染的肺炎疫情联防联控工作总体方案〉的通知》等系列文件；出台《眉山市彭山区人民政府关于划定野生动物禁猎期和禁猎区的通告》《眉山市彭山区人大常委会办公室关于贯彻落实〈眉山市人大常委会关于依法全力做好当前新型冠状病毒肺炎疫情防控工作决定〉的通知》等文件，切实保障彭山区疫情防控、社会治理机制在法治轨道上运行，有效防范重大公共卫生风险。完善政府依法决策机制。深入开展法治政府和政务诚信建设，全年审查区政府常务会各类行政决策事项 214 项，出具书面审查意见 214 份，提出各类建议意见 430 余条；审查《眉山市彭山区 10 万头优质生猪产业化项目协议》等重大投资协议、政府性合同 80 份，提出修改建议意见 780 余条，采纳率达 95% 以上。营造法治化营商环境，印发《关于印发〈眉山市彭山区深化“放管服”改革优化营商环境行动计划（2019—2020）〉的通知》，进一步完善全区营商环境法治体系。优化政务服务，完善系统建设，推进“放管服”改革向乡村延伸，在区中心和镇（街道）便民服务中心设置 33 个综合窗口，任一综合窗口均可办理全区 1000 余项政务服务事项，实现“一窗通办”。全面实施政务服务“好差评”制度，推进基层政务公开标准化、规范化建设。累计办理政务服务事项 16426 件，接受服务对象评价 17162 次，差评 0 个，政务服务满意度 100%。深化综合行政执法改革，推进行政执法规范化建设，加快行政执法信息化建设，加强行政执法监督。不断加大行政权力监督力度，自觉接受监督，深化政务公开。依法有效化解矛盾纠纷，健全纠纷多元化解机制，全年审理金融借款、民间借贷等纠纷 433 件。加强行政复议和行政应诉工作。全年共受理行政复议案件 12 件。严格规范程序执行，共结案 10 件（撤回 5 件，维持 1 件，确认违法 3 件，驳回复议申请 1 件），依法受理与审查，应受尽受率达 100%，及时办结率达 100%。受理以区政府为被告的应诉案件 18 件，已审结 13 件。推进城乡基层依法治理，清理规范乡镇职权，持续推进法治宣传教育，提高基层法律服务水平。健全完善工作落实保障机制，把法治政府建设工作纳入全区目标考核。

（彭国英）

政府事务

【概况】 2020 年，眉山市彭山区人民政府办公室文电办理、政研信调、人大代表票决民生实事、人大代表建议批评意见和政协委员提案办理等工作再上新台阶。

【文秘工作】 2020 年，区政府办公室高效承办各类会议，全年筹办全区营商环境大会 1 次、区政府常务会议 16 次。切实转变文风会风，严格控制文件数量、发文规格、发文程序、文件篇幅。制定发文计划，以 2018 年发文数量为基数，按照减少 30% 的标准作为 2020 年度发文控制数，实行层级管理，2020 年以区政府名义印发的各类文件较 2019 年减少 41%。强化会议统筹和审批，实行“先审批、后开会”和“无会月”制度，会议能统筹召开的不单独召开，2020年以区政府名义召开的会议较2019年减少85%，完成精文减会目标任务。

【政研信调】 2020年，区政府办公室全年上报信息共计220余条。其中，《眉山市反映制造业“稳投资”面临四个方面问题》《眉山市反映中小企业融资难融资贵存在的问题及对策建议》被《国办专报》采用；《眉山市彭山区用好“好差评”提升政务服务水平》被省政府办公厅《政务晨讯》采用；《彭山区“点线面”推进农旅融合新发展》被省政府办公厅《政务工作交流》采用；《量体裁衣 精准提质 用“好差评”推动“好服务”——彭山区优化政务服务工作做法及成效》被市政府办公室《眉山政讯》专报刊发。

【政务新媒体监管】 严格执行政务新媒体分级备案管理制度。全年开展专项清理2次，关停、注销一批不符合管理要求的政务新媒体。全年全区政务新媒体纳入监管12个。及时发布、转载新冠肺炎疫情信息，利用各种渠道公开统筹疫情防控和经济社会发展、有序推进复工复产方面的相关政策，推进“三大攻坚战”信息公开。区政府门户网站共公开信息21820条，其中，疫情防控信息372条，脱贫攻坚信息230条，打好污染防治攻坚战信息186条，防范化解重大风险信息159条，政府文件56条，规范性文件8条，政策解读6条。

【提案建议办理】 全年承办人大代表建议批评意见81件（其中转天府新区眉山管委会10件），81件建议已全部按规定时限办理完毕，办理率100%，满意率98.6%；全年承办政协提案共81件（其中并案13件），81件提案已办理完毕，办理率100%，满意率96.3%。

【民生工程】 截至2020年12月底，全区（不含天府新区彭山区域）一般公共预算支出合计28.14亿元。全区已累计筹集、拨付民生工程项目资金22.51亿元，占一般公共预算支出的80%。彭山区154个（其中省、市定146个）项目中，152个（其中省、市定144个）项目完成或超额完成年度目标任务，2个省、市定项目因省或市级主管部门未下达目标任务尚未实施。

【疫情防控】 疫情防控期间，区政府办公室作为区应对新冠肺炎疫情联防联控领导小组办公室（综合组），精心组织区政府常务会议7次、区疫情防控工作专题会议41次；累计下发疫情防控文件107个、《工作交办通知》33期、工作交办指令309项、《工作简报》183期，形成联防联控、运转有序、执行高效的防控体系，保持和巩固彭山“零输入、零扩散、零病例”的防控成效。

（彭国英）

人才与人事管理

【概况】 2020年，彭山区人才与人事管理工作围绕区委、区政府“人才强区”战略，持续开展专家智力服务基层活动，积极配合区人才办实施好“寿乡人才引育”计划，做好专业技术初级职称评审，中、高级职称评审推荐工作，通过考试招聘事业单位工作人员、考核招聘卫生人才和事业单位高层次人才，将人才引进工作抓好、抓紧、抓实，充分发挥彭山智汇人力资源有限公司专业优势，为企业搭建好人才引进平台，为全区经济发展提供更强更好的人才智力支持。

【人才引进】　2020年，彭山区面向社会公开考试招聘教师44人，提供2个支农岗位面向高校毕业生公开招募“三支一扶”（指招募高校毕业生到乡镇从事两年的支教、支农、支医和帮扶乡村振兴）人员，从援鄂医务人员中考试招聘基层卫生院工作人员5人，招聘定向医学生14人。协助区委组织部，着力抓好高层次人才引进工作，完成区外考调、区内遴选等工作。

【人才培育】　初、中、高级专业技术职称评审申报工作有序进行。2020年，通过初级专业技术职务任职资格评审151人，推荐中级专业技术职务任职资格评审并通过142人，推荐高级专业技术职务任职资格评审并通过121人。

【人才服务】　落实人才保障，配合区委组织部，做好党政人才公寓入驻、人才优才卡发放等服务。继续发挥智汇人力资源有限公司作用，统一规范管理，充分调动其工作积极性，全区人才队伍的结构和质量得到持续改善与提升。

【“蓉城专家进眉山”活动】　做好“四川省专家服务团助力成德眉资发展暨回头帮走进眉山”活动，活动包括医疗、农业、孵化园等5个项目，共计6名专家到彭山交流指导，为彭山区高质量发展提供智力支持。开展天府文旅专家“江口沉银”特色文创指导交流活动，重点从江口沉银实景演出创作、文创产品开发的前期准备、文创产品开发相关经验等方面进行指导交流，推动完成江口沉银特色文创的相关工作。

【建立职业农民制度】　创新乡村人才评价机制，开展新型职业农民职称评审，成立彭山区新型职业农民初、中级职称评审委员会，通过新型职业农民职称资格评审42人，其中，农业农产类助理农技师39人，农业农产类农技师3人。

【专业技术和事业人员管理】　2020年度共计完成20名事业单位管理人员非领导职务晋升。

【工资福利和退休工作】　完成彭山区机关、事业单位工作人员按年度考核结果正常晋升工资工作。贯彻落实四川省委办公厅、省政府办公厅《关于进一步引导和鼓励高校毕业生到基层工作的实施意见》精神，对34名符合条件的新录用人员的工资福利进行梳理并重新核定。做好机关事业单位工资变动审批工作。完成97名新进人员（其中考调49人、公招29人）的工资标准核定。完成全区机关单位工作人员年终一次性奖金和上年度事业单位奖励性绩效工资审批工作。为27人办理连续工龄审批手续并重新确定工资标准；办理转正定级并重新核定工资44人。为74名干部职工核发死亡一次性丧葬费和抚恤金，并对符合政策的遗属享受生活困难补助进行审批。为95名到龄的机关事业单位工作人员办理退休手续，并核定退休待遇。

核算并审批退休一次性补贴 89 人。

（杨　东）

行政审批

【概况】　2020 年，彭山区行政审批工作成为全省系统内承担国、省改革试点任务最多的区县（达 5 项），相关工作经验被《中国改革报》、“学习强国” APP、四川电视台、省政府办公厅《政务晨讯》、市政府办公室《眉山政讯》等媒体及平台宣传推广，被眉山市委、市政府主要领导签批 4 次，接待上级领导视察和各地参观学习 40 余批次。彭山区行政审批局被评为全国“最具创新力政务服务大厅”、政务服务创新奖，制作的“审批不见面　最多跑一次”宣传片获优秀政务宣传片奖，被国办电子政务办确定为西部唯一全国一体化政务服务平台建设工作联系点。

4 月 2 日，省大数据中心主任赵启斌（左三）到彭山区行政审批局调研工程项目建设改革工作

【深化“放管服”改革】　印发《关于印发〈眉山市彭山区深化“放管服”改革优化营商环境行动计划（2019—2020）〉的通知》《眉山市彭山区工程建设项目审批制度改革工作方案》。制发《眉山市彭山区政务服务“好差评”国家标准试点工作实施方案》《眉山市彭山区政务服务“好差评”工作制度》，强化组织领导，让干部重视起来，营造全区“好差评”氛围。实行清单化管理，形成常态化梳理公布区、镇（街道）行政权力清单机制，实现清单之外无权力。着力减材料、减时限、减跑动，全区依申请类单个政务服务事项承诺时限在法定时限基础上提速 80% 以上，调整即办件比例达到 30% 以上，为申请人减证明、减材料 30% 以上，实现审批效率提升 50% 以上，套餐式的“一件事”事项办理整体再提速 30% 以上，企业总税收和缴费率指标降至 55% 以内。印发《眉山市彭山区十大行政权力清单（2020 年本）》《眉山市彭山区公共服务事项清单（2020 年本）》《眉山市彭山区镇（街道）法定行政权力事项目录》《眉山市彭山区镇（街道）公共服务事项目录及村（社区）便民服务事项目录》《眉山市彭山区保留证明事项清单》，根据事项变动实行及时动态调整。梳理公布镇（街道）行政权力事项 119 项、公共服务事项 36 项、村（社区）便民服务事项 91 项。按照“依法下放、宜放则放”原则，根据省政府统一赋权清单，结合镇（街道）、村（社区）产业发展和实际需求，将 49 项区级审批服务执法等权限赋予镇（街道）。

【创新网络化办事】　以“彭山服务”为统一品牌，建立手机 APP、微信、网页、自助机等全媒体、网络化政务服务融合平台，实现群众办事“面对面”到“键对键”的转变。建成协同办公系统，实现部门间网络协同传材料。建成视频会诊系统，实现区级部门和镇（街道）

综合窗口工作联动更便捷。建成智能导办系统，政务服务机器人“小彭”24小时在线，以聊天对话的方式指导申请人办事。开通中小学学费缴纳、水电气费缴纳、幼儿园摇号报名等网上通道，群众办事更加方便。全面推行“三集中，三到位”（三集中：行政审批职能向一个科室集中，承担审批职能的科室向行政服务中心集中，行政审批事项向电子政务平台集中；三到位：做到事项进驻大厅到位，审批授权、窗口到位，电子监察到位），实现群众办事只进一扇门。创新推出“前台综合受理、后台分类审批、统一窗口出件”工作模式，实现群众申请只到一个窗。开设企业开办、工程建设专窗，提供“一个窗口接待”“一个系统申报”“一张表单填报”“一支队伍服务”“一个号码联线”“一份指南辅导”“一车联合验收”的“一站式”服务。整合单个事项，组合推出“我要开家庭农场”“普通二手房交易”“我要报销医保”等主题式服务项目200个，有效压缩办事时间，减少跑动次数。企业开办仅4小时即可拿证，普通二手房交易立等可取、1小时办结。

综合窗口工作人员为群众指导在线办理业务

【异地通办】 2020年，彭山区行政审批局与成都市新津区、双流区，资阳市雁江区，德阳市什邡市等地行政审批局达成协议，形成异地通办事项清单。截至2020年年底，与新津区、资阳市雁江区签订跨区通办协议，明确与成都市新津区跨区域通办事项45项，与资阳市雁江区跨区域通办事项49项。

【相对集中行政许可改革】 2020年，区领导多次召集相关部门开会讨论，最终确定相对集中行政许可事项划转方案，向眉山市政府报送拟划转事项共计206项，待四川省政府批复后启动。

【省级以上试点工作】 政务服务“好差评”国家标准试点得到国家行政审批标准化工作调研组的肯定，在四川省政府办公厅《川政晨讯》第221期、眉山市政府办公室《眉山政讯》第73期印发试点经验及做法。截至2020年12月31日，累计办理政务服务事项3.30万件，接受服务对象评价3.34万次，无差评，政务服务满意度100%，其中非常满意3.24万次，占比97%。2020年12月24日，国务院办公厅电子政务办公室以国办电政函〔2020〕128号文件的形式，明确彭山区行政审批局成为全国一体化政务服务平台建设工作联系点，西部唯一。率先在全省实现真实项目在四川省工程建设项目审批系统（2.0版）中正式运行和办结，已有水郡未来城、锦江大学城等28个建设项目实现网上审批。“一事一次办”省级试点：围绕企业发展全生命周期、个人全生命周期全面开展事项梳理，持续推出100个“一件事”改革，方便企业和群众办事。企业开办再压缩至4小时办结，企业注销办事环节由6个压缩至2个，办理时限由41个工作日压缩至

3个工作日，最快1个工作日办结。在全省率先实现“无差别综合受理”向各镇（街道）延伸，1256项依申请服务事项均已纳入综合窗口运行。

【政务服务体系建设】 摒弃传统窗口式、柜台式布局，新建会客厅式区级政务服务大厅；改造完成6个镇（街道）便民服务中心分中心，按照属地人口规模，分别设置2~3个综合窗口，配备硬件设施64台、视频会诊系统10套；合理优化51个村（社区）便民服务站点布局，分批、分类实施亲民化改造，已完成改造11个。建立“五位一体”乡村服务惠民机制，整合镇（街道）和村（社区）涉及的综合治理、综合执法、市场监管、审批服务、政务公开等111个高频事项，集中到镇（街道）便民服务中心，实行“一站式”服务。推行“镇街吹哨、部门报到”“网格包保、组团服务”机制，建立服务需求、服务资源、服务项目3张清单和双向认领机制。

【“12345”政务服务热线】 全年共收到市转办工单4453件，办结率、回复率、回访率均实现100%，满意率达到98.39%；收到群众表扬工单5件，感谢电话无数。选派素质高、业务精的人员承担热线相关工作；建立工单办理会商会办制度，对于重复多次反映、久拖不决的棘手问题由区领导召开协调会专题研究；建立培训机制，定期以个别较为棘手且处理妥当的工单作为案例，对热线工作人员开展培训，提高工作人员处理问题能力。建立定期分析工作制度，在做好每件工单的常规办理基础上，每月对全区热线工单进行梳理分类与分析研究，形成“每月通报、热线专报”送区委、区政府主要领导作决策参考。2020年，区政府主要领导签批“公义镇统规自建房办理国有土地使用证”“重新选址修建康福医院”等相关问题的热线专报、通报，要求相关部门迅速跟进，妥善解决。重视数据应用，降低同类事件投诉比例。分部门、分类别进行梳理，整合同类型工单，第一时间为各部门在处理类似问题上提供大数据支撑和案例佐证，实现工单回复快速、有效、满意。同时针对同一事件、同一区域多次投诉的情况，组织部门进行研讨，提出切实可行且长期有效的解决方案，并纳入常态化管理。针对紧急或异常问题建立多方联动应急机制。2020年年初，新冠肺炎疫情暴发，彭山区积极响应市民诉求，与相关部门迅速联动响应，建立疫情工单4小时办结制。针对其他问题采取以点带面的方式，实现从处理一件工单到整顿一类问题的转变。通过处理“彭山区中医院排污问题”，与区生态环境局、相关职能部门、镇（街道）形成合力，对环保工单处理建立应急联动机制，确保环保问题及时解决。

（蓝紫璇）

机关事务

【概况】 2020年，区机关事务中心以“夯实基础、优质服务、廉洁高效”为目标，不断强化管理、优化服务、严律奋进，全面完成各项机关事务工作。

【公共机构节能减排】 全面推进示范创建工作，彭山一中通过省级验收并创建成功。开展节能宣传，推进节能周和低碳日活动进广场、进社区、进校园。创新工作举措，在区委、区政府、综合办公楼三大集中办公区推行技改，完成新建雨水浇灌回收再利用系统，全区实施节能技改11处。更新更换垃圾桶等，推广垃圾分类处置，综合推进集中办公楼节水节电降耗工作，节能减排成效逐年提升。

【办公用房使用管理】 健全办公用房信息台账，运用系统统计和入库数据锁定、核查、清理及监督办公用房配备使用情况。严格审批部门单位的维护、修缮事项。全年审查备案维修维护事项21个，无违规超标维护装修。统筹调配使用3处，开展清理清查2次，领导干部无违规超面积用房情况。综合利用闲置房产，采取整合、合并、租用等方式，因地制宜、统筹调剂，解决乡镇撤并期间的用房保障。完成区委、区政府、区政协办公楼的综合改造，解决大楼老旧、外立面掉砖、门窗老化、墙体渗漏水等问题。

【公务用车】 严格执行网上平台申请、审核、派遣和管理车辆，全年安全行驶125万余千米，平安出车8700余次。坚持“一车一档”“一车一卡”，日常管理更加规范。坚持“三方签审”制，加油、维修、洗车、保险购置等公车维护费用逐年减少。加大对公务用车的使用管理，联合区纪委监委开展专项督察3次，会同区财政局抽查检查2次，开展自查自纠3次，每季度通报一次违规用车情况。全年无责任事故，无违规用车的情形。

10月23日，区机关事务中心主持召开全区公务用车管理兼业务培训会

【后勤服务管理】 开展全区机关单位及家属区疫情防控工作，抓好健康码普及、入户宣传排查、重点人员隔离、有害垃圾收集、消毒消杀清洁、定期检查监督等工作，确保三大集中办公区的防疫安全、机关单位及家属区的全普及、全覆盖和无死角、无遗漏。加强门卫安保管理，强化夜间和节假日值勤巡查，三大集中办公区全年安全无事故。坚持绿树、绿地、绿色，美化、净化、文化、亮化，加强日常保洁养护与维护，照明、水龙头、空调、绿化、车库等后勤保障及时有力。加强服务人员培训，强化日常考核考评，保安、保洁、劳工等服务技能不断提升。

【食堂管理】 疫情防控期间严抓食堂的食品安全和卫生，对食堂餐区定期全面消杀，严格餐具餐前消毒制度，强化食堂清扫保洁，食堂服务人员配备医用口罩。对进出食堂的人员严格要求，先测量体温，再消毒。就餐形式改为打包制，平均每天打包400份餐盒，减少人员聚集和拥堵。开展光盘行动，通过制作宣传标牌、向全区单位发出《厉行勤俭节约、杜绝餐饮浪费倡议书》，营造文明用餐、节俭用餐浓厚氛围。推进扶贫产品“进机关”工作，加大在贫困地区农副产品网络销售平台采购食材的力度。全年区委食堂、区政府食堂在平台累计采购扶贫产品30万余元，采购物品包括大米、大豆油、菜籽油、花椒、木耳、苹果、腊肉等食材，建立长期合作采购协议4家。

【会议会场服务】 全年保障重要、重大会议22次，综合性会务服务168场次。完成四川省委巡视和省、市级以上到彭山调研、视察、现场会、大型采访、项目开工启动等大型会务保障。

（罗 兰）

应急管理

【概况】 2020年，全区共发生生产经营性道路交通事故5起，死亡5人，伤1人，事故起数和死亡人数较2019年同期均下降28%，未发生较大及以上生产安全事故。

【安全生产责任制】 全面推行“清单制”管理，以企业主体责任清单、行业监管责任清单、属地管理责任清单“三张清单”压紧、压实党委政府的属地责任、行业部门的监管责任和企业的主体责任，织牢、织密安全生产责任网，确保人员不缺位、责任不推诿。全年全区共召开常委会会议4次、常务会8次，安委会及安委会扩大会议5次，对安全生产、防灾减灾救灾、森林防灭火等重点问题、重点工作进行研究部署。强化教育培训和督导。举办专题培训3期，增强行业主管部门和重点企业管理人员、实际控制人责任意识，定期采取“四不两直”（不发通知、不打招呼、不听汇报、不用陪同接待、直奔基层、直插现场）的方式开展督察巡查，以约谈通知书、整改通知书、提醒敦促函、风险提示函“两书两函”的形式将问题“发点球”到部门到人，实行闭环整改。

【安全监管】 全年排查出一般隐患问题2368个，完成整改问题2294个，发现重大隐患4处，督办4处，监督监察生产经营单位225次，处罚案件10起，总罚款44.8万元（其中事故性罚款1起24.3万元）。

【安全执法】 坚持疫情防控复工复产安全指导和日常监管“两手抓”，同步实施企业安全生产清单制管理与标准化建设，建成清单制示范企业2家，所有危化生产经营企业完成标准化建设。采取“日常监管+专项执法+专家服务”模式，开展“排险除患”集中整治行动、危险化学品和烟花爆竹安全生产专项整治行动，接受国务院安委会及省安委会督导检查5次。率先在全市推行非煤矿山企业“互查互学”活动，组织各矿山矿长或安全部部长交叉检查，互促共进。推行多部门联合执法，加大对违规违法行为的纠正查处，全年对辖区内26个生产经营单位开展精准执法，共计罚款20.7万元。

【安全服务】 创新开展多部门联合执法，由彭山经济开发区、应急、经信等部门组建联合执法队伍，开展联合执法，为企业监管减负增效；开展执法先送法活动，积极宣传贯彻安全生产法律法规，公开透明执法，增强企业履行主体责任的自觉性，不断优化企业“一企一档一策”；成立指导服务组 70 个，下沉企业一线，指导疫情防控期间复工复产，提供指导服务 496 人次，指导服务企业 347 家次；持续推进专家服务企业，每季度聘请专家到企业会诊，全年聘请省级化工专家 57 次，解决各类急难问题 68 起；推进企业安全生产标准化建设，建成安全生产标准化二级企业 1 家、三级企业 7 家；推动社会服务管理创新，完成谢家街道省级安全社区复评。

【双重预防机制】 定期深入重点行业领域排查安全隐患，聘请专家会诊，帮助企业进行隐患排查、风险辨识和风险管控。全年排查出一般隐患问题 2368 个，完成整改问题 2294 个，发现重大隐患 4 处，督办 4 处。

【安全宣传】 利用“三下乡”、“安全生产宣传月”、“12·4”法治宣传周等活动宣传《中华人民共和国安全生产法》等法律法规；在区电视台、《不老彭山》等媒体刊播全区安全生产工作动态、安全公益广告，宣传安全生产的先进单位和典型事故案例；充分利用广播电视、报纸、LED 电子屏、横幅标语、短信平台、网络等方式宣传《中华人民共和国安全生产法》。全年散发各类安全生产宣传资料 100 余种、2 万余份，营造全区浓厚的安全氛围。

【应急工作】 进一步修订完善全区突发事件总体应急预案和专项应急预案，开展各类专项演练 300 余次，应急培训 800 余人次，建成乡村避灾安置点 66 个，做好 6000 余名受灾群众救助工作；争取资金 400 万余元，对全区因灾坍塌和受损房屋进行重建及修缮，对应急物资进行补充完善。加强应急装备物资建设和日常管理，增配科技化应急设备，持续提高应急保障能力；成功应对“8·11”和“8·16”洪灾，做到反应迅速、指挥得当、物资队伍调度有序，最大限度保障人民群众生命财产安全。

4 月 20 日，彭山区开展山洪灾害避险演练

【重点专项整治】 成立森林防灭火专项整治工作领导小组和 10 个专项整治工作组，制定全区森林防灭火的重大风险、突出问题、整改任务、完善制度“四张清单”，涵盖 10 个方面、36 项具体内容。排查森林防灭火安全隐患 10 处，整改 10 处。建成预警监测站、组建专业扑火和巡山护林队伍，积极开展演练，及时修订预案，建立巡山和隐患治理台账，增购灭火装备，全区森林防灭火专项整治成效显著。

【消防救援】 全年地方消防经费投入总计 1377.4 万元，经费保障实现历史性突破。投入车辆购置经费 638.8 万元，装备购置经费 428.91 万元，新增个人防护、救生、侦检、破拆等全系装备器材 11 类、1861 件套，灭火药剂 10 吨。全年车辆和装备建设累计投入经费共计 1067.71 万元，占全年预算收入的 77.52%，执勤装备水平实现升级换代。全年彭山消防共接警出动 291 起，出动车辆 361 辆次，人员

2527人次。营救人员366人次，疏散人员899人次（含“8·14”抗洪抢险人数），抢救财产价值790万余元。其中，火灾扑救68起，抢险救援55起，社会救助168起。高质量承办支队水域救援业务培训，增配快反车1辆，完成1座化工厂、1个水域、1个山岳救援快速反应模块改建。全年区委、区政府领导率队检查消防工作6次，听取工作汇报21次，批示大队工作8次，政府常务会专题宣传贯彻学习《四川省消防安全责任制实施办法》，组织召开“专题议消”会议6次，出台《彭山区消防安全专项整治三年行动方案》，下发区级专项行动方案等文件10余份，全力推动责任落实。重点管控重点场所、紧盯易发火灾、针对时事风险，分行业、分类别、分重点扎实开展打通“生命通道”集中攻坚和消防安全三年整治专项行动。开展消防车通道专项治理，召开2次现场会，组织集中招标完成全区68家居住类小区和重点单位全部划线，全区共新增公共停车场3个，新建公共停车位80余个。向行业主管部门函告相关问题16份，开展园区、单位集中约谈4次。提请政府出台《彭山区化工和危险化学品重大危险源企业专项检查督导工作方案》，联合应急局对全区21家危化品企业开展全面排查，对储量、类别、风险评估进行全面统计并建档，依托西南交大消防工程系完成《彭山区城市公共安全消防安全风险评估报告》并向政府专报。全年共开展各部门联合隐患排查11轮、联合执法24次，提请区政府挂牌1起重大火灾隐患并整改销案，共检查单位369个，行政处罚10起，临时查封3个单位，责令“三停”2个单位，办理拘留1件，累计罚款5.57万元。组织对2017年以来系统执法情况进行全面清查，排查梳理问题148余条，召开专题支部会议落实整改措施，组织2个执法组对48个单位、148处问题隐患开展全面复查，责令整改30个单位，全面清理问题隐患。彭山区消防救援大队被表彰为全省先进基层单位、全市优秀基层单位、优秀领导班子。区政府专职队被表彰为全省执勤岗位练兵先进基层单位、全市先进专职消防队。

9月29日，彭山区消防救援大队新装备入役

（张欣璐　寇平福）

信　访

【概况】　全年共受理区级群众走访、信访、网访2386批（件）次，比2019年增加252批（件），同比增长11.8%。群众走访增加74批，同比增长12.4%；群众来信减少29件，同比下降14.9%；网上信访增加207件，同比增长15.4%。

【信访工作】　全年共受理群众走访671批、2232人次，其中，区委、区政府接待群众642批、2128人次（集体访84批、1224人次）；市交办群众到市走访4批、9人次；市交办群众到省走访 23 批、93 人次；其他 2 批、2 人次。受理群众来信 166 件，其中，市级以上转送来信 80 件，群众向区委、区政府领导来信 86 件。全年共受理群众网上信访 1549 件，其中，国家投诉受理办公室转交 33 件，受理人民网网民留言 232 件，受理省信访局门户网站（省委书记、省长信箱、省网投）转送投诉事项 31 件，区政府门户网站区委书记、区长信箱 1199 件，区政府投诉受理事项 54 件。全年信访部门及时受理率为 100%，责任单位及时受理率为 99.82%，按期答复率为 99.78%；信访部门满意率为 97.78%，责任单位满意率为 97.76%。

【领导接访】 2020 年，区级领导 48 人次到区群众接待中心接待来访群众 92 批、192 人次，受理群众反映问题 92 个，现场解决群众反映问题 21 个，交乡镇（街道）和职能部门解决 71 个。

12 月 6 日，区委书记黄秀航（左四）参加接访

【重复信访治理化解】 2020 年 9 月至 10 月，中央、省、市、区信联办通过全面梳理排查，确定纳入集中治理化解专项工作范围的重复信访事项清单，集中交办 48 件重复信访治理案件。其中，中央信联办交办 27 件，省信联办交办 14 件，市信联办交办 1 件，区信联办交办 6 件。化解中央交办件 12 件，化解率为 44.4%。

【信访联席会议制度】 全年区信访联席会议主要召集人、区委书记主持召开联席会议 1 次，区信访联席会议第二召集人、区委常委、政法委书记主持召开联席会议 6 次、区党政例会 7 次、区政府常务会 6 次，区信联办召开联席会议 19 次，专题研究重大疑难信访工作，有效化解 15 件疑难突出问题，快速、及时、有效地处置农民工讨薪等突发事件。

5 月 20 日，彭山区召开全国两会信访工作分析研判会

（冯建梅）

网格化服务管理

【概况】 2020 年，全区网格员办理网格事件 55767 件，人均月办理 24.1 件；网格活跃度为 99.99%；发现上报治安隐患 992 条；特殊人群走访和异常情况签收率均为 100%。

【网格员管理】 严把网格员入口关，建强网格员后备人才库，建立网格员报名人员资格审查机制，对网格员报名人员的年龄、学历、身体和遵纪守法情况进行审查，审查合格人员进入后备人才库。严格管理，实行月通报制，对未完成工作任务、话费非正常超支及事件办理质量差的网格员进行月通报，扣发当月工资并与年终绩效挂钩。共印发通报9期，通报批评网格员23人，其中约谈1人、劝退1人。1名网格员被评为“眉山市优秀志愿者”，1名网格员被评为彭山区“爱心志愿者”，评选表彰市级优秀网格员12人、市级优秀消防网格员27人和区级优秀网格员36人、区级优秀消防网格员126人。

【网格员培训】 定期组织网格员培训，培训网格员1366人次。鼓励网格员在职学习教育和技能认证，其中，取得大专及以上学历103人、在读42人；考取初级社工证2人，报名在考17人。

【创新社会治理工作】 2020年，以区委办、区政府办的名义下发《关于印发〈关于理顺指挥体系创新社会治理改革方案〉的通知》，明确社会治理工作目标、基本原则、工作任务、工作步骤和工作保障；组织相关行业的技术人员对全区各单位正在运行的业务平台信息系统、视频监控系统和视频会议系统进行实地调研，并收集汇总相关信息。形成《彭山区社会治理指挥调度信息平台建设方案》。

【网格化服务】 助力基层社会治理，配合区委组织部开展探索网格党组织建设工作，8名网格员被选举为小区（片区）党支部书记。全区200名网格员成功化解各类矛盾纠纷1053件，其中2名网格员按照法定程序参选成为网格小区业主委员会委员。《用好“三字诀” 彭山网格员织牢基层治理网络》《四川彭山：网格员当好为民服务“大管家”打通基层治理“神经末梢”》《“网格微力量”汇聚“治理大能量”》宣传稿件、视频被“学习强国”APP和中国改革网采用。

【新冠疫情防控】 年初新型冠状病毒肺炎疫情暴发后，全区网格员全覆盖开展入户疫情防控宣传排查，协助村（社区）两委值守卡点、蹲守居家隔离人员，帮助隔离群众购买生活必需品等。2020年2月10日至3月19日，共排查上报返彭山人员3235名，发放疫情防控宣传资料、张贴相关公告15万余份，劝导关闭棋牌室、餐馆、酒吧、网吧、KTV等场所2000余家，劝诫聚会居民3000余次，入户排查115211家，为居家隔离人员服务12716次，参与卡点值守3310人次，参与防疫巡逻10839人次，拨打排查电话79435条，帮助居民群众线上注册健康码63249人次。8名网格员典型抗疫事迹被中国青年网、国际在线、《中国县域经济报》、中国网等中央级媒体宣传报道。

新冠疫情防控期间网格员为隔离群众买菜情景

【禁毒网格化服务管理】 印发《关于进一步

加强吸毒人员网格化服务管理的通知》，明确要求网格员进一步加强禁毒工作宣传进网格、走访排查进网格、关爱救助进网格工作。网格员每月走访排查网格内的吸毒人员不少于2次，共走访吸毒人员1.4万余人次。组织全区200名网格员全员关注中央、省、市禁毒公众号，并在网格微信群转发，组织动员全区群众关注公众号，引导群众参与禁毒工作。开展禁毒工作对外宣传8篇（市级媒体）和彭山新闻1期。

【服务创建工作】　全区网格员“创建国家卫生城市、全国文明城市”全覆盖开展入户宣传3次并发放宣传单7万余份，政务服务“上门办”3027件，环境保护巡查8411次，违法建筑排查2820次，扫黑除恶宣传4750次，安全隐患排查6182次，上报排除安全隐患1355件，关爱弱势群体13913人次，协助法院送达文书及提供被执行人线索369件，矛盾纠纷“随手调”834件。全区网格员参与全国第七次人口普查工作，挨家挨户上门入户普查登记28万余人次。

7月30日，谢家街道网格员与村干部一起清理被堵塞的漫水桥桥洞

【网格化宣传工作】　强化正能量宣传，提升群众知晓率、满意度，向各级媒体投稿503篇，被采用355篇，其中，中央级媒体采用16篇（“学习强国”APP3篇），省级媒体采用40篇，市级媒体采用299篇（眉山市委政法委门户网站采用26篇）。四川网格化抖音平台专题宣传彭山网格员10期。

（周　容）

中国人民政治协商会议彭山区委员会

政协会议

【全体会议】　2020 年，召开区政协二届全体会议 2 次。

2020 年 1 月 13 日至 16 日，中国人民政治协商会议眉山市彭山区第二届委员会第五次会议在区委会议中心召开。会议听取并赞同区长郭红所作的政府工作报告，赞同区人民法院、区人民检察院工作报告以及计划、财政、环境保护工作报告，会议审议并批准主席谭福轩所作的区政协第二届委员会常务委员会工作报告和副主席卓德松所作的提案工作报告。会议期间，委员们围绕区委、区政府工作的重点，群众生产、生活的难点，社会治理的焦点，深入协商讨论，积极建言献策。区委书记罗万东在会上作讲话。2020 年，在中共眉山市彭山区委的坚强领导下，全区上下围绕“132”战略部署，紧扣“开放发展攻坚年”，抢抓机遇，攻坚克难，奋力建设开放发展先行区，各项事业取得新成效，开放发展实现新突破，开创了彭山高质量发展的崭新局面。区政协及其常委会在区委的坚强领导和市政协的有力指导下，在区人大、区政府和社会各界的大力支持下，坚持以习近平新时代中国特色社会主义思想为指导，突出专门协商机构职能定位，做到建言资政和凝聚共识双向发力，为助推彭山开放发展、高质量发展作出了积极贡献。提案工作坚持提案质量、办理质量、服务质量同向发力、整体推进，及时反映与表达全区社会各界的愿望与呼声，发挥了提案在政治协商、民主监督和参政议政中的重要作用。会议号召，全区广大政协委员和政协各参加单位要更加紧密地团结在以习近平同志为核心的中共中央周围，在中共眉山市彭山区委的坚强领导下，认真贯彻落实区二届五次党代会精神，牢记新使命，强化新担当，聚焦新目标，完成新任务，不断开创彭山区人民政协事业新局面，为坚决打赢全面建成小康社会收官战、开启彭山高质量发展新征程贡献更加强劲的政协力量。

2020年4月24日至25日，中国人民政治协商会议眉山市彭山区第二届委员会第六次会议在区委会议中心召开。会议选举杨红为政协眉山市彭山区第二届委员会主席。

【常委会会议】 2020年，召开区政协二届常委会会议9次。

2020年1月10日，区政协二届第二十次常委会会议召开。会议学习《中共四川省委关于新时代加强和改进人民政协工作的实施意见》，听取并协商区委提交区二届五次党代会审议的工作报告，以及区人民政府提交区二届七次人代会审议的工作报告，协商并通过乔璐增补为二届区政协常委建议人选。

2020年1月15日，区政协二届第二十一次常委会会议召开。会议听取全会各讨论组的讨论情况汇报，通过选举办法（草案）、补选二届区政协常务委员候选人建议名单，通过总监票员、监票员建议名单，指定总计票员、计票员，并审议通过大会决议（草案）。

2020年3月20日，区政协二届第二十二次常委会会议召开。会议传达市委政协工作会议精神，听取政协眉山市彭山区第二届委员会第五次会议提案立案审查情况通报，协商增补杨红为政协眉山市彭山区第二届委员会委员。

2020年4月15日，区政协二届第二十三次常委会会议召开。会议传达市政协四届第十四次常委会精神，审议《政协眉山市彭山区第二届委员会第六次会议议程（草案）》《政协眉山市彭山区第二届委员会第六次会议日程（草案）》。

2020年4月24日，区政协二届第二十四次常委会会议召开。会议听取全会各讨论组的讨论情况汇报，审议通过选举办法（草案）和区政协主席候选人建议名单，通过总监票员、监票员建议名单，指定总计票员、计票员。

2020年5月9日，区政协二届第二十五次常委会会议召开。会议协商眉山市彭山区村级建制调整改革方案，传达市政协四届五次会议精神，通报市委关于区政协副主席王娜工作安排情况。

2020年7月31日，区政协二届第二十六次常委会会议召开。会议学习传达习近平总书记在全国两会期间的重要讲话，全国两会精神，省、市、区委学习贯彻意见，中国共产党四川省第十一届委员会第七次全体会议公报，区委《关于新时代加强和改进人民政协工作的实施意见》，审议《政协眉山市彭山区委员会委员监督管理工作办法（审议稿）》，会议还邀请谢廷洪律师对《中华人民共和国民法典》进行专题辅导。

2020年11月19日，区政协二届第二十七次常委会会议召开。会议学习传达中共中央十九届五中全会及中央宣讲团在四川省宣讲大会精神、《中共中央关于制定国民经济和社会发展第十四个五年规划和二〇三五年远景目标的建议》、中共中央政治局召开的会议审议《成渝地区双城经济圈建设规划纲要》会议精神、《政协四川省委员会印发〈关于全面开展“有事来协商”平台建设的指导意见〉的通知》，传达省政协新闻宣传工作会议精神和同城发展聚共识“2+3”产业发展协商会。会议通报市委、区委关于区政协副主席、党组副书记卓德松的工作安排情况。审议关于王娜、黎昆、黄显均、王立新、康晓辉、刘泽良6人辞去区政协委员职务事项。

2020年12月24日，区政协二届第二十八次常委会会议召开。会议学习传达中央经济工作会议精神、省委十一届八次全体会议精神、市政协四届十八次常委会会议精神，听取区委常委、区纪委书记、区监察委代理主任徐国就2020年度全区党风廉政建设和反腐败工作所作的情况通报，听取区委常委彭盛东就2020年新冠肺炎疫情防控工作所作的情况通报。审议《政协眉山市彭山区委员会2021年工作要点（审议稿）》，审议关于柳树君免去区政协提案委副主任职务事项。

【主席会议】　2020年，共召开区政协二届主席（党组）会议17次。

1月6日，区政协二届三十五次主席（党组扩大）会召开。会议学习《中共四川省委关于新时代加强和改进人民政协工作的实施意见》；听取区政协二届五次全体会议筹备工作情况汇报；审议并通过《政协眉山市彭山区第二届委员会第二十次常委会会议议程（草案）》。

1月9日，区政协二届三十六次主席（党组扩大）会召开。会议传达“不忘初心、牢记使命”主题教育总结会精神和区委二届九十四次常委会会议精神。通报人事事项：区委决定，区委常委、统战部部长蒋会强兼任区政协党组副书记。协商并通过补选区政协常务委员候选人建议名单，决定提交区政协常委会审议。

2月13日，区政协二届三十七次主席（党组扩大）会召开。会议学习传达习近平总书记在第十九届中央纪律检查委员会第四次全体会议上的讲话精神，市委办、市政府办《关于贯彻落实习近平总书记重要讲话精神　进一步加强新型冠状病毒肺炎疫情防控工作的通知》，以及近期区委常委会会议精神；审议《2020年区政协主要工作和区委、区政府确定的由区政协领导负责的重点工作任务分解表（讨论稿）》《关于政协眉山市彭山区第二届委员会第五次会议委员分组讨论意见建议汇总情况的报告》；通报全区政协系统为防控新冠肺炎捐款捐物情况。

2月14日，区政协二届三十八次主席（党组扩大）会召开。会议研究彭山区“市政协工作先进集体、先进个人”推荐提名。

3月19日，区政协二届三十九次主席（党组扩大）会召开。会议传达市委政协工作会议精神、区委常委会会议精神、区委经济工作等会议精神；听取政协第二届五次会议提案立案审查情况汇报；审议《政协眉山市彭山区第二届委员会第五次会议重点提案建议名单》和《政协眉山市彭山区第二届委员会第二十二次常委会议议程（草案）》；会议协商增补杨红为区政协二届委员会委员。

4月2日，区政协二届四十次主席（党组扩大）会召开。会议商议《中国人民政治协商会议眉山市彭山区第二届委员会第六次会议日程（草案）》；讨论区委政协工作会议建议方案。

4月14日，区政协二届四十一次主席会召开。会议传达市政协四届第十四次常委会会议精神；听取区政协二届六次全会筹备工作方案；协商《政协眉山市彭山区第二届委员会第六次会议议程（草案）》《政协眉山市彭山区第二届委员会第六次会议日程（草案）》；审议《政协眉山市彭山区第二届委员会第二十三次常委会议议程（草案）》。

5月11日，区政协二届四十二次主席（党组扩大）会召开。会议学习传达区委二届第一百一十一次常委会会议精神；调整区政协领导分工，并研究区政协机关退出领导岗位人员工作安排的建议。

6月12日，区政协二届四十三次主席会召开。会议学习传达全国政协十三届三次全会精神和省市政协会议精神；协商《关于落实区委政协工作会议主要任务分工方案（讨论稿）》；审议《政协眉山市彭山区委员会主席会议议事规则（讨论稿）》。

7月27日，区政协二届四十四次主席（党组扩大）会召开。会议学习《中国共产党四川省第十一届委员会第七次全体会议公报》、中共四川省委关于《深入贯彻习近平总书记重要讲话精神 加快推动成渝地区双城经济圈建设的决定》；协商《政协眉山市彭山区委员会关于成立全国县（市、区）彭祖文化研究暨政协工作交流联席会的方案及章程》《政协眉山市彭山区委员会关于开展“有事来协商”平台建设工作的实施方案》；审议《政协眉山市彭山区第二届委员会第二十六次常委会议议程（草案）》。

9月7日，区政协二届四十五次主席（党组扩大）会召开。会议传达学习全国政协主席汪洋在全国政协十三届三次会议闭幕会上的讲话、市委四届十五次全会精神、区委有关工作安排、全市政协系统领导干部专题学习培训会精神、市政协反映社情民意信息和新闻宣传培训会精神；协商关于对区一中、锦江幼儿园专题视察的报告，以及关于成立全国县（市、区）彭祖文化研究暨政协工作交流联席会议领导小组名单。

10月29日，区政协二届四十六次主席（党组扩大）会召开。会议学习《习近平谈治国理政》（第三卷）、《成渝地区双城经济圈建设规划纲要》文件精神，传达省政协新闻宣传工作会议精神和市政协会议精神。协商《关于特色农产品品牌建设的调研报告》《关于我区文旅经济发展情况的调研报告》《关于对区税务局减税降费工作开展专项民主监督情况报告》《关于赴江苏徐州铜山区、福建南平武夷山市学习考察彭祖文化报告》。审议《关于举办全区政协系统专题学习培训会的方案》《政协眉山市彭山区委员会视察调研工作规则》《政协眉山市彭山区委员会反映社情民意信息工作规则》《政协眉山市彭山区委员会宣传工作规则》《政协眉山市彭山区委员会联络服务住彭市政协委员工作制度》《政协眉山市彭山区委员会人民政协理论与实践研究工作规则（试行）》。

11月16日，区政协二届四十七次主席（党组扩大）会召开。会议学习传达中共中央十九届五中全会及中央宣讲团在四川省宣讲大会精神，《中共中央关于制定国民经济和社会发展第十四个五年规划和二〇三五年远景目标的建议》《政协四川省委员会印发〈关于全面开展“有事来协商”平台建设的指导意见〉的通知》。通报区委书记黄秀航到区政协机关调研座谈会的情况。协商《关于收集、编写第二届区政协资料的工作方案》《关于基层治理社情民意恳谈会的情况报告》。听取关于王娜、黎昆、黄显均、王立新、康晓辉、刘泽良6人辞去区政协委员的说明。审议《政协眉山市彭山区第二届委员会第二十七次常委会议议程（草案）》。研究孙婷、张慧霞2人聘用事宜。

11月30日，区政协二届四十八次主席（党组扩大）会召开。会议学习中央、省委关于巡视工作的四个会议精神。会议传达省委第四巡视组巡视彭山区反馈会议精神，以及区委书记黄秀航在反馈会上和区委专题会的精神和整改要求。

12 月 8 日，区政协二届四十九次主席（党组扩大）会召开。会议学习传达贯彻省委十一届八次全体会议精神、省委十一届第七轮专项巡视工作会议精神、中国关心下一代工作委员会主任顾秀莲到彭山调研重要讲话精神。听取省委第四巡视组反馈意见区政协整改方案和实施情况、区委第三巡察组对区政协办公室巡察的情况反馈意见。协商《关于眉山市彭山区再造工业新城的调研报告》。审议关于柳树君免职事项。

12 月 18 日，区政协二届五十次主席（党组扩大）会召开。会议审议《彭山区政协委员活动经费管理使用办法（试行）》。协商 2020 年受区委、区政府表扬的政协工作先进集体和先进个人建议名单。安排布置政协新闻宣传工作。

12 月 24 日，区政协二届五十一次主席（党组扩大）会召开。会议学习传达中央经济工作会议精神、市政协四届十八次常委会会议精神。审议《政协眉山市彭山区委员会 2020 年工作总结》。协商《政协眉山市彭山区委员会 2021 年工作要点（讨论稿）》《区政协 2021 年提案参考目录（讨论稿）》。审议《政协眉山市彭山区第二届委员会第七次会议筹备工作方案》《政协眉山市彭山区第二届委员会第二十八次常委会会议议程（草案）》。

履行职责

【概况】 2020 年，彭山区政协全面完成区委确定的 16 项协商任务和 12 项重点工作，为助推彭山高质量发展贡献政协智慧和力量。全年区政协 1 项工作受到四川省政协表彰，新闻宣传工作名列全省 183 个县（市、区）第 3 名；5 项工作受到眉山市政协表彰，16 项工作受到区委肯定，26 篇调研视察考察报告和社情民意报告得到市政协主席与区委书记的肯定性签批。

【政治协商】 区政协全面贯彻落实中央 40 号文件精神，牢牢把握新时代人民政协是专门协商机构的职能定位，聚焦协商主责主业，创新协商载体，努力探索协商议政新方式。搭建“有事来协商 · 和谐助寿乡”基层协商民主平台。聚焦党委政府工作重点、群众生产生活难点、社会治理焦点开展协商活动，围绕再造彭山工业、严格执法、农产品质量安全、医疗保障等热点、焦点，开展专题协商 7 次、“微协商”10 次。建立 20 人的协商人才库，建立协商阵地 6 个。主动参与搭建成眉“2 + 3”政协联动协商会议平台。区政协主动参与，抢先作为，“2 + 3”座谈会首次在彭山召开，“2 + 3”协商会第一次正式会议在双流区召开，正式建立“同城发展聚共识——‘2 + 3’五区（县）政协助力成眉同城化发展协商机制”，跨区域的政协协商渠道进一步拓宽。牵头搭建全国县（市、区）彭祖文化研究暨政协工作交流联席会议平台。大力弘扬彭祖长寿养生文化，助推彭山文旅经济大发展，全年统筹联络全国范围内对彭祖文化有研究的 10 个区（县）政协，共同为助推发展彭祖文化出谋献策，加强政协工作交流取经，合力宣传彭山文化。同时，区政协率相关部门前往江苏徐州铜山区、福建南平武夷山市参观学习考察彭祖长寿养生文化，取得经验，达成共识。

7月9日，成眉“2+3”五区（县）政协助力区域协同发展主题座谈会第一次会议召开

【参政议政】　充分发挥民盟、民进、民建、农工党等民主党派及工商联、无党派人士、各人民团体和各界人士在助力彭山高质量发展中的重要作用。各民主党派、工商联和人民团体通过大会发言、联合调研视察、社情民意征集、撰写提案建议等方式，积极献计献策、建言参政。全年区人大、区政协联合调研视察2次。提交大会发言6篇，集体撰写提案7件，个人撰写提案15件，反映社情民意信息6条。围绕教育卫生、医疗保障、人居环境整治、老旧小区改造、减税降费、文旅经济、大气污染防治、基层治理等民生问题开展调研视察、专项监督和民主评议，全年开展调研视察12次，形成建议、意见57条，区委、区政府采纳52条。

【民主监督】　加大提案办理督办力度，区政协二届五次全会期间征集提案85件，经审查立案81件，办理率、满意率和基本满意率达到100%。问题解决或基本解决的50件，占61.7%。积极反映社情民意，全年收集社情民意120余条，编发《社情民意专报》41期。

【助推疫情防控和经济发展】　迅速行动，全力开展疫情防控工作。政协区级领导带头深入街道、社区和重点场所严格开展疫情防控督促检查，全体机关干部对包保联系的306家、892人实现宣传、登记、排查全覆盖。同时，向全区政协委员发出倡议书，号召大家众志成城、共克时艰。发送疫情动态信息、疫情防控知识600余条，发放宣传资料1.2万余份，收集提交疫情防控相关社情民意信息150余条。倡议委员积极奉献爱心，全区政协系统累计捐款177万余元，捐赠口罩、消毒液、防护服等医用防疫物资和米、面、油、蔬菜、水果等生活物资共计价值203.8万元，用真情义举助力疫情防控。积极助推企业复工复产。在疫情防控取得阶段性重要成果之际，区政协坚持以委员企业为重点，扎实开展调研指导，积极为企业排忧解难，有力助推企业复工复产。按照区上出台的支持企业发展的23条政策意见，深入了解政策措施落实落地情况，同时，通过社情民意“直通车”渠道，积极报送相关社情民意信息8条，引起区委、区政府高度重视和积极采纳。区政协领导和各专委会共走访企业63家，召开座谈会26次，交流谈心130余人次，收集建议意见27条。帮助22家企业解决实际困难和问题22个，协调解决口罩、消毒液等疫情防控物资110余件，进一步凝聚起企业发展信心。

【考察学习】　组织委员外出考察学习3次，参加培训30人次。举办“政协系统履职能力提升专题培训班”1期，参训418人。全年通过全委会、常委会会议、座谈会以及委员小组活动、革命传统教育等形式，举办专题讲座22期，引导政协委员把准方向、站位大局，确保与党中央保持高度一致，与区委的主张保持高度一致，政协委员思想水平、履职能力得到进一步提升。

【担当作为】 积极推进中心工作。区政协领导分别牵头负责督导凤鸣街道“双创一新”、老旧小区和城中村改造、教育促进会、花漾彭山、光彩彭山、公园建设与管理、农贸批发市场建设、长寿文化忠孝文化研究、公义乡村振兴教育基地建设等重点工作和重点项目，完成目标任务。巩固脱贫攻坚成果。常态化深入联系村和贫困户，采取走访看望、产业引领、资金支持等方式，进一步帮助联系村发展壮大支柱产业，树牢贫困户致富奔小康的信心、决心。全年到村开展工作40余次，走访看望贫困户1000余人次，资助贫困户资金10万余元，进一步巩固脱贫攻坚成果。全力参与“双创”工作，确保国家卫生城市、全国文明城市首创即成。区政协领导深入街道、社区调研督导，建议指挥部完善4个机制，督促整改问题260余个。区政协机关全体干部全力参与包保网格“双创”工作，常态化开展卫生清扫、文明劝导，入户宣传1300余人次，发放宣传物品2000余件。

5月27日，区人大、区政协联合视察彭山区农村人居环境整治工作情况

【宣传交流】 整理彭山历史文字资料20万余字，形成《彭山革命历史资料汇编》，组织编写《星火——川西南第一个县委》，编印文史资料《话说彭祖》。加大新闻宣传力度，全年在《四川政协报》《眉山日报》等媒体发表新闻稿件140余篇，编辑《彭山政协快讯》133期，全面展现政协履职动态和委员风采。作为全市唯一的《四川政协报》“走、转、改”实践基地，提高彭山知名度、美誉度和影响力。

（杜筱玲）

纪检监察

重要会议

【区纪委二届第七次全会】　2020年1月3日，中国共产党眉山市彭山区第二届纪律检查委员会第七次全体会议在区纪委监委第一会议室召开。区委常委、纪委书记、区监委主任王太勇作《中共眉山市彭山区纪律检查委员会向中共眉山市彭山区第二届代表大会第五次会议的工作报告（审议稿）》起草说明；会议审议修改了报告。

【区纪委二届第八次全会】　2020年4月21日，中国共产党眉山市彭山区第二届纪律检查委员会第八次全体会议在区委会议中心二楼大会议室举行。区委书记罗万东出席会议并讲话。区委常委，区人大常委会、区政府、区政协领导，区法院、区检察院主要领导出席会议。全会由中共眉山市彭山区纪律检查委员会常务委员会主持。全会传达学习十九届中央纪委四次全会、四川省纪委十一届四次全会、眉山市纪委四届七次全会精神，审议通过李勇刚代表区纪委常委会所作的《牢记初心使命　勇于担当作为　为推动彭山开放发展高质量发展提供坚强保障》工作报告。区委书记罗万东强调，要以高度的政治自觉性，全面落实中央、省委和市委的决策部署，切实把深入贯彻落实中央、省、市纪委全会精神作为当前一项重要政治任务抓紧抓实。要清醒认识当前全区面临的形势和挑战，坚定扛起全面从严治党使命担当，坚持把政治建设摆在首位，以强有力的监督保障中央、省区市重大决策部署贯彻执行到位，坚决查处侵害群众切身利益的突出问题，坚定不移惩治腐败，一体推进不敢腐、不能腐、不想腐，着力巩固风清气正的政治生态。要坚持“一盘棋”的思想，切实形成齐抓共管的强大合力。

4月21日，中国共产党眉山市彭山区第二届纪律检查委员会第八次全体会议举行

着力破解主责弱化、不会监督、不善监督、监督不实、不愿监督五大问题，该项工作被省纪委办公厅转发，被《川报观察》等省级媒体报道，并转发全市学习借鉴。各派驻纪检监察组共召开党风廉政专题会议72次，针对“三重一大”事项提出否定性意见8条、建议性意见54条，调阅派驻单位资料50次，建立廉政档案473份；开展提醒谈话77人次，定期约谈320人次；完成线索初核、案件办理46件，与2019年同期相比上升87.5%。

纪检监察体制改革

【纪律检查体制改革】　建立健全镇（街道）、村（社区）纪检组织体系。加强对镇（街道）、村（社区）纪检组织成员选配工作的指导，严格执行选拔、考察程序，指导凤鸣街道、江口街道选配1名监察室成员、1名纪委委员。村级纪检组织换届中，选优配强51名村（社区）纪检干部，其中纪委书记46人、纪检委员5人。通过强力指导、严格把关，逐步实现村级纪检干部年龄结构优化，学历显著提升，从业经历丰富，基本形成以“70后”“80后”为主体，大专以上学历人员占多数，业务熟手不断增多，履职能力显著提高的良性发展格局。探索创新派驻监督“彭山模式”。出台《关于加强和改进派驻监督的若干措施》，提出具体举措28条，通过赋予纪检组每年2次例行调阅资料的权力等方式，探索推行“五化”模式（组织运行规范化、日常监督精准化、方法手段多样化、工作开展有形化、管理考核严实化），

【国家监察体制改革】　深化国家监察体制改革，围绕把制度优势转化为治理效能，建立健全与法院、检察院、公安局及执法部门协作配合、问题线索双向移送、大案要案沟通会商机制，强化纪法贯通、法法衔接；规范留置看护、留置措施与强制措施衔接、指定管辖、案件协查、检察机关提前介入等程序，规范运用“12+3”种审查调查措施，健全技术调查、信息查询等协作机制，完善监督检查、审查调查部门衔接配合工作机制，推动形成工作闭合。

【派驻监督改革】　制定《关于加强和改进彭山区派驻监督工作的若干措施》，明确派驻监督组织运行规范化、日常监督精准化、方法手段多样化、工作开展有形化、管理考核严实化，推动派驻监督从有形覆盖向精准有效覆盖转变。全年各派驻纪检监察组督促被监督单位建立廉政档案550份，自主开展明察暗访185次、谈心谈话155人次、廉洁教育25场次，调阅15个部门财务、人事、执法等档案资料，发现问题线索14条，立案9件，处分8人，诫勉谈话2人。

正风肃纪

【“两个责任”落实】　在区纪委二届八次全会上，对全区各单位主要负责人履行党风廉政建设主体责任情况、个人作风和廉洁从政情况进行民主测评，督促其履职尽职。开展全区党风、政风、行风、建设情况调查测评，将收集的意见建议6大项、21小项、66项具体整改措施细分到各区级领导、责任单位，抓好整改落实。用好科技监督手段，充分发挥“两个责任落实与监督网络平台”作用，检测全区各单位党政领导班子成员近2年述责述廉报告，督促61名重复率、相似度较高的领导干部限期重写述责述廉报告。

【党风廉政建设社会评价】　开展社情民意调查，收集群众反映的关于环境卫生、基础设施建设、政务服务、群众诉求等方面问题321个，督促相关单位迅速抓好整改落实，并将整改落实情况对外公示。成立专项督导组，对社情民意调查反馈问题整改情况和2020年以来群众通过“区长信箱”反馈的797个问题整改情况，采取随机抽查的方式进行督导，确保问题整改不走形式。结合创文创卫工作，发放宣传资料15万份，宣传全区经济社会发展、民生事业改善、群众诉求解决等群众最关心的热点问题。前移信访阵地，编印《信访举报指南》宣传手册5000份，到区政务服务中心等人流量集中的场所进行宣传接访20余场次。

【大数据监察】　用好用活大数据监察手段，清风扬眉惠民大数据监察平台自2017年年初开始建设以来，共计公示公开惠民政策180余项、惠民资金229类、惠民项目29项，录入数据260万余条，涉及资金24.44亿元，其中2020年录入更新全区干部职工基础信息1.86万余条，排查疑似问题线索1.01万条。大数据平台的应用，便于通过对平台中不同类数据进行碰撞比对，有效实现“事前监督”，节约了人力物力。

【正风肃纪专项督察】　严格落实中央八项规定及其实施细则精神，紧盯重要节点，编发廉政短信1.2万余条，通报曝光违反中央八项规定精神的各类问题4批次、31人，严防“节日病”。开展差旅费报销、公务接待、公车使用管理专项整治，发现问题281个，主动说清问题232人，提醒谈话50人，批评教育44人，立案审查3件3人，追究主体责任落实不力2人，清退违规报销差旅费21.35万元。紧盯餐饮浪费，对单位食堂、餐厅酒楼开展暗访监督，督促党员干部带头厉行节约，反对浪费。

【干部作风专项监督】　紧盯干部上下班、值班值守、防汛减灾等纪律作风开展专项督察，督促整改问题22个，组织处理4人。

【形式主义、官僚主义专项整治】　协助区委对持续解决困扰基层的形式主义问题进行细化分工，将9大项任务分解到7个区级部门牵头落实，各牵头单位均制定细化整治方案，着力解决文山会海、督察检查过多过滥、滥用属地管理等现象。始终从讲政治的高度整治形式主义、官僚主义，查处贯彻落实上级决策部署执行不力、落地不实、弄虚作假等问题 6 个，处分 3 人。

【村级小微权力运行规范】 聚焦民生民意，举办“阳光问责”全媒体节目，曝光群众反映强烈的噪声扰民、村务公开流于形式等问题 4 个，并督促整改落实。细化完善村级小微权力运行“三张清单”，从运行流程、典型问题、监督责任入手，督促引导村级小微权力规范、廉洁运行，促进村（社区）干部秉公用权，廉洁履职。

【案件通报曝光】 重拳惩贪治腐，全区纪检监察机关共受理群众信访举报 150 件（次），处置问题线索 244 条，立案 112 件、处分 101 人，其中市纪委监委指定管辖留置案件 11 件、11 人。重点查处市纪委指定管辖的省国有资产经营管理有限公司原总会计师陈某某案，收缴违纪款 338.38 万元；区人民医院医生收受回扣、谢家街道邓庙村村干部集体私分侵占易地扶贫搬迁资金等系列案件。

【疫情防控专项督察】 制发《关于强化新型冠状病毒肺炎疫情防控工作监督执纪问责的紧急通知》《关于开展疫情联防联控工作的紧急通知》，常态化开展疫情防控专项督察，累计发现问题 115 个，制发督促整改函 115 份，对市级发现反馈问题 66 个进行整改，上报督察报告 30 期，印发督察通报 28 期，通报批评单位 2 个，提醒谈话 6 人，批评教育 7 人，诫勉谈话 2 人，党纪处分 1 人。

【重点工作监督】 开展“惩庸懒、治中梗、促项目落实”专项监督行动，组建专项督查组 6 个，对全区 89 个重点项目实施挂图监督，重点整治项目推进中的“冷拒横推”“吃拿卡要”“庸懒散浮拖”等“中梗阻”问题，倒查责任落实情况。全年共开展专项督察 6 次，发现并督促整改问题 14 个，发出通报 3 期、督促函 12 份，撰写滞后项目分析报告 1 份。常态化开展环保督察，配合生态环境等相关职能部门，开展环保反馈问题督察，确保整改落实。扎实开展违建别墅清理整治，督促相关单位抓好 34 处违建别墅问题的核查工作，问责处理 31 人。牵头开展“创卫创文”专项督察工作。全年累计开展督察 19 次，现场反馈及通报要求整改问题 235 个，印发督察通报 13 期。

惩贪治腐

【案件查办】 聚焦工程招投标、建筑资质审批、医院“大处方、泛耗材”、农村公益建设等突出领域乱象问题，对发改、住建、医疗卫生、人防、农业农村等系统开展集中整治，问责处理 22 人，行业系统追缴资金 446.11 万元，督促各行业主管部门建立制度机制 22 个。全年全区纪检监察机关接受信访举报 127 件（次），处置问题线索 220 件，立案 103 件，党纪政务处分 77 人。

【脱贫攻坚纪律作风保障年活动】 开展“脱贫攻坚纪律作风保障年”活动，制发《彭山区 2020 年“脱贫攻坚纪律作风保障年”任务分工方案》《关于印发〈统筹推进已脱贫地区扶贫领域监督执纪问责工作若干措施〉任务分工方案的通知》，督促各级各单位主动公开扶贫项目、资金、政策181项，督促整改问题45个，牵头开展扶贫领域腐败和作风问题专项监督检查，立案查处16件、16人，党纪处分3人，组织处理4人，收缴违纪款1.1万元。

【党员干部专项整治】 开展干部纪律作风专项督察3轮，发现问题22个，形成报告3期，制发通报1期。强化营商环境监督，组建营商环境“探查队”，对区行政审批局、区应急管理局等相关职能部门开展明察暗访，对16家较大规模工业企业进行走访了解，督察发现问题12个，制发通报1期。抓好市委正风肃纪专项督察反馈问题整改和“阳光问廉”问题整改。

【公务用车专项整治】 扎实开展公务用车专项整治，将公务用车管理使用纳入年度正风肃纪专项整治重要内容。紧盯春节、“五一”、国庆等重要时间节点，强化监督检查。2020年，共开展专项监督检查2轮、4次，发现相关问题43个，党纪政务处分11人，组织处理5人。发布限期整改函32份，督促相关单位（部门）抓实问题整改。

【违规收送红包、礼金问题专项整治】 全面铺开违规收送红包、礼金问题专项整治，将违规收送红包、“礼金”问题专项整治作为专项监督的重要内容。2020年，共对4类领导干部违规收受红包、礼金、礼品问题开展全面整治。组织全区6000余名公职人员签订《彭山区国家公职人员拒绝“违规从事营利活动”、拒收不送红包礼金承诺书》。发布主动说清问题通告，督促存在问题人员限期向组织说清问题。加大问题查处惩治力度，全年共查处违规收送红包礼品、礼金相关问题11件19人。

【“一卡通”专项治理】 拓展“一卡通”专项治理成果。2020年，全覆盖办理社保卡13.58万张，推动“一卡通”到“一卡统”。抓好“一卡通”治理，抓实申报、审批和发放全链条监督，推动“一卡通”审批平台建设，确保全面实现阳光审批。

【扫黑除恶专项斗争】 坚持把扫黑除恶专项斗争与查处基层“微腐败”结合起来，深入开展涉黑涉恶案件“一案三查”“回头看”，深挖“保护伞”和失职渎职等问题线索，办结涉黑涉恶案件8件，查处5人。聚焦群众反映强烈的突出问题，开展社情民意调查，督促整改涉及环境卫生、基础设施建设、政务服务、群众诉求等方面的问题共321个。

巡视督察

【政治巡察】 建立区委巡察工作领导小组及办公室运行规则、区委巡察组运行规则和沟通工作办法，推动巡察工作规范化、制度化运行。完成区委第九轮、第十轮常规巡察，省委“巡视带巡察”工作，共巡察单位21个，发现问题104个，提出建议意见60条，移交线索10条，实现二届区委巡察全覆盖。深化巡视巡察整改，牵头制定省委巡视专项检查反馈意见整改方案，逐项分解整改任务，落实整改措施；督促第八轮被巡察单位整改巡察反馈问题130个。聚焦被巡察单位协调配合、巡察干部纪律作风、巡察质效等情况，开展巡察质效评估试点工作，评估被巡党组织14个，巡察组干部22名。

【巡察整改】　投入疫情防控，出台精准监督10条举措，紧盯疫情形势、责任落实和群众反映的热点问题常态化开展监督，督促整改市区反馈问题281个，通报批评单位2个，问责处理18人，实现“零输入、零扩散、零病例”。聚焦做好“六稳”工作，落实“六保”任务，出台支持中小企业共渡难关的二十三条措施。组建营商环境“探查队”，围绕兑现专项扶持资金、减免企业和个体工商户税费、发放电费补贴等开展专项督察，督察整改问题12个，彭山在全市率先实现安全有序复工复产。紧扣“三大攻坚战”、开放发展高质量发展、乡镇行政区划调整、违建别墅清理整治、“创文创卫”等重点工作任务开展监督检查，督促整改问题400余个，问责处理31人。

【村级监督】　加强对村级建制调整改革的监督检查，确保全区村级建制调整改革工作风清气正、有序推进、圆满完成。以村级建制调整改革为契机，规范设置村（社区）纪检委员（纪委书记），理顺与村务监督委员会关系；编制村级“小微权力”运行清单、典型问题负责清单、监督责任清单，厘清权力边界、划出纪律红线、压实监督责任，督促引导村组干部秉公用权，廉洁履职。

【巡察监督】　做好省委巡视联络协调、资料准备、会务服务等工作，严格按要求对3个单位开展“巡视带巡察”工作，第一时间核查巡视反馈问题线索。开展区委第九轮巡察，完成对区委统战部、区财政局等11个单位的常规巡察。向第八轮巡察单位反馈问题130个，已全部督促整改落实。全面启动区委第十轮巡察，对区委办、区政府办等7个单位进行常规巡察，实现一届任期内巡察全覆盖。

预防腐败

【思想武装】　抓实日常监督，细化分解全面从严治党和党风廉政建设年度目标任务，将7类、45项工作重点压紧压实到各级各部门，全年运用“四种形态”处理437人次，各形态占比分别为76.43%、14.65%、4.8%、4.12%，其中第一种形态同比增长27个百分点。出台《关于加强和改进彭山区派驻监督工作的若干措施》，赋予派驻纪检监察组调阅派驻部门资料、提醒谈话、信访处置等10项权力，督促被监督单位建立廉政档案550份，提醒谈话77人次，完成线索初核、案件办理46件。建立纪检监察系统检举举报平台，规范信访举报渠道，开展纪检监察干部“大接访、大下访”活动，被新华社宣传报道，点击率达80万余次。

【廉政教育】　抓实纪法教育，以余某某严重违纪违法案召开全区警示教育大会，编印《案件警示录Ⅲ》1000册，通报曝光典型案例20件、38人，对122名受处分党员干部进行回访教育，让其放下包袱、轻装上阵，其中3名干部因表现优秀，在处分影响期满后被区委提拔重用。深化拓展“学习型、创新型、效能型”机关建设，坚持每日一测、每月一训、每年一考，54 名纪检监察干部参加年中线上线下业务知识测试，运用“纪检大讲堂”等平台开展业务培训 7 期、工作交流 5 次，实现纪检监察干部全覆盖。

【廉洁文化建设】　组织 126 名党员干部参加拟任副科级领导干部廉政法规知识测试，举办“清风扬眉”党纪法规知识竞赛。开展“清风扬眉　廉洁齐家”廉洁家庭系列活动，全面完成彭山区廉洁文化基地建设。

【警示教育】　结合省市纪委内部督察反馈问题，开展“严作风、提效率、强能力”专项活动，着眼解决纪律作风方面存在的突出问题，提升政治意识、规矩意识、执行能力。引入外部监督机制，聘请特约监察员 10 名，常态化开展内部督察，查处纪检监察干部 1 名，坚决防治“灯下黑”。

（康　博）

民主党派

中国民主同盟眉山市彭山区总支委员会

【思想建设】 全年加强理论学习，深入学习习近平新时代中国特色社会主义思想、中共十九届五中全会精神，以及省委、市委、区委重要会议精神。召开民主生活会，班子成员结合工作实际，查摆自身不足，严肃认真开展批评和自我批评，共查找班子及自身存在问题5个，对改进作风、改进工作提出4条意见。参加市委统战部组织的同心大讲堂2期及民盟市委、区委统战部组织的各类会议、学习和专题讲座。

【组织建设】 中国民主同盟眉山市彭山区总支委员会（以下简称民盟彭山总支）于2020年9月27日召开第四次盟员大会，完成换届工作。民盟彭山总支被民盟中央评为“盟务工作先进基层组织”。全年发展新盟员3名（区国资金融局金融股股长朱雀、区住建局供排水中心干部顾行玥、区住建局办公室干部梁涛），至2020年年底，全区共有盟员51名。

【盟务活动】 6月2日，民盟成都市委企业家联谊会10余家企业负责人到彭山区考察康养小镇、特色水产、老年病康复、智慧社区等产业发展情况，并就老年病康复、数字阅读、智慧社区建设等方面达成合作意向；6月4日，民盟市委副主委江林陪同民革眉山市委主委宋洪芳一行12人到彭山民盟彭山总支“同心·润心”盟教合作基地，就基地建设工作进行指导、交流、互鉴，并对基地发展方向给予建议；11月25日，民盟彭山总支赴雅安雨城区开展友好盟组织年度联席会，两地盟组织就组织发展、社会服务、参政议政、基地建设、盟员培养等方面开展深入交流，特别就社会服务工作如何充分发挥民盟主界别优势、使用有限经费打造“烛光行动”品牌，提高社会服务的影响力等方面交换意见。参加市委统战部、盟市委和区委统战部组织的各项活动，参加入盟积极分子培训2期，开展退休支部活动。10月25日重阳节之际，盟总支班子组织退休支部盟员调研彭祖山旅游发展现状，为全区乡村旅游的发展想办法、提建议。

【盟员风采】 2020年，盟员立足本职，出色工作，树立彭山民盟良好的社会形象。盟员王娜带领盟总支成功争创民盟中央“盟务工作先进基层组织”，被评为“2020年度四川民盟思想宣传工作先进个人”；盟员唐建超被民盟中央评为“反映社情民意先进个人”，被民盟省委评为“2020年度四川民盟参政议政工作先进个人”；盟员徐渝嘉被授予三等功奖励；盟员杨静获得市课题研究中期报告三等奖；盟员万里行被民盟中央评为“社会服务工作先进个人”；盟员黄杰编制完成《五湖四海湿地公园二期拓展景观深化方案》，编制江口街道茶场村、公义镇新桥村等8个“多规合一”实用性村规划，助力乡村振兴，完成土地出让30宗，总面积111.59公顷，入库土地出让金21.08亿元；盟员杨云芳任区人民医院内三科副主任、主任医师；盟员吴锦秀撰写的论文《基于核心素养的高中生物教学研究》获省三等奖，指导3名学生在全国生物知识竞赛中获三等奖，获优秀指导教师奖。

【服务社会】 2020年5月，春季农村“烛光教育”行动中，由盟总支和盟员周建伟共同出资，为武阳中学、黄丰中学品学兼优的20名同学发放帮扶金8000元；盟员毛迎春医生走进校园为学生系统讲解新冠病毒感病症状、传播特点、个人防护注意事项等方面知识。12月，开展农村“烛光教育”行动，捐赠保胜中学2台彩色双面打印机，价值2000元；盟员万里行结对帮扶保胜中学单亲贫困女孩张靓颖，直到完成学校教育为止；盟员杨静与保胜中学初三教师座谈，就复习迎中考工作开展讨论。深化“同心·润心”盟教基地合作。及时与武阳中学沟通，研究制定2020年基地建设计划；指导完善润心阅览室，邀请盟内教师盟员定期开展读书启智活动，提高学生阅读兴趣，提升阅读技巧；加大资金投入、发挥界别优势，定期对武阳中学教师开展业务培训，提升教师业务素养。凝聚盟力，共战新冠疫情。盟员倪文萍加入新冠肺炎眉山专家组，直接参与发热病人的会诊、排查；盟员张宇梅从大年三十起就坚守在彭山区人民医院发热门诊岗位，对发热病人预检分诊；盟员毛迎春在疫情来临之际，取消春节休假，奋战在抗疫一线。盟内14名市区政协委员在区政协号召下累计捐款10.67万元、捐赠消毒液1吨，用于彭山区抗疫工作；盟员谢廷洪、文志海向市红十字会捐款5400元用于购买医疗防护物资，其他盟员响应所在工作单位号召捐款；2月24日，盟总支倡议捐款3400元交由彭山区红十字会用于彭山疫情防控。疫情防控期间，民盟彭山总支盟员累计捐款11.59万元。

【参政议政】 在年初举行的区二届七次人代会和二届五次政协会以及市四届五次政协会上，盟员分别提交区政协提案6件，其中《关于我区实施城市公交全域化的建议》作为重点提案并在区二届五次政协会上进行发言，纳入2021年区人大代表票决民生实事初步候选项目名单。盟员唐建超撰写的《关于基层干部报喜不报忧现象的分析和建议》等5篇社情民意被民盟中央采用，合作撰写的《减压企业开办手续、规范和创新监管执法的建议》被全国政协采用。2020年，完成信息报送8条，其中，省委统战部采用2条，市政协采用4条，区委统战部采用8条。盟员徐渝嘉提交的《一枝一叶总关情——我在彭山民盟的5年》征文被省委统战部采用。

（民盟彭山总支）

中国民主建国会眉山市彭山区总支委员会

【概况】　2020年，中国民主建国会眉山市彭山区总支委员会（以下简称民建彭山总支）持续巩固“五个好”魅力组织创建成果，成功开展换届选举，顺利实现新老交接，在思想建设、组织建设、制度建设、民主监督、参政议政等方面取得新成果。总支获得“四川省先进集体”称号；会员罗永田获得民建中央“全国优秀会员”称号，周惠获得民建省委“全省优秀会员”称号，马万军、张泽均获得民建省委“全省抗击新冠肺炎疫情先进个人”称号。

【思想建设】　组织会员参加市、区两级统战部同心大讲堂讲座和省、市两级民建组织的“不忘合作初心，继续携手前进主题教育活动总结会”等学习活动5次，参与会员50余人次。及时传达学习中共四川省委、中共眉山市委、中共彭山区委关于全面推动高质量发展的相关精神，并分支部组织会员学习座谈。以“同心致和”基地建设为平台，开展思想教育。对基地进行提档升级，邀请入会积极分子参观基地，打好思想基础。多种形式开展学习培训，形成《关于加强基层组织会员思想政治工作的一点思考》等理论文稿，进一步提高会员掌握多党合作政策、统一战线理论的能力，了解各级党委关于发展做出的重要战略举措，增强政治意识、核心意识、大局意识和看齐意识，为开展工作打下坚实思想基础。

【组织建设】　全面完成总支的换届选举。精心筹备召开第三次会员大会，选举产生第三届总支委员会，许鸣担任新一届总支委员会主委，何锋、张丹、周宇为副主委，马万军、张泽均、伍宏伟、徐惠、郭力滔为委员。把好准入关，持续发掘优秀会员。全年新发展会员2人，分别是青龙国有粮食购销有限公司总经理助理张力威、四川微壹科技发展有限公司总经理周兴利。向区委统战部推荐副处级后备干部2名，正科级后备干部1名，副科级后备干部2名。

【巩固创建成果】　全面巩固“五个好”（领导班子好、会员队伍好、工作机制好、组织生活好、作用发挥好）创建成果。进一步巩固完善“同心致和”基地。总支以“五个好”魅力基层组织成功创建为契机，不断巩固提升基地建设成果，积极拓展基地使用方式，将基地作为日常活动、凝聚会员、对外宣传最有效的载体。投入资金购买会议桌等相关办公设备，鼓励老会员开展文体活动。协助浙商商会举办年会活动，邀请遂宁市安居区民建开展交流参观，接待眉山市委统战部部长来建、市政协巡视员黄玉蓉等调研指导。新制定参政议政、会内监督、重要情况通报和报告、述职述廉等制度，推进工作规范、有序开展。

【参政议政】 关注党委、政府的中心工作和人民群众关心的热点、难点问题开展调研视察，抓住市、区两会契机，提出提案建议14件，其中集体提案3件。许鸣代表总支在区政协会上作题为《探索完善农业支持保护机制》的发言。会员周惠、郑碧忠、许鸣、何锋等在眉山市政协四届会议小组讨论中发言，反映粮食生产安全、农产品品牌建设等热点问题6个，共提交提案6件。针对疫情防控以及经济社会发展，会员积极调查研究，共撰写社情民意6条。提出加大基层公共医疗设施投入、加强学生科学知识普及、减免企业相关税费、加大干部考评考核、加强省际防控协调等建议，其中《关于加强省级协调推动高质量复工复产的建议》向省委会报送。

【服务社会】 与区残疾人日照中心联合开展“不离不弃、携手同行”主题活动，继续打造“同在一片蓝天”品牌，为中心托养的50位残疾人送去生活物资共计5000元。开展对帮扶贫困户的走访慰问活动，12位会员定点帮扶30位贫困户。33位会员共计捐款捐物92万元。其中，捐款80.5万元，捐赠N95口罩、防护服、食品等物资折合人民币11.5万元。

【信息宣传】 全年共计上报信息14条，撰写征文3篇次，理论研讨文章3篇，学习报告、体会2篇，参政议政成果24件（篇），被市委统战部、市政协刊载3篇次，被《四川观察》《四川统一战线》《同心四川》刊载6篇次。

（民建彭山总支）

中国民主促进会眉山市彭山区总支委员会

【概况】 2020年，中国民主促进会眉山市彭山区总支委员会（以下简称民进彭山总支）加强履职能力建设，服务大局，在议政建言和凝心聚力上双向发力。建立健全履职工作制度和机制，制定民进参政议政、社会服务、民主生活会及总支工作4项制度。克服新冠肺炎疫情影响，统筹推进各项工作。

【思想建设】 全年重点学习中央、省委、市委两会精神，中共十九届五中全会精神，民进中央十四届三中全会精神，认真领会习近平总书记在党外人士座谈会的重要讲话精神，学习贯彻中共中央《关于加强中国特色社会主义参政党建设的意见》等“三个文件”重要精神。提高广大会员的政治敏锐性，确保全体会员在思想上、行动上同以习近平同志为核心的中共中央保持高度一致。

【履职能力建设】 2020年，围绕民进中央确定的“履职能力建设”主题年，民进彭山总支继续深入开展“不忘合作初心，继续携手前进”主题教育活动。全年有3名会员成为民进眉山市委参政议政专委会成员，分布在经济、文化、民生等4个组。6月24日，组织13名骨干会员参加民进眉山市委会举办的参政议政能力提升班培训，7名民进彭山总支班子成员参加新任基层组织领导班子成员培训，不断提升履职能力。选派11名会员参加市委会组织的“民进人讲民进事，共话75载同心情”庆祝民进成立75周年座谈会。

【换届工作】 2020年9月底，完成民进彭山总支换届工作。选优配齐7名总支班子成员，并在在职和退休支部增配2名副主委。配齐一支政治素质高、工作能力强，有干事热情和干事能力的队伍，为组织建设增添新的活力。

【会员发展】 全年严把会员入口关，严格程序，保持特色，把党派需要的优秀人才发展到总支中来。发展会员田琦姝1人，储备3名有意向入会的人员。

【建言献策】 全年会员参与各种协商、座谈会16次，提出意见建议20余条，形成书面意见5条，上报调研报告1篇。提交《关于进一步加大力度推进对既有住宅加装电梯工作的建议》《关于农村垃圾分类减量的几点建议》《关于为银杏苑小区及张岗路居民增加健身活动场所的建议》《关于合理调整设置区政府门口西街街道隔离栅栏的建议》《关于加强对彭溪河北段湿地公园维护的建议》《关于规范广场舞等群众娱乐活动的提案》《关于优化城区公共厕所的建议》7篇提案。提交社情民意《关于规范地摊经济的几点建议》，撰写《关于全市物业纠纷的调研报告》。会员徐定雄撰写的提案被区政协评为优秀提案。

【信息宣传】 全年报送宣传信息9篇，被民进中央网站采用1篇，民进四川省委网站采用5篇，民进四川省委会刊采用2篇，四川新闻网采用4篇，眉山市政协采用4篇，彭山统一战线采用5篇。

【会员风采】 2020年，组织会员参与“民进同心艺术团”开展新春送文化下乡公益演出，书法家会员开展“春联进万家”活动，惠及群众200余人。民进彭山总支资助锦江镇象耳村脱贫攻坚工作，走访慰问贫困户6家。委员袁琼为2名联系户分别送慰问金5000元。民进彭山总支倡议会员定向购买帮扶对象农副产品。开展民主监督工作，会员张梅、蒋洋被聘请为区监委第一届特约监督员并参加“阳光问廉”及乡镇民主监督工作，有6名会员分别担任区公安局、审计局、住建局、教育局等单位的特约员。助力谢家街道石山村乡村振兴工作，20名总支会员参与轮流值守，担任文明劝导员、交通劝导员、入户宣传员，助力全区创文创卫工作。立足本职双岗建功，全年共有12人次会员获得区级以上表彰奖励，展现民进人的忠诚与担当。

（民进彭山总支）

中国农工民主党眉山市彭山区支部委员会

【概况】 2020年，中国农工民主党眉山市彭山区支部委员会（以下简称彭山农工民主党支部）被四川省委授予“党史和理论先进基层党组织”荣誉称号。党员王鑫被农工党四川省委评为2020年优秀党员，何丹丹被农工党省委评为优秀党员，乔璐被区监委聘为彭山区第一届特约监察员。

【思想建设】　强化思想引领，全面提升支部党员的政治素质。支部组织党员学习中央、省、市、区新冠肺炎疫情防控的相关文件，全国、全省两会和中共十九届五中全会精神等，选派党员参加农工党省委组织的新党员培训班、农工党四川省基层组织负责人培训班、市委统战部组织的民主党派申请人培训班、市委统战部组织的同心大讲堂、彭山区委2020年度年轻干部铸魂工程递进培养班、区政协系统“新时代的人民政协工作”专题学习培训会和区委统战部组织的大邑县建川博物馆爱国主义教育培训。提高党员素质，坚定政治定位和理想信念。

【组织建设】　支部班子带头严格要求，主动学习践行“三严三实”以及反“四风”等方面的要求。高度重视新党员培养发展工作，切实抓好支部人才队伍建设。2020年，支部发展新党员1名，新转入党员1名。是年9月25日，召开支部第二次党员大会，大会听取支部第一届委员会工作报告，选举产生支部第二届委员会班子。

【参政议政】　全年围绕市委、区委的中心工作和战略目标确定履职重点，准确把握市、区发展面临的新任务新要求，围绕人民群众最关心、最直接、最现实的利益问题，深入调查研究，积极建言献策，为政府科学决策提供更多建设性意见和参考。全年提交市政协提案1篇、区政协提案1篇。支部主委乔璐在区政协二届五次会议上作题为《关于切实加强儿童青少年视力保护工作的建议》的发言。组织党员先后参加眉山市市直支部组织的中日康养城和中法农业科技园的视察、区政协视察城市更新改造座谈会、区政协全区村级建制调整方案协商会和住彭山的市政协委员视察、区监委“阳光问责”现场访谈等活动，并在调研、视察活动现场和座谈会上积极建言献策。积极抓好信息调研和对外宣传，全年被各级媒体采用稿件12篇，其中，农工党省委3篇，市政协4篇，区委统战部5篇。

【服务社会】　新冠肺炎疫情防控期间，支部党员纷纷递交前往武汉支援的申请书，主动为抗疫工作捐款、捐物、献爱心，共筹集到党员个人捐款6600元。支部长期结对帮扶残疾人冯双平；开展扶贫走访活动，为观音街道果园村、椿巅村的10名贫困户送去慰问物品和慰问金共价值5700元。

（彭山农工民主党办公室）

群众团体

彭山区总工会

【概况】 2020年，彭山区总工会充分发挥工会作用，构建服务型工会，为建设开放发展先行区作贡献。在社区、企业、机关分类培育建设市级“职工之家”1个、区级“职工之家”3个、妈咪宝贝屋1个，争创省级农民工文化驿站1个、四川省模范职工小家1个。彭山区果怡农业科技有限公司总经理杨志明在四川省第八届劳动模范和先进工作者表彰大会上获“四川省劳动模范”称号。

【新冠疫情防控】 成立区总工会新型冠状病毒感染的肺炎疫情防控工作领导小组，参与全区各项疫情防控工作，深入企业、社区、单位、疫情防控站点，发放宣传手册1000份，捐赠口罩1000个、体温计30支、消毒液50瓶、医用酒精50瓶等防疫用品。看望慰问疫情执勤点的工作人员和奋战在一线的“最美逆行者”，“三八”节为全区3600名一线女职工赠送爱心口罩1.08万只。慰问复工复产困难职工，为其送去牛奶、口罩、大米等物资，共计6000元。按照四川省总工会关于落实小微企业经费支持政策的相关文件精神，对全区小微企业工会经费实行全额返还，全年共返还小微企业工会经费74万元，助力企业复工复产。

【工资集体协商】 年初，召开全区工资集体协商工作部署会，指导各园区、镇（街道）扎实推进工资集体协商工作，全面完成2020年度集体协商任务。参加以“集体协商促和谐、携手筑梦新时代”为主题的全市首届集体协商竞赛，获得一等奖，其中2名选手获得“优秀选手”称号，并代表眉山市参加四川省组织的集体协商竞赛。

7月17日，彭山区总工会组织选手参加眉山市首届集体协商竞赛

【“四送”活动】 2020年疫情防控期间，区总工会与区人社局、交通运输局、卫生健康局等部门开展“春风行动”，专车帮助50余名农民工顺利返岗；协助区人社局等部门在翡翠龙湾小区、谢家小区举办2场现场招聘会。对全区重点项目建设工地建筑工人、一线企业工人、快递小哥和外卖送餐员等18处一线工作地点开展“夏送清凉”活动，为1354名一线职工送去共计7万余元的防暑降温物品。在建筑工地设置“农民工清凉驿站”2个。“金秋助学”帮扶困难职工子女78人，共发放资金4.15万元；“冬送温暖”慰问一线职工共计90人，发放慰问金9万元；疫情防控期间慰问国家级困难职工13人，发放中央财政第一批帮扶资金5.02万元及疫情生活补助金4.8万元；慰问省级在档困难职工5人，发放慰问金5000元；关爱困难女职工4人，发放慰问金4000元；春节慰问省、市劳模54人，发放慰问金及慰问品6.74万元；“五一”慰问省、市劳模52人，发放慰问金及慰问品3.26万元，召开以“弘扬劳模精神，争做时代先锋”为主题的“迎五一”劳模代表座谈会；年底慰问困难职工，发放慰问金10.91万元，送温暖资金慰问一线职工、困难职工（农民工）130人，发放慰问金13万元；完成城镇困难职工脱困解困省总工会、中华全国总工会第三方评估工作。

4月29日，区总工会组织召开以“弘扬劳模精神，争做时代先锋”为主题的“迎五一”劳模代表座谈会

【普惠服务工作】 全年开展普惠活动7次，分别是“情系职工·彭山生活年”新年购优惠活动、迎新年“工会在身边·普惠满寿乡”普惠活动、“迎五一·促销费”普惠活动、“创维公益万里行·普惠职工暖人心”活动、“书香彭山·全民阅读”图书惠民巡展活动、2021“迎新年·幸福工会·快乐生活”普惠活动、2021年迎新“年货节”普惠活动，惠及会员5万人次，支持资金310万余元（其中创维公益活动资金260万元）。

【职工维权】 区总工会联合维权律师团队开展《农民工工资支付条例》《中华人民共和国民法典》等宣讲活动近10场，发放劳动保护、职业病防治等宣传资料1000余份；坚持“有援必援”，聘请优秀法律顾问担任维权律师，及时介入辖区内存在的职工劳动争议问题，让职工真正体会到工会是职工的“娘家人”。2020年，1个法律维权案例获四川省总工会通报表扬。

【网上工作平台使用推广】 全年主动适应“互联网+”时代，把网上工作平台使用作为夯实工作基础的重要途径，在全区开展网上工作平台使用推广及“川工之家”APP，并落实专人深入机关、企事业单位开展现场示范推广，全方位予以指导。全区会员总注册数8257人，已认证7398人。

【职工技能培训】 全年组织开展餐饮、物流、茶艺、电商、物管等行业职工培训活动，培训职工600余人次，帮助职工提升职业技能，拓宽就业渠道，促进就业创业。

【基层建会】 全年通过召开专题推进会、全覆盖摸底排查、分片联系指导等方式，大力开展“百人以下、25人以上企业建会专项行动”，完成新建会企业12家，超额完成四川省总工会建会率75%的目标任务，动态保持建会率在92%以上。

（王晓忆）

共青团眉山市彭山区委员会

【概况】 2020年，共青团眉山市彭山区委员会（以下简称团区委）推报获评全国优秀少先队员2名，全省仅23名。获评省级先进集体5个，先进个人7名；辖区青年王道明获2020年度“四川省五四青年奖章”。在2020年全市共青团考核中被评为综合先进集体，获5个单项先进，占比和位次居全市第一。公义镇公义场社区“童伴之家”开展的“关爱留守儿童·共度端午佳节”活动被央视新闻联播和《人民日报》（海外版）报道。区职业中学被评为全省志愿服务示范学校，区紧急救援志愿者协会获第八届“四川省青年优秀志愿服务组织（防汛救灾类）”称号。

【团代会】 2020年7月31日，共青团眉山市彭山区第一次代表大会召开，选举产生共青团眉山市彭山区第一届委员会，并召开共青团眉山市彭山区第一届委员会第一次全体会议，选举共青团眉山市彭山区第一届委员会常务委员会委员21名、副书记3名（其中兼职副书记1名）、书记1名。完成区级共青团换届。

7月31日，共青团眉山市彭山区第一次代表大会召开

【志愿服务】 全年青年志愿者主动投身疫情防控。1月26日，成立疫情防控工作协调小组，组织青年志愿者和青年突击队有序参与疫情防控。共招募志愿者267名，其中定向医学生37名。组建医疗、卡口检疫、拉网排查、小区守卫、宣传动员、电话走访、物资筹备7个组别。1月23日至2月24日，定向医学生志愿者24小时分班轮岗支援区人民医院、区中医医院；检疫车辆6万辆次；成功入户排查488家、1063人次，收集返乡人员信息55人；对13个小区往来人员进行登记、收发出入证、体温测量等。2月初，组建区防控疫情青年突击队，组织具备国家一级资质的消杀队和青年志愿者52人，免费对城区318个开放式小区和部分集

中办公区进行消毒。深入开展“同舟共济　青春谐进”特别行动。组织云生日会，为援鄂医务人员朱莎录制祝福短视频。联合区青少年宫，为援鄂医务人员直系亲属免费开设学习班。走访慰问全区各镇（街道）困境青少年，送去防疫和生活物资。创办“稳就业行动　团团助力复工复产”网络招聘会，实时动态更新企业需求岗位。联合邮政储蓄银行省分行，针对企业融资需求，实施抗疫“蜀青邮贷”项目，为广大复工复产企业特别是抗疫相关的青年小微创业企业提供金融支持。积极参与抗洪抢险。是年8月，岷江出现新中国成立以来最大的洪水灾情，团区委组织各级团组织和青年志愿者协会，先后出动398人、车辆26辆，借调冲锋舟16只，组建多个防汛排查小组，累计转移群众3000余人，协助安置灾民2000余人。

1月28日，青年志愿者们（右）在高速公路卡口检疫

【青少年思想引领】　组织参加第六届“眉山故事少年说”讲说比赛，2名选手分获全市二等奖、优秀奖。开展“绽放战役青春　坚定制度自信”“迎接少代会　争做好队员”等主题团日、队日活动，帮助青少年树立牢固的政治意识。组建“红领巾宣讲团”“青年讲师团”，先后到5所中小学开展线下宣讲8场，受教育青少年达1000余人次。疫情防控期间，开展“青年讲师团进家庭”线上活动5期，覆盖3万余人。开展“青年大学习”网上主题团课，全年共开展青年大学习主题团课39期，共吸引28万余人次参与，最高参与人数排名位列全省第五。

【团组织建设】　扎实推进基层组织建设，完成区级换届。做好乡镇行政区划和村级建制调整2个“后半篇”文章，完成团组织调整。永达·泊林郡小区团支部建设经验登上《四川青年工作动态》，在全省推广。新建青年之家点位3个，开展活动82场，覆盖青年1512人次，打造青年之家学习班品牌1个。完善全团抓基层的工作机制。大力推进“智慧团建”系统录入及应用，实现新发展团员录入100%、学社衔接率100%、对标定级完成率100%、后进团支部整顿完成率100%、中学团组织覆盖率100%。开展非公行业系统团建工作，着力于团的基层组织建设，在区紧急救援志愿者协会、绿丝带志愿者协会、致远心公益志愿者协会、农村青年致富带头人联盟等重点行业协会建立志愿服务、创业就业和文艺体育三大类团属青年社会组织。

【全面深化改革工作】　探索构建阶梯式成长激励体系，为构建党团队一体化“打好底色”。以省少先队分批入队试点区县为契机，逐渐改变“全童同时入队”，2019级学生发展团员严格控制在30%、40%以内（第一批30%、第二批40%以内）。创新印制《少先队员成长记录册》，做到争章、分批入队过程化记录，为实现党、团、队一体化培养提供依据。聚焦政治思想引领“上好主色”。组织少先队干部80

名，开展“少先队雏鹰干部训练营”实践教育以及爱国主义沉浸式研学。邀请援鄂医务人员讲述支援湖北的先进事迹，引导少先队员从中国抗疫实践的奋斗故事中培养制度自信，厚植爱党爱国情怀。以四川省青年志愿服务改革为契机，融入基层治理大格局，建立关爱留守儿童的“寿乡·一路童行”、关爱百岁老人的“寿乡·情暖夕阳红”、助力乡村振兴的“寿乡·微梦想”新型职业农民等特色队伍71个，在“志愿四川”网站累计注册志愿者1.23万人，发布活动183次，服务时长达7258小时。

【青年发展】　落实《四川省中长期青年发展规划（2017—2025年）》，在全市开展座谈会交流经验。突出实践优化培育，联合电子科技大学、四川大学锦江学院等高校，搭建多种实践平台，开办“快乐学校”11期，为农村留守儿童提供学业辅导、亲情陪伴等大学生志愿服务；暑期选派逐梦计划优秀大学生到各单位（部门）开展社会实践。服务青年婚恋需求，举办“相约七夕　情定彭山”青年联谊活动，共吸引单位（部门）单身青年40余人参与。推动青年对外交流，累计邀请20余名海外侨商、行业专家参加彭山侨资企业涉侨经贸活动。优化“西部计划”项目管理。实施规模从2019年的9人增至2020年的21人，本科率为95%，为基层补充工作力量。

【青少年关爱帮扶】　“童伴计划”提质增效，6个青少年关爱帮扶点位全年常态化开展周、月活动236次，惠及儿童3040人次。创新引入蓝信封留守儿童书信陪伴项目，惠及8所学校400余名儿童。组织开展“爱在寒冬季，温暖学子心”主题活动，惠及留守儿童350余人次。

【聚智乡村振兴】　举办“抢抓成渝双城经济圈发展机遇　聚智乡村振兴”彭山青年峰会，采取“现场参观+主题研讨+自由交流+网络直播”的形式，邀请业界专家3人、青年精英人才36人参加。峰会促成青年企业家们互相交流，帮助实现产品整合外销。支持青年就业创业。搭建彭山农村青年致富带头人联盟、彭山电子商务协会、青年创新创业孵化园基地等服务平台。举办青年创客训练营5期，覆盖创业青年300余人。青年创业者战鹏林等32人先后被省、市、区表彰为“创业明星”。

（赵心睿）

彭山区妇女联合会

【概况】　2020年，彭山区妇女联合会（以下简称妇联）发挥妇联联系群众的桥梁纽带作用，主动作为、有效履职。先后被省妇联评为“全省家庭工作先进集体”、中国妇女社会地位调查优秀组织，辖区内获评全国最美家庭1家、省级最美家庭2家。

【妇女发展】　参与抗击新冠肺炎疫情工作，线上开展疫情防控宣传、宅家亲子活动、心理疏导讲座，在一线医护人员和援鄂医护人员家属中开展“四送”活动（送防疫包、送爱心菜、送爱心话、送爱心课），争取支持发放春耕复工口罩11万个，动员女企业家联谊会会员捐赠防疫物资，收集女企业家联谊会会员复工复产问题6个，为疫情防控贡献巾帼力量。实施巾帼创业创新工程、技能提升培训工程、居家灵活就业基地创建工程，争取省妇联“天府妹子·家政服务进社区”项目，建立家政服务示范点4个，开展月嫂等家政技能培训12次，培训妇女400人次，帮助贫困妇女就业，助力全区精准脱贫、就业帮扶工作。搭建好女企业家联谊会活动平台，组织全区女企业家联谊会会员到成都自贸区学习1次，开展《中华人民共和国民法典》培训会1次，参观红色教育基地1次，举办座谈会1次，倾听意见、解决问题，助力一流营商环境打造。

8月23日，区妇联在泊林郡小区组织家政培训

【组织建设】 2020年12月23日，眉山市彭山区妇女第二次代表大会在区委会议中心二楼大会议室召开。大会选举彭山区第二届妇女联合会执行委员会31名，并召开眉山市彭山区妇联第二届执行委员会第一次全体会议，选举产生眉山市彭山区妇联第二届主席、专兼挂职副主席、常务委员。巫燕平当选为区妇联主席，黄丹、段艳梅当选为区妇联专职副主席，张梅、弋皎皎当选为区妇联兼职副主席，徐佩当选为挂职副主席，巫燕平、黄丹、段艳梅、张梅、弋皎皎、徐佩、康红艳、余勤、彭晓红、张婧、方秀莲11人当选为区妇联第二届常务委员。与乡村振兴学院合作，对村（社区）妇联主席进行为期2天的能力素质提升培训。围绕基层社会治理等重点任务，探索建立小区妇联4个、妇女微家20个。

12月23日，眉山市彭山区妇女第二次代表大会在区委会议中心二楼大会议室举行

【家庭建设】 2020年，全区90%的村（社区）建有妇女儿童之家、家长学校，采取区妇联扶持一部分重点村（社区），其余村（社区）通过自筹资金购买专业社会组织服务，同时孵化本地人员以及吸引大学生志愿者参与的方式帮助妇女儿童之家开展好活动。结合家长和儿童需求，开展“三苏好家风”研学、家庭教育讲座、青少年心理健康调适、“非遗”手工制作、书香飘万家亲子阅读等活动，发放《家风家训家规读本》。常态化开展“最美家庭”寻找活动，评选出“区级最美家庭”5家、“市级最美家庭”3家、“省级最美家庭”2家，郎古邓知家庭获得“全国最美家庭”称号。

【妇女帮扶】 动员协调妇儿工委成员单位救助贫困母亲70名，发放救助金3.5万余元。开展农村妇女乳腺癌和宫颈癌“两癌”免费筛查8500人，争取中央、省“两癌”专项救助金4万元并救助4人。“六一”期间看望慰问43名建档立卡留守儿童，发放资金和物品2.2万元。

【妇女儿童维权】 发挥各级妇联组织作用，

及时发现调解各类家事纠纷案件，调解成功的及时兑现案件补贴，实现家事纠纷“案结、事了、人和”目标，全年参与家事案件调解52件。切实加大源头维权，开展“法制宣传”“模拟法庭进乡村”“送法进村社”等活动，为42名妇女儿童提供法律援助及咨询服务。

（袁丽红）

彭山区科学技术协会

【概况】 2020年，彭山区科学技术协会（以下简称区科协）工作牢牢把握科协“四服务”职能（服务科技工作者、服务创新驱动发展战略、服务公民科学素质提高、服务党委政府科学决策），各项工作取得明显成效。彭山区科协被中国科协办公厅评为“2020年全国科普日活动优秀组织单位”，被省科协评为“中国流动科技馆第二轮四川巡展优秀执行单位”，先后获评“省三级档案工作规范化管理单位”“全市2020年度科普活动先进集体”“2020年青少年科技教育工作先进集体”等称号。

【天府科技云服务】 建成彭山区天府科技云服务中心，为全区天府科技云服务工作奠定坚实的基础。在全区广泛深入开展天府科技云平台的宣传推广工作，通过天府科技云进机关、进协会、进学校、进企业、进社区“五进”活动，充分发挥天府科技云平台为科技工作者服务、为企事业单位提供精准科技服务、为人民群众提供精准科普服务的作用。该项工作综合绩效考评名列全市第一位，全省第十八位。

【科普宣传】 开展科普进村（社区）活动。分别在凤鸣街道、谢家街道开展科普进社区主题活动，发放创文创卫、疫情防控、安全生产、环境保护、防震减灾、反邪教、禁毒、健康生活各类科普宣传资料8000余份，受益群众1万余人次，组织指导各基层科协结合实际开展形式多样的科普宣传活动。开展科普进协会活动。在观音葡萄协会、红阳猕猴桃协会、黄丰果品协会开展以施肥、清园、绑枝、修枝、病虫害管理、疫情防控期间网上销售为主题的科普培训讲座。全年，各农技协开展各类实用技术培训25次，发放各类科技资料1000余份，受益人数达2000余人次。在全国科普日期间聘请乡土人才、防疫专家、安全卫士等到协会、社区、学校开展涉及安全、防疫、科技创新、实用技术培训等现场科普活动9场，受益群众达8000余人次。

【青少年科技创新】 搭建青少年科创平台，在观音小学开展以“创新放飞梦想，科技点亮生活”为主题的科普周活动；在黄丰中心小学、谢家中心小学、保胜中心小学开展“科普大篷车进校园”活动，参加活动的师生达1500余人。组织全区中小学生参加眉山市第十九届青少年科技创新大赛，获一等奖7项、二等奖28项、三等奖72项；参加四川省第三十五届青年科技创新大赛，获一等奖3项、二等奖5项、三等奖4项。区科协获第35届四川省青少年科技创新大赛“基层优秀组织奖”。在观音小学、彭溪小学、彭山区第四小学开展“科技创新 书香校园”赠书、读书活动，赠送603套价值3.35万元的青少年科普书籍，受到广大师生的好评。向上级争取科普大篷车设施设备

25套，在观音小学建成“青创工作室”，争取省级项目资金投入观音小学农事教育科普实验基地，建成青少年科普大棚体验馆。

9月23日，区科协在谢家中心小学开展科普大篷车进校园活动

【科普项目】　围绕天府科技云中心建设、“双创”、科普示范基地、新技术新品种推广等工作，组织申报黄丰镇果品科普示范基地、观音小学农事教育科普实验基地、科普资源开发助力“双创”建设、天府科技云服务中心建设、新技术引进试验示范、谢家镇草莓科普示范基地6个项目，争取省级科普专项资金30万元。深化银会合作项目，助力产业发展，向上级争取贴息资金16万元。

6月3日，眉山市科协到彭山区开展“银会合作”绩效评估工作

【科技扶贫】　组织科技人员和乡土人才面向贫困人员，开展猕猴桃、葡萄、柑橘种植技术培训25场次。开展“脱贫致富不忘党恩”的感恩教育，鼓励贫困群众感党恩，支持配合政府各项工作，自立自强，勤劳致富。利用科普阵地广泛宣传疫情防控、“双创”、安全生产、禁毒等方面知识，统一思想，凝聚共识。

（周翔宇）

彭山区工商业联合会

【概况】　2020年，彭山区工商业联合会（以下简称区工商联）坚持“统战性、经济性、民间性”的有机统一，围绕非公经济健康发展和非公经济人士健康成长工作主题，积极帮助企业应对疫情，促进企业健康发展，充分发挥桥梁纽带和助手作用。

【百企联百村】　全年实施产业带动、基础设施建设、扶贫助困、捐资助学、贫困人员就业等项目10余个，开展就业创业培训2期、200人次，提供就业岗位300余个，解决就业100余人，共投入资金230万元。开展工商资本下乡重点项目3个，全年累计投入8100万余元。2020年6月，彭山区4家民营企业、8名非公经济人士参与“百企联百村”工作。开展核实核准贫困户信息，补短板强弱项，全面完成2020年精准扶贫工作任务。疫情防控期间果业商会帮助500余户农场主免于返贫，解决就业6万人次，组织培训职业农民5000余人次，公益助农模式在全省推广。

【参政议政】　搭建参政议政平台，为非公经济建言献策。开展基层商会走访调研，共收集汇总会员困难、问题和建议11条，撰写《彭山区工商联关于会员企业经营和发展现状的情况反映》调研报告。提交区政协全会的《关于规划建设小微企业孵化园的建议》集体提案被列为重点提案，区委、区政府迅速安排相关部门进行落实。联合区纪委召开优化营商环境座谈会，15名非公企业家代表提出意见建议22条。组织7名会员参加区政协组织召开的减税降费工作民主监督座谈会。是年7月16日，召开彭山区民营经济统战工作会暨区工商联二届十五次主席（扩大）会，就江口古镇建设建言献策。

【商会抗疫】　2020年，彭山区工商业联合会（商会）投身“六稳”、“六保”、全区新冠肺炎疫情防控工作，积极捐资捐物。全年降低租户经营成本，共减租300万余元。谢家镇商会副会长田洪春向抗疫一线捐赠口罩11万只；凤鸣镇商会副会长周祥聪、周林连续3天为高速路口执勤人员免费送盒饭并赠送防护眼镜、口罩；西藏彭山商会名誉会长祝万华为抗疫一线工作人员送柚子；区工商联执委、彭山串根香食品有限公司筹备价值20万余元的27吨粮油、蔬果和调味料等物资送往疫情中心（武汉），慰问一线医务工作者。全区会员企业为抗疫捐款捐物200万余元。

2月9日，江口商会组织会员企业为疫情中心武汉、黄冈一线医务人员捐助价值27万余元的生活紧缺物资

【走访调研企业】　2020年3月，区工商联分组以实地走访、电话联系等形式，对各基层商会、会员企业开展调研。宣传中央、省、市、区复工复产政策，呼吁会员企业共战疫情，鼓励企业坚定信心，做到帮忙不添乱。发放“会员企业复工复产防疫工作落实情况记录表”和“会员企业困难和问题收集表”，收集汇总会员企业困难和问题，并向区委、区政府及相关乡镇（街道）、职能部门反映，积极协调解决。指导会员企业严格按照有关规定，加强排查，科学防控，确保企业生产安全和员工健康。

【助力复工复产】　千方百计协助企业会员解决防疫物资和生产要素，落实防控措施，在全市率先实现复工复产。疫情防控期间，彭山区果业商会整合资源、创新举措，通过“零接触式”中转站逆市助销柑橘7500吨，价值超过6800万元，极大提振后期全区2500吨柑橘的市场价，避免价格雪崩。

【财税融资服务】　全年拓展财税融资服务平台，缓解融资难。疫情防控期间区工商联主动对接区国资金融局、各金融机构，实地走访会员企业10余家，主动“送政策上门，送服务到家”，切实帮助企业解决受疫情影响融资难问题。制发融资需求表，收集53家会员企业1.5亿元融资需求，及时与金融部门反映和沟通。搭建银商合作平台，引导金融机构到观音街道商会、江口街道商会、果业商会开展银企对接2次，对接会员企业36家、资金5000万元。

【服务社会】　引导商会会员积极投身公益事业。观音商会筹集资金5万余元慰问贫困户44

家。谢家商会迎春茶话会资助困难群众9名。观音商会副会长（越峰锌业有限公司负责人）春节前对22个老退役军人、重度残疾人、失独户、“五保”户、低保户等进行节日慰问。在彭山教育促进会“李密奖学金”发放仪式上，12名企业家向彭山教育促进会捐款57万元。是年10月17日（国家扶贫日），四川彭山供排水有限公司、四川康泰置业有限公司向彭山区扶贫协会各捐资1万元。

【法治宣传教育】 疫情防控期间，区工商联向会员企业宣传《眉山市彭山区司法局关于疫情期间司法行政服务企业复工复产的举措》，推动法律宣传进商会，服务会员。是年12月2日，区工商联在公义乡村振兴学院组织开展宪法宣传周活动，各基层商会会员代表共计20人参加活动。

【维权服务】 搭建维权服务平台，切实维护会员合法权益。区工商联联合区司法局指派泰鑫律师事务所切实解决受疫情影响彭山区果业商会接到的多位会员反馈受合同履行、复工时间等问题，为区果业商会会员提供准确法律保障。是年10月，与彭山区检察院共同举办“服务六稳、六保，护航民企发展”检察开放日活动，15名民营企业代表现场参观、开展座谈，对检察机关服务保障民营经济发展提出意见建议。

【民营企业家队伍建设】 加强培养教育，积极发挥工商联在民营经济人士思想政治建设中的引导作用，教育引导民营经济人士始终做政治上的明白人，不断增进对中国共产党和中国特色社会主义的政治认同、思想认同、情感认同。积极组织会员参与省、市工商联和区委、区政府的各类线上培训。先后赴市内、区（县）工商联和天府新区学习考察基层商会建设、现代企业管理等。10月，组织部分民营经济代表人士参加统一战线人士在建川博物馆开展的爱国主义教育活动。11月，组织会员企业负责人、财务主管100余人参加民营企业财税管理专题培训会。12月，在区乡村振兴学院举办信息宣传暨提案工作培训会，区工商联机关干部，各基层商会秘书长、信息员参加培训；召开基层商会、民营经济代表人士学习会，传达学习中共十九届五中全会等精神。

【基层商会建设】 及时召开工商联所属商会改革发展推进工作会。加强工商联所属商会党建工作，明确新建商会同步建立党组织，建立果业商会党支部。观音商会新建民营企业党支部6个。指导各基层商会建立健全各项制度，加强阵地建设。指导基层商会扎实做好会员组织管理系统录入。指导彭祖企业商会完成换届工作。

【异地商会筹建】 全年重点开展异地商会的筹建工作。11月，重庆市眉山商会彭山分会正式成立。12月，成立云南彭山商会筹备组。

11月18日，重庆市眉山商会彭山分会召开成立大会，图为参会会员与嘉宾合影

（易昌明）

文学艺术界联合会

【概况】 2020年，彭山区文学艺术界联合会、社科工作服务区委、区政府决策，拓展社科研究、深化社科普及等各方面取得新进展。完成全区“眉山市文艺人才推荐汇总表”的相关工作，举办“眉山市彭山区‘寿乡文艺名家’培育活动”主体班培训。组织申报《聚焦党建引领城乡基层治理对策研究》《县级融媒体中心建设的实践与探索——以彭山区为例》2篇市级课题研究，并已结项；组织区内广大社科工作者申报区级课题，确立《规范基层“小微权力”运行的探索与实践》等29项课题为2020年度区级课题。支持区内社科专家、学者申报四川省社科研究“十三五”规划2020年度项目并开展相关研究工作。做好《眉洲学刊》《眉山日报·理论版》稿件选送推荐工作。传承和发扬彭山区地方特色文化，开展地方文化“进校园”“进机关”“进社区”活动。弘扬长寿文化、忠孝文化、沉银文化、崖墓文化、茶肆文化、水域文化等彭山优秀传统文化，配合区委宣传部做好文化整理、挖掘、研究和汇编工作，完成《武阳买茶》组稿和《彭山生活方式》入户调查与整理，配合区教育局构建彭山地方特色文化课程及教材体系。参与开设地方特色文化课堂10余期。加强社科基地建设，发挥基地社科普及作用，开展关系人民群众切身利益的社会知识普及，加强新冠肺炎疫情防控、防邪反邪等科普宣传。开展为留守儿童赠送围巾、画笔、书籍活动和爱国主义教育公益性讲座，在江口街道小学开展中华传统优秀文化进校园实践活动。

【作家协会】 全年举办“文学向上·新年登高”主题年会、“葡萄笔会”、“金秋笔会”、“弘扬优秀文化·传承国学经典”讲座；开展全区“抗疫”文学作品征文活动、“名家看四川——走进彭山暨第三届全国文学名刊主编论坛”活动；组织10余名作者参与四川省文化旅游厅主办的“万人赏月诵中秋”彭山分会场、天府新区分会场演出，组织骨干作者与“川冀散文作家采风团”一起采风李密故里、彭山现代农业园等。区作家协会部分会员担任《彭祖山》文学季刊执行主编和文学编辑；编发微信公众号《彭山文苑》86期；全年发表文学稿件600余篇（首）。《人民日报》《光明日报》《中国艺术报》《文学报》《福建日报》《美文》等报刊发表大量文学名家书写彭山的作品；覃贤茂出版专著《黄帝内经与运气推算》。盛云树、黄永红2人在省级刊物发表作品；陈群、邓平、李新中、徐敬德、柴世明等在市级以上报刊发表作品；河清、刘树军、徐敬德等获得省市行业报刊、单位的征文奖；宋学镰、戢炳华、徐敬德、故事、河清、盛云树、柴世明、刘永泽等在中国作家网、中国诗歌网等多家网络平台发表文学作品；陈汉兴、刘永泽、伍大顺等古诗词作者在《巴蜀诗词》一书及多个网络平台发表作品。

【摄影家协会】 全年精选30幅彭山题材的摄影作品，参加“文艺进万家——2020年重庆春节摄影大联展”；组织会员深入一线全面记录全区各行各业开展新冠肺炎防疫、抗疫工作的图片，图片被四川日报集团多个报刊及中新社、人民网、澎湃新闻网、中国摄影网、四川省摄影网采用报道；组织摄影家赴四川省阿坝州、凉山州开展“眉山市彭山区援藏援彝干部专题拍摄”活动，生动展现彭山援藏援彝干部扎根当地、甘于奉献的时代风采；推出微信公众号3期，发表会员作品100余幅；为“微彭山”、各级报刊及区党代会、人代会提供摄影作品600余幅。开展彭山区摄影人才培训活动，拟定摄影人才培养工作计划，确定5名会员为重点培养对象，为其提供实地拍摄指导并进行技术交流；全区新冠肺炎疫情防控期间，由中国摄影家协会会员柴树清、盛晓波分别带队，组织到彭山区疫情防控第一线进行拍摄，为彭山开展疫情防控工作拍摄图片资料，共有6幅作品入展由眉山市委宣传部、市文旅局、市文联举办的“大爱无邪——致敬中国人民抗击新冠肺炎疫情”摄影作品展。邀请四川知名摄影家李绍毅、曹铁等老师对协会会员进行摄影艺术讲座。柴树清的摄影作品《黄河之水天上来》入展“大河上下”第十二届黄河流域九省（区）艺术摄影展；王志辉的摄影作品《民族团结　文化惠民》入展由四川省文化和旅游厅主办，四川省诗书画院、四川省艺术研究院、四川省文化馆承办的“把大凉山寄给世界”——四川省脱贫攻坚主题美术书法摄影展；王长生的摄影作品《收蜜柚，心里美》被《人民日报》刊登，另有2幅作品刊登在《四川画报》，摄影作品《口罩》在《人民日报·民生周刊》刊登；盛晓波的3幅摄影作品《泽泻长势旺盛宛如绿色海洋》被人民网刊登；王亦军、柴树清、王长生、袁志福、盛晓波、张勇等人的作品入展眉山市“抗疫有我　爱卫同行”“眉山春橘·春天的味道”摄影展。

【老年书画研究会】　2020年，区老协、彭祖书画院组织会员参加市文广新旅局举办的“抗击疫情，我在行动”书画网络展，其中，陈汉兴国画作品获优秀作品奖，余烈国画作品获二等奖，康永久书法作品获优秀作品奖，吴树明书法作品获优秀作品奖。组织会员参加彭山区“创建全国文明城市、国家卫生城市和全国森林城市”为主题的书画网络展，会员陈汉兴国画作品获三等奖，叶志莲、康永久、吴树明、廖平、柴世明、帅成清、李久明等作品获优秀奖。先后邀请全国知名画家王春森到彭山开展“中国书画发展简史及其流派”讲座、成都市著名青年画家陈冠夫开展题为“汉隶和宋画在中国书画史上地位”的讲座、彭山区协会吴树明开展题为“浅谈书法艺术中的阴阳关系及其应用”的书法讲座，提高会员的书画理论和技法。组织会员到彭祖山、李密故里等地参加写生采风创作活动。11月20日，彭山区老年书画研究会与彭祖书画院共同主办一场网络书画精品展。共收到书法作品36件，美术作品26件。评出书法获奖作品11件，美术获奖作品9件。

【彭山区收藏协会】　全年联合四川省收藏家协会陶瓷专委会举办“四川省藏友交流品鉴研讨会”；组织石友到成都温江参观“画非画”石展，参加温江天府花城“女娲奖”；开展“庆祝中国人民解放军建军93周年”免费惠民鉴宝活动；组织参加四川省收藏家协会迎国庆藏品交流展览品鉴活动，组织全体理事成员、会员骨干到彭山江口汉代崖墓博物馆开展“2020彭山区收藏协会人才培育”活动。2020年，黄建军的画面石组合“活佛济世”获得“女娲奖”全国经典名石邀请展；吴凯文字石组合“人才”获“女娲奖”之“提名奖”，参加重庆万石博览会，获金奖2个、银奖3个。冯建新、何伟送展“四川省收藏家协会庆国庆藏品交流展览品鉴”活动的藏品被四川卫视报道播出；吴凯参加河南开封首届“大宋杯”观赏石精品展，其英文字母组合“河南开封”“石王”文字石组合均获得金奖；“眉山市彭山区收藏协会奇石专委会”文字石团队获得最佳优秀组织奖。

【彭山区音乐家协会】 2020年，先后召开协会负责人会议4次，健全完善组织机构，对理事会成员进行明确分工。加强与区文联及兄弟协会的沟通和联系，吸收彭山区内优秀音乐工作者和对音乐事业执着爱好和关心者加入协会，发展全区新音乐人才队伍。组织会员开展文化（戏曲）惠民演出走进公义镇；开展新春文化惠民进万家演出走进“军营”、凤鸣公园、谢家街道中心小学、江口街道中心小学、彭山区实验小学；参加“眉山市新时代文明实践暨道德模范、防疫情典型故事”会演活动，分别到谢家街道毛店村、石山村演出；组织彭山区优秀歌手参加驻观音部队欢送退伍老兵的演出；组织音协会员及全区的音乐文艺骨干参加“天府三九大，安逸走四川——四川省2020年万人赏月诵中秋群众文化活动”彭山区分会场演出（黄丰镇团结村橘花广场）。2020年，组织创作原创音乐作品宣传抗疫精神，《鲜红的手印》《最美逆行》《文明彭山》《两座城池》等歌曲分别在各大演出晚会上演出；组织主要骨干参加“眉山市文艺名家”舞台艺术类音乐专业培训班，培训内容包括交响乐、室内乐、电视剧配乐、歌舞、歌曲等欣赏与创作。

【彭山区书法家协会】 2020年，彭山区书法家协会发挥协会文化艺术带动和辐射作用，配合区文联各类文化工作和活动开展，加强与其他协会的联动交流合作。备战年度省、市、区乃至全国各项、各类书法比赛展览，加强新会员的吸收，书法骨干作者的培养，实现书协可持续发展。倡议广大会员和书法爱好者投身到疫情防控工作中，用笔墨加强疫情防控宣传，创作出鼓舞斗志、共克时艰、歌颂赞美抗疫工作者、全面抗击疫情的具有强大正能量的书法作品，开展“战疫情写佳作，致敬强大的祖国”书法网络展。召开2020年度工作会主席团会议，启动“彭山区文艺人才专题书法创作培训班”的工作，并按照《2020区书协培训计划书方案》《彭山区书协培训工作管理制度》分阶段逐步计划、实施开展。通过认真筛选、审核，选出29位协会基层会员参与精品创作学习，结合协会常规培训班、基础班、提高班参与培训学员30余人次，同时展开培训工作。结合疫情于国庆节期间在网上推出区书协精品创作班书法网络大赛，区书协首届会员临帖网络赛2项书法比赛活动展示。开展书法理论讲座3次，参与人员150人次。

（宁　莉　李雨燊）

彭山区残疾人联合会

【概况】 2020年，彭山区为7234名残疾人提供一人一策“量体裁衣”式服务，新办残疾人证523人，到期换证1098人。完成区残联改革方案，有序推进改革工作，征收残疾人就业保障金623万元。全年处理重要来信来访案例6件，满意率为100%。

【残疾人保障服务】 全年医保部门为3084名重度残疾人发放护理补贴，为2407名困难残疾人发放生活补贴，为3300名残疾人购买城乡基本医疗保障和补充医疗保险。开展温暖万家行活动，慰问帮扶残疾人650人。

【残疾人教育就业】 资助全区在校残疾学生130名，巩固残疾人集中就业基地，84家用人单位安置残疾人327名。为165名残疾人发放就业创业直补，为8名受疫情影响的盲人按摩机构和人员发放房租与稳岗补贴，为31名贫困残疾人发放生活补贴。

【残疾人民生工程】 全年为660名贫困残疾人适配亟须的基本型辅助器具；向29名贫困脑瘫儿童提供康复救助；向7名贫困听力残疾儿童提供康复救助；向9名困难偏瘫、截瘫残疾人提供康复救助；为67户贫困残疾人家庭开展无障碍改造；为112名白内障患者实施复明手术；集中（居家）托养智力、精神和重度肢体残疾人434名；完成残疾人实用技术培训377人。

【残疾人康复中心综合楼项目】 完成彭山区残疾人康复中心综合楼项目涉及的电力路线迁改建工程；建筑工地完成基础开挖、打桩工作。

10月12日，区委副书记黄丽（女）调研残疾人康复中心项目建设情况

（徐建华）

彭山区红十字会

【概况】 全年新发展基层组织1个，发展会员110人、志愿者20人。彭山区红十字会被四川省红十字会评为“新冠肺炎疫情防控工作优秀红十字志愿服务组织”；被眉山市红十字会评为“2019年‘99公益日’筹资工作先进集体”“2020年项目工作先进集体”“2020年新冠疫情防控捐赠工作先进集体”“2020年志愿服务工作先进集体”；被中共眉山市彭山区委评为“群团工作先进集体”。

【红十字会疫情防控】 全年召开疫情防控专

题工作会4次，实时微信转发疫情相关知识和正面宣传报道120条；发出《关于接收社会捐赠的公告》《疫情防控急需物资募捐倡议书》，配合做好全区防控物资募集工作；派专人到机场配合办理通关手续2次，确保物资顺利到达彭山区；对捐赠款物接收及使用情况进行公示14期，聘请第三方机构进行专项审计并公示；组织志愿者深入一线开展入户排查、防控知识宣传、体温测量等志愿服务活动100余人次，服务时长1000余小时，共入户排查510家，录入数据1000余份，发放资料600余份，张贴告知书160张，登记外来人员信息300余份，测量体温500余人，为防控卡点工作人员及志愿者分送餐食275人次。疫情防控期间，共接收捐赠资金129.45万元，捐赠物资价值232.30万元（其中四川省红十字会下拨物资价值71.6万元），均按捐赠人意愿和区防疫指挥部要求用于全区疫情防控。

【公益活动】　全年开展应急救护培训10期，培训总人数800余人，其中500人取得“中国红十字会救护员”证书；开展爱心志愿服务活动10次，红十字知识进校园活动6期，“5·8”世界红十字日、“99公益日”、“12·1”艾滋病日、“世界急救日”等宣传活动8次；在“红十字博爱周”开展义诊义检、健康咨询、线上线下心理援助等活动；开展造血干细胞采集和人体器官捐献宣传活动，完成人体器官捐献登记2人、造血干细胞血样采集12人；完成市级以上媒体报道4篇，全年发放各类宣传资料8000余份。

7月16日，区红十字会在四川能投川化新材料公司开展应急救护知识培训

【扶贫济困】　春节期间及时将四川省红十字会援助的20个家庭包分发到全区部分镇（街道），用于慰问建档立卡贫困户，受益人数100余人；及时将眉山市红十字会下拨的“99公益日”所募集的资金2.4万元，分别发放到2名抗战老兵手中；争取到上级红会救灾资金5万元和价值6.82万元的救灾物资（其中，中国红十字基金会支援赈济家庭箱150个，中国红十字会支援家庭箱30个、夹克衫125件、棉被100床、毛巾被30床），按照区防汛抗旱指控部要求移交区应急管理局，所有资金和物资按照受灾程度的不同，及时发放到受灾群众手中，惠及受灾群众2000余人；争取到中国红十字基金会“天使阳光”救助基金2万元，用于救助先天性心脏病患儿1名。

【项目工作】　争取到四川省红十字会关于实施红十字社区健康促进项目1个，项目资金3万元；争取到遗体和人体器官捐献缅怀纪念园建设项目1个，项目资金5万元；探索红十字紧密联系服务群众的新途径、新模式，在彭祖山风景区建立红十字救护站1个；保证“博爱家园”项目生计基金有效使用。

（汪　泳）

法　治

政法委与综治

【概况】　2020年，彭山区政法工作认真履行“维护国家政治安全、确保社会大局稳定、促进社会公平正义、保障人民安居乐业”的使命职责，全面推进平安彭山、法治彭山建设，奋力推进政法工作走在社会治理体系和治理能力现代化的实践前沿，成功创建为全省平安建设先进县（区）。

【政法工作】　2020年，全区坚持防范化解重大风险“不动摇”，着力解决群众急难愁盼问题，织密安全稳定“防火墙”。着力防范打击意识形态领域渗透颠覆，全年开展国家安全教育“五进”（进机关、进企业、进单位、进网络、进媒体）、意识形态主题教育等活动5次，发放各类宣传资料10万余份；全面落实依法处置、舆论引导、社会面管控“三同步”理念，及时封堵、删除各类有害信息1200余条。健全政治安全和反邪教联动协调工作机制。打好风险排查“防御战”，围绕重点领域、重点项目、重点群体，定期分析研判涉稳风险隐患。开展重大决策和项目社会稳定风险评估166件，实现评估率100%；动态排查风险点328个，化解328个，化解率100%。深化“五长联动”（即区信访局长、区委政法委副书记、区公安分局党组成员、区外宣办主任和区司法局副局长）应急处置工作机制，实现突发事件联动快处。全年制定全区涉稳应急处置预案、重大节会活动应急预案15个，开展各类应急处置演练40余次，及时有效处置突发事件9起，完成各级领导到彭山考察调研安保任务46次。坚持合理诉求快速解决、无理要求坚决拒绝、困难问题帮扶到位的工作原则，健全、完善信访问题联席会议制度机制。对19件重大疑难案件实行区级领导包案，落实稳控专班，包稳控、包化解。全年办结信访案件12件，其中省、市交办的7件已全部办结息访。四川省委巡视组交办134件已全部按期办结。

【平安建设】　2020年，全区深化平安建设，社会治理不断创新。成立区委平安彭山建设领导小组，建立9个专项工作组，制定《眉山市彭山区市域社会治理现代化试点工作实施方案》《试点工作责任清单》，初步构建各领域、全方位的市域社会风险防控组织架构和工作机制，稳步推进小区治理改造、法学会服务基层治理等区级特色亮点工作。充分运用人脸识别、大数据等现代科技手段，织密社会治安防控智能网，不断提升社会治理难题化解效能，社会治安防控体系进一步完善。在城市社区，推行智慧平安小区建设。2020年，实现21个小区门禁防护系统提档升级，全年发现上报治安隐患739处，及时处置654处。

【综治工作】　社会心理服务体系建设全省试点，区级心理服务中心建成投运，建立三级网络、三支队伍、三大服务的“三三”工作模式，全年开展个人心理疏导210余人次，紧急危机干预2人次，心理团辅活动30余次，受众1.2万余人次。深入宣传贯彻《四川省纠纷多元化解条例》，贯彻落实《眉山市社会矛盾纠纷“四预”机制建设实施办法》，排查矛盾纠纷3400件，调处1943件，化解1881件，化解成功率96.8%，全区无重大“民转刑”案件。完善和发展“一核多元”调解工作机制，多元解纷“五字”工作法全市交流；大力培育多元化解组织，鼓励社会力量参与矛盾纠纷调解，新建个人调解室2个、法官巡回工作站8个。

【扫黑除恶专项斗争】　深入开展线索清仓、逃犯清零、案件清结、伞网清除、黑财清底、行业清源“六清行动”，在深挖根治、长效常治等方面持续加力，自扫黑除恶专项斗争开展以来，全区共受理线索219条，已办结217条，先后破获恶势力团伙4个，已判决3个恶势力团伙，打击39人，周某案被评为全省法院系统“十大典型案例”。

7月17日，省扫黑除恶专项斗争督导“回头看”第2组督导彭山工作汇报会召开

【保障服务经济发展】　进一步优化服务环境。专项清理涉及产权保护、民营经济发展、阻碍环境治理的行政规范性文件，以及民法典有关行政规范性文件和行政证明事项。废除有悖平等保护原则规范性文件1件、修订1件，取消证明事项7项，制定行政证明事项目录清单。依法保护企业合法权益。成立“彭山稳企安商法律服务团”，选派全区优秀律师、公证员、基层法律服务工作者共60名，主动对接中小企业，收集需求。疫情防控期间法律服务团提供法律咨询300余人次，给予法律风险意见20余条。始终坚持平等保护公有制经济和非公有制经济，依法妥善处理涉民营企业案件，充分发挥保障和促进非公经济健康发展的积极作用。全年共批准逮捕破坏市场经济秩序犯罪4件、9

人，起诉10件、37人。依法作出不起诉决定18人。审理成乐高速扩容、恒大金碧天下等重点建设工程案件47件，合同标的额达7050万元，全力保障重大项目顺利推进。

【疫情防控】 强化社会面管控。完成信息筛查50万余条，推送重点轨迹信息3000余条，出动警力19920人次，查处涉疫行政案件1起，行政拘留1人，教育训诫8人。强化司法保障。印发《关于依法严厉打击惩处疫情防控期间违法犯罪行为的通告》，制定《发挥审判职能推进疫情防控措施15条》，依法严惩妨害疫情防控违法犯罪，稳慎审理涉疫情纠纷，积极支持企业复工复产，为统筹推进疫情防控和经济社会发展提供有力司法保障。强化网格服务管理。网格员共协助排查上报返回彭山人员3235名，发放疫情防控宣传资料、张贴相关公告15万余份，劝导关闭棋牌室、餐馆、酒吧、网吧、KTV等场所2000余家，劝诫聚会居民3000余次，入户排查115211家，为居家隔离人员服务12716次，参与卡点值守3310人次，参与防疫巡逻1.08万人次，拨打排查电话79435条，帮助居民群众线上注册健康码63249人次。网格工作在疫情防控中发挥的重要作用得到省委常委、政法委书记邓勇肯定。强化公共法律服务。成立法律服务团，服务企业22家，服务500余人次，及时为企业提供存量订单和劳务等法律意见。实现全区"零确诊"病例重大阶段性战果。

【基层社会治理实践平台】 深化基层法学实践，推进法学会进小区、进园区、进校园，选派法学专家会员入驻山水福都小区、四川彭山经开区和四川大学锦江学院法律工作站，提供优质高效的法治宣传、法律咨询及纠纷调解等服务。全年解决群众和企业法律咨询和各类诉求120余次，化解纠纷20余件，提供合同审查法律意见10余件，帮助追讨农民工工资2000万余元。法学会服务小区治理、用法治打造最优营商环境的实践经验得到中国法学会副会长张苏军肯定。

【"六步七化"工作法】 针对老旧小区治理难、顽疾多等难题，彭山区着眼小区微治理，以改善人居环境、提升治理成效为抓手，探索创新"六步七化"工作模式。按照"成立组织—居民申请—方案征询—组织实施—竣工验收—管理维护"六个步骤稳步实施，制定老旧小区改造"美化、黑化、绿化、亮化、序化、净化、文化"七个标准，将智慧平安小区建设纳入老旧小区改造工程中，2020年共改造老旧小区75个，已升级完成智慧平安小区21个。老旧小区改造"六步七化"工作法得到全省推广。

【基层政法建设工作】 加强基层政法力量建设，配齐基层政法队伍。全区6个镇（街道）全部配齐政法委员，设置综治中心，配备4～8名专职人员负责基层社会治理工作；村（社区）配备社会治理委员，设置综治中心；将公共安全视频监控、矛盾纠纷调解、公共法律服务、社会心理服务等平台全部划归综治中心统一调度管理，形成区、镇（街道）、村（社区）三级综治中心工作体系。健全工作制度。制发《彭山区镇（街道）党委（党工委）向区委政法委请示报告重大事项清单》《区级政法部门党组（党委）向区委政法委请示报告重大事项清单》《彭山区镇（街道）党（工）委政法委员工作职责》《彭山区镇（街道）党（工）委政法委员向区委政法委述职办法》4个重要文件，为工作的规范化运行提供制度保障。实行“纵向指导管理、横向统筹联动”的基层“大政法”工作体制，制定《彭山区镇（街道）政法委员职责清单》，明确镇（街道）政法委员统筹辖区内所有政法派驻机构和资源力量，统一指挥调度，实现扁平化管理、高效化运行。推行“1+N”社区治理模式，即1个村（社区）由社会治理委员统筹，网格员、辅警、调解员、法律顾问、禁毒社工等“N”个专门力量和社会组织参与治理，汇聚治理合力，实现社区治理精细化、精准化。

【市域社会治理现代化试点工作】 彭山区因地制宜探索市域社会治理本地化、具体化、实战化路径和方式，坚持通盘布局，全域推进，推动市域社会治理现代化试点工作稳步有效开展。建立9个专项工作组，成立15个城乡基层治理课题组，细化分解市域社会治理106项目标任务。老旧小区“六步七化”工作法、法学会服务基层社会治理、社会心理服务体系建设被列入“区县特色”。优化基层社会治理，坚持党建引领、重心下移，健全基层治理体系，探索“1335”村级基层社会治理模式，建立“1+3+N”居民小区治理架构；优化基层社区便民服务，全覆盖开展公共法律服务和社会心理服务。彭山区市域社会治理现代化试点工作经验在全市交流，社会心理服务工作在市委全面依法治市会议作交流发言。

【“五字”工作法】 彭山区坚持“预防为先、临界处置”工作原则，坚决保障人民群众根本利益和平安需求，防范化解“民转刑”矛盾纠纷“五字”工作法在全市交流。即：抓“早”。构建“早排查、早发现、早报告、早处置”的矛盾纠纷防范工作机制，建立“民转刑”纠纷四级预警机制。聚“力”。在城市社区网格实行调解员+网格员、律师、驻村干部和民警等矛盾纠纷“1+N”排查调处工作模式，按照“民转刑”矛盾纠纷风险等级制定分级分类办理工作机制，对重大风险矛盾纠纷实行提级办理。依“法”。对矛盾纠纷当事人实行先普法后调解，明确告知过激行为可能引发的法律后果，坚持“调解一次纠纷，上好一次法治课”。融“情”。针对婚姻家庭、邻里关系等矛盾纠纷，通过打好“感情牌”“民俗牌”，做到以情感人、以理服人。对有犯罪前科等人员采取全时监控、攻心为上的策略，及时开展心理疏导干预，防止其出现偏激行为；对家庭贫困和生活失意矛盾纠纷当事人积极开展救助帮扶，防止心理失衡产生过激行为。

【第三方测评】 彭山区坚持问题导向，以提升群众安全感、满意度为目标，聘请第三方机构开展扫黑除恶专项斗争测评，检验工作成效。根据测评结果，在全区宣传发动、依法严惩、综合治理、队伍建设等方面不断强化工作举措，全面提升群众参与度、认可度和满意度。连续三年全区治安案件、刑事案件发案率持续大幅下降，扫黑除恶专项斗争群众满意度达到97.98%，高于全省、全市平均水平，人民群众对政法干警的满意度稳步提升，工作经验在全市交流。

【服务民营企业】 在已经创办经开区法律服

务站的基础上，建立健全律师参与涉法涉诉工作机制，重大事项联席会议工作机制等。安排律师参与信访接待值班工作，参与重大疑难矛盾纠纷化解、突发事件处置工作。疫情防控期间，6个律师事务所、6个基层法律服务所、1个公证处组织法学会专家参与全区企业复工复产工作180余人次，参与全区19家企业劳务合同“体检”3269人次。全年，区法学会组织专家会员排查非涉稳型矛盾纠纷3639件，调处2696件，化解1371件。法律风险评估审查66次。在重点领域和重点时期为企业排忧解难。

【市域社会治理】 市域社会治理创新工作是全区的重点工作。区法学会在山水福都、翡翠龙湾、泊林郡等住宅居民小区建立公共法律服务工作站，形成以党建引领为核心的工作格局。创办小区调解室，派驻法学会专家会员入驻，使多元调解推动小区物业规范管理。做细、做实、做好矛盾纠纷多元化解工作，不断提升小区邻里纠纷、物业矛盾、家庭赡养等方面矛盾化解的实效，推进小区的政治、法治、德治、自治、智治建设。

【法学研究】 区法学会组织开展2020年度法学研究课题立项工作，确定研究课题22个，评选一、二等及优秀奖共10篇。向眉山市法学会推荐4篇，其中2篇在《眉山法学》刊登。加强对重大疫情防控机制、应急管理探索机制的研究，同时向相关单位、镇（街道）、村（社区）印发新冠肺炎疫情防控法治宣传手册。加强市域社会治理工作长效机制建立健全的研究，注重理论与实践相结合，坚持效果导向，加强法学研究对具体工作的推动。完成“法学研究”汇编工作。7月，区法学会印发“法学研究”第一辑汇编。

【法治宣传】 区法学会会同各部门开展法律、法规政策宣传工作，区司法局编印《新冠肺炎防控普法歌》，区法学会制作《新冠肺炎疫情防控普法宣传册》《民营企业最常见的69个法律风险》《看民法典如何助力和谐乡村（社区）建设》等宣传手册。区人社局、区经信局组织法学会员向群众宣传和解读《中华人民共和国劳动合同法》《中华人民共和国就业促进法》等法律法规、政策。疫情防控期间彭山区法学会会员单位共编发疫情防控法律法规知识问答100余条，印制依法防控宣传海报、折页、手册30余万份，制作疫情防控宣传横幅500余条，利用手机推送疫情防控信息200余万条次，为战胜疫情营造了良好的法治氛围。

（周建勇）

公　安

【概况】 2020年，彭山区公安分局共立刑事案件707起，同2019年相比下降4.97%；受理行政案件1148起，同比下降27.25%；刑事案件结案151起，同比下降38.1%，刑事拘留119人；行政案件结案290起，同比下降59%，行政拘留413人。破获团伙案4起，抓获在逃人员28人，其中，外省在逃人员16人（含命案在逃人员1人），省内在逃人员12人。

5月28日，省公安厅党委委员、副厅长王雄（左二）到彭山调研文物保护工作和打击盗掘文物犯罪工作情况

【扫黑除恶】 全年共收集各类线索228条，完成核查225条，正在核查3条，办结率98.7%，通过线索核查破获一般刑事案件56件，行政案件82件。共侦破九类涉恶案件59起，移送起诉76案、188人。打掉恶势力团伙2个（祝某、周某恶势力团伙案），破案23件，抓获犯罪嫌疑人36人，均已判决；打掉恶势力集团2个（“4·20”刘某恶势力集团案、“11·19”赵某恶势力集团案），破案72件，抓获犯罪嫌疑人36人，均已判决。

【“防汛抢险”工作】 全年在抗洪抢险中共出动警力1112人次，车辆342台次，营救群众90人，转移群众2047人，处置群众求助33起。中国警察网等重要媒体报道了彭山公安抗洪抢险的先进事迹。

【情报信息】 全年共收集各类情报信息510条，采用80条，整理形成行动性、预警性信息20余条，并推送至相关部门，预防和制止各类矛盾纠纷、闹事苗头6起，为彭山经济建设提供稳定环境。

【安全保卫】 周密部署、精心组织，做好各类安全保卫工作，确保万无一失。全年共完成各类警卫安保任务67次，其中，一级警卫1次，三级警卫3次；铁路一级警卫2次，二级警卫5次。

【严打突出犯罪】 全年共查处非法生产、运输、储存烟花爆竹案件21起，其中，治安案件查处13起，治安拘留13人，移交相关部门查处8起，收缴非法烟花爆竹产品5300余件（组）并组织安全销毁。继续深入开展枪爆违法犯罪专项整治，每月治安大队牵头组织对辖区内所有涉枪涉爆企业、单位全面开展安全检查，督促涉枪涉爆企业、单位严格落实枪爆物品管理制度，严格落实安全监管措施，全面查找、整治安全隐患；抓源头防控，重点跟踪监控涉枪涉爆重点人员，严厉打击涉枪涉爆违法犯罪行为，侦破涉枪案件2起，移送起诉2起。

【刑事技术】 全局现场勘验系统录入590案，刑事技术室出勘各类案件现场230件，勘查尸体现场50件，进行尸体检验50具；伤情鉴定41人，痕迹检验鉴定15件，文件检验鉴定15件，影像检验鉴定32件，测谎鉴定20件；录入失踪人员系统0人，录入未知名尸体系统5件；疑似拐卖儿童DNA比对2人，侵财案件现场提取痕迹物证51件，提取现场DNA信息71件，提取率30.08%，足迹提取25件，提取率14%，现场指纹提取44件，提取率10.20%。全局完成采集人员十指指纹901份、人员DNA 873份。Y库（男性家族排查系统）录入19517份，采集血样27345份，指纹比中案件21案，DNA比中抓获嫌疑人20人。其中在禁毒大队办理的制毒案中，技术人员在现场漏斗上提取的指纹成功比中嫌疑人，为案件的侦破提供了有力证据；在刑侦大队办理的“4·16”洗钱案中，技术人员在现场提取的检材成功比中并锁定嫌疑人，为案件后期侦破提供了有力证据，2019年12月23日入室盗窃和2020年6月15日入室盗窃案中提取现场指纹比中前科人员后，经过侦查工作抓捕嫌疑人。是年，技术室成功申报一级技术室。

【严打经济犯罪】　全年共立经济案件15件，同比下降76.56%；受理经济案件21件，同比下降73%；侦破经济犯罪案件15件，同比下降58.33%。移送起诉经济犯罪嫌疑人27人，同比下降47.05%。全年共抓获网逃2人（2020年逃犯）。全年收到云端系统协查36条，协查人数217人，企业2家，发起云端监测线索1条。

【严打毒品犯罪】　开展“破冰2020”“满员收戒，全员管控”攻坚行动，全年共破获各类涉毒刑事案件25起，其中省公安厅挂牌督办张某某等人制毒案1起，捣毁制毒窝点3个，刑事拘留各类涉毒人员39人，移送起诉21件、31人。查处涉毒行政案件168件，行政拘留343人，强制戒毒73人，责令社区戒毒105人，社区康复23人，缴获疑似冰毒695.89克、含冰毒成分液体123.6千克、麻黄草6.05千克、毒资18万余元以及大量制毒工具。与东坡分局签订病残吸毒人员康复（救助）合作协议，加大涉毒人员收戒力度。全区毒情检测污水毒品含量浓度平均值从254.32毫克下降到整治后的147.78毫克，下降42%。

【严打“食药环”犯罪】　破获2020年全市首例使用“酸性橙Ⅱ”生产有毒有害食品的“食药环”案件，推进平安彭山建设。

【“放管服”改革】　减轻群众负担，减少群众往返次数，确保办事群众在窗口一次办结，实现最多跑一次。2020年元旦过后，出入境、户政窗口正式入驻区市民服务中心。基本实现群众办证“无纸化”作业，减少办证群众的平均等待时间，实现高效化、便捷化、自主化办理。积极落实优化营商环境便民措施，认真督导彭山企业严格执行公章刻制办结时间，提高为群众办事的效率。累计巡查入网印章4600余枚，审核政府买单1900余件。

【内保工作】　积极开展水、电、气、金融机构等区重点内保单位安全防范业务指导工作。全年累计开展区级重点单位安全检查65家次，抽查银行营业网点34个次，发现和整改治安隐患18处。开展散装汽油购销系统的安全监管工作。

【公共安全监管】　网上巡查和实地抽查单位与企业82家次，发现和整改治安隐患6处。加强对公共场所的安全监管。开展汽车客运中心、高铁车站等公共安全监管和指导8次，现场督导和提出安全整改意见3条。

【寄递物流业管理】　加强寄递物流管理工作。实地检查快递公司60家次，提出整改意见17条。

【巡逻盘查】　使用移动警务终端加强对可疑人员、可疑车辆的核查比对，及时“过滤”各类不安全因素。全年盘查共计65572人次，其中，标签为前科人员157人次，吸贩毒人员133人次，在逃人员5人次，肇事人员1人次。

【“一标三实”和“双清”工作】 2020年全区新增维护适龄段（18~65周岁）147298人。完成新增适龄段无手机号码39319个。完成“六进六边”（即进农村、进社区、进家庭、进企业、进学校、进寺庙；边采集边管控、边排查边化解、边治理边建设）重点要素清理维护45806条，完成“户籍和实有人口清理”4738人。全年共对接创建省级平安智慧小区9个，完成社会化实名登记子系统数据接口对接10个。

【出入境管理】 全年受理出入境办证业务2703起，发放出入境证件1500余件，审核登记法定不批准出境人员报备118人，登记修改国家工作人员报备25人，挡获5名疑似出国电信诈骗人员并移交刑警大队深挖处理，核查处理上级部门下发相关人员信息5条。

【户籍管理】 全年共受理二代身份证13561人，办理临时身份证3015人，发放二代身份证10643张（其中送证上门361张），办理出生登记、迁入、迁出等各项户籍业务2.8万余人次，接受电话咨询1.5万余次，办理边境通行证959人次。

【特殊人员管控】 对全区954名在册重性精神病人（其中以奖代补人员500余人），10名肇事肇祸精神病人及省市下发的55名重性精神障碍患者、2015—2020年全区刑释解教人员892人全部纳入管控，做到“零脱管、零漏管”。

【旅馆业管理】 2020年，加强旅馆业管理力度，着重抓好疫情防控期间全区旅馆和未办证留宿场所的治安管控及日常检查。全年累计检查旅馆800余家次，处罚在疫情防控期间未按要求上传住宿人员信息的旅馆3家；清理整治未办证留宿场所，取缔12家，检查500余家次。

【犬只管理】 定制开发“眉山市养犬管理服务系统”平台和“彭山智慧养犬”微信公众号，全省首创应用蓝牙执法犬牌，首批采购1200个蓝牙犬牌投入管理工作。以创建文明城市为契机，共计捕救无主犬、敞放犬、流浪犬101只，发动群众主动上交长期投食散养的流浪犬6只，责令1家宠物店补注射疫苗，依据《眉山市文明行为促进条例》行政处罚9人，规范劝导养犬行为400余次。邀彭山电视台对此次整治行动作跟班报道，发布新闻栏目5期，在抖音短视频作同步推送。

【枪爆管理】 严格对5个涉枪单位开展枪爆危化品单位（企业）安全监管，建成并运行全国枪支管理V3.0信息系统，完成全区公务用枪单位枪支弹药、持枪人员以及收缴枪支弹药信息采集录入；全区芒硝采矿企业50吨以上溶区爆破作业6次，全面推行机械化装药，极大地降低了较大规模爆破作业安全风险。新冠疫情发生后，全力支持危爆品企业开展疫情防控和复工复产工作，采取网上办公受理行政许可事项和安全教育培训。

【危化品管理】 彭山区有涉爆企业（项目）3个，剧毒易制爆化学品企业（单位）34个，烟花爆竹大型仓库1个，代销点40个。审查涉爆人员96人次并完成年度复训和新训任务，受理民爆物品两证102次（炸药413吨、雷管14.73万发），每月对全区危爆品企业（单位）进行全覆盖式安全检查，其中检查涉爆企业每月不少于2次。全年共排查整治各类安全隐患33处。

【整治“黄”“赌”】 联合辖区派出所查处涉赌行政案件13件，行政处罚63人，查处涉赌刑事案件3件，采取刑事强制措施3人，联合各辖区派出所办理省督“4·9”利用“闲聊”APP开设赌场案件1件，采取刑事强制措施17人；查处涉黄行政案件6件，行政处罚24人，查处涉黄刑事案件3件，采取刑事强制措施3人。

【校园警务】 落实校园疫情防控工作机制，切实维护好疫情防控期间全区学校开学复课教学秩序，规范和强化学校疫情防控工作，确保校园安全。全年累计开展校园复学前后检查指导校园安全240家次，开展校园及周边风险隐患排查240余家次，共排查出安全隐患17处，要求立即整改并督导整改完毕。开展进校园消防、疫情防控、突发事件处置等演练90余次。

【机动车驾驶人管理】 全年共办理机动车业务28891件（其中，注册登记4068件、转移1209件、抵押758件、注销1979件、转入958件、年检19919件），办理驾驶证业务9032件。

【道路交通安全管理】 全年彭山辖区共发生交通事故2157起，死亡43人，受伤959人（包含轻微伤），直接经济损失约51.45万元。与2019年同期比较，事故起数下降24.26%；死亡人数上升7.5%；受伤人数下降18.87%；直接经济损失下降35.58%，未发生一起死亡3人及以上重特大交通事故。

【交通设施建设】 针对中心城区存在的突出问题，在背街小巷施划停车位100余个，清除城区不合理占道停车位50个，新增标志标牌200余个，更新城区标线1.67万平方米，新建红绿灯及电子眼抓拍系统2套、新增移动红绿灯2组，对彭祖大道与前程路交叉路口进行路口渠化隔离改造，接入电警点位18个、测速点位4个、禁止左转抓拍点位1个。

【交通违法整治】 全年整治机动车乱停乱放12423起，机动车不礼让行人3330起，闯红灯2430起，面包车超载39起，无证驾驶136起，饮酒驾驶215起，醉酒驾驶10起，货车超载213起，驾驶摩托车不戴头盔71起，拆除电动车遮阳伞1500余套，查扣无牌无证电动三（四）轮车59台、摩托车204台，拖移“僵尸车”11辆次。

【警务监督】 开展覆盖全体民警、辅警的涉毒尿样突击检测4次，均未发现有涉毒情况。开展现场督察110余次，网上督察200余次，暗访所、队40余次，暗访服务窗口20余次。签发督察通报26期，梳理整改问题130条，提出督察建议118条，下发督察通知书5份，提出蓝色预警5个部门、9人次，下发督察建议书2份。

（余美茜）

检　察

【概况】 2020年，全区检察工作充分运用

“智慧检察”成果，依托远程视频提讯系统、智慧庭审系统等开展非接触办案，通过远程视频提讯犯罪嫌疑人44人。

【打击刑事犯罪】 全年共受理审查逮捕案件68件、99人，批准逮捕61件、85人，受理起诉案件124件、235人，提起公诉98件、181人。其中5月对陈某某等10人非法吸收公众存款案提起公诉。全力打好扫黑除恶专项斗争收官之战。6月30日，对赵某某为首的27人恶势力犯罪集团案提起公诉；8月31日，区法院对该案进行宣判，首要分子赵某某数罪并罚，被判处有期徒刑15年，并处罚金10.5万元，其余被告判处有期徒刑6个月至10年不等。同时做好案件提前介入工作，助力案件侦办，在赵某某案审查起诉环节共追诉漏犯7人，追诉容留他人吸毒罪2起、非法采矿违法案件2起，移送线索6条。

【服务经济】 始终坚持平等保护公有制经济和非公有制经济，依法妥善处理涉民营企业案件，充分发挥保障和促进非公经济健康发展的作用。全年共批准逮捕破坏市场经济秩序犯罪5件、10人，起诉11件、39人。依法作出不起诉决定18人。助力企业做好疫情防控、复工复产，走访多家企业及个体户，依法对企业负责人作出不诉决定1人。组织开展“服务‘六稳’‘六保’护航民企发展”检察开放日活动，邀请工商联、企业代表、代表委员等参加活动，助力优化营商环境。

【市域社会治理】 认真践行新时代“枫桥经验”，接待群众来信来访29件，均在期限内答复来访人，回复率100%，努力解决实际问题、化解矛盾纠纷，认真做到“群众信访件件有回复”。

【司法救助】 推动司法救助与脱贫攻坚相融合，办理国家司法救助5件7人，发放救助金5.56万元。定点帮扶联系村1个、联系户45家，提供帮扶资金6万余元，深入联系村开展帮扶活动10余次。

【公益诉讼工作】 全年摸排公益诉讼案件线索48件（条），立案48件，发出诉前检察建议46件。向天府新区眉山市管委会生态环境分局发出检察建议，督促其依法履行监管职责，及时清理毗邻岷江流域的6万吨固体废物，并对原堆积现场进行修复治理、整体复绿，有效保护长江经济带生态环境。通过办案发现保障性住房领域存在转租牟利问题，向区住建局等单位发出检察建议，督促其加强对保障性住房的管理，有力推动社会治理。是年3月，区人大常委会调研组对公益诉讼工作开展调研，对区检察院在公益诉讼中维护社会公共利益，推动行政机关依法履职方面发挥的积极作用给予肯定。

【认罪认罚从宽工作】 全年共办理适用认罪认罚从宽制度审查起诉案件98件、158人，占审结刑事案件总数的87%，其中，提起公诉131人，不起诉27人。提出量刑建议127人，法院采纳率为96%。适用速裁程序提高办案效率，办理速裁程序案件31件，占认罪认罚案件总数的31%。完善轻案快办，对符合条件的案件在告知环节实现告知、提审、具结程序“三合一”，集中了解犯罪嫌疑人对指控事实罪名、量刑建议及适用速裁程序的意见，重点核实认罪认罚的自愿性、合法性。推行轻罪刑事案件“边审边补”，有效降低案件退补率。落实最高人民检察院认罪认罚从宽制度法治宣传片播放常态化机制要求，组织拍摄认罪认罚主题短视频在区看守所和区电视台播放，有效维护当事人合法权益，取得良好社会效果。

【“两法衔接”工作】 全年加大对食品药品安全、生态资源和环境保护、社会保障等重点领域犯罪活动的打击力度。通过“两法衔接”（行政执法与刑事司法衔接）信息共享平台审查案件163件。3月20日，区人大常委会对2019年9月审议的“两法衔接”工作意见办理落实情况开展满意度测评，测评结果为满意。6月，结合全区机构改革实际情况，区检察院牵头对“两法衔接”工作领导小组成员进行调整，确保稳妥推进该项工作。

【刑事诉讼和刑事执行监督】 全年加强对刑事立案、侦查、审判、执行活动的监督。监督公安机关立案8件，追捕2人，追诉17人，纠正侦查活动、审判活动违法7件。提前介入重大复杂疑难案件19件，确保办案质量和效率。办理羁押必要性审查案件4件，纠正监管场所各类违法11件。完善对社区矫正的法律监督，纠正监外执行和社区矫正中的“脱管漏管”3件。

【民事行政检察监督】 健全多元化民事行政检察监督格局，充分运用检察建议手段，妥善办理胡某某与四川百麟新能环保科技有限公司涉嫌虚构劳动争议进行虚假仲裁案，防范虚假仲裁、促进行业规范。通过办理区市场监督管理局对公义镇花仙子幼儿园行政处罚（加罚）未申请执行案一案，充分发挥行政检察职能，促进行政机关依法行政，全面履职。办理民事生效裁判监督案件2件，发出再审检察建议案件2件；办理民事审判程序违法监督案件6件；民事执行监督案件6件；办理支持起诉案件7件。办理行政违法监督案件6件。

【案件管理】 探索在案件受理过程中审查发现可能涉及舆情风险、适用速裁程序、诉讼监督、公益诉讼、司法救助等案件线索和需要重点关注的情形，进行同步移送。通过“一案多移”强化内部协作配合，优化办案资源，形成法律监督合力，进一步提升办案质效。“一案多移”移送相关线索、情形196条，其中，适用认罪认罚122条，适用速裁程序40条，侦查监督线索3条，公益诉讼线索5条，司法救助线索2条，技术性证据审查线索14条，司法人员涉嫌犯罪线索1条，其他线索9条。移送后被相关部门立案率达96%。10月30日，彭山区在全市检察机关工作创新成果推广会上作经验交流发言。

【社会监督】 自觉主动接受区人大常委会、区政协和社会各界监督，确保检察权规范运行。加强代表、委员联络，主动走访联络省市人大代表19人次、市政协委员14人次，邀请人民监督员监督案件7件、邀请14人次，邀请代表、委员、监督员到区检察院视察调研参观5次。在“12309中国检察网”发布重要案件信息14条，公开法律文书163份。

（骆　莎）

法 院

【概况】 2020年，彭山区人民法院共受理案件4654件，诉讼标的9.946亿元，审执结4601件，法官人均结案186件。结案率、结收比、人均结案数均创历史新高。

【刑事审判】 全年受理刑事案件116件，审结114件，判处犯罪分子197人。依法审理赵某某27名被告人犯寻衅滋事罪构成恶势力犯罪集团案，判处罚金10.5万元，追缴违法所得4万元，确保扫黑除恶“打财断血、黑财清底”。移送涉恶犯罪线索及保护伞或渎职线索共计18条，提出司法建议2条。涉黑恶势力案件全部清零，取得阶段性成果。重点打击群众反映强烈、对彭山区投资环境和社会治安造成较大影响的故意伤害、抢劫等严重刑事犯罪及盗窃、非法吸收公众存款等多发性侵财犯罪32件、47人，审结涉及人员多、金额大、影响面广的寿星谷非法集资案。严厉打击生产、销售有毒有害食品罪2件、13人，曾某、姜某生产销售染色腊肉一案写入四川省人民法院工作报告。从严从快打击涉毒犯罪21件、24人，均未适用缓刑。依法审结侵害未成年人犯罪3件、3人。

【民事审判】 全年审结民商事案件2283件，依法规范涉民营企业的财产保全和执行行为，审结股权转让、公司决议、损害股东利益等案件15件。积极开展家事审判方式改革，审结家事案件477件。妥善审理农村土地承包、使用权流转等纠纷8件，依法维护农民集体、承包农户、经营主体的权益，促进“三权分置”改革。建立涉农民工立案执行绿色通道，快审快结劳动争议、追索劳动报酬等案件233件，为劳动者追回报酬920.4万元。

【行政审判】 全年审结行政诉讼案件63件，全面推进行政首长出庭应诉工作，行政机关负责人出庭率达91.7%，有效促进行政争议实质化解。坚持行政机关涉诉情况通报、司法建议、司法审查白皮书等制度，有效改善行政执法中的突出问题，实现行政与司法良性互动。

【执行工作】 全年共受理各类执行案件1978件，已执结1968件，结案率为99.49%，实际执行到位金额1.44亿余元，执行工作考核居全市第二。开展涉民生专项执行活动，执结294件，到位金额617.14万元。纳入失信被执行人名单44人，发布限制高消费令745次，切实保障胜诉当事人实现诉讼权益。

【司法改革】 落实院庭长办案常态化，院庭长共计审理案件4051件，占全院比例的87.32%。推行审判委员会、专业法官会议制度和类案强制检索运用，提升审判质效。建立“四类案件”（即：可能涉及群体性纠纷，可能影响社会稳定的；疑难、复杂且在社会上有重大影响的；与该院或者上级法院类案判决可能发生冲突的；有关单位或者个人反映法官有违法审判行为的案件）台账监管模式，把对“四类案件”的监督落实到各环节，共监督管理案件336件。文书评查69份，案件评查29件，庭审评查37件，着力培养“精品化”办案习惯养成。做实繁简分流、轻重分离、快慢分道，简案团队审结案件1624件，占全院民商事案件71.5%，平均审理天数降为28天。刑事案件推行认罪认罚和速裁制度，简案平均审理天数降为4.23天。执行案件落实员额法官主导下分权、分流、分段机制，首执案件平均用时84.69天，审判效率显著提升。依托科技支撑，建成智能化诉讼服务中心、执行指挥中心、远程视频接访中心，积极实施网上材料收转、网上咨询查询、网上阅卷、网上送达等服务功能。审判庭可实现庭审直播、互联网远程开庭和庭审语音识别等功能。落实“小微改革”项目建设要求，全面推进移动微法院建设，在微法院立案2111件，跨域立案及协作33件，在线办理保全39件，在线申请司法确认33件。

10月21日，四川省人民法院咨询委二组调研一站式多元解纷和诉讼服务体系建设工作汇报会在彭山召开

【接受监督】　主动接受代表委员联络监督，积极邀请区人大代表、政协委员参加庭审旁听21人次。走访人大代表，广泛听取和采纳各项意见3条。主动接受巡视巡察监督，全面完成司法巡查反馈意见八个方面问题“回头看”。配合完成四川省委巡视带巡察工作，照单接收反馈问题，扎实开展问题整改工作。主动接受社会监督，人民陪审员参审案件437件，公开裁判文书4682件，公开率100%，庭审直播案件973件，观看人数60.3万人次，公开执行信息786条。对外发布法院工作信息62条，拍摄全市法院首部廉政微电影《红线》。

7月21日，区人大常委会调研并指导法院工作

【服务大局】　做好疫情防控司法应对。发布诉讼服务公告，依托网上诉讼服务中心、四川微法院等平台，创新“互联网+审判”无接触式办案，线上立案2234件，线上调解及网上开庭114件，线上接待当事人2100余人次，在线结案率98.44%。制定“十五条措施”，稳慎处理疫情防控期间合同、劳动争议、融资借贷等各类案件，审慎采取冻结、查封等财产保全措施，依法保障企业复工复产。坚决落实“发挥执行职能，做好‘六稳’工作，落实‘六保’任务”专项工作要求，执结“五类案件”347件，规范采取财产查控和强制措施1055次，涉案金额5365.53万元，维护良好社会秩序。助力“三大攻坚战”。围绕防范化解重大风险，高效处理涉金融纠纷案件144件。联合多部门制发《切实推进眉山市彭山区金融纠纷多元化解机制建设的实施细则》，在全市率先聘请12名金融分支机构代表为金融纠纷特邀调解员。围绕精准脱贫，审结农村土地流转、股份合作等案件10件，选优配强1名第一书记和18名帮扶干警到联系村开展脱贫工作，并通过脱贫验收。围绕污染治理，创新生态环境责任承担方式，严惩滥伐林木、非法捕捞水产品等犯罪

案件。优化法治化营商环境。服务成德眉资同城发展，与成都新津法院签订司法协作协议，与天府新区自贸区法院举行司法交流活动。受理四川贝朗家具案等破产申请案9件，妥善审理成乐高速扩容、恒大金碧天下等重点建设工程案件47件，保障重点工程项目顺利进行。妥善审理登记、审批、许可等行政案件8件，加大对规范性文件附带审查力度，服务“放管服”改革。

（严丹凤）

司法行政

【概况】 2020年，彭山区司法工作服务大局，彰显法治引领、促进和保障作用，为全区经济、社会发展营造平安和谐的社会环境和公平正义的法治环境作出贡献。先后获得省级“汤洪林”党支部、区级政法信访工作（含平安建设）先进集体、基层治理先进集体、对外开放和投资促进工作先进集体、民生和社会事业工作先进集体、开放发展攻坚先进集体、文明单位、敬老文明号等荣誉称号。

3月23日，眉山市人大常委会主任刘十庆（左一）率队调研彭山生态环境局法治政府建设工作开展情况

【“法律七进”活动】 2020年，区委常委会、区人大常委会、区政府常务会、区政协常委会带头学法，推进执行党政主要负责人履行法治建设第一责任人职责。坚持区委中心组学法、领导干部任前考法、年度述法以及行政执法人员年度执法培训考试制度。全年区级各部门开展机关会前学法、干部职工法律知识培训100余次。全区25所中小学开设“道德与法治”课程，部分学校自主创作法治教育儿歌和课间操。编印《中小学生学法用法读本》1.9万册，5所学校自主编发《法治之友 伴我成长》等校本教材5000余本。开展“宪法法律进学校”“关爱明天 普法先行”等主题活动，受教育师生超过2万人。开展“法治赶场”“调解一次纠纷上好一堂法治课”等多种形式的法治宣传教育活动，培训农民工5000余人次，超过10万名农村群众接受教育。开展“法治宣传进小区”“法律服务进小区”活动，提升社区居民法治文化素养。结合创文法治宣传入户行动，各部门深入包保小区开展入户宣传专项行动，更新法治宣传专栏300余个，发放宣传资料5万份。发动普法志愿者、律师、公证员和法律服务工作者深入社区，为居民提供法律咨询、政策宣传等免费法律服务。开展“法律服务进园区”“法律跟着项目”活动，选派优秀律师服务纳税十强企业，提供一对一法律体检等服务，定期组织开展安全生产、保护企业合法权益等法律法规专题宣传和培训，推进企业依法管理经营。新冠肺炎疫情防控期间，区司法局等部门上门为企业宣传政策、提供法律服务，区税务局开通网络“云直播”为企业宣传税收优惠政策，解答疑问，推动企业复工复产。全区各单位完善职工学法、热点问题公示等制度，

设置法治宣传栏，建立行业调解室，开展法治专题培训200余次，不断提高单位法治化管理水平。全区三大宗教团体均建立寺庙（教堂）学法用法联系人工作制度，设立法治宣传栏，强化宗教教职人员法治意识。

【“七五”普法】 按照“一月一主题”原则，落实“谁执法谁普法”责任，在“3·15”“6·26”“12·4”等重要时间节点开展各类法治宣传活动，满足群众法律需求。坚持“三贴近”原则（贴近群众、贴近生活、贴近基层），用群众身边的人和事以法释惑，用生动具体的案例以案讲法。利用村（社区）宣传栏，制作张贴与群众生产生活息息相关的法律知识，让群众在家门口就能学习法律。根据热点话题，在“不老彭山”APP上更新“彭祖祖说法”5期，制发法治宣传册、环保袋等用品6万余份（个），推送普法信息10余条，浏览量超过2万次。打造福临小区、山水福都等法治文化阵地3个。贴近全区中心工作，围绕“三大攻坚战”、扫黑除恶专项斗争、基层治理、《中华人民共和国民法典》颁布和疫情防控等，开展“法治四川行”“防控疫情　法治同行”“健康人生　绿色无毒”“《中华人民共和国民法典》百名律师百场讲座”等主题活动10余场，在全区上下营造法治氛围。牵头完成省、市对彭山区“七五”普法工作的检查验收。完成“七五”普法各项目标任务，对全区各部门、镇（街道）的“七五”普法工作进行总结，拍摄制作“七五”普法专题片，完成中央和省级层面“七五”普法网报资料的验收，通过区人大常委会对“七五”普法的审议。

【社区矫正和安置帮教】 2020年，在彭山区凤鸣街道城西社区的社区矫正劳动教育基地组织社区矫正对象参与防疫、抗疫、爱心捐赠、抗洪抢险、禁毒宣传等公益活动。邀请眉州监狱心理科专家对重点社区矫正对象开展心理辅导活动2次。以线上方式在全区社区矫正对象中开展“文化引领、四德夯基、助力新生”主题教育活动。利用OA平台社区矫正系统和手机定位等技术手段，提高对社区矫正对象日常管控信息化水平，并在春节、疫情防控、两会、国庆等时期加强监管，确保全区社区矫正工作持续安全稳定。建立完善安置帮教对象信息台账，走访摸排涉黑涉恶情况，并建立排查台账。全区社区矫正对象重新犯罪率始终控制在0.2%以内，实现能管住、可转化的目标。安置帮教对象安置率达到95%，帮教率达到98%。

【人民调解】 全年加强与区人民法院、区国有资产和金融工作局和区退役军人事务局的衔接配合，推进全区金融纠纷等领域调解多元化解机制建设。乡镇机构改革后，彭山区调解委员会由147个合并为120个；建立个人调解室3个、乡镇矛盾纠纷第三方调解中心8个。镇（街道）、村级人民调解组织覆盖率达100%，劳动、婚姻关系纠纷调委会建立率达到100%，医疗纠纷调委会专家库建立率达到100%。全年全区各级调解组织共受理调处矛盾纠纷667件，调处成功664件，成功率达到99.6%；全区镇（街道）各调委会分片区共开展人民调解业务培训16场次，培训人民调解员1000余人次，人民调解培训达到100%。

【司法所建设】 做好全省为期三年的“枫桥

式司法所”试点创建工作，推荐江口司法所作为全区试点单位。组织各司法所安装远程会见视频系统，为服刑人员家属提供高效、便捷、优质的会见服务，加强对社区服刑人员的管理，为社区矫正工作提供保障。

【法律援助】 全年办理刑事指定辩护案件40余件，办理刑事认罪认罚法律援助案件100余件。加强特殊人群法律援助工作，重点解决民工工资追讨法律援助问题，对于请求支付劳动报酬的农民工开辟“绿色通道”，实行“三优先”原则（优先接待、优先受理、优先指派），一律免除经济状况审查等制度规定，共计受理民工工资纠纷案件80余件，办结40余件。建立中小企业“服务包”制度，开辟新冠肺炎疫情防控期间法律援助绿色通道，提供免费法律服务。累计向社会公众提供法律援助3259人次，受理法律援助案件317件，已办结237件。

【公证律师管理】 开展“暖心关爱公益”公证服务，为老弱病残等特殊人群提供上门服务，为贫困群众提供法律咨询、公证法律援助等，全年上门办理案件达137件，免收公证费用5件，减半收取公证费用3件，减免费用1300元。全年共计办理公证案件1309件，完成公证收费收入104万余元。疫情防控期间组织律师服务团，“一对一”联系园区省、市、区重点项目，为企业出具法律风险评估报告27份，特别是在新冠肺炎疫情防控期间为21家企业复工复产进行服务，提供法律咨询57次，出具法律风险意见书6份，解决劳动合同纠纷2起。安排全区6家律所及基层法律服务工作者协会8人组成精准扶贫团，筹集捐款3万元，开展贫困户结对帮扶工作，践行人民律师为人民的宗旨。开展公共法律服务进小区的试点工作，在小区建立公共法律服务室，实现公共法律服务与城镇商住小区居民“零距离”。建成商住小区公共法律服务室3个。彭山经济开发区公共法律服务站、山水福都公共法律服务室成为全区“一市一品牌”“一县一特色”的工作亮点。

【复议与应诉】 2020年，依法办理复议应诉案件，坚持落实行政机关负责人出庭应诉制度，共受理行政复议案件11件，结案8件，其中，撤回5件，维持1件，确认违法2件；以区政府为被告的行政诉讼案件14件，审结8件。行政机关负责人出庭20件，负责人出庭应诉率83.3%，执行法院生效判决率100%。

【执法监督】 规范行政执法行为，针对彭山区机构改革及乡镇（街道）行政区划调整，重新梳理具有行政执法主体资格的行政机关及法律法规授权组织35个，镇政府（街道办事处）8个；清理调离退出执法工作岗位25人，组织行政执法业务培训2次，开展“三项制度”（行政执法公示制度、行政执法全过程记录制度、重大行政执法决定法制审核制度）专项检查1次。

【合法性审查】 制定并公布《眉山市彭山区区本级行政规范性文件制定主体正面清单》《眉山市彭山区区本级行政规范性文件制定主体负面清单》，完善规范性文件制定。确定43个行政机关和法律法规授权组织具备规范性文件制定主体资格，259个单位不具备规范性文件制定主体资格。制定规范性文件制定流程图，采取制定单位法律顾问初审，区司法局协同区政府法律顾问再次审查的“两级”审查制度，完善规范性文件制定程序。以区司法局牵头、主管部门配合的方式，对涉及产权保护、民营经济发展、阻碍环境治理的行政规范性文件，与《中华人民共和国民法典》有关行政规范性文件和行政证明事项进行专项清理，废除有背平等保护原则规范性文件1件，修订1件，取消证明事项7项，并制定行政证明事项目录清单，营造良好法治环境。落实行政决策合法性审查制度，通过定向遴选和公开遴选的方式，聘请10名律师成立区政府法律顾问团队，并将法律顾问费用由包干给付变为计件给付。采取区司法局协同区政府法律顾问共同审查的方法，对区政府重大行政决策及提交区政府常务会议审议事项进行合法性审查，保证彭山区所做出的行政决策规范、合法。配合区政府对彭山区村级建制调整重大行政决策事项及其他各类行政决策事项210项，出具书面审查意见210份，提出建议意见420余条。统筹合同审查委员会成员单位及区政府法律顾问对以区政府名义签订的合同和其他单位50万元以上的施工合同等进行审查，降低和杜绝彭山区因订立合同而导致的法律政策及经济风险。审查《眉山市彭山区10万头优质生猪产业化项目协议》《彭山区岷江大桥建设（拆除重建）工程施工合同》等合同80份，提出修改建议意见780余条，95%以上被领导和合同双方当事人采纳。

（胡家瑜）

军　事

人民武装

【概况】　2020 年，彭山区人民武装工作统筹推进新冠肺炎疫情防控和国防动员练兵备战，完成年度各项工作任务，人民武装全面建设和国防后备力量建设取得新成效。

【思想政治建设】　聚焦“传承红色基因、担当强军重任”主题教育深入抓好年度思想政治教育方案，扎实开展主题教育。认真抓好党委中心组理论学习、机关政治教育和专武干部理论培训。深入清理清查涉郭某某、徐某某、房某某、张某信息，开展专题清除纠治政治领域官僚主义工作，全面彻底肃清流毒影响，人人再向部党委签订承诺书。以开展军委巡视问题整改“回头看”为抓手，对照问题清单逐项销账。按照《军队社会团体管理工作规定》，开展社团专项清理整治工作。用好形势教育参考资料，开展思想教育、学习宣传、舆论引导。组织全体党员前往彭山区公义镇马林村瞻仰革命前辈，参观彭山公义红色教育研学实践基地，重温入党誓词，开展“忆初心、颂党恩、铸忠诚、担使命”庆“七一”主题党日活动。

7 月 1 日，区人武部全体人员到公义红色教育研学实践基地开展“七一”主题党日活动

【依法治训】　做好应对强敌国防动员专项准备，紧扣人武部任务研判风险挑战。深化依法

治训，强化训练计划统筹，严格落实战备要求，修订完善“3+1”救灾应急预案，组织进案民兵应急拉动演练，开展战备值班管理教育整顿活动，抓好秩序规范养成，确保各级始终保持良好的战备状态。坚持按纲施训，严格落实《国防动员单位军事训练大纲》要求，从严治训。每月组织本部机关人员进行队列训练、体能训练，加强业务培训，提高业务能力。2020年6月，参加2020年度应急民兵拉动演练，全区民兵队伍出动迅速，装备齐全。

【军事训练】 着力抓好人武部机关训练，采取抓骨干、带队伍方式，全面抓好专武部部长和民兵应急分队训练；年初，在参加军分区开训动员基础上，组织全区应急分队开展比武考核，带动民兵参与训练的积极性；2020年6月中旬，参加全市应急民兵点验演练；周密组织基干民兵军事训练；2020年10月，完成基干民兵训练任务。

【国防动员建设】 健全组织，及时调整区国动委暨武委会成员。2020年4月中旬，召集全体成员进行国防动员潜力调查业务培训，组织各专业办公室开展潜力数据采集；5月，组织全区专武干部在人武部进行集中业务培训；6月，开展基层武装部规范化建设，在原公义镇武装部全市规范化试点的基础上再次依托凤鸣街道武装部进行示范观摩，全区基层武装部正规化建设全部达标；11月，参加全市专武部部长集训，解决思想不清、主责不明、业务不熟的问题。全年灵活利用兵役登记、民兵整组、民兵训练、国防动员潜力调查、征兵实施等时机，对专武干部开展业务培训6次。

【兵员征集】 坚持阳光征兵，严把征兵体检关、政审关、廉洁关，在区青少年社会实践基地组织为期1周的役前教育训练，确保输送优质兵员。2020年3—6月，完成18岁青年兵役登记工作。役前教育训练经验做法在《国防时报》上刊发。完成新兵征集任务，实现“零退兵”。

【安全稳定】 严格落实条令条例和规章制度，规范“四个秩序”，努力建设过硬机关。参加国防动员部、省军区、军分区安全稳定工作电视会议和开展的常态化安全教育，学习上级通报的其他单位发生的事故案件警示教育，增强全体人员的安全防范和法纪意识；升级改造营区安防设备和营门拒马做到人防与技防相结合，全年单位未发生大的事故案件。

【后装保障建设】 切实增强后装管理建设标准化、规范化、科学化水平。严格执行预算编制，重视抓好财务管理规范化运行。落实好每月入库检查武器装备制度。2020年11月，组织对民兵武器库所有枪支进行全面核查，做到账物卡相符。2020年10月30日，下发《四川省军区工程物资采购管理办法》，进一步规范物资采购流程，让保障工作在阳光下运行。

【抗疾救灾】 2020年1—3月，出动民兵参与疫情防控，为全区打赢疫情防控阻击战做出贡献。8月，彭山区遭遇百年不遇的洪灾，出动民兵在江口街道刘家大院转移受灾群众360余人，处置堤坝险情1处，按军分区指令出动民兵爆破分队赴青神县支援救灾。

8 月 17 日，区人武部组织民兵抗洪救灾

（徐德东）

武 警

【概况】 2020 年，彭山区武警按照“赶队补课提标准、稳中求进抓落实、齐心协力争先进”的工作思路和目标，注重在“提升能力强班子、强化责任抓干部、规范制度抓落实、严字当头防疫情”上下功夫，各项任务圆满完成。

【队伍建设】 全年持续深入学习《军队基层建设纲要》，以“打造团结班子、强化精细管理、建设尽责队伍”为突破口抓住关键环节，力争中队全面建设、全面过硬、向好向上发展。支部班子冲劲足、骨干队伍状态好、部队作风纪律严。严密组织政治领域官僚主义专题清查纠治活动，全体官兵围绕 3 个方面、17 个问题进行自我剖析，在骨干任命、“双争”评选、技术学兵、入党入团等问题上，支部发扬民主，实施“阳光作业”，做到“一碗水端平”。

【战备执勤】 以元旦、春节、国庆等重要时期为重点，开展形势任务教育，引导官兵把任务实际同家庭幸福联系起来，使官兵自觉克服模糊认识，增强忧患意识。先后 3 次参加驻地抗洪抢险，解救被困群众 90 余人次。疫情防控期间，科学制定“4・14”转监警戒任务处置措施和后期担负隔离看守所看守任务，迅速对监门哨进行改造，购置安装对讲装置和扫描仪，合理进行执勤编组，落实监门哨兵穿戴防护服、护目镜、口罩和 PVC 手套进行执勤要求，切实做到与外界人员、物品零接触。扎实开展“学规定、查隐患、补漏洞、保安全”执勤安全教育整顿活动，常态化开展执勤安全隐患排查治理，对查摆的问题指定专人负责，挂账销号、定期整改。协调目标单位和公安分局召开两警联席会议。

【军事训练】 采取主官带头、专职任教、专业任教的方式，细化分工，压实责任，从备课试教、训练准备、训练实施、训练检查、训练考核等方面逐步过关，严抓教学质量，教练员队伍素质提升明显。努力提升训练质量，严格执行支队、大队训练计划，狠抓基础科目训练；训练方式上，采取小群体、多批次的方式，努力提高训练积极性；训练对象上，注重区分不同层次，因人施训。建立个人训练成绩档案，在骨干任用、立功受奖等方面，坚持用训练成绩衡量，营造“训练有为、训练有功、训练有位”的浓厚氛围。

【安全管理】 全面贯彻落实依法治军、从严治军要求，突出安全警示，常抓法规教育、重抓警示教育、勤抓心理健康教育，严密组织每日安全工作“六个一”活动，让安全意识成为官兵思想的报警线、单位发展的警戒线、家庭安危的幸福线。扎实做好每周的安全隐患排查工作，坚持每日对重点人员思想排查 1 遍、每周班（排）安全形势分析1遍、每月召开按纲建队形势分析专题研究1遍，及时堵塞各类安全漏洞。坚持底线思维和问题导向，牢固树立安全理念，及时堵塞安全漏洞，消除安全隐患。突出疫情防控，贯彻“外防输入、内防扩散”的总体要求，认真落实各项硬性规定和支队制定的疫情防控“十个一”要求，加强返营人员观察管控，在执勤上，严格按照“保持安全距离，避免正面相对，严禁直接接触，下哨搞好洗消”要求，确保执勤人员的绝对安全。疫情发生以来，协调地方政府保障各类口罩3500余个、隔离服100余件、防护面罩90个、消毒液48瓶，联系区中医医院为中队官兵熬制中药，构建疫情防控的坚实屏障。

【后勤综合保障】 以建设现代化后勤为目标，精心搞好伙食管理保障，协调地方营房整修专项经费30万元，完成楼顶防水、厕所改造、窗户更换、库室设置、墙面翻新等建设。严格遵守制度，加强财务管理，对每张发票、每笔开支把好关，切实严在平时、一严到底，按照财务管理规定始终做到开支有计划，落实大项经费请示报告审批制度，坚持每月公开财经执行情况，军人委员会每月审查1次经费使用情况，切实规范财务流程。

（鲜仁忠）

人民防空

【人防工程建设】 2020年，新报建人防工程项目5个。全程参与在建项目工程的验收检查，督促检查验收40余次。

【易地建设费征收工作】 全面完成审批办理人防易地建设和征收缴人防易地建设费，并全部上缴国库。

【人防警报管理】 对全区10台人防警报进行维护修复，为清明节悼念疫情中牺牲的烈士和逝世的同胞做好工作保障。在“9·18”纪念日，利用展板、传单等形式加强人防防空法的宣传并拉响警报，进一步提高广大中学生防空意识和国防观念。

【规范管理】 彭山区人民防空工作完善人防工程验收程序，按照“放管服”要求，推进人防工程综合验收工作，加强事中、事后监管；强化人防工程使用维护管理，完善人防易地建设费核算征收流程，强化风险点管控，严防“跑冒滴漏”现象发生。

（张皓天）

退役军人事务管理

【概况】 2020年，全区退役军人事务工作有效衔接、扎实推进，移交安置、就业创业、优待抚恤、褒扬纪念、双拥创建、“一中心两站”建设等多项工作走在全市前列。

【优抚安置】 2020年，对全区退役军人和其他优抚对象，按政策及时调整抚恤和生活补助标准。向优抚对象发放抚恤和生活补助、医疗补助、临时价格补贴等；为重点优抚对象购买医疗保险；为义务兵发放家庭优待金，向退役士兵发放一次性经济补助金。

【退役军人教育培训】　制定《彭山区退役军人就业创业教育培训实施方案》，创新开展“订单式”“定岗式”“学徒制”就业创业培训，开展退役军人创业专题培训 3 次，指导建立退役军人创业孵化基地 4 个，83 名退役军人集中参加培训；与 7 家规模企业建立战略合作关系，提供 100 余个就业岗位，参训退役军人 80% 与企业签订就业意向协议；举办退役军人专场招聘会 4 场，61 名退役军人实现再就业；全区 51 个村（社区）、18 名兵支书、58 名退役军人担任两委班子成员，以 35% 的占比高居全市榜首。

7 月 20 日，20 名彭山籍 2020 年由政府安排工作退役士兵和国家综合性消防救援队伍退出消防员待分配期间教育培训班正式开班

【转业干部服务管理】　全年向企业军转干部、自主择业军转干部发放“八一”、春节慰问金；发放在职企业军转干部解困生活补助，退休企业军转干部解困生活补助；发放下岗失业企业军转干部解困生活补助。全年投入 40 余万元，完成区、镇（街道）、村（社区）三级退役军人服务中心（站）标准化建设。是年 10 月 22 日，彭山区优秀退役军人、观音街道果园村党总支书记李永伟在四川省推动退役军人参与城乡基层治理工作现场会上作题为《发扬军人本色　服务乡村振兴》的交流发言。

【退役军人关爱帮扶】　全年发放困难退役军人关爱帮扶基金，帮扶困难退役军人，解决其生活、医疗、就业等困难。

【拥军优属活动】　2020 年 4 月，成功创建第十一届四川省双拥模范区。推选四川省模范退役军人 1 名，眉山市优秀退役军人 2 名、优秀军人家属 1 名，中国好人 1 名，四川好人 1 名，区级见义勇为先进个人 2 名。组织慰问驻彭山部队官兵，先后送慰问物资 16 万余元；慰问驻彭山训练部队 1 次，送慰问物资 2 万元；组织向部队立功受奖的现役军人家属送立功喜报 16 次；组织召开“八一”座谈会，全区各级单位发放军属慰问信、年画、慰问金；组织开展“9·30”烈士公祭活动，全区 70 个单位 265 人参加；组织退役军人为抗疫一线捐资 20 万余元，其中全国模范退役军人、彭山区亨达实业有限公司董事长罗永田向抗疫一线捐款 20 万元。

9 月 30 日，彭山区在区烈士陵园开展烈士纪念日公祭活动

（秦　燕）

农 业

农业管理

【概况】 2020年，彭山区全面完成主要经济指标任务，全年第一产业增加值17.80亿元，同比增速5.5%；农村居民人均可支配收入21944元，比上年增长8.7%。向上级争取项目40个，到位各类资金1.6亿元；实现“味在眉山”销售收入165亿元。粮食播种面积达1.25万公顷；蔬菜及食用菌2699公顷，产值达3.85亿元；水产养殖1132公顷，实现渔业总产达3.2亿元；出栏肉猪10.10万头，出栏家禽389.11万羽。水果面积达到8800公顷，水果产量实现14.8万吨，产值12.54亿元，增长18.2%；高标准农田建设完成1066.67公顷；建成农业科技示范基地3个，新建秸秆综合利用生产有机肥公司1个，农业废弃物回收利用全省领先。

【农村集体产权制度改革】 坚持党建引领先行，强化村级党组织领导核心地位。开展村级党组织领导下的农村集体产权制度改革，党组织牵头制定清产核资办法，开展成员身份认定，推进股份合作，指导建章立制。全区所有行政村全面完成清产核资和集体资产股份合作制改革，初步建立起“归属清晰、权责明确、保护严格、流转顺畅”的现代农村集体产权制度，制定资产经营计划，完善股东代表大会、理事会、监事会议事规则，实现“政经分离”、独立运营，确保集体资产运营安全、高效。农村产权流转交易服务标准化试点项目被国家标准化管理委员会正式批复合格，全国同类试点仅有10个。

【农村土地制度改革】 出台《农村宅基地所有权、资格权、使用权分置暂行办法》相关文件5个，构建农村宅基地“三权分置”改革制度体系，畅通农村产权流转渠道，找出盘活闲置资源资产的路径。选择锦江镇永泉村余家沟

107 家、公义镇五马村战胜水库 25 家农户开展农村宅基地“三权分置”改革试点，着力在放活宅基地使用权上进行突破，重点探索放活宅基地使用权能的有效途径、探索建立宅基地“三权分置”监管制度，探索盘活利用闲置宅基地和闲置农房发展农村新产业、新业态。

【农产品品牌建设】 建立以“彭祖”和“武阳春·见”为主的两大柑橘系列品牌。2020 年 6 月 1 日，国家知识产权局正式受理“武阳春·见”商标申请；同时以正兴农业有限公司为申报主体增报“彭祖寿柑”“彭祖寿橘”“彭祖三月山”3 个“彭祖”系列商标。在“三品一标”认证方面，完成 3 个新申报绿色食品和 3 个无公害农产品的资料报送；全区“三品一标”保有量 18 个。组织品牌展销推广，先后组织参加 2020 广州世界农博会、沈阳东北餐饮大会第六届花椒博览会等展会 14 次，大力推广宣传彭山特色农产品。

【农业生态安全】 养殖污染治理工作全市第一。建立种养循环示范基地 1 个，畜禽养殖场提升工程 5 个，规模养殖场粪污处理设施装备配套率、畜禽粪污综合利用率均达 100%。全区畜禽粪污综合利用率 96.2%，农作物秸秆综合利用率 97.1%，废旧农膜回收利用率 90%，农药包装废弃物回收率 70.62%。

【农产品质量安全】 对农产品质量安全飞行检查，共开展部省市风险、例行抽检 156 家次，合格率 100%。开展农畜产品安全利剑行动，对生产主体使用禁用投入品及生猪屠杀进行执法检查，其中，检查蔬菜、水果等种植业产品生产经营主体 400 余家次，检查畜禽产品生产经营主体 150 余家次，检查养殖水产品生产经营主体 140 余家次。主要开展农药及农药使用、兽用抗生素、瘦肉精、生猪屠宰、三鱼两药、生鲜乳、农资打假 7 大农畜产品安全专项整治行动。开展禁限用农药专项整治行动，检查生产经营企业 400 家次；开展兽用抗菌药专项整治行动，检查生产经营企业 200 余家次；开展“三鱼两药”专项整治行动，检查生产经营企业 140 余家次；开展生猪屠宰“扫雷”行动，检查生产经营企业 200 余家次；开展“瘦肉精”专项整治行动，检查生产经营企业 100 余家次；开展农资打假专项整治行动，检查生产经营企业 400 余家次。开展农产品质量安全追溯体系建设，指导全区省级追溯主体与国家平台对接，新增 11 家生产主体入追溯系统，全区入驻追溯系统主体达 61 家。做好“农产品质量安全检测站”双认证工作，完成“双认证”验收。查办涉农违法案件，查办种植、养殖、农资、饲料、动物检疫等案件 18 起，罚没收入 13 万余元。

【耕地质量保护与监测】 耕地质量监测项目通过招投标，建立省级耕地质量长期监测点 2 个，县级耕地质量长期监测点 2 个，每年按要求完成监测点试验任务、取样任务，完成 31 个土样的采集、检测，相关数据录入全国耕地质量监测系统。

【农业面源污染工作】 开展全区农用地土壤环境质量类别划定工作，耕地主要以优先保护类为主，占全区耕地面积 98.47%；安全利用类耕地较少，面积为 307.4 公顷，占全区耕地面积的 1.53%；无严格管控类。开展化肥减量工作、农作物秸秆综合利用工作，在保胜金岗村5组完成全国农业面源污染国控监测点项目——玉米—大豆试验及样品采集，以及径流水样、降雨样品等的采集，全部样品送省农科院土肥所检验科化验。狠抓病死畜禽无害化监管，全区共无害化处理生猪846头，其他畜禽200.46吨。推进农业固体废弃物回收。在6个镇（街道）全部设立回收转运站，并定点挂牌，在各村社设立100余个回收网点，全年集中无害化处置农业固体废弃物5吨。

【新型农业经营主体培育】　开展新型职业农民遴选，按照业主自愿报名、农业服务中心审核和果业商会推荐的方式，全年遴选并认定60名职业农民进入培育，培育培训1022人，认定新型职业农民160人。对符合条件的职业农民参加城镇职工养老保险，每人每年按照个人缴费额的50%给予补贴，年度补贴额最高不超过1万元，增加农场主保障。全年兑现社保补助资金36万元。

【新型职业农民培育】　全区获批深化新型职业农民试点区，高素质农民培训项目实施方案要求，选派3名青年农场主参加省级继续培训，2名产业领军人才、12名职业经理人参加省、市调训；通过招投标确定3家培训机构开展高素质农民区级培训，共培训新型经营主体带头人150人；由新型职业农民评审专家组审核认定新型职业农民60人；开展高素质农民学历提升，动员一批人通过高职扩招考试入学；开展高素质农民职称评定工作。

【饲料兽药监管】　全年共组织召开饲料、兽药、农药法律法规培训3期、安全生产2期、安全农资下乡2期、农业废弃物培训1期，培训1000余人次，发放资料1200余份。与14家饲料企业签订生产安全责任书和质量安全承诺书。开展饲料药物添加剂使用专项整治工作，检查饲料生产企业14家，饲料经营摊点13个，养殖场5个，抽取生产企业样品56个，经营单位样品16个，经检测全部合格。组织开展饲料质量安全和安全生产监督管理工作，出动执法人员286余人次，检查生产企业98家次，发现安全隐患9处，并全部完成整改。加强兽药行业监管，对全区兽药生产、经营、使用环节组织开展专项整治24次，出动执法人员90余人次，规范全区兽药市场。对农业农村部发布的12批假劣兽药进行核查，未发现假劣兽药流入彭山市场。完成兽药经营企业溯源系统建立，全区33家兽药经营企业完成溯源系统注册与上传，实现对兽药行业的互联网监管。

【农资流通监管】　组织开展禁限用农药专项整治行动执法专项检查6次、兽用抗菌药专项整治行动执法专项检查5次、农资打假专项整治行动9次。对全区的农资生产经营单位进行拉网式的检查，配合有关部门开展农产品质量及食品安全专项整治，检查农资门市110余家，立案查处违法案例18例，其中农业10例、畜牧业8例，震慑不法经营行为。

【屠宰行业监管】　以开展生猪屠宰专项整治行动为抓手，加大对生猪屠宰行业的管理力度，强化产地检疫、屠宰检疫的监督检查，产地检疫、屠宰检疫报检率达100%。全区无不合格动物及其产品进入流通环节，无一例畜产品质量安全责任事故。对屠宰场进行拉网式巡查，共出动执法人员1000余人次，组织巡查200余场次，全区屠宰检疫报检率、检疫率达100%，进场待宰猪耳标佩戴率100%。加强对“瘦肉精”等违禁物品的监管与监测，与屠宰场点主签订《无“瘦肉精”承诺书》，共发放、回收“瘦肉精”检测卡5000余套，未发现一例阳性，保障全区养殖业稳定健康发展，维护公共卫生安全和人民身体健康。

【病死畜禽无害化监管】 狠抓病死畜禽无害化监管，对每个乡镇开展夏季综合无害化处理培训和指导。与成都科农动物无害化处置公司签订协议，抓好病死动物及其产品无害化处置和监督工作。对科农公司收集工作进行2次暗访，未发现违法违规行为。全年共无害化处理生猪846头、其他畜禽200.46吨。

【渔政执法】 开展渔政专项整治执法行动，共出动执法车辆200余台次，执法人员1000余人次，对全区天然水域进行巡查，共劝离游钓的群众1000余人次，查扣鱼竿30余根，收缴非法捕捞渔具、渔网24套，立案处理3起，其中移交公安机关处理1起。区公安、水利、市场监督部门联合开展长江流域彭山境内天然水域禁捕工作，发布禁捕通告，明确禁捕时间、禁捕范围和禁止捕捞的方式；加强长江十年禁捕工作宣传和排查力度，共发放禁止非法捕鱼的宣传资料1000余份，张贴公告50余处，电视报道1次，其他新媒体报道5次。2020年6月和11月，组织非法捕捞涉案人员进行补偿性增殖放流，责令其每人放生价值1000元的2万余尾鱼苗，震慑涉渔违法犯罪人员。

【案件办理】 全年办理案件21件，含农业10件、畜牧业8件、渔政3件，其中向公安机关移送渔政案件1件。

【农业疫情防控保供】 建成水果销售中转场3万余平方米，设置车辆进场消毒区、装卸区、驾驶员休息区等，实现疫情严格管控期，全区销售柑橘6000余吨，产值5000万余元。通过疫情防控知识宣传、复工前防疫设施条件检查及每日疫情巡查等工作，2020年2月11日，组织8家水果初加工企业100%复工复产，同时根据企业工人使用情况，及时配送一次性口罩1.5万余个。2020年3月15日，邀请四川农科院专家刘晓开展葡萄生产技术线上培训，《眉山日报》、四川电视台等开展现场报道。

【“沼改厕”】 以“沼改厕”为抓手、以沼气安全管理为重点全面推进“沼改厕”工作，助推全区人居环境整治，将沼气安全宣传检查与厕所改造督导同安排、同部署，“农能中心+镇分管领导+村级负责人”模式，一级抓一级，层层抓落实。建立健全沼气工程安全生产主体责任等6个责任清单，强化事故防控，固化经验做法，形成长效机制。按照“示范引领、整村推进、全面提升”的思路，强力推进26个村、8152户厕所改造工作，整村推进包村入户行动，采取“局班子成员+技术指导+畜牧兽医站+镇班子成员”分组包村的方式，规范推进工作。

【宜居乡村】 深入开展美丽宜居乡村建设。开展农村环境整治、村庄绿化、旧村改造、基础设施建设等工作，提升村容村貌，建设美丽宜居乡村。农村太阳能路灯安装313组，创建省级美丽宜居乡村3个，完成宜居乡村建设项目验收4个。黄丰镇团结村、凤鸣街道江渔村成功评选为省级乡村治理示范村，黄丰镇、公义镇被评为市级乡村治理示范镇。

（潘茂利）

农村经营管理

【规模经营】 继续采用土地经营权流转、联耕联种、生产托管等形式，推进适度规模经营，全区集中流转土地1.14万公顷，土地经营规模化率达到70%以上。

【主体管理】 全年新增省级家庭农场23家、市级家庭农场70家、区级示范家庭农场217家。实施示范项目3个，培育项目256个，对13个种粮和养猪的家庭农场开展专项奖补。

【确权颁证】 组织开展农村承包地确权颁证纠错工作，全年纠错6928本。

【“三资”管理】 结合村级建制调整改革，做好农村集体“三资”（资金、资产、资源）债权债务的衔接工作，指导改革后的村做好“三资”衔接移交的专项方案；开展2018年度、2019年度清产核资工作和村级债务摸底清查，相关数据逐级审核上报全国农村集体资产清产核资系统；开展合并村新型集体经济有关情况和村级经济发展情况调查，相关数据已上报主管部门；开展全区农村集体“三资”培训。完成农村集体经济组织登记赋码46个。

【产权价值评审】 做好两权融资抵押工作，为家庭农场、新型经营主体提供融资服务。全年共办理经营权证77份，经营权证注销31份。组织开展农场产权价值评审92件，评审价值达1.4亿元。办理抵押贷款91笔、7566万元，撬动社会投资1.8亿元，办理抵押注销贷款96笔、4733万元。

【矛盾纠纷调解】 及时调整充实仲裁委员会成员单位人员；完成农村土地承包经营纠纷调解仲裁庭建设，并委托第三方四川亚兴建设工程项目管理有限公司对仲裁庭基础设施建设项目进行审计；组织调解农村土地承包经营纠纷7起，结案5起，成功率达70%。

（潘茂利）

农村深化改革

【城乡融合发展综合改革试点】 创新金融服务机制，推广农村产权交易标准化建设经验成果，持续推进农村“两权”抵押贷款，确保贷款增量扩面。累计发放“两权”抵押贷款2131笔，放款金额10.34亿元。深入实施新型农业经营主体金融服务主办行制度，完善农业产业发展风险保障体系，探索“政银担”（政府、银行、省农担公司）合作支农模式，建立财金互助助推农业产业发展信贷担保合作，与省农担公司签订《乡村振兴助推农业产业发展信贷担保合作协议》，破解融资难题。完善服务下沉工程，推进政务服务事项受理权下沉，建成“1+7”［政务服务大厅+6个镇（街道）便民服务中心+园区便民服务中心］无差别综合受理体系，实现全区1200余项政务服务事项区、镇街无差别受理，解决基层一线服务大厅进驻项目少的问题。将“一窗受理、一网通办”模式延伸到试点村社果园村，实现村社可办全区所有审批服务事项及企业、群众办理简单服务事项不出门，复杂审批事项不出镇。实施环境提升工程，扎实改善农村人居环境，推进农村安全饮水、垃圾分类整治、污水处理、“厕所革命”，确保区域内行政村庄生活垃圾有效治理全覆盖，成功创建美丽宜居乡村27个。

【家庭农场项目】 全年评选区级示范家庭农场211个，标准化生产园12个。鼓励家庭农场集约化经营，出台扶持细则9个，从基础保障、金融贷款、学历提升、职称认定、技术创新、品牌打造等方面给予实质政策支持，助力农场提质增效。着力提升家庭农场组织化程度，成立区家庭农场发展创业联盟，制定全区家庭农场发展创业联盟三年规划（2020—2022年），明确联盟社会化服务的功能和定位，农场的组织度大幅提高。截至2020年年底，全区共有纳入家庭农场名录库管理的家庭农场1812个，其中省级示范场45个、市级示范场93个、区级示范场1674个。

【农业和科教】 建立农业科技示范基地3个，包括四川果怡农业科技有限公司（地址：公义镇马林村，示范产业：优质葡萄16.73公顷）、眉山市彭山区沈厅家庭农场（地址：谢家镇李山村，示范产业：优质柑橘8.27公顷）、四川臻润农业科技有限公司为全区基层农技推广体系改革与建设补助项目的农业科技示范展示基地。确定孔雀山庄家庭农场和成林农机专合社为科技示范主体。为家庭农场提供干湿分离机，为农机合作社提供旋耕机等推广先进主推技术所需设备。组织区、乡农技人员85人参加省、市脱产业务培训5天。全面完成区级基层农业技术人员培训。编制印发适用农业发展主推技术手册1000份，依托科技示范展示基地和示范主体，结合种植业、畜牧业、渔业相关项目开展农业主推技术示范，农业技术主推到位率达100%。加强农技推广服务信息化建设，引导广大农技员安装使用中国农技推广APP，加强对APP使用的监督管理，全区农技人员中国农技推广APP使用率达100%。

（潘茂利）

涉农项目管理

【提灌站建设】 利用乡村振兴债券资金600万元改造、新建农机提灌站，完善巩固全区农业农村灌溉体系，建设农机提灌站23座、26台、754.5千瓦，解决1000公顷农业生产用水。

【高标准农田建设】 推进2020年高标准农田建设项目，项目总投资4800万元，建设高标准农田面积1066.67公顷，涉及公义镇连桥村，锦江镇象耳村，黄丰镇丰华村、金渔村、中和村，江口街道石龙村、凯旋村、双江村4个镇（街道）8个村。

【中央财政制种大县奖励资金项目】 完成中央财政制种大县奖励资金项目实施工作。制种基地核心区域建设占地2公顷，建成集种子检验监测、烘干晾晒、加工存放、全程机械化生产服务、信息化服务等功能于一体的公共服务基地。建设种子烘干晾晒场所2400平方米，配备立式公共机6台、厢式烘干机15台，每批次烘干量达160余吨；建设农机具维修存放场所3800平方米，配备流水线育秧、母本插秧机、激光平地机、支杆式喷雾机、植保无人机、旋耕机、联合收割机等设备，通过“公司+基地+社会化服务（专业合作社承包运行）”的模式为制种生产提供全程机械化服务，有效降低制种生产成本；建设种子临时存放场所4200平方米，存储量达1200余吨，解决种子收获临时存储问题；建设信息化展示中心800平方米，配套相关仪器设备，按照制种基地资源信息化管理和展示、制种生产过程管理、大田环境信息监测、病虫害防控、大田视频监控5大模块进行建设，主要为制种计划、生产、采收、加工、储藏、物流到销售等环节进行信息化管理和提供服务，提升基地监管和服务能力。建设种子检验检测室900平方米，配备相关仪器设备，主要开展种子扦样、净度分析、发芽、水分、真实性和纯度、转基因等抽样检测和试验工作，提升基地监管和检测能力。

【德康项目】 签订投资协议，引进德康集团新建年出栏5000头母猪种猪场1个，年出栏5万头育肥场1个，合作发展年出栏5万头生猪的家庭农场。种猪场完成平场工作，主体建筑完成40%。

【省级家庭农场示范县创建】 完成家庭农场示范创建等20个制度、细则、计划的编写，初步建立起家庭农场发展所需的政策支撑，按照“公扶民做、民做公用、民做民享”的原则，成立家庭农场发展促进联盟会。

【农业推广项目】 全年共实施各类补贴项目3127万余元，涉及补贴农户7.2万余家，全部通过“一卡通”信息系统平台打款。实施彭山葡萄现代农业产业园区培育资金项目、彭山产业化联合体项目等建设类项目1000万余元。耕地地力保护补贴面积1.11万公顷，涉及户数5.81万家，发放资金2753.15万元；种粮大户补贴面积642.22公顷，涉及户数57家，发放资金100万元；稻谷补贴面积2730.21公顷，涉及户数1.45万家，发放补贴资金274.18万元；实施彭山葡萄现代农业产业园培育资金建设项目12个小项，涉及金额592万元。

（潘茂利）

种植业

【粮食生产】 采取多种形式扩大粮食播栽面积115.27公顷，完成水稻100公顷、玉米13.33公顷、大豆13.33公顷、马铃薯6.67公顷扩面任务；进行试验示范，引进推广粮油新品种19个；良种良法配套，良种覆盖率98%以上，主推技术完成率100%；示范推广双低优质油菜面积4133.33公顷，总产达1.01万吨，完成粮食播种面积1.25万公顷，总产9.5万吨。

【特色产业】 全区特色水果生产面积8800公顷，水果产量实现72592吨，产值11.7亿元，较上年增长17.9%；蔬菜及食用菌面积2699公顷，产量44794吨，产值3.85亿元；中药材

（川芎、川泽泻）面积2000公顷，干产7000吨，产值1.25亿元，较上年增长31.5%。

【植保服务】 全区主要农作物绿色防控面积9266.67公顷，覆盖率达40.73%；统防统治面积8533.33公顷，覆盖率达46.07%；农药使用量183.2吨，同比减少0.16%；回收农药包装废弃物10.35吨，回收率70.62%。全年印发病虫情报6期，开展《农作物病虫害防治条例》宣传，技术指导和培训5000余人次，发放技术资料5000张。开展柑橘蛆柑（柑橘大实蝇）抽样送检，送检样品9个，检出3种实蝇危害，均不在检疫性有害生物名录中，全区农作物病虫害总体发生程度为中等，主要病虫害发生面积8.48万公顷次，防治面积17.76万公顷次，挽回损失3.61万吨，实际损失2069.22吨。继续抓好农区鼠情监测工作，在黄丰镇金鱼村、谢家街道红石村分农舍和农田两种生境设立鼠情监测点，全年布夹7200个，捕获害鼠13只（黑线姬鼠1只、黄胸鼠1只、褐家鼠3只、四川短尾鼩8只），平均捕获率1.18%，上报鼠情信息36期。全力监测草地贪夜蛾，在全区8个镇（街道）（含眉山天管委2个）设立草地贪夜蛾监测点16个，密切监测玉米、水稻、柑橘等作物草地贪夜蛾发生情况，全区未发现草地贪夜蛾危害。全面推广病虫绿色防控，做好农药减量控害，全区推广各种害虫诱杀技术，加大生物防治、物理防治、生态控制、生物农药等应用，使用频振杀虫灯、色板、性诱剂等绿色防控产品，全面推进病虫统防统治，指导科学用药技术，减少化学农药使用量。依托现代园区项目推广应用杀虫灯300余台、色板51万余张；着力打造农药减量示范点16个，宣传农作物病虫害绿色防控措施，以点带面，点面结合，推进农药减量控害增效。

【植物检疫】 依托省级财政农业公共安全与资源保护利用工程项目，在全区6个镇（街道）建立监测点40个，聘请监测员40名，对全区检疫性有害生物进行定期监测，其中柑橘溃疡病35个、水稻稻水象甲5个，未发现有水稻稻水象甲、柑橘溃疡病的危害，柑橘溃疡病得到防控和阻截；植物疫情抽样送检，向中国农科院柑橘研究所送检测柑橘黄龙病样品100个，未发现柑橘黄龙病病菌。自行检测黄瓜绿斑驳花叶病毒病样品50个，未发现黄瓜绿斑驳花叶病毒病；在水稻秧田期、苗期、扬花期分3次对进行水稻制种普查，未发现水稻检疫性有害生物。全年完成杂交水稻种子产地检疫74.67公顷，签发产地检疫合格证11份，总产量28.8万千克；完成调运检疫24批次，共41.61万千克；采取网络平台（微信群、QQ群）、手机短信平台、技术培训以及下乡普查等多种形式开展《植物检疫条例》及其相关法律法规宣传，发放宣传资料1000份。

（潘茂利）

养殖业

【概况】 全年完成水产养殖1200公顷，实现渔业总产达3.2亿元；出栏生猪22万头，小家禽出栏402万羽。

【动物疫病防控】 全年共免疫牲畜口蹄疫18.73万头，猪瘟17.96万头，禽流感242.55万羽，小反刍兽疫0.64万只，狂犬病6.68万只。彭山区代表眉山市接受省级重大动物疫病防控工作交叉检查，省级评估全区重大动物疫病免疫抗体平均合格率99.15%，名列全省前茅。完成省、市血清学和病原学采样送检任务1250份，区级重大动物疫病血清学免疫抗体检测3755份，病原学检测200份。全区血吸虫病血检家畜4109头（其中，肉牛295头，羊3814只），扩大化疗家畜5194头，发放治疗药物24千克。

【非洲猪瘟防控】 组织召开非洲猪瘟防控技术培训会10次。制定以区为单位、责任落实到村组的非洲猪瘟防控“3+1”［区级领导+镇（街道）干部+村社干部+屠宰场执法人员］网格化管理体系。结合非洲猪瘟防控实际，组织开展3轮“大消毒、大培训、大宣传”。重点针对养殖场户、屠宰场、病死猪掩埋场点等地开展彻底清洗消毒，共使用各类消毒药2.63吨，消毒畜禽养殖场（户）、加工场所、畜产品销售市场2.82万个（次）。全区累计发放、张贴各类非洲猪瘟防控宣传资料1.9万份，签订非洲猪瘟防控承诺书1178份。

【生猪保供】 区政府多次召开专题会议研究恢复生猪生产工作存在问题及具体举措，印发《眉山市彭山区委 区政府关于发展生猪生产保障市场供给的通知》，细化分解生猪出栏目标任务，恢复生猪生产目标考核纳入高质量发展考核。开展能繁母猪补贴工作，补贴实施做到公平、公正、公开，并严格按照申报流程兑付，层层把关，确保申报数据真实，资金兑付规范。

【畜牧技术推广】 开展科技培训，提高群众养殖水平，开展技术人员进村入户活动和举办农村劳动力转移养殖技术培训班，引导群众树立正确的养殖理念，形成环境不破坏，资源循环利用，规模不断扩大的良性循环。全年到各乡镇场赶集发放各类技术资料800余份。

【林下养殖】 充分利用户林下间隙地，用围栏形成发展禽类养殖和肉羊养殖的空间，节省饲料成本，为林地除害去杂，提供粪便营养，实现林牧和谐发展。依托黄丰镇万亩柑橘基地，在共和村扶持养殖大户开展33.33公顷林下养殖示范园建设，打造集“柑橘+跑山鸡”生产、农事体验、休闲娱乐于一体的黄丰林下生态循环农业园。配套完成固定鸡舍建设1000平方米，料桶200个、饮水器120个。引入工商资本，建设柑橘博物馆、柑橘文化长廊、柑橘采摘体验区、景观区、休闲区等，开展观赏、度假、品尝、参观、考察、学习等多样化活动。

【蜂产业发展】 新成立养蜂合作社1个，彭山区从事养蜂户数165家，从业人员达305人，蜂群数23333群，其中，西蜂20405群，中蜂2928群。每年油菜蜜、枇杷蜜、柑橘蜜等蜂蜜产量970.45吨，蜂花粉等产量163吨，蜂王浆等产量10吨，可实现蜂业产值0.25亿元，蜂农创建养蜂标准化示范场和家庭农场，推进彭山蜂业发展。

【水产养殖】 全年完成水产养殖面积1230公顷，其中，水库213公顷，养殖池塘1017公顷。水库以人放天养放牧式养殖为主，主要品种为滤食性鱼类，池塘养殖以鲢鱼、鲤鱼、草鱼为主。全年成鱼产量达2万吨，渔业经济总产值达7.8亿元。

【畜禽粪污治理】 与成都科隆动物无害化处理公司签订协议，对全区范围内养殖环节、屠宰环节及江河流域随意丢弃的病死畜禽，进行集中收集、集中转运、集中处置，有效提高全区病死畜禽无害化处置率。持续深入推进河长制工作落地落实，针对中央环保督察反馈意见涉及彭山区岷江、通济堰、锦江、醴泉河、毛河、王店河流域畜禽养殖污染问题，沿线范围内依法关闭搬迁畜禽养殖场327个，建设完善912个畜禽养殖场的粪污贮存、处理、利用设施运行情况进行专项督查、日常巡查。

【水产养殖污染治理】 与区生态环境局、区水利局联合制定水产养殖污染防治管理办法，全区0.33公顷以上池塘落实“一包一”（一个镇、村、社干部对应一个池塘管护）监管制度和尾水排放申报许可制度；制定《单个池塘水产养殖尾水治理技术操作规程》《规模化池塘养殖尾水治理十条措施》，实现渔业生产和环境保护良性互动，削减水产养殖尾水对水域环境的影响，保护和修复江河水域，促进水产养殖持续健康发展。

（潘茂利）

农业机械

【概况】 全年新增农机总动力0.175万千瓦，农机动力达24.64万千瓦，主要农作物综合机械化水平达79.11%，主要农作物机播面积8720公顷，机收面积1.22万公顷。实施项目资金新建提灌站3座。利用2018年智慧灌溉项目结余资金建设提灌站1座。2020年，共新增和改造提灌站260座，争取本级财政资金600万元。全区现有拖拉机322台，其中，变形拖拉机169台，传统大中型拖拉机153台，拖拉机驾驶操作人员649人。

【农机合作社作业】 全区共有农机专业合作社8个，入社成员43人，从业人员67人，机具数量154台（套），享受补贴政策购买机具45台，服务农户数7986家，合作社承包土地面积110.67公顷，农户托管给合作社土地面积120公顷，作业服务面积1734.67公顷（其中跨区作业面积1140公顷），机耕面积986公顷，机播（插）面积566.67公顷，机收面积340.67公顷，机械植保面积353.33公顷，机械灌溉面积25.33公顷，机械烘干粮食数量2500吨。合作社年度总收入392.1万元，农机化服务收入369.7万元。

【农机补贴】 完善农机购置补贴工作制度，制定购机补贴贷款贴息政策和农机购置补贴更新报废补贴政策。实施农机购置补贴政策，使用中央补贴资金21.42万元，受益农户16家，补贴机具22台，占任务10台的220%，结算补贴资金21.42万元，结算进度为100%。

【农机安全】 严格执行拖拉机和联合收割机牌、证发放制度，严格拖拉机报废制度。与农机车主和驾驶员签订责任书和承诺书300余份，年检审拖拉机196台，报废车辆47台，新登记注册16台，驾驶员到期换证85本。向每一位农机车主和驾驶员发放“农机安全学习卡”，组织驾驶员安全学习18天、学员1100余人次，发放宣传资料2300余份。开展安全检查132次，检查车辆167余台（次），发现及纠正违章36台（次）。

【农机执法】 按照省变形拖拉机清零时间表，全面认真梳理全区变形拖拉机，严格报废期限，加快变形拖拉机报废淘汰。联合交警等部门开展联防联控联治，严厉打击违法载人、脱检脱审、无牌无证、拼装改装、酒后驾驶等违法违规行为。

（潘茂利）

彭山区岷江现代农业示范园区管理委员会

【概况】 2020年6月11日，观音街道果园村作为全国分会场，承办中宣部“走向我们的小康生活”大型采访报道活动仪式；9月29日，园区作为成眉同城发展园区党建协作网代表在成都新津天府农博园进行经验交流发言；葡萄园区成功创建省五星级园区；稻药现代农业园区成功创建市级现代农业园区。

【“省级五星园区”创建】 2020年，葡萄园区对标“省级五星园区”，以建设“国家级鲜食葡萄科技示范基地”“天府都市现代农业公园”为目标，继续巩固“四星园区”创建成果，结合乡村振兴战略、深化农村改革等工作，以建设“产业特色鲜明、产地加工水平高、设施设备先进、产业链条完整、生产方式绿色、品牌影响力大、产业融合良性发展、辐射带动有力的都市现代农业示范园区”为目标，不断强化园区科技支撑、提高园区现代农业装备水平，加快产业融合发展、大力推进品牌建设，进一步放大优势、补齐短板，不断优化园区建设发展环境，进一步提升园区品质效益，加快发展转型。葡萄园区创升“省级五星园区”通过省级考评验收。

【项目建设】 在果怡农业、天鑫农业、永红果蔬、洪九果业等龙头企业的示范带动下，园区项目建设顺利推进，累计完成投入3.32亿元。新增预冷、分选、包装等农产品产地加工能力7750吨（新增产地加工生产线2条、新增保鲜冷库25个）；臻润农业公司年产5万吨有机肥正式投产；果怡农业20公顷高标准智慧葡萄园项目建设初见成效；园区产业及科技服务中心、专家大院完工投用；园区葡萄、蜜柚实现销售收入4.65亿元，1.22万吨优质晚熟杂柑已被省内外客商预定，园区总产值达到12.56亿元，同比增长22%，其中主导产业总产值实现10亿元。园区农民年人均可支配收入实现28432元，同比增长9%。

【乡村旅游配套项目】 全年园区农旅融合、城乡融合、产游一体的发展前景趋势良好。相继建成“彭山乡村振兴学院（园）马林学堂”“红色记忆·彭山公义红色教育研学实践基地”“鹤林记忆”等乡村旅游配套项目，投入0.4亿元的“古堰·新桥”农旅综合体——新型研学社区主体完工。总投资5亿元的“众乐乐亲子公园”、投资3000万元的“天香兰苑”项目顺利开工。

【稻药现代农业产业园区】 稻药现代农业产业园区辖区面积涉及谢家街道汉安村和公义镇欣荣村，面积1358.05公顷，耕地面积1059.82公顷，道地药材川芎、川泽泻两大主导产业总面积867.68公顷，占园区总耕地面积的81.8%，其中常年种植水稻866.67公顷，川泽泻等中药材633.33公顷，水稻、川泽泻以轮作生态种植模式为主，年种水稻一季，且稻药复种指数100%。园区内有农户2386家、人口12578人。已建成田网、渠网、路网、观光网、服务网、信息化网、设施用地网“七网”配套的高标准农田1020公顷，占园区内耕地面积的96.2%。标准化灌溉渠系131.36千米，排灌设施完善，有效灌溉面积亩471.8公顷。村组通公路占比100%。水稻产业种植管理过程中，大量采用机械化操作。大力推广物联网、小气候观测站、通信和网络、智慧化监控服务项目等技术，已实施物联网面积24公顷，建成气象监测站、病虫智能测报系统。机械化耕作面积867.7公顷，综合机械化耕作水平100%，国家制种中心每批次烘干能力160吨，有小型烘干场4个。年产水稻8460吨，烘干水稻7200吨，烘干率85.1%；年产川泽泻3510吨，烘干3100吨，烘干率88.3%。主导产业清洗、分拣、切割、包装、烘干、冷藏等产地初加工设施配套完善，每批次农产品初加工215吨。建立了3个稻药枝条、柑橘（柚）枝条集中粉碎还田点，年处理稻药枝条、柑橘枝条等农作物秸秆9500余吨。园区农业废弃物资源化利用及回收处置率达100%。园区范围内年使用农膜17.3吨，产生并回收农膜15.9吨，回收率95%。益农信息社和社会化服务覆盖率100%。建设电商平台3个，培育引进电商主体3家，组织开展网络直播带货3家，稻药农产品电商网络销售量占总交易量的30%以上。农产品安全追溯追踪体系监测监管全覆盖，园区农产品监测检验合格率达到100%。彭山区稻药现代农业产业园区是市级现代农业园区也是国家级杂交水稻制种大县核心区、四川省重要的稻药产业集群发展带、眉山市粮油主产区之一，稻药产业在园区有近50年的种植传统，“杂交水稻制种+中药材（川泽泻、川芎）”高效复合种植模式，较好地协调了农民致富增收和稳粮保供的矛盾，是符合四川农业产业的发展方向和当下稳粮保供给的政策导向。

【“品牌强园”战略】 大力实施“品牌强园”战略，通过“区域品牌+企业品牌”双轮驱动，积极强化农产品地理标志和商标保护申报，持续推进“二品一标”品牌建设，80%新型经营主体获得品牌认证登记。建成良种推广基地6.67公顷，园区水稻良种覆盖率达100%。园区联合四川农业大学、四川省农科院、中化农业等，成立专业化工作团队形成集专家、合作社、公司等于一体科研技术团队进行水稻、川泽泻种植技术研究，建立农业技术服务中心等科技推广应用机构1家。同时积极建设科技特派员工作站，有1个二级岗位专家。新技术、新工艺、新模式等先进科技推广应用面达98%。绿色防控方面主要推广应用昆虫性信息素诱杀二化螟技术、生物农药防治病虫技术、灯光诱杀害虫技术、生物多样性控害技术、植保无人机飞防等10余项新技术；推广应用稻欢、短稳杆菌福戈、优富宽等高效、低毒、低残留生物农药等新产品。物质装备方面推广应用植保无人机、天地一体的农业物联网测控等新装备。同时加强农业经营主体从业人员培训，2020年开展职业农民培训3次，培训职业农民1000人次以上。园区培育国家级专业合作社1家，省级专业合作社2家，市级家庭农场5家，区级家庭农场135家。园区建立财政投入股权化、集体建设用地入股等创新性制度，通过就业带动、保底分红、股份合作等方式，推进“农户+公司+园区”“农户+合作社+村集体”等模式，促进农民与园区共生共荣、长期受益、稳定发展。园区创新性建立利益分享模式、产业链增值共享模式、农业产业联合体带动模式，带动农户720余家，实现带动农户面80%以上。实现园区农民人均收入18500元。加大资金投入力度，整合涉农资金3000万元。

【市级园区创建】　扎实推进稻药园区市级园区创建工作，完成创建深度规划编制，明确对标补短建设的方向，完成市级园区申报创建工作。扎实推进园区多功能种子站电商及现代农业创业孵化平台、粮油烘干中心、农机服务中心等相关项目建设，主体建设已完工。

国家杂交水稻制种基地、彭山区稻药产业示范园

（陈国安　袁　敏）

乡村振兴

【概况】　彭山区第三季度全区第一产业增加值16.15亿元；农村居民人均可支配收入18643元。成功跻身四川省首批城乡社区治理试点区县；观音街道果园村获评全国乡村特色产业亿元村、四川省文明村，并作为四川唯一的分会场和采访现场，承办中宣部“走向我们的小康生活”大型主题采访报道活动启动仪式四川分会场活动；团结村、江渔村上榜省级乡村治理示范村，1个镇、2个村进入省级乡村振兴先进示范创建名单，1个镇、5个村入选市级先进示范创建名单，稻药园区获评市级现代农业园区。彭山区探索农业农村发展用地保障机制经验在全国改革动态刊发推广；彭山区返乡创业研究生、职业农民刘沈厅事迹在新华社报道；《完善利益联结机制保障农民持续受惠》《筑梦路上、脚步不停》在《人民日报》头版报道。

【体制机制保障】　健全保障“四体系”，搭建乡村振兴制度框架，完善“四大”（政策、组织、资金、激励）保障体系，确保乡村振兴工作高位推进。完善彭山区乡村振兴“1+9+5”政策体系，下发《关于补齐“三农”领域短板决战决胜全面建成小康社会的意见》等10余个相关配套政策文件，落地落实工作责任和工作任务。调整充实区委农村工作领导小组和实施乡村振兴战略工作领导小组，镇（街道）、村（社区）两级相应成立组织机构，落实党政

“一把手”第一责任人制度，把乡村振兴列入抓党建述职评议重要内容。加大财政资金投入，筹集7000万元设立乡村振兴专项资金，累计发行乡村振兴债券4亿元。全区乡村振兴投入15.88亿元，占一般公共预算支出56.43%。撬动社会资本投入，与省农担公司建立财金互助助推农业产业发展信贷担保合作。持续推进农村“两权”抵押贷款，累计发放土地经营权抵押贷款10.34亿元。将乡村振兴工作纳入全区重点工作进行考核，同时制定区级考评激励办法。

【农业园区建设】 对标现代农业“10+3”产业体系，出台“6+3”现代农业产业实施意见，“三化”（园区化、规范化、多元化）推动全区农业发展水平迈上新台阶。成立彭山岷江现代农业园区管委会，完善园区总体规划和专项实施方案；出台扶持政策举措16条，打造6大现代农业园区，成功创建省四星级现代农业园区1个、市级现代农业园区2个。全力保障粮食安全，制定《粮食生产功能区管理办法》《水稻扩面三年行动方案》，全区粮食播种面积达1.25万公顷，总产9.5万吨；抓好生猪稳产保供，全年出栏生猪22万头；大力推进高标准农田建设，新建成高标准农田1066.67公顷；提升特色优势产业品质品牌，认定特色产业标准园12个，建立“果王”评选奖励制度，“三品一标”保有量18个，特色水果种植面积达8800公顷。创新涉农补贴与社会化服务相结合的模式，培育各类农业社会化服务组织265个，全区用于补贴农业社会化服务资金累计3000万元；成立家庭农场联盟、果业商会，引导农场抱团发展，全区在册新型农业经营主体达到2783家；挖掘“互联网+农业”潜力，建设彭山区数字农业服务平台，促进增收5000万元以上。

【农村人居环境整治】 对标全面建成小康社会目标任务，补齐乡村振兴短板开展“三提升”（提升人居环境、提升五网建设、提升公共服务）行动，加快建设美丽宜居乡村。建立健全农村人居环境整治长效机制，以“积分制”“优、差村”等活动为载体，让广大群众由“要我干”转变为“我要干”。整合7000万余元投入人居环境“六大行动”，全区卫生厕所普及率达87%，村庄垃圾有效收集治理覆盖率达100%，生活污水得到有效处理的行政村占比74%，建成美丽宜居乡村19个。全面推行农村公路“路长制”，抓好“四好农村路”建设，全区保有示范路130千米；实施全域安全饮水工程，农村自来水普及率达85.1%；抓好电网、信息网建设，农村电网综合电压合格率达95%以上，农村宽带网络、4G网络、“雪亮工程”实现全覆盖；投资1123万元，铺设燃气管线23千米，逐步推动天然气向农村覆盖。投入350万元升级改造8个村级阵地，村级公共服务中心建设已实现全覆盖；完善医疗服务体系，投入2086.5万元提升农村医疗卫生服务水平；抓好农村社会保障机制建设，实现城乡居民基本医疗保险、养老保险应保尽保；提升农村教育质量，投入2000万余元改造农村学校。

【乡村基层治理】 推动社会治理重心向基层

下移，“一核多元”汇聚合力。果园村“五三工作法”构建乡村善治格局案例申报首届新时代四川十大乡村基层治理创新案例。突出“一核引领”，构建完善“区委—镇（街道）党（工）委—村（社区）党组织—功能性党组织”四级乡村治理组织架构。规范村级小微权力运行，编制运行流程清单、监督责任清单、典型问题清单“三张清单”。突出“多元协同”，强化村民主体地位，结合彭山本土优秀的历史文化，指导各村修订完善“一约五会”，广泛组织开展评先树优活动。盛恩利成功入选2020年“中国好人榜”，葛均丽成功入选“四川好人榜”；完善全方位的村级服务体系，建立镇街党群服务中心、村级便民服务中心、村民小组服务点等“三级服务体系”；全面推进新时代文明实践中心建设，实现所有镇（街道）、村（社区）实践站所全覆盖，并依托实践站所培育“8＋N”志愿服务队，开展各类主题志愿服务活动百余次。

【农村深化改革试点】 构建制度体系，建立农村宅基地“三权分置”改革“1＋5”制度框架，畅通农村产权流转渠道；坚持先行先试，选择2村132家开展试点，着力在放活宅基地使用权上进行突破；不断深化试点，被列为全国深化农村宅基地制度改革试点区县，将依托五个聚焦、探索五种模式，在农村宅基地“三权分置”、宅基地自愿有偿退出、宅基地监督管理等方面进行深度探索。所有已登记赋码村的党组织书记均通过法定程序担任集体经济组织负责人，实行村（社区）干部“基本报酬＋考核绩效＋集体经济发展创收奖励”报酬制度，将集体经济发展壮大结果作为村党组织书记评先选优重要依据；拓宽集体经济发展路径，制定《眉山市彭山区发展壮大村级集体经济十五种模式》等政策，创新实施“一心三量”（核心引领，盘活存量，扩大增量，激发能量），多种模式发展壮大农村集体经济。用好乡村振兴学院平台，汇集师资300余名，培育新村民、田园明星、寿乡才俊230余名；落实人才激励政策，建设大师工作室、人才公寓，制发寿乡优才卡提供便捷服务；开展职业农民培育，打好全省深化职业农民制度试点区县、全省家庭农场示范县组合拳，精心遴选职业农民培育对象60人（其中大专以上学历达34人）。

（潘茂利）

工信产业

综　述

【工业经济】　2020 年，全区实现规模以上工业总产值 159.8 亿元，同比增长 3.6%。工业增加值增速 5.2%，全市排位第一。完成工业投资 44.64 亿元，同比增长 14.2%；技改投资 11.93 亿元，同比增长 108.5%。

【项目建设】　全年实行工业项目“分管领导 + 清单制 + 责任制”工作方法，加强现场调度，每月通报督促。全年新开工建设茵地乐、新威凌等项目 11 个，总投资 21.9 亿元。友达粘胶制品生产及研发基地项目，成眉石化有机溶剂精制项目（一期），年产 10 万吨防水涂料、瓷砖胶生产线项目，高档润滑油生产项目，拓利 2 万吨功能高分子材料及研发中心项目（一期），30 万吨元明粉煤改电（MVR 系统）生产线技改项目 6 个项目竣工投产。

【企业培育】　加大投产企业服务力度，深挖中小企业潜力，抓好惠企政策和资金扶持，向上级争取省级项目资金 8 个，共 3633 万元。支持企业创新发展，成功培育高绿平科技、同庆洗涤为市级企业技术中心，培育北新禹王、吉瑞德材料为国家级高新技术企业。

【企业扶持】　加大政策宣传，编印《工业企业扶持政策“一本通”》《促进企业高质量发展扶持政策汇编》《工业企业产品目录》等，引导企业开展主辅分离，兑现做大做强扶持资金 219.01 万元。

【服务保障】　坚持每月召开“企业座谈会”，协调解决企业融资、企业家子女就学等问题

100余个。累计清偿拖欠企业账款2722.1万元，账款全部清零。全面落实一般工商业电价降价政策，对用电大户及时办理“直购电”手续，新增直购电用户企业25家，切实减轻企业负担。

【淘汰落后产能】 2020年，彭山淘汰落后产能企业1家（眉山市彭山区公义镇古井建材厂），该企业属烧结砖行业，退出产能年产12000万块（折标）。

【河道治理】 坚持例行巡查，严格“河长制”工作要求，每月至少巡河1次，全年共巡河12次，现场发现问题15个，已解决13个。坚持掏沟清淤，召集区水利局、区生态环境局、观音街道办等单位现场研究解决老河道无活水易形成黑臭水体问题，采取掏沟排水方式疏通河道、排除积水。坚持河道日常保洁，累计完成垃圾、秸秆等物打捞共3.12吨。督促维修污水处理设施，实现达标排放。坚持农业面源污染治理，乡镇组织种植业主举办种植技术培训2次，发放各类宣传资料700份。推广使用低毒、低残高效农药，严禁使用禁用农药。认真落实责任，结合巡查发现的问题及时安排各责任单位，明确专人负责整改落实。

【能源安全】 全面完成彭山区加油站地下油罐更新为双层罐或防渗池工作以及全区正常营业的16座加油站油气回收设备安装。做好汛期电力供应预案和迎峰度冬电力供应预案，确保电力供应安全。按进度推进老旧合表小区改造项目建设。对彭山区乡镇进行盐业执法宣传。全面完成“散乱污”企业治理，并建立“散乱污”整治长效监管机制，定期组织各成员单位对园区提升和“散乱污”整治开展专项执法巡查。落实迪美特工业废弃物处置要求，于2020年12月底全面完成污水、废活性炭、污泥等工业废弃物处理。

【安全生产】 重视企业安全督察，积极开展安全生产三年行动计划和安全生产清单制管理工作，聘请第三方机构为企业管理人员开展清单制管理专项培训，指导企业制定安全生产清单。对企业开展风险隐患排查，共检查企业300余次，查出一般隐患480余条，整改落实460余条。联合相关部门对重点企业、重点岗位、重点环节、重点时段进行安全隐患大排查、大整治20余次，确保全区无重大安全事故的发生。对规模企业开展安全教育培训和职业健康培训560人次。向广大群众开展“安全生产月”宣传活动，发放安全生产的资料5000余份。

8月12日，区经信局局长陈小军（右一）察看双河变电站汛期情况

【疫情防控】 编制彭山区工业企业复工复产

规范指南，发放复工复产告知书、员工健康承诺书，实行区级领导联系重点企业制度，派出专门工作组逐户指导企业疫情防控。组织区内企业生产自用口罩270万个，免费为企业发放口罩30万个、体温枪232支、消毒液5吨。全区无确诊病例和疑似病例，实现清净无疫。积极落实支持中小企业共渡难关二十三条措施，支持50家工业企业防疫经费161万元。截至2020年2月底，彭山区规模以上工业企业全部恢复生产。

（刘群如）

四川彭山经济开发区

【概况】 成眉石化园区成立于2012年，位于成都市南面、彭山中心城区西面，规划面积46.6平方千米，建成面积4.33平方千米，是彭山开放合作的主战场、成眉同城化发展的桥头堡、环成都经济圈产城一体先行区。2020年3月5日，眉山市委编委下发《关于彭山经济开发区机构编制有关事项的通知》，明确彭山经济开发区与天府新区青龙管委会剥离，成眉石化园区整体并入彭山经济开发区。明确中共彭山经济开发区工作委员会、彭山经济开发区管理委员会为市委、市政府正县级派出机关，委托彭山区委、区政府代管。2020年，四川彭山经济开发区坚持开放引领、工业强区建设目标不动摇，紧盯新材料和高端装备制造两大主导产业，延链补链强链，错位配套发展，全力打造西部半导体及湿电子材料聚集区和新能源动力电池产业聚集区。

3月23日，中共四川彭山经济开发区工作委员会、彭山经济开发区管理委员会揭牌仪式在彭山产业新城举行

【基础设施及配套建设】 2020年，新增供水管网1千米、天然气管网5千米，建设4条电力专线，总长4.3千米，正在建设10千伏汉安开闭所。新增用地指标68.25公顷，实际供地101.03公顷。

【招商引资】 2020年，四川彭山经济开发区新签约广东阿格蕾雅、苏州金宏气体、深圳研一新材、河南新乡汇森等投资项目12个，协议总投资51.75亿元，投资5亿元以上的重大项目6个（其中10亿元以上的重大项目2个），建成后年新增产值87.9亿元、税收3.83亿元，提供就业岗位2000余个。截至2020年年底，彭山经开区共签约引进项目57个，总投资180亿元，其中，世界500强企业5家，外资企业7家，上市公司投资企业14家，高新技术企业25家。行业类龙头项目30个，项目建成投产后实现总产值280亿元、上缴税收15亿元。

【项目投建】 2020年，彭山经济开发区实施格林达、江化微等20个省市区重点项目（其中产业项目18个、基础设施项目2个），完成投资28.2亿元，占年度计划投资的100%；18个产业项目中竣工试运行项目5个，安装调试设备项目5个，正在建设项目8个。全年实现固定资产投资34.7亿元，同2019年相比增长3%。其中，工业投资33.1亿元，同比增长13%，基础设施投资1.6亿元。规模以上工业总产值达到36.8亿元，同比增长26%；实现税收1.1亿元，同比增长57%；园区投产企业达到21家。

【西部电子材料中心和供应链中心项目】　液化空气西部电子材料中心和供应链中心项目建设生产性用房、办公性用房以及与其产品相关的仓储中心，建筑面积8000平方米，达产后年产一氧化二氮2500吨、磷烷混合气6万标准立方、三氟化硼1000千克、混合气及高纯气13力标准立方。截至2020年12月底，已完成基础建设，进行厂房主体施工。

【亮点工作】　全年加强法律公共服务站建设，提供法律咨询200余次。2020年10月27日，作为苏洵苏轼苏辙与传统法治文化高峰论坛活动参观点位之一，受到中国法学会、省市领导的充分肯定。成功争取全省特色产业园区项目1个和晶瑞电子、拓利科技等产业扶持项目6个，争取资金2141万元，园区争取项目个数与资金总额在全市园区排位第一。抢抓成渝地区双城经济圈战略机遇，与重庆长寿工业园建立对接交流机制，与重庆永川工业园区港桥管理委员会签订战略合作协议，共建产业协作发展平台。新培育高绿平、友达、正方规模以上工业企业3家；新培育高绿平科技为市级企业技术中心、北新禹王为高新技术企业。

（何　斌）

电　力

【概况】　2020年，彭山供区内电源结构合理，满足了彭山区工农业经济发展和城乡人民的用电需求。国网四川省电力公司眉山市彭山供电分公司（以下简称国网眉山市彭山供电公司），是国网四川省电力公司下属分公司，担负着彭山区凤鸣街道、观音街道等5个街道、3个镇的供用电管理任务，供电面积465平方千米。供区内用电客户16万余家，供电人口33万余人，乡、村、农户通电率100%。公司管辖变电站及开闭所17座，其中，220千伏变电站2座，110千伏变电站6座，35千伏变电站4座，10千伏开闭所5座，变电总容量1160.1兆伏安。2020年，完成电网建设投资2046.67万元；实现售电量8.82亿千瓦时，同比增长9.91%；综合线损率4.19%，同比降低0.03%；电费回收率100%。实现连续安全生产6940天。

【电力保障】　疫情防控时期，公司严格落实眉山供电公司和区委、区政府的决策部署，筑牢疫情防控“安全网”，筹备抗疫物资，确保疫情的有效防护，在眉山供电公司范围内率先恢复工作。主动对接彭山区防疫重要单位，为防疫医院、值班点、政府机构提供可靠电力保障。全员推广“网上国网”线上服务，公司“网上国网”累计推广3.81万家，实现客户足不出户办理业务，有效减少人员流动。严格贯彻执行国家阶段性降价政策，累计降低社会用电成本2321.99万元。疫情防控期间助力企业复工复产，总计为全区企业节约电费3000万余元。

【用电安全】 全年成功应对“8·11”特大洪灾，有效处置110千伏双河站和35千伏江渎站洪涝险情，确保电网安全运行。下发《关于加强电力设施保护工作的通知》，电力设施外力破坏现象得到有效遏制。坚决贯彻习近平总书记关于森林草原防灭火工作的重要指示批示精神，全面开展森林防火隐患排查与治理，投入资金260.5万元，出动人员72人次，车辆24辆次，排查输配电线路559.5千米，发现、清理通道隐患78处，消缺率100%，有效降低人身触电、火灾隐患。全面应用无人机、带电检测技术、移动作业终端等巡视手段，加强对通道内树线距离、设备隐患的精细巡检，精准掌握隐患信息。与区政府签订《电力线路廊道清理合作框架协议》，依托与林草、气象、自然资源等政府部门的融合联动，利用火警电话、微信、互联网等手段，实现信息快速共享。

【电网建设】 全区电网发展取得新进展，密切跟踪全区发展规划，主动对接区规划、彭山经开区和重要客户，完成《彭山电网“十四五”规划》。新建10千伏汉安开闭所，完成改造35千伏谢家变电站。高效利用变电站间隔资源，优化提升存量资产，整合20个轻载间隔解决区中医医院、政务中心等9个单位电网负荷的接入，实现间隔资源优化调整。加速智慧电网布局，完成220千伏先锋变电站等12座变电站的高清视频巡检系统建设，实现“机器人+高清视频监控”立体巡检新模式。推进智慧工业园建设，实施10千伏红石开闭所智能化提升项目，协助完成文庙至尚义110千伏线路前期工作。完成216台故障指示器和35台一二次融合开关安装投运，配网自动化在线率达94.42%，全面打造智慧、坚强的彭山电网。

【经营管理】 以同期线损治理为抓手，采集成功率达99.99%、台区线损合格率达98.49%。拓展电能替代业务，新增电火锅13家，累计投入资金366万元，实现应林化工“煤改电”，每年可实现替代电量7530万千瓦时。帮助用电企业融资，累计为50余家企业提供“电e票”、“电e贷”、综合能源服务等电力金融咨询服务。

【供电服务】 全面推广“微办电”应用，普及网上国网、微信、支付宝缴费功能，智能电表覆盖率100%、远程充值成功率达99.87%，高、低压线上缴费分别达95.05%、98.41%，有效提升用户满意度。持续提升供电质量，全年累计开展配网不停电作业324次，减少停电时户数29360家，以“无感知停电”进一步增强客户电力获得感。自筹资金480万元为区委、区政府、区人大常委会、区政协实施双电源改造。实施农网改造项目7个，共计投入改造资金394.79万元，彻底消除全区用户侧低电压问题。开展志愿者上门服务社区居民989次，共产党员服务队用户满意率100%。完成中宣部“走向我们的小康生活”大型活动现场、江口沉银考古发掘成果现场等供电保障任务，全年高效完成供电保障任务23次，有力保障全区重点工程、重点项目的实施。

（杨艳梅）

天然气

【概况】 2020年，眉山市彭山港华燃气有限公司拥有邛崃采气作业区观音末站、输气处黄丰阀室、邛崃采气作业区大26井3处气源点，形成“多气源、一张网、互联通、互补充”安全供气格局，管网总长度698千米，充分保障彭山城区、凤鸣街道、观音街道、谢家街道、江口街道、公义镇、黄丰镇、彭山经济开发区整个经营范围的安全平稳供气。

【管网建设】 2020年，全区有效用户数达到6.45万户，其中城镇用户5.76万户、农村用户6922户，VCC燃气用户绑定数达到4.31万人。与中石油达成战略合作，其分别于黄丰阀室及凤鸣阀室增加2个独立气源，保障用气。公司微信公众号已实现网上交费、自报读数等业务功能。

【燃气安全管理】 启动“用气安全人人知”活动，重点开展各项燃气安全生产和管理工作。在百年难遇的洪水过境彭山时，全线出击，抗击洪峰，保障管网设施的安全运行，确保客户平稳用气。公司将所有的燃气用气安全宣传线下资料通过重新整合、编排，转为线上资料。通过趣味安全用气视频、燃气小贴士、长寿老人安全用气动漫场景、卡通形象等，利用公司官方微信公众号及VCC平台、圈存机广告等方式实时推送。利用线上资源，做好新冠疫情防控期间燃气安全宣传工作。

3月27日，彭山港华燃气公司开展“熄灯一小时、低碳我先行”活动

【便民服务】 公司精简业务流程、减少用户业务办理等待时间。通气点火业务已实现“用户0跑路”，即用户拨打客服热线实时办理。户内工程改造业务已实现“用户至多跑1次路”，即用户办理业务申请后，工作人员预约上门服务时间，完成设计、勘察、收费、安排施工等工作。

（毛瑞琪）

电信通信

【概况】 2020年，彭山区电信通信工作重点抓好网信安全、5G建设，同时做好普遍服务，将信息技术、大数据等应用落实到具体方案中，在助力地方政企经济发展中践行央企担当，发挥主力军作用。为城区、镇（街道）、村（社区）各级系统建设提供强有力的稳定信号和充足的网络保障，助力中宣部牵头启动的“走进我们的小康生活”大型主题采访报道活动。

【通信建设】 建成并完善全区农村及偏远地

区4G网络的补点建设，在重要交通道沿线、人口相对聚集的区域、集中作业区域、景区等实现4G网络全面覆盖。全区信息化建设实际投资2087万元，新建宽带端口2.3万个，全区实现光纤网络深度覆盖。全区5G网络建设实际投资980万元，建成5G基站20个。

【安全生产】 中国电信彭山分公司落实办公室组成安全生产督察小组，牵头对机房、车辆、食堂、营业厅等关键场所和重要设施不定时进行抽查与排查。对电源、电梯等容易引起安全隐患的设施进行登记排查；重点排查消防安全设施是否完好以及应急状态下的使用；通过对员工消防知识的宣传和现场消防演练，使所有员工都能掌握与使用消防设施。

【业务经营】 截至2020年12月31日，中国电信彭山分公司全年主营业务收入为8968万元，移动电话用户数14.53万户，增速为5.65%；互联网宽带用户数7.11万户，增速为4.25%；固定电话总量8900户，降速为4.32%，固定宽带家庭普及率为71%；4G以上移动电话用户数为13.8万户。

【服务管理】 新冠疫情抗疫期间，中国电信彭山分公司为医院隔离点、敬老院、学校等公共人员聚集点安装魔镜监控摄像头60个，采购口罩3000盒、酒精消毒液和体温测试仪等抗疫用品，用于营业窗口便民服务点发放使用。免费为政府、学校等相关部门提供“会易通”网络接入服务，方便重点防控部门开展手机视频会议和调度工作。

（蒋　毅）

移动通信

【概况】 2020年，中国移动通信集团四川有限公司彭山分公司（以下简称彭山移动）在职员工52人，党支部在职党员20人。2020年，通过眉山市级精神文明单位和“六好党支部”复查验收。

【生产经营】 2020年，彭山移动电信业务总量1.09亿元。有移动电话用户23万户，宽带用7万户。

【移动网络通信建维】 彭山区新建家庭宽带7448线，新建5G基站28个，完成传输隐患整治128处，家庭宽带标准锻造小区48个。全区家庭宽带总量达12.44万线，无线基站333个。

11月27日，彭山移动在翡翠城开展“支撑进一线 服务进万家”活动

【廉洁教育】 彭山移动深入强化嵌入式风险及廉洁教育工作开展，将嵌入式风险防控工作扩展至每个岗位。开展内部廉洁风险防控点再

次梳理，总共梳理出4大类、97个嵌入式风险防控点。按季度开展嵌入式自查，定期开展廉洁教育月活动，强化谈心谈话，深入了解员工在思想、工作和生活等方面的实际情况，以及存在的困难与问题，提前作好思想防范，打好防腐预防针，通过谈心谈话切实达到“消除疑虑，增进团结，促进工作”的目的。

【移动扶贫】 彭山移动响应彭山政府扶贫攻坚号召，与彭山电力、观音街道结对共建，结对帮扶，开展红色观影活动和“网+网，心连心”青年联谊活动；并与区委共青团开展“决胜脱贫攻坚、坚定三个热爱”关爱留守儿童微心愿认领活动。

（蒋春燕）

工业企业选介

【四川思念食品有限公司】 四川思念食品有限公司是郑州思念食品下属企业，公司成立于2006年12月29日，位于四川彭山经济开发区内，占地面积16公顷。2007年1月，公司正式投产，有生产车间2个，拥有全国领先的速冻食品自动化生产线，年产量可达9万吨，是西南最大的速冻食品生产基地。2020年，公司实现产值11.6亿元，上缴税收1882万元，解决就业1000余人。思念食品产品主要有速冻汤圆、水饺、面点等，有花色品种200个，产品在国内市场占有率20%以上。集团产品已覆盖全球47个国家和地区，四川思念产品覆盖整个西南地区。

【四川金桐精细化学有限公司】 四川金桐精细化学有限公司成立于2000年9月，位于彭山区观音产业新城园区，是金桐石油化工有限公司的全资子公司（总部位于南京，由台湾和桐化学集团与金陵石化公司合资组建），总投资1.2亿元，注册资本4000万元。主要产品为十二烷基苯磺酸、脂肪醇聚氧乙烯醚硫酸钠、α－烯烃磺酸钠，是专业从事日用化工、表面活性剂等领域研发和生产的高新技术企业。公司凭借先进的经营理念和全球领先的工艺制造技术，现已成为国内研究和生产表面活性剂的龙头企业之一。2020年，公司主营业务收入突破11.5亿元，产值11.8亿元，上缴税收996.5万元。

【中纺粮油（四川）有限公司】 中纺粮油（四川）有限公司创建于2002年，隶属于中纺粮油进出口有限责任公司，是中国中纺集团公司的三级生产企业，公司位于眉山市彭山区观音街道，占地总面积8.67公顷。公司以加工大豆、菜籽为主业，主要产品有豆粕、豆皮、豆油、膨化大豆粉等，拥有喜盈盈、福临门等自主品牌7个，先后获得“眉山市优秀外来投资企业”“眉山市纳税大户”“四川省企业质量工作先进企业”“眉山市重点龙头企业”“四川省重点龙头企业”“劳动保障诚信示范企业”等荣誉称号20项。

【北新禹王防水科技（四川）有限公司】 北新禹王防水科技（四川）有限公司位于四川省眉山市彭山区谢家街道四川彭山经济开发区，项目总投资3亿元，总规划用地6.67公顷，年设计生产能力防水卷材4000万平方米、建筑涂料1万吨、化纤材料0.5万吨。企业装备国内先进的防水卷材生产线，技术研发能力在国内防水行业处于领先地位，拥有员工 130 余人，旗下分管西南、西北营销服务公司 9 个。2019 年 10 月，技术中心被认定为市级企业技术中心，2020 年被认定为省级企业技术中心。2020 年 10 月 30 日，成功与北新建材集团重组。二期厂区总投资 2 亿元，新增设计生产能力高分子防水卷材 1500 万平方米与防水涂料 1.5 万吨。禹王产品通过 CTC 产品质量认证、CRCC 铁路产品认证、CCPC 交通产品认证和中国环境标志产品认证。

（罗家媛）

商贸服务业

房地产业

【概况】 2020年，全区房地产新开工面积210.55万平方米（其中，彭山城区104.58万平方米，天府新区105.97万平方米），施工面积497.18万平方米（其中，彭山城区243.9万平方米，天府新区253.28万平方米）。

【房地产开发】 全年全区新增房地产开发企业7家，新开发项目10个（其中，彭山区域3家4个，天府新区4家6个）。全年完成房地产投资76.15亿元。

【房地产市场销售】 办理商品房预售67宗（含天府新区彭山区域13宗），预售面积168.83万平方米，共计18748套。网签成交20410套，成交均价7858元/平方米（其中，彭山区域10481套，均价6759元/平方米；天府新区彭山区域9929套，均价8932元/平方米）。房地产市场平稳发展。

【房地产市场管理】 全年持续推进“放管服”服务，健全制度，强化预售许可、预售资金监管。完善新建商品房交付流程。以房协会名义印发《关于进一步完善新建商品房交付流程的通知》，统一规范商品房交付行为，维护商品房买卖双方的合法权益，防范化解房地产领域突出问题。

【行业监管】 加强对新建商品房购房业主预缴存办理不动产权证书资金的监管，规范预缴存流程。完善房屋交易与产权管理程序，加强楼盘表管理、新建商品房销售管理、存量房转让管理、房屋抵押管理、房屋租赁管理、房屋面积管理、房屋交易与产权管理信息平台建设等工作。加强服务窗口建设，合理配置人员，优化服务流程，提高业务能力。推进房屋与产权管理规范化工作，提高依法行政水平，简化办事程序，方便群众办事。

【住房保障】 2020年，住房保障在保户数共计974家，其中，实物配租保障954家，租赁补贴20家，发放金额2.88万元。截至2020年，累计保障户数4189家，其中，实物配租保障2203家，租赁补贴1986家，累计发放金额290.67万元。

2020年彭山区（含天府新区彭山区域）商品住宅销售额前十名楼盘情况表

表4

楼盘名称	开发单位	销售面积（万平方米）	销售量（套）	销售金额（亿元）	销售均价（元/平方米）	备注
水郡未来城	四川彭祖文化旅游开发有限公司	57.75	5316	40.85	7074	
恒大文化旅游城	眉山隆和旅游开发有限公司	49.84	4962	44.20	8873	天府锦江
恒大金碧天下	恒大鑫丰（彭山）置业有限公司	12.71	1120	10.32	8117	天府锦江
黄龙溪谷	眉山优联房地产开发有限公司	11.14	848	10.91	9797	天府锦江
滨江翡翠龙湾	四川恒辰房产开发有限公司	4.92	509	3.16	6430	
首创天府滨江	四川首创远大房地产开发有限公司	4.09	378	2.58	6431	
江山里	四川省东方建设投资有限公司	3.70	308	2.93	7923	
迎宾壹号	眉山晟城房地产开发有限公司	3.19	321	1.96	6138	
龙腾御锦	眉山市瑞源房地产开发有限公司	3.18	278	2.05	6457	
武阳倾城	四川武阳文化旅游股份有限公司	2.96	257	2.35	7980	

（张皓天）

商贸流通

【概况】 2020年，全区社会消费品零售总额73.73亿元。

【企业培育】 全年培育企业12家，完成区下达入统任务12家。2020年11月底，完成6家批零住餐单位入统。

【会展工作】 全年依托市场拓展“三大活动”。年初，组织区内八百寿酒业、珉甜家庭农场、建群家庭农场等企业参加2020年新春年货购物节等会展活动。11月6日，组织鹰博贸易有限公司、雷雷果业有限公司参加上海第三届进博会，其中鹰博贸易有限公司成功签约3万美元意向性采购协议。11月16日—22日，组织八百寿酒业有限公司、巧缘酒厂参加眉山第十二届酒博会。11月27—30日，组织八百寿酒业有限公司参加重庆第十八届农交会等国内外知名会展活动。多次组织区内商超、电商、家电、花卉开展促销活动。

【品牌建设】 做好“四川扶贫”商标申报工作，全年全区有14家农合会员单位获得“四川扶贫”商标使用权证书。组织眉山市彭山区永丰孔雀山庄家庭农场申报“四川扶贫”集体商标，已在四川省扶贫移民局完成备案。抓好“一瓶酒”——八百寿酒业有限公司品牌建设工作。挖掘“长寿文化”“寿饮文化”，对八百寿酒文化文创（伴手礼）包装设计，提升品牌的文化内涵。

【家政培训】 依托区新时代职业培训学校和贝乐福家政职业技能培训学校广泛开展家政培训和家政输出。前期区妇联在城东社区打造家政服务进社区示范点，辐射柏林郡小区、翡翠城小区、茯苓小区打造3个分点，委托新时代培训学校，通过家政服务进社区活动开展培训157人次。天府妹子家政服务进社区示范点，全市率先启动并授牌。贝乐福培训学校与区就业局合作开展母婴、病患陪护家政培训。全年共培训家政技能434人次，任务完成率达到144.6%。鼓励家政服务企业向员工制企业方向发展，督促家政企业建立健全内部管理机制、培训机制和监督机制，狼图腾环保科技有限公司和贝乐福培训学校2家企业符合员工制企业条件，100%完成年度任务。贝乐福与区级医院和成都家政公司签订就业合作协议，新时代培训学校与成都安琪儿月子中心签订就业合作协议。全年就业人数达到209人。

【家政扶贫】 2020年，公义镇结合电商培训组织开展贫困村电商人才、家政服务相关培训10余次，参训人员100余人次。谢家街道开展家政扶贫，利用家政劳务输出基地，主动与成都等周边城市知名大型家政企业对接，输送人才12人（其中，成都11人，上海1人）。

【农产品品牌培育】 区农业农村局印发《2020年眉山市彭山区农产品质量安全和品牌培育工作要点》，安排部署2020年农产品质量安全监管、质量追溯平台、品牌培育工作。开展部省市风险、例行抽检86个次，合格率100%。做好农产品品牌打造，依托正兴公司申报“彭祖寿柑”“彭祖寿橘”“彭祖三月三”3个“彭祖”系列商标。在“三品一标”认证方面，完成3个新申报绿色食品资料报送。完善无公害申报材料，已全部通过审核。聚焦葡萄、柑橘、猕猴桃等特色优势农产品，制定相关技术标准，推动标准园建设，建立“果王”评选奖励制度、绿色农资经营评价体系，不断提升产品品质。全年全区“三品一标”保有量18个。

【网络销售】 对接眉山市商务局推荐彭山区“四川扶贫”商标产品，登录京东平台中国特产眉山扶贫馆网络平台，提高品牌的知晓度和影响力。8月，谢家市级贫困村悦园村开展首届猕猴桃品鉴活动，12家猕猴桃业主建成网络销售平台，网络销售猕猴桃100万千克，占总产量的10%。黄丰镇成立以“第一书记”为骨干的贫困户农副产品滞销摸排工作组，挨家入户了解贫困户柑橘销售情况，积极联系购买商帮助采销。

【定向产品采购】 全年区财政局引导区内机关事业单位、学校等开展扶贫定向产品采购。

全年完成采购300万元，完成目标任务100%。其中区机关事务服务中心推进扶贫产品“进机关”工作，加大在贫困地区农副产品网络销售平台采购食材的力度。全年区委食堂、区政府食堂在平台累计采购扶贫产品27.87万元。采购物品包括大米、大豆油、菜籽油、花椒、木耳、苹果、腊肉等食材，建立长期合作采购协议3家。同时将平台优质供应商推荐给全区其他单位。公义镇机关食堂、凤鸣街道机关食堂、区市场监管局定期采买部分贫困户养殖的家禽蔬果。

【“寿乡名厨”培育】 将“寿乡名厨”培育与彭祖长寿养生文化节彭祖长寿宴长寿养生菜品开发相结合，制定《2020年彭山区“寿乡名厨”培育计划实施方案》，明确培育对象、目标要求、培育对象条件、培育对象遴选程序、培育方式等。初步遴选确定10名厨师作为“寿乡名厨”培育对象，于12月通过现场比拼制作长寿养生菜，评选出6名厨师为“寿乡名厨”。

【商贸流通疫情防治】 印发《彭山区商务局关于新型冠状病毒疫情防治工作方案》，成立6个工作组，深入全区各大型商场、超市、农贸市场、酒店等进行现场检查指导，多措并举紧急部署防控疫情工作。切实保障居民生活必需品供应不脱销、不断档，未出现过哄抬物价、局部大量人流长时间聚集、户外促销等人群聚集性问题。同时安排专人帮助企业以线上等无接触方式复工复产，指导复工复产企业合理安排员工健康检查，对复工复产企业提供“点对点”指导，出台23条措施帮助企业攻克难关。2020年3月，拨付疫情防控期间商贸流通补助经费45万元。

12月1日，区政府副区长廖长明（左三）调研伟业超市保障供销工作

（曾　利）

电子商务

【概况】 全年电子商务共计销售猕猴桃50万千克，其中，贫困户种植10万余千克，价值150万元，帮助贫困户增收50万余元。

【电子商务示范村试点】 区商务局与三得电子和建群家庭农场签订合同，分别于是年6月和8月在黄丰镇团结村、谢家街道悦园村完成示范点打造。其中黄丰镇团结村电商示范点直接和间接带动线上和线下销售柑橘50万千克，销售金额400万元，构建从田间到顾客的“直达通道”。在新零售销售模式的基础上，创新探索彭山柑橘“无接触”销售模式。建立电商销售渠道、实体店+同城配送、创新农超合作模式3条销售渠道。依托互联网创新改变原有柑橘批量采购合作方式，坚持采购商不到地、外地车不进镇、人员不聚集“三不原则”，采用互联网远程视频洽谈合作、参观基地、监控采摘等方式。谢家街道悦园村通过电商示范点探索创新猕猴桃销售模式，在电子商务销售模式的基础上，建立社区销售渠道、实体店+同城配送、农户与超市合作模式等销售渠道。

【电商人才培训】 依托孵化园三人行职业培训学校开展网络电商创业培训电商人才，全年培训6期、170人。区经信局依托市食品工业协会、绿色化工行业协会等组织，促进行业企业交流联动。是年6月，组织思念食品、八百寿酒业等5家企业参加市企业服务中心、市食品工业协会联合阿里巴巴跨境电商服务中心举办的跨境电商“数字出海、万商复苏”培训班。7月，组织区内食品工业企业参加“成眉食品产业联盟”，加强同区域内食品企业供需对接，动员八百寿酒业、若禺纸业参加11月于成都举办的四川省消费品精品展。公义镇完成贫困村电商人才培训100余人次，在贫困村建设村级电商服务站点2个，全年实现农产品网络销售额50万元。

【电商平台对接】 组织农超和电商平台对接。“五一”期间在美家好、伟业超市扶贫专柜销售“四川扶贫”商标产品，为注册“四川扶贫”的种植户牵线，将彭山农特产品引进超市，打通销售渠道，提高产品知名度。对接市商务局推荐彭山区“四川扶贫”商标产品，登录京东平台中国特产眉山扶贫馆网络平台，提高品牌的知晓度和影响力。

【“无接触”配送】 疫情防控期间，推行“无接触”配送模式。线上线下融合，充分运用电商开展“无接触”配送物资供给，方便广大市民利用各大超市线上商城及快送平台采购生活必需品，确保疫情下“宅家安心购”。推出“配餐平台”服务模式，组织15个餐饮单位，搭建集体用餐配送平台，为复工复产企业提供配餐送餐上门服务，通过集体用餐盒配送，助推项目、企业复工复产。创新“直播+助农”销售模式，进行网上培训指导利用抖音等短视频、直播平台，开展网上销售，第一季度柑橘网络订单10万余元，销售550万千克。

【消费促进工作】 投放电子消费券，促进餐饮行业经济复苏，开展“消费促进季”活动，助推经济恢复。在“五一”和“十一”、中秋期间分两期开展消费促进季电子消费券投放活动。每期投放金额200万元，区财政局共出资400万元。“五一”期间主要针对餐饮行业，全区报名商家共计204家，参与商家共计71家，5月、6月每月分三轮投放消费券，累计投放消费券200万元，参与抽奖177万人次，中奖21980人，电子消费券累计核销194.15万元，消费券使用率达到97%以上，直接拉动餐饮消费776.6万余元，直接拉动比例达到4倍，间接拉动4800万余元，间接拉动比例达到25倍。“十一”、中秋期间开展第二期200万元消费券投放，参与商家共94家，已投放两轮168万元，用券136.6万元，直接拉动经济546.4万元，间接拉动3415万元，用券率达到81%以上。

（曾　利）

供销合作

【概况】 全年完成省级供销综合改革及发展

专项资金有关《改革试点完成情况报告》和《东山片区水果冷藏库提升改造工程项目支出的绩效报告》。疫情防控期间发挥“农村合作经济组织联合会”（以下简称农合联）作用，助力农产品流通，为380余户农户解决销售难题，帮助农户营收达4500万余元。

【供销综合改革】　全年抓农合联实体化运作，推进“三位一体”农合联规范化建设。完善区农合联组织体系建设。在谢家镇和义和乡行政区域调整合并后，区农合联立即将原谢家镇、义和乡农合联分会进行合并，组建谢家农合联分会。区农合联于是年11月11日进行换届选举，农业经济各个方面的专业人士及具有影响力能人组成新一届的理事会和监事会，并引入年轻高级知识分子在新组建的执委会担任要职，提升区“农合联”的凝聚力和影响力。推进区农合联与区果业联盟商会的融合发展，实现管理人员的交叉任职、信息资源交流等。经供销系统推荐，区农合联会员胡加全被四川省精神文明办、省力资源和社会保障厅评为“四川好人”。供销社主任何锋撰写的《充分发挥职能，助力乡村振兴“四位一体”农合联改革试点的几点思考》农合联调研报告获得民建中央采用，并作为2021年度全国政协集体提案，并被省政协采用为社情民意。区农合联开展防范经营法律风险及民法典的培训，提高会员运用法律知识维护自身合法权益的法律意识。

【三交界专业合作社】　确定“三交界水果专业合作社”为区小微创新试点专合社，推动农资销售与技术服务有机结合，为农民提供形式多样的农业生产服务。引导“三交界专业合作社”与国有控股企业“四川川化青上化工有限公司”达成合作，确保农资用肥品质优良，采用“三统一”，即农资统供、技术统培、销售统管，通过农资统供、利益返还、服务统筹、引入溯源系统等措施提高果品质量，实现标准化生产，最终实现统一销售。专合社柑橘产业人均年收入达4.3万余元，已进行7次分红返利，帮扶贫困户40家，年增收6万余元，户均增收1500元。

【“四川扶贫”集体商标产品销售】　2020年“五一”期间，区供销社联合区商务局、区总工会，在区内2家大型连锁超市伟业超市和美家好超市设置“四川扶贫”集体商标产品专柜，直采直销彭山扶贫产品。彭山名优特产“八百寿”酒、正值丰产期的沃柑等取得“四川扶贫”集体商标使用权的产品集中摆放进超市扶贫专柜，2家超市承诺购买扶贫产品每笔超过50元后，向区扶贫协会捐赠1元，专项用于扶贫事业。活动实现以供销社为主体推动的多方“合作共赢”。

【“四川扶贫”集体商标使用权申报工作】　积极推进“四川扶贫”集体商标使用权申报管理工作，彭山区建群家庭农场、好柚多家庭农场等14家符合用标条件的农合联会员单位取得“四川扶贫”集体商标使用权证书。用标产品涵盖红心猕猴桃、柑橘、爱媛38柑橘、春见柑橘、沃柑以及新鲜蔬菜等13个品种，用标会员企业在实现销售收入增加上百万元的同时，解决建档立卡贫困户就业人数115人，促进贫困户59家实现收入稳定增长。2020年，新增6家家庭农场获得“四川扶贫”商标使用权。

【社员代表大会】　2020年12月21日，彭山区召开供销合作社第一届社员代表大会，选举出区供销社第一届理事会、监事会及理事会主任、副主任，监事会主任，完善联合社社员代表大会、理事会和监事会“三会”制度。

12 月 21 日，眉山市彭山区供销合作社第一届社员代表大会召开

【企业改制服务】　全年区供销社与区法院一起做好原县建筑瓷厂依法破产后遗留问题的处置。开展元旦、春节、“八一”期间“送温暖”活动，筹集慰问金 2.8 万元，对系统生活困难老干部、企业退休老干部、军队转业干部、新中国成立初期参加革命工作退休老干部以及机关遗属等进行慰问。

（龙永松）

烟草专卖

【概况】　2020 年，全区销售卷烟 1.15 万箱，单箱均价 4.03 万元，实现销售收入 4.62 亿元，同比增幅 4.51%。

【营销服务】　深入推进“面向消费者的现代营销体系”建设，满足客户需求。全年共计销售宽窄品牌 1021 箱，同比增幅 19.35%。全年网上结算户数比达 95.26%，网上结算金额比达 89.7%。红码管家使用率达 97.66%，智慧收银机扫码率达 94.09%。辖区客户盈利率达 14.32%。

【专卖监管】　切实转变模式，加强物流邮政快递监控，关注 QQ、微信等新媒体涉烟违法行为，适应新型监管形势。处置精准有力，加强专销协作和内外协同，强化线索收集分析，确保打击精准到位。全年查获各类违法案件 61 起，查获涉案卷烟 124.1 万支，完成全年目标任务的 177%。眉山市烟草专卖局牵头破获的“2·1”厅督网络案顺利通过四川省烟草专卖局验收，于是年 11 月 17 日在彭山区人民法院一审宣判。坚守内管底线，前移监督关口，下移管理重心，进一步查找日常规范经营关键节点，充分利用预警处理、订单排查、实地调研，严肃纪律，加强监管，确保规范经营、规范操作。深化法治建设，加强“两法衔接”，认真执行“三项制度”。在调查分析基础上举行听证会，重新修订完成《彭山区烟草制品零售点合理布局规划》。

【安全管理】　加强风险防范，围绕疫情防控“阻击战”、紧扣一标“关键点”，抓好防疫管理、安全教育、隐患排查、防火防汛、危险源辨识等工作，开展“安全生产宣传月”等专项活动，奏好安全“凝心曲”。注重宣传引导，向零售户发放宣传资料，大力宣传安全生产法律法规、安全常识和安全防患、应急知识，提高零售户的安全防护意识和技能。延伸安全触角，制作家庭消防设施清单，尽最大责任保护员工生命和财产安全，营造“人人懂安全，时时想安全，处处讲安全”的良好氛围。全年开展活动 2 场，宣传家庭 27 家，覆盖 58 人次。

（李　群）

旅游业

旅游管理

【概况】　2020年，彭山区旅游工作坚持以《关于大力发展文旅经济，加快建设文化强区、旅游强区的实施意见》为指导，努力融入环成都文化旅游经济带和成渝双城经济圈，启动实施重大文旅产业规划，提升文化旅游基础设施，推进乡村振兴和全域旅游示范区建设。文旅产业投入20亿元，实现旅游收入37亿元，全年接待游客458.41万人次。

【旅游基础设施建设】　文化旅游资源普查完成普查外业现场勘察、文化类和旅游类的成果报告。完成旅游厕所建设4座，其中，新建2座，改建2座，彭祖山西大门旅游厕所完成生态旅游厕所申报。

【旅游宣传】　彭祖山景区接入眉山市智能旅游平台，全区涉旅企业接入智游天府系统，从根本上解决游客统计、景区景点游客人次、旅游安全、交通调度等综合性协调问题，为大数据分析在旅游管理上的应用奠定了坚实的基础。在成都环球中心举办2020年彭山葡萄丰收季暨农旅推荐活动，组织“寻美乡村　乐游眉山”乡村旅游季第四场主场走进彭山区活动，开启主题为“彭祖山寻宝稻香民俗狂欢”的乡村旅游活动，参与游客200余名，线上开展“直播带货助农销售”活动，通过各大平台联合向“粉丝”直播对彭山葡萄品牌起到极大的宣传作用，观看人数上万人。开展研学活动25场，包括亲子素质养成活动、社会实践活动、冬令营活动等，参与学生3000人次。携“非遗”艺人及“彭祖祖”系列文创产品参展第七届四川国际旅游交易博览会、第十六届海峡旅游博览会和第六届中国（厦门）国际休闲旅游博览会及2020年四川省乡村艺术节等宣传活动。

【旅游品牌创建】 文创产品“彭祖祖”获得2020年四川省旅游商品大赛铜奖、省特色旅游商品大赛银奖、省旅游商品大赛铜奖。“彭祖祖”系列文创产品已成为彭山区对外“拳头文创产品”，为彭山长寿文化旅游对外宣传营销打开了新的局面。彭祖山国家AAAA级旅游景区景观质量评估报告通过省旅资委评估，彭祖山风景旅游区在景观质量上再次满足了国家AAAA级旅游景区的评定要求。

（李云福）

【江口沉银博物馆建设】 江口沉银博物馆建设通过修改后的概念性设计方案，环球融创会展文旅集团启动项目施工图设计。项目包含出水文物保护、研究、展示工程、江口遗址水下考古再现工程、考古工作站、西南水下考古中心、文物标本库建设工程和江口沉银遗址公园建设。项目规划建设用地面积13.33公顷，建筑面积5万平方米，项目总投资10亿元，2020年已完成工程进场道路施工，项目地下部分基础开挖。

（李云福）

文旅项目建设

【全域旅游】 2020年，经彭山区政府批准，正式启动彭山全域旅游示范区创建工作。从景区、交通、住建、城市文化、乡村旅游等方面进行整体提升，推进旅游产业发展，实现旅游景观全域优化、旅游服务全域配套、旅游治理全域覆盖、旅游产业全域联动和旅游成果全民共享。对区内旅游线路进行了规划和融合，开辟了乐活之城、康养之旅（黄丰橘园—彭祖山景区—江口古镇—江口沉银遗址—盘桓小筑）；乐活之城、休闲之旅（凤鸣花谷—岷江农业园区—石山学堂—观音葡萄园—古堰新桥）2条新线路。

【彭祖山风景区】 2020年，彭祖山已开山试营，“三月三”朝山节在线上预约和限流的情况下，当日游客达到5万人次，7天开放期均在当日达到限流上限。

三产服务

【概况】 2020年，全区第三产业增加值实现83.08亿元，增速5.3%，连续三年位居全市第一，占GDP比重达45.31%。

【企业防控】 指导服务业企业复工复市，采用“一企一策”的办法，为企业协调资金、人员、口罩等生产要素，为缺少防疫物资的14家企业争取口罩1万余个，为有用工缺口的3家企业协调网络招聘解决用工问题，规模以上服务业企业在全市率先复工复市，全区服务业企业复工率达100%。

【重点三产项目】 全年推进江口沉银博物馆、彭祖国际健康养老养生文化城等5个市现代服务业重点项目，每月现场了解和解决项目建设中存在的问题，推进项目建设进度。全年完成投资22.4亿元，完成计划投资的197%。

【消费促升级活动】 2020年，彭山区第三产业发展中心与区商务局、区供销社、区总工会等部门及部分商家围绕挖掘内需、促进消费复苏，在“五一”、国庆期间开展2期、9轮消费促升级活动，投入资金400万元，用券率达92%以上，整合商家167家，带动抽奖349万人次，直接拉动消费1577万元，间接拉动消费9800万余元。

【落实企业政策】 严格落实《眉山市彭山区应对新型冠状病毒肺炎疫情支持中小企业共渡难关的二十三条措施》及中央、省、市相关纾困解难文件精神，为企业解决复工复产中遇到的难题。兑现相关奖励和补助，落实到位入统企业奖励资金27.86万元、纳税十强企业和十佳企业奖励资金25万元、规模以上服务业企业防疫经费补助32万元，为有资金需求的企业协调解决贷款11449万元，已落实2100万元，支持中小企业共渡难关。

【升规入统】 扎实开展升规入统工作，创新开展主辅分离工作，实现主辅分离企业8家，已入统3家。全年入统服务业企业18家，超额完成市下10家入统任务，成功填补卫生、教育、多式联运和信息传输4个行业空白。建立企业培育库，加强对蓝牙湾、瑞朗健身、鑫城劳务派遣公司等现有服务业企业的培育，进一步优化产业结构，为后续入统打下坚实基础。

【培训服务】 全年重点抓好家政培训促进就业。9月3—4日，在彭山乡村振兴学院马林分院举办家政服务和育婴服务培训，共计138人次参培，提升就业技能，促进就业40余人。

【品牌引进工作】 全年新引进永辉超市、肯德基、国色天香·啵比乐园、洲际酒店、环融·千里走单骑“六悦”主题酒店、“乐贝”家庭主题酒店、环融微驻旗下“观象”餐厅和“正在昨天”咖啡厅等优质服务业企业入驻彭山，聚集城市人气、商气。

（冯秀梅）

彭祖山景区建设

【概况】 2020年，彭祖山发展推进中心以项目推进为宗旨，统筹推进彭祖仙山、水郡未来城、长寿村旅游小镇二期、江口古镇项目、蜀郡东岸等项目建设以及机关党建、疫情防控、脱贫攻坚、双创等各项工作。

【彭祖仙山项目建设】 2020年，完成彭祖仙山景区投资任务1亿元。完成西入口游客中心建筑主体和内、外装饰。完成所有展陈、设施设备安装调试，并投入使用。彭祖仙山景区所有建筑单体主体已完工，其中西入口、彭祖祠、彭祖书院、彭祖居已移交运营；养生殿休息室内外装修已完成；膳食术馆内装完成80%；生命之源内装完成50%；禅茶院子外装施工完成70%；不老阁外装完成95%。彭祖墓至仙女平台道路施工已完成；完成7.5千米主干道黑化。启动景区点位建筑上占用林地的方案专家评审和报批工作，已报区林业和园林中心按程序上报审批。与区文广旅局对接，启动国家AAA级旅游景区申报工作。

彭祖山全景航拍图

【水郡未来城项目建设】 2020年，水郡未来城项目投资任务5亿元，实际已完成总投资7.3亿元。水郡未来城一期A区主体已全部完工。启动水郡未来城二期建设。启动办理江口水镇预售许可证。完成12号路施工，启动13号路施工建设。江口洲际酒店群及商业配套土石方已开挖。完成江口水镇示范区商业街施工。启动府河水毁修复施工。

水郡未来城夜景

【长寿村旅游小镇二期项目建设】 长寿村旅游小镇（一期）建设项目二期安置彭祖山景区拆迁户共计112家，该项目总建筑面积为11289.12平方米，配套商业、社区、停车位、公厕，按照精品小区标准打造。完成272.77米排洪沟建设主体工程建设，进入装饰装修、总坪建设阶段。

【江口古镇项目建设】 完成对江口古街江口镇中心小学、粮站、江口镇卫生院等18个单位国有资产的清理，其中，土地面积6.66万平方米，房屋面积3.59万平方米。完成对江口征地拆迁工作摸底数据锁定，建立“一户一档”。完成江口粮站和原江口税务所两个节点建设测绘工作，编制设计方案。优化江口古镇策划、投资规划设计方案，开展对江口古镇第三方测绘公司房屋、地基调查。全面开展文化整理工作，编纂完成《江口场镇文史》，为后期启动规划设计和建设奠定坚实的基础。启动“三化”江口工作，即：策划江口，2018年完成杨健鹰团队的策划编制工作并通过规委会审定；启动百岁老人话江口，通过讲江口故事，梳理古镇开发节点；画江口，通过摄影协会拍照和书画临摹，留存江口记忆，并与公司进一步商讨江口古镇的合作开发协议内容。

【蜀郡东岸项目建设】 区林业和园林中心于2020年3月完成蜀郡东岸项目规划修编，并于5月底通过省、市林草局评审，6月初上报至四川省人民政府，10月省林草局明确停止对风景名胜区规划调整，11月区政府主要领导带队专题协调该事项，市林草局正在协调中。

【景区经营管理】 2020年5月，彭祖仙山景区完成初步开园测试工作。按程序做好彭祖仙山景区申报国家AAA级旅游景区，为创国家AAAA级旅游景区申报做好准备工作。做好风景区相关标识标牌、就业人员上岗培训等工作。定期检查景区安全工作，做好隐患排查，全年景区无安全事故发生。

（杨利佳）

金融业

金融管理与服务

【概况】 截至2020年年末，彭山区存款余额300.34亿元，较年初增加45.41亿元，同比增长15.29%。贷款余额170.18亿元，较年初增加46.1亿元，超过前三年贷款增量的总和，增长率为37.2%。全年金融行业实现税收9923万元，同比增长8%。金融生态环境持续优化。在2020年7月公布的四川省金融生态环境评价中，彭山区在全省GDP在100亿元至200亿元的44个县（市、区）中排位全省第二，全市第一。

【拓宽融资渠道】 建立工作长效机制，制定《彭山区"一产一单"金融服务实施方案》，建立"1+3+10"的工作机制，引导金融机构开展"一企一策"专项服务，主动对接产业融资需求。出台《彭山区金融支持园区发展服务实施方案》，实现金融服务园区全覆盖。建立三级联动机制。先后组织与省、市、区金融机构签订《乡村振兴助推农业产业发展信贷担保合作协议》《加快建设环成都经济圈开发战略合作协议》等金融合作协议3个，储备合作项目多个，拟投资额超100亿元。建立考核激励督促机制。制定《彭山区金融机构考核办法》，鲜明工作导向，优化信贷投放结构，扩大信贷投放规模。

11月3日，彭山区组织小额贷款公司合规经营检查

【金融服务】 搭建"三个平台"，服务实体经济。搭建金融供需平台，拓宽企业融资渠道，充分发挥产业部门牵头优势，分一、二、三产业建立融资需求清单，开展"清单式""保姆式"金融服务。搭建融资对接平台，围绕三次产业、重点项目、民营小微等市场主体，分产业举办融资对接活动，搭建金融机构负责人和企业家"面对面"交流平台，提高融资合作的针对性和实效性。搭建专业顾问平台，聘请省农行、省国开行领导为彭山区金融顾问。整合全区金融资源，组建由30余名成员组成的"金融顾问"专家团队，开展"融资+融智+融制"综合服务，为企业"把脉问诊"，实现精准对接和精准融资。全年上门服务企业126家（次），实现融资金额9.7亿元。

【金融政策扶持】 实施金融支持项目建设行动。对全区重大项目全程追踪，金融提前介入服务，开启项目融资新路径。各银行对重点项目共授信15.11亿元，投放10.82亿元。融资成本进一步降低，贷款年利率5%～6%。实施金融支持复工复产行动。为三次产业投放贷款34.47亿元，惠及企业（含个体工商户）2262家。对到期还款困难的企业，续贷金额5.69亿元，惠及企业136家。针对企业复工复产融资需求，推出"惠抵贷""稳保贷""战役贷"等10余种信贷产品。融资利率平均下降1.5个百分点，为企业节约融资成本4000万元。实施金融助力乡村振兴行动。推动"信用户、信用村、信用镇"评定工作，评定信用镇2个、信用村15个、信用户8880家。对信用户累计贷款1.56亿元，利率平均下降2%，降低融资成本490万元。"两权"融资累计发放贷款2154笔、投放金额10.45亿元。

【金融生态环境建设】 建立上市挂牌资源库。编制《彭山区促进企业改制挂牌上市工作资料汇编》，建立后备资源库，鼓励引导企业充分利用多层次资本市场，建立开放型的融资通道，完成企业公司制改制5家，推动1家企业挂牌成功。推动金融多元化。鼓励和支持企业通过债券、信托、融资租赁等方式实现多渠道融资，推动资本转化。提升直接融资比重，完成直接融资17亿元。发挥国有融资担保公司作用，2020年累计担保金额1.37亿元，共计减免担保费94.23万元。打赢防范化解金融风险攻坚战。压实责任，强化风险预警，开展金融风险专项排查，进行台账式管理，严控不稳定因素。加强地方金融组织监管，促进减量提质增效，确保合规稳健经营。全年全区存量案件化解率75%以上，完成市定目标任务。

（宋慧霞）

银　行

【概况】 2020年，彭山区贯彻落实货币信贷政策，依法履行金融管理职责，维护辖区金融稳定，提高金融服务水平，辖区内贷款增速列全市第一位，成功实现全省首笔使用央行专项再贷款，发放贷款300万元。截至2020年年末，彭山区存款余额300.34亿元，贷款余额170.18亿元。

【人民银行彭山支行】 2020年，人民银行彭山支行完成预算收入12.08万笔，金额70.60亿元，办理预算支拨和财政申请支付划款凭证1.50万笔，金额91.28亿元；办理各级预算收入退库6490笔，金额9837.95万元；办理各级预算收入更正调库117笔，金额5.09亿元。开辟防疫资金绿色通道，办理抗击疫情清算资金144笔，金额1792.98万元。严格落实减税降费政策，累计办理个人所得税的汇算清缴退库业务5549笔，合计金额285.15万元。打造6家一站式国库惠民服务平台，完成社保缴费笔数262笔、金额19.13万元、医保缴费笔数971笔、金额22.39万元。对2个镇、15个信用村（社区）授予信用镇、信用村称号。截至2020年12月底，完成账户核准775家，企业账户事后核查2277家。彭山全辖共有ATM数量162台，POS机数量1647台，助农取款点258个，覆盖彭山区8个镇（街道）、65个行政村（社区）。全年共打造2所学校、2个医院、1个食堂移动支付应用场景。深入推进"人民币净化工程"，强化现金清分面向管理，做好第五套人民币5元券发行宣传工作，强化警银协作，配合加大假币犯罪打击力度。积极开展人民币反假宣传活动，在2020年共开展集中宣传3次。

（朱碧刚）

【中国银行眉山彭山支行】　截至2020年12月31日，中国银行眉山彭山支行总存款69593万元，其中，公司存款22700万元，个人存款46893万元。总贷款余额52343万元，其中，公司贷款9465万元，个人贷款42878万元。不良贷款金额402.01万元，不良贷款率0.66%。资产质量总体良好，不良贷款金额和不良率呈现双降趋势；支行不良贷款主要为个人住房按揭贷款业务和信用卡分期业务，各自占比在50%左右。公司贷款无不良贷款。合计为61家小微企业及个人经营户经营发展提供授信支持。普惠贷款余额10879万元，新增普惠贷款2979万元，其中，公司普惠贷款余额7390万元，较年初新增970万元，个人普惠贷款3489万元，较年初新增2009万元。疫情防控期间，支行先后为3家防疫企业提供授信支持，授信金额合计12000万元，贷款余额合计1100万元。主要为四川金山制药有限公司授信金额1000万元，贷款余额100万元；成都拓利科技股份有限公司授信金额1000万元，贷款余额1000万元；中纺粮油四川有限公司授信金额10000万元，贷款余额0万元。

（侯潇颖）

【建设银行彭山支行】　全年一般性存款余额43.29亿元，比年初新增6.72亿元。其中公司存款余额14.96亿元，比年初新增3.05亿元；个人存款余额28.33亿元，时点存款新增3.67亿元。全行贷款余额34.5亿元，比年初新增10.37亿元。其中，对公贷款余额15.25亿元，较年初新增3.43亿元；个人住房贷款余额17.81亿元，较年初净新增6.36亿元。住房公积金贷款余额5.2亿元，较年初新增0.56亿元。中间业务收入1663万元；实现拨备前利润9740万元。不良贷款194万，不良率0.06%。纵深推进"三大战略"：全行普惠金融贷款余额28596.56万元；住房租赁"公租房租赁"系统，2020年有序将房源清单导入912套、保障对象信息导入1014条；金融科技项目中的"智慧社区"与永达物业、艾明物业签订合作协议，疫情防控期间成功将疫情防控平台嵌入

"智慧社区" APP 中。共计营销财政零余额账户 64 家，占全区财政预算单位 122 家的 53.3%，其中重点账户营销 12 家，占比 75%。通过发展普惠金融，支持小微企业发展壮大。共新增授信 503 笔，金额 2 亿元，支用 487 笔，金额 1.79 亿元，累计为重点抗疫企业发放贷款 3838 万元；为四川金山制药有限公司投放全省首笔专项再贷款 300 万元。大幅下调贷款利率底线，延长贷款还款期限，为小微企业减负，贷款平均利率同比下调 13.54%，其中抵押快贷利率低至 3.85%。累计为 64 家受疫情影响的企业和个人提供宽限期服务，涉及金额 2647 万元。创新推出"政采贷""云义贷""云电贷""云税贷""个体工商户经营快贷"等线上支用新产品，纯信用、额度高、利率低，客户通过手机银行或网上银行即可办理。信用快贷授信金额 1.62 亿元，贷款余额 1.14 亿元。全年金融精准扶贫贷款余额 5031.54 万元，同比增速 251.94%。新增贷款排全区银行业第二位。涉农贷款余额 8.51 亿元，较年初新增 3.27 万元。

（陈贵全）

【中国工商银行彭山支行】 2020 年，中国工商银行彭山支行营业净收入 10471 万元，同比增加 1254 万元，增幅 13.60%。拨备前利润 8596 万元，同比增加 590 万元，增幅 7.37%，净利润 5304 万元，同比减少 609 万元，增幅为 -10.29%。全部存款时点余额 39.81 亿元，余额占比 25.10%，净增 7.55 亿元，增量占比 28.99%。储蓄存款余额 22.26 亿元，较年初增加 3.25 亿元，系统内余额占比 10.45%，较上年末提升 0.32 个百分点；增量占比 12.97%，较上年末下降 1.9 个百分点；同业余额占比 19.84%，较年初提升 0.28 个百分点，增量占比为 21.64%。法人存款余额 17.55 亿元，余额占比 37.83%，较上年提升 0.27 个百分点，较年初净增 4.30 亿元，增量占比 38.69%。各项贷款余额 26.24 亿元，四行同业余额占比 26.61%，净增 6.67 亿元，四行同业增量占比 20.79%。个人住房贷款余额 17.34 亿元，较年初增加 7.62 亿元，同业余额占比 29.65%，较年初提升 1.04 个百分点，增量占比 31.09%。法人贷款余额 8.57 亿元，较年初下降 1.01 亿元，余额四大行占比 24.90%。其中，银监普惠贷款较年初净增 3200 万元，中国人民银行降准贷款较年净增 3600 万元。不良贷款余额 197.79 万元，较年初减少 799 万元，不良率为 0.075%，较年初下降 0.43 个百分点。其中法人不良贷款余额 0 万元，较年初下降 634 万元，法人贷款不良率为 0，较年初下降 0.66 个百分点，法人剪刀差继续维持为零。个人不良贷款余额 194.79 万元，较年初下降 165 万元，不良率 0.11%，低于全市 0.12 个百分点。个人剪刀差余额 499.05 万元，较年初净增 154.9 万元，违约率 0.28%，低于全市平均水平 0.16 个百分点。新拓眉山市彭山区房地产服务中心商品房办证资金预存款专户、维修资金专户。

（李　堃）

【农业银行彭山支行】 2020 年，全行各项存款余额为 692014 万元，各项贷款余额为 318631 万元，存贷总量突破 100 个亿。加大重大项目信贷投放。积极支持全国重点防疫企业金山制药公司防疫物资"消毒试剂"的扩大生产，支持彭山政府项目柏华片区棚改，以实际行动支持旧城改造；积极支持全国防疫重点企业川娃子公司“川娃子川菜产业园”项目，支持企业扩大防疫生活物资生产；支持“中法农业科技园”项目，以实际行动为助力地方经济发展和打赢疫情防控阻击战持续贡献农行力量。加大小微企业营销，全行小微法人客户数30家，较年初新增13家，小微法人贷款较年初净增2097万元，全行银监口径普惠金融领域贷款净增5127万元。彭山支行党委被眉山市分行推荐到四川省分行候选先进支行党委典型，2名网点主任获省分行“青年五四奖章（优秀青年）”和“先进个人”称号。

（杨菲菲）

人寿保险

【概况】 2020年，中国人寿保险股份有限公司眉山市彭山区支公司实现总保费16635万元，首年新单保费4085万元，大短险1754万元。

【主要经营指标】 大个险渠道，首年标保1209.4万元，首年期交2228.7万元，保障型业务940万元，10年期交1357万元，短期险1178.6万元；团险渠道，团短险566万元，养老保障型产品2507万元，代理财险39万元；银保渠道，渠道期交99万元，5年期交24万元。

【服务管理】 加强客户投诉管理，让处理结果使客户接受并满意。认真开展VIP客户服务与增值服务活动，提升公司服务品牌。组织“尊钻级”客户参加省公司“华西医院健康体检”活动并发放入会礼；协助466人次的星级客户在VIP服务商场兑换生日礼、SOS救援卡、基因体检、龙腾卡等客户礼品，提升客户满意度。组织开展形式多样的特色客户活动。2020年3月15日，开展以“以消费者为中心”的宣传活动；6月16日，开展“6·16客户节”“进店送礼”等客户活动；11月1日，在彭祖广场举办以“健行人生、与爱同行”为主题的健康徒步行活动，进一步向客户传递“倡导运动、关爱客户健康、与客户携手同行”的理念。

【风险防范】 组织各部门落实日常及专项的风险排查、问题整改工作，先后开展2020年重点风险专项治理、案件风险专项治理、中介渠道业务乱象整治、保险业市场乱象整治“回头看”等9项风险专项治理工作。全年共排查风险数据274条，进行客户身份识别663件，有效防范化解公司经营各个环节的风险隐患。组织学习《四川保险机构及保险专业中介机构从业人员禁止性规定》，全年共开展各类合规培训7次，开展经理进职场讲风控12期。

【服务地方】 公司组织员工及销售人员参与防疫知识宣传、双创志愿活动，精心组织反洗钱、防范非法集资、防范电信网络诈骗、金融知识普及、宪法宣传、民法典宣传等主题宣传活动。2020年，公司以专题培训、户外宣传、转发宣传链接等形式组织相关宣传活动共计8次，张贴海报80余张，发放宣传折页400余份，转发宣传链接12条，制作宣传活动短视频3条。全年向彭山区税务局缴纳个税、增值税、城建税等税金103万元。

（徐艳红）

人保财险

【概况】 全年完成保费收入7141.15万元，支付直接赔款3636.64万元，上缴各项税金855.25万元。

【保险保障】 面对“新冠肺炎”疫情，中国人民财产保险股份有限公司眉山市彭山区支公司积极部署，全员放弃休假提前到岗，密切关注疫情变化，主动排查风险隐患，提高员工防疫意识，升级理赔服务，充分发挥保险保障功能。复工复产期间针对性推出一系列稳定企业复工复产的保险保障，主动扩展校园方责任保险的新冠肺炎保险，为企业及学校保驾护航，支持疫情防控工作。

【生猪保险】 2020年，公司农险保费收入732.90万元，赔款845.29万元。为防止“猪瘟”二次爆发给农户带来损失，公司响应上级文件精神，在适当提高生猪保险保额的前提下，利用农村网点优势进行宣传投保，确保农户饲养的生猪都能得到更好的保险保障。

【民生保险】 推动社会保障制度完善。响应“健康中国”战略，助力医保体制改革，努力打造多层次、广覆盖的保障体系。参与国家灾害救助体系建设。作为“城乡居民住宅地震巨灾保险”的首席承保人，推动该项业务落地落实。自2017年开展以来，实现特殊优抚人群全覆盖，有效提升防灾减灾救灾能力，服务百姓安居乐业。发展与公众利益关系密切的公众场所、安全生产、环境污染、食品大力安全、医疗服务、公共服务等领域的责任保险，建筑工程类的投保、履约及民工工资的保证保险。协助各级政府预防和化解社会矛盾，发挥保险功能作用。进一步深化“人民法院+人民财产”的法保联动合作模式，引入“执行悬赏+法律救助+诉讼财产保全”的保险新机制，为群众财产保驾护航。开发政府应急救助保险产品，向区政府提供一元民生保险建议书，保障因法定传染病和自然灾害造成的死亡补偿费用及政府因此产生的应急救助费用补偿。

【助力脱贫攻坚】 探索保险产品、保险资金与脱贫攻坚三位一体、深度融合的工作模式，推行“扶贫保”专属扶贫保险产品，切实履行金融央企的责任意识和主动服务国家战略的担当意识，助力打好精准脱贫攻坚战。

【理赔服务】 坚持从加快理赔速度入手，开展“规范服务达标”活动，努力提高现场查勘率，提高理赔服务人员的服务意识。持续推进特色服务，投入资金建立两个“警保联动”服务站和劝导站，深化“警保联动”“车驾管”等服务，推动“以客户为中心”的转型升级，提升服务品质。

（晏思敏）

证　券

【概况】 申万宏源证券有限公司眉山彭山区

紫薇路证券营业部（以下简称申万宏源证券彭山营业部）位于眉山市彭山区紫薇路37号，系由申银万国证券眉山东坡镇营业部彭山服务部于2009年10月升级而来，营业场所面积700平方米，有员工15人。申万宏源证券彭山营业部秉承以客户为中心的原则，依托公司强大的金融业务平台为彭山投资者提供证券经纪、证券投资咨询、融资融券、代销金融产品、证券投资基金代销、为期货公司提供中间介绍业务等多种服务。

【业务发展】　全年新增客户数2848家，股基交易额320亿元，双融日均余额7920万元，销售金融产品80175万元。截至2020年年末，营业部共有客户22684家，托管客户资产11亿元。

【投资服务】　2020年，申万宏源证券彭山营业部在加强监管的大环境下，强化合规管理，做好投资者适当性管理和投资者教育工作。配合协会、证监局、人民银行等监管部门开展“3·15”投资者保护宣传月、“金融知识普及月”、打击和整治“杀猪盘”投资者教育、“股市黑嘴”、“非法荐股”、“场外配资”及相关“黑群”、“黑APP”专项整治行动、全民国家安全教育日普法宣传等活动。

（王云兵）

城乡建设

城乡规划

【概况】 眉山市彭山区国土空间规划委员会（以下简称规委会）办公室设在彭山区自然资源和规划局。全年召开规委会7次，审议项目共67个；召开专家评审会18次，审议议题86个。

5月25日，彭山区城南小学扩建项目和高铁片区小学、幼儿园新建项目规划设计方案评选会在区自然资源和规划局2楼会议室召开

【规划编制】 2020年，彭山区紧抓成渝地区双城经济圈的战略部署和成德眉资同城化的发展契机，贯彻落实市委、市政府“中强、北上、东进、西优、南联”方针，优化空间布局，积极配合眉山市自然资源和规划局开展《眉山市国土空间规划》编制工作，启动彭山区国土空间规划编制工作；推动宜居城市品质发展，编制完成《五湖四海湿地公园二期拓展景观深化方案》，完善城市公园体系，丰富城市景观；编制完成江口街道茶场村、双江村等8个村“多规合一”实用性村规划，盘活资源，无缝对接乡村振兴项目，为乡村新产业新业态用地提供有力保障。

【规划审批】 全年完成各类审批项目61个，其中，审批房地产类项目9个（建筑面积80.4万平方米），工业类项目8个（建筑面积13.9万平方米），公共服务类项目19个（建筑面积42.5万平方米），方案调整类项目25个，项目审批公示率100%。办理建设项目竣工规划核实项目共34个，核实总建筑面积136.2万平方米。

【违法违规建设整治】 扎实推进问题清理整治专项行动。违建别墅专项治理：全区共排查出的违建别墅问题34个，全部完成整改，并通过市级验收和省级核查，待部级核查。重点项目违法整改主要涉及5条道路，完成其中4条整改，另外1条因涉及占用基本农田，无法组卷上报。农村乱占耕地建房问题摸排工作：全区2013年以来纳入摸排问题台账的图斑共计1110个，图斑面积57.09公顷，占耕地面积41.27公顷（其中基本农田面积17.97公顷）。

（张世才）

城市管理

【概况】 2020年，全区完成建筑业产值55.6亿元，同比增长0.79%。商品房销售面积备案（含天府新区彭山区域）达186.59万平方米（其中住宅178.39万平方米），同比增长89%。

【城市基础设施建设】 完成老旧小区改造75个，全市老旧小区改造现场推进会在彭山区召开，工作经验被《人民日报》、《四川日报》、四川卫视等主流媒体报道；完成道路品质提升15条、主干人行道改造12条，推进老旧小区配套道路改造13条；全年共向上级争取老旧小区及配套基础设施改造等项目资金1.31亿元。锦江三期、高速路出口一期、李密一期、南星安置区建成分房，武阳安置区一期和长寿小镇二期主体完工；开展中心城区购买商品房安置试点工作，全年共完成安置2651人。毛河湿地公园、竹韵廊公园建成开园，成为市民休闲打卡的网红地；五湖四海湿地公园、城南配套湿地公园、彭溪河D段公园快速推进，启动凤鸣公园改造。城市净水厂提标升级改造完成，二水厂一期完成主体工程，实现龚家堰和市三水厂“双水源”供水，“四横四纵”的供水管网体系逐步形成；全省第二个地埋式污水处理厂——城市生活污水处理厂建成投用，彭祖新城污水处理厂提标升级改造完成，新建城市雨污管网30千米，城市污水收集率达96.3%；完成城北、城西、城南市场改造；新建公共停车场8个，增加停车位853个；新建健康步道8条、休闲娱乐小广场12个，新改建公厕28座。

竹韵廊公园一角

【市政设施】 受理审批杆管线项目12件，颁发施工许可证9件，组织协调棚户区改造、工业大道等市、区重点项目各类杆管线迁改工作6次。东南西北街、兴旺路、柏华路等4千米人行道，捆扎通信线路100千米，完成75个老旧小区杆管线清理，拆除废线2.1千米。维修路灯1896盏，更换电缆3258米，城市道路及公共场所装灯率达100%，亮灯率达95%。开展市政维护10批次，维修人行道8430平方米，路缘石150米，花台70平方米，树围563套，污水检查井井圈、井盖250套，雨水篦129套；疏通城区排污管6700米，方涵清淤1900米；清掏污水检查井800座，雨水检查井1225座；增设污水检查井6座，雨水检查井8座。

【全域供水】 全年供水总量1273.12万立方米。下发《眉山市彭山区非居民用水超定额累计加价制度的通知》《关于2020年度非居民用水超定额累进加价计划用水的通知》，严格执行居民用水阶梯水价。2020年，城市供水管网漏损率为9.66%。

【污水处理】 2020年，城区污水处理总量1164.35万吨。其中城市生活污水处理厂经过无害化处理的部分出水作为市政园林绿化用水，彭祖新城污水处理厂出水267.22万吨，全部作为彭溪河生态补水。

城市生活污水处理厂

【住房保障】 全区3440家建档立卡贫困户住房安全鉴定已完成，并录入住房和城乡建设部“三年检索系统”和全国脱贫攻坚住房安全有保障信息平台；省级危房改造56家、建档立卡贫困户46家危房改造全面完工；通过土地双挂钩、项目拆迁安置、农村危房改造，农民自建、拆旧留权等方式完成土坯房改造817家。为20家符合廉租房住房租赁补贴发放条件的低收入住房困难家庭发放租赁补贴资金28256元，严格实施公共租赁住房动态管理，做到应保尽保。

【民工工资】 全年共征收民工工资保证金1.32亿元，其中，现金756.25万元，保函1.2467亿元，保函占比94.44%。推广应用“智慧工地”管理系统，全面实行建筑工人实名制管理制度，33个在建工地均设置民工工资专户，办理实名制工资卡3457人。切实做好矛盾排查、调处工作，处理“12345”市长热线问题251起，区长信箱问题53起，人民网留言问题22起，办理省信访系统转交工作9起，办结率、满意率98%以上。推进扫黑除恶专项斗争，处置恶意拖欠民工工资欠薪2起，其中1起已移交劳动保障执法大队。

【中央环保工作】 城市生活污水处理厂、成眉新能源新材料园区污水处理厂提标升级改造已完工进入调试，实施彭祖新城污水处理厂、谢家街道污水处理厂提标升级改造；中心城区建成雨污分流管网16千米，城市排水主干体系已基本完成，城区污水处理率达90%以上，提前1年超额完成承诺建成15千米雨污分流管网任务。建成城西、观音、江口等7座污水处理厂，配套管网30.33千米；建成凤鸣、谢家、黄丰等21个安置点一体化污水处理设施，配套管网50.13千米。建成的污水处理设施均委托第三方，实行公司化运营管理达标排放。提前完成中央环保任务。

【民生工程】 全区农村自来水用户已普及32689家（其中新缴费9142家），普及率达

95%。新建城乡燃气管网110千米，新开通燃气用户20620家，燃气供应安全稳定，新建小三线管道20千米，完成农村天然气新装入户763家，新建、改建公厕28个。

【行业监管】 成立住建系统综合执法队，加大对建筑业违法转包、分包、责任人履职不到位、建筑工地安全、扬尘治理、中介机构乱点乱象的查处力度。将处罚标准明确固定下来，明确告知企业，一经发现坚决对标处罚。共开展检查200余次，排查出一般问题262项，累计发出整改通知书60份，立案14件，下发停工通知1份，行政处罚决定书14件，处罚金额30.3万元。其中，查处在建工地未采取扬尘治理措施案件7件，处罚金额共计20万元；未按相关规定设立物业管理用房、业主委员会议事用房及不符合商品房销售条件收取预订款性质费用案件2件，处罚金额6万元；未依法保障农民工工资支付1件，扣项目经理诚信分值2分；违反《危大工程安全管理》规定案2件，处罚金额3.5万元；人员未在岗履职案件2件，处罚金额0.8万元。办理消防备案31件，消防验收7件，特殊工程消防设计审查15件。签订预售资金监管协议15件，监管资金300笔共37.8亿元，提取预售资金20.50亿元。为58家二手房（存量房）交易提供资金监管，监管资金2168.68万元。对28家房地产企业存在公示内容不全、形式不规范、位置不醒目，36家中介机构公示内容更新不及时，部分中介机构宣传内容含糊其词误导群众等问题，限期整改到位。

【规划建设执法】 深入开展城市建成区违法建设专项治理工作五年行动。全年共拆除2296平方米，完成专项治理工作五年行动任务95%。起草《关于全区住宅小区违法建设处置的实施意见》《恒大金碧天下住宅小区违法建筑处置的实施方案》，规范全区住宅小区违法建筑处置工作，依据相关法律法规、政策文件的规定，针对恒大·金碧天下的违法建筑，先后组织强制拆除3次，出动人员100余人次，拆除违法建筑1000余平方米。组织恒大·金碧天下违法建筑面积测绘150余家，行政处罚81家，自行整改（拆除）违法建筑91家。先后联合区行政执法局、各包保部门、街道办出动300余人次，拆除中心城区部分违法建筑4000余平方米。

（张皓天）

城乡土地征收补偿安置

【概况】 2020年，全区全面完成区片综合地价制订工作并经省政府批准并公布执行。审核参保项目39个，报送失地农民参保7668人（含天府新区青龙街道、锦江镇）。集体土地征收补偿安置信息管理平台建设初步完成。完成土地收购16宗，收购面积28.31公顷，对7196.66平方米建筑物进行评估协商补偿，收购补偿资金总额7395.62万元。2020年完成安置2651人，完成市上下达彭山区任务数的164.66%。2020年10月30日，正式印发《关于在凤鸣街道城市规划区实施货币补助购买商品房安置的试行（试点）办法》并启动在凤鸣的试点工作。全力做好国有土地、集体土地和安置方面的行政诉讼和信访稳定工作。

【区片综合地价制订】按程序全面完成全区区片综合地价制定工作，已经四川省人民政府批准并公布执行。

【项目资金审核拨付】 全年审核申报集体土地征地拆迁资金（不含彭山经开区范围内谢家街道的征地拆迁资金）共计69批、85605万元，其中，用于征地拆迁资金62953万元，用于货币化安置还本付息资金22652万元。

【失地农民社会保障】 审核参保项目39个，报送失地农民参保7668人（含天府新区青龙街道、锦江镇）。已归集到位社保资金6.24亿元（政府承担部分资金2.73亿元，个人承担部分3.51亿元），确保失地农民应保尽保。

【农户自愿有偿退出土地清理核实】 全面完成凤鸣、观音、谢家、江口等四个街道和公义镇农户自愿有偿退出土地的全面清理核实工作，核实农户自愿有偿退出土地1455.2公顷，其中，可移交土地面积711.8公顷，暂不具备移交条件土地面积743.4公顷。

【土地报批保障】 完成水郡未来城、彭祖新城基础设施、竹韵廊、江山里北面、嘉年华、交通检测站、种子中心、顺祥、龙湾大道以南地块、华西德顿、石化十路、瓦舍瓦烤、伟业、航瑞、兴隆路、红星路、柏华路三段、兴旺路西延伸段、彭祖新城市政道路、太和大道、成乐高速、江回路改造工程等面积271.39公顷项目的土地报批资料并移交区自然规划局用于土地报批。

【社保预存款清算清退】 全部完成2019年已报批的13个批次（项目）土地社保预存款清算清退工作，共清退社保预存款3.29亿元。

【集体土地征收补偿安置信息管理平台建设】按程序完成功能需求编制、立项、评审、公开招标、协议签订工作，并进行系统建设。

【国有土地征补】 全年完成土地收购16宗，收购面积28.31公顷，对7196.66平方米建筑物进行评估协商补偿。收购补偿资金总额7395.62万元。

【安置工作】 全区拆迁需要安置总数20084人，其中，征而未安工作统计时截至2019年8月31日，实际未安置7731人。百日攻坚及后续项目全面完成后，需要安置12353人。2020年完成安置2651人。在抓紧修建安置房的同时推行货币补助购买商品房安置。已建安置区李密安置区（一期）、高速路口安置区（一期）、锦江安置区（三期）3个，3个安置区安置房总套数为991套。已全部完成分配，安置2053人。在建安置区武阳安置区（一期）、长寿小镇安置区（二期）2个，武阳安置区（一期）占地面积20公顷，已审核确认安置3979人。开工12栋、980套，安置1690人。已开工的12栋住房主体工程已完成70%。长寿小镇安置区（二期）占地面积2公顷，规划修建112套住房，已审核确认安置288人，安置区施工进展顺利。拟建安置区3个，即谢家安置区占地面积0.77公顷，规划修建住房208套，于2020

年12月30日确定施工单位，已审核确认安置133套、273人外，还可安置其他拆迁农户；高速路口安置区（二期）占地面积2.67公顷，已完成设计图（初稿），已审核确认安置1365人；产业新城安置区由彭山经济开发区管委会已确定安置地点，该安置区计划安置所有产业新城项目原谢家镇、原义和乡的拆迁农户3000人。

【货币补助购买商品房安置】 彭山区在凤鸣街道城市规划区实施货币补助购买商品房安置的试行（试点）工作。截至2020年12月25日，凤鸣已经签订协议安置598人。试点结束后在凤鸣、观音两个街道的城市规划区中全面铺开，安置7000余人。

【存量安置房清理】 全面完成全区存量安置房的清理核实工作。全区双挂钩项目安置区存量安置房88套、8490.26平方米，门市114套、6154.57平方米；征地拆迁项目安置区存量安置房499套、52643.08平方米，门市321套、18151.25平方米。区征补安置中心已移交入户调查材料整理给区国资金融局。区国资金融局制定全区存量安置房处置方案，并经区委财经委员会审议通过。

2020年彭山区国有土地征补项目明细表

表5

序号	项目名称	收购对象及数量	收购面积（亩）
1	城西社区十四组城中村项目	信托投资公司1宗	11.20
2	仁慈一、二组城中村项目	义源贸易1宗	1.24
3	“四中心”建设项目	梁超惠门市及住房1宗	0.167
4	“四中心”建设项目	出入境接待室1宗	0.15
5	中日康养城项目	彭溪卫生院1宗	0.70
6	中日康养城项目	彭溪畜牧站1宗	0.53
7	蜀郡东岸项目	供排水公司1宗	15.98
8	东红社区城中村改造项目	贾成群2宗	18.33
9	滨江恒城项目	弘城居公司1宗	4.20
10	产业新城项目	工投公司5宗	369.117
11	滨江恒城项目	张艳芬1宗	3.05

（阳　洁）

城镇建设

【老旧小区改造】 2020年，彭山区扎实推进老旧小区改造。截至2020年12月，已完成工务段小区、公园小区、教师公寓小区等75个老旧小区改造，涉及4764家，惠及群众1.43万人。老旧小区整体环境得到显著提升，群众生活全方位得到提升，乱搭乱建“老顽疾”得到有效治理，实现居民受益、房屋升值，共建、共管、共享社区管理模式初步形成。

改造前

改造后

80号小区改造前后

【建筑业转型升级】 拟订《彭山区推动建筑业高质量发展的实施意见》，鼓励企业通过改组、联合、兼并、股份合作等形式组建建筑企业集团。指导企业加快资质升级和资质增项，对升级特级、一级的企业给予奖励，四川中泓华晟建设有限公司（原眉山市彭山区第五建筑工程有限公司）、四川建宏建筑工程有限责任公司和四川业城建筑工程有限公司3家公司具备晋升一级资质的资格，申请一级资质。四川怡中建筑工程有限公司和四川佳泰华建筑工程有限公司现完成资质增项，筹备其他建筑企业资质增项工作。拟订《彭山区建筑业改革发展试点实施方案》。推广装配式建筑、绿色建筑，全区所有项目均按不低于“一星标准”设计建设。2020年4月，眉山中欧远大建筑科技有限公司建成投产，该项目是建筑业现代化工厂的典型厂家，集装配式构件设计生产和施工管理一体化，符合国家和省区市建筑施工标准化，建筑工程发展可持续化的发展方向，也是建筑业改革试点示范工厂。公司为加大投资实施二期项目，开展装配式PC构建设备生产线的改造，采购二期项目设备。四川武阳文化旅游股份公司承建的北外街特色文化街区改造项目，总建筑面积16.37万平方米，按照绿色建筑一星级标准进行设计施工，项目现浇楼板均采用装配式叠合板。

【建筑审批】 彭山区除特殊工程外，取消工程建设项目申请材料10个，取消审批服务事项6个，将规划、气象、环保、消防、水土保持、人防、工程质量7项验收合并为1个办理事项。大幅压缩审批时限，工程建设项目审批涉及的立项用地规划许可、工程建设许可、施工许可、竣工验收4个阶段，通过优化流程，实行一窗受理、一次告知、红色代办、模拟审批、已实现施工许可阶段的图审备案与施工许可和质量与安全备案实现并联审批，将审批时间从改革前的162个工作日，缩短至64个工作日，压缩率为60%。推行红色代办制度、预约延时服务制度。探索“模拟审批”制度。实行“业主承诺、容缺审批”，提前办理各类相关审批，节省正式审批时间，加快项目建设进度。

【公园城市建设】 在谢家街道建设毛河城区段生态修复工程，建设内容及规模包括土方平衡、驳岸整治、绿化、硬质铺装、栈道、给水系统、照明设施及配套建设用房（公共厕所、游客中心）、园林小品构筑物、漏管子改道毛河城区段生态修复；占地面积 22.93 公顷。2019—2020 年，建设彭溪街道竹韵廊公园工程，建设内容及规模为新建以竹为主要元素的公园 1 个，内含给排水、房建、绿化等，总占地 10.73 公顷。

【毛河景观工程】　项目地址位于彭山区凤鸣街道，总投资 6000 万元。A 区主体公园建设面积 12 万平方米，沿毛河绿化跑步道总长 7 千米。公园的建成彻底解决城南片区无公园的现状，提高人民群众生活幸福感。A 区主体公园已开放，其中完成 3 个人工湖小岛填筑，下沉式广场开挖，边沟及排水，广场表面垫层混凝土、石材铺装。完成置石铺设，跑步道整形 1.5 千米，透水混凝土完成 8000 平方米。一、二号厕所及游客中心主体完成。已完成总工程量的 97%。

毛河湿地公园核心区域

（张皓天）

村镇建设

【农村住房安全】　制定实施《眉山市彭山区新村建设扶贫工作方案》《眉山市彭山区脱贫攻坚住房安全保障工作方案》。2020 年，全面完成困难群众住房安全排查，投入区级资金 82 万元，完成建档立卡贫困户危房改造共 46 家，全面完成脱贫攻坚建档立卡贫困户住房安全有保障目标任务。利用中央、省级补助资金 100.8 万元完成全区 56 家四类重点对象危房改造。完成全区 817 家土坯房改造。

【安置房建设】　2020 年，武阳安置房第一批次 12 栋总投资 1.5 亿元，建筑面积 12 万平方米，980 套安置房主体建设已全部封顶，并进入装修工作。北外街棚户区改造完成 8 栋安置房主体结构，总投资 1.8 亿元，建筑面积 14 万平方米，安置套数 1014 套。

（张皓天）

城市综合行政执法

【概况】　2020 年，彭山区持续推进城市精细化管理，落实彭山区委区政府城市管理“五化”（绿化、美化、亮化、净化、秩序化）目标，大力改善环境质量，补齐民生服务短板，城区面貌焕然一新，城市综合管理效能和整体管理水平得到有效提升。全年完成非税征收 1656 万元。

【行政执法】　严格执行行政执法“三项制度”以及《四川省重大行政执法决定法制审核办法》。全年共办理行政处罚案件 132 件，行政处罚 21.43 万元，其中，违规占道经营案件 67 件，车辆抛洒、滴漏污染环境案件 42 件，随意倾倒建筑垃圾案件 2 件，其他行政处罚案件 21 件，所有案件均无行政复议和行政诉讼，实现执法办案零差错、零投诉、零复议。选派人员参加省、市组织的城市管理行政执法专项培训3次，聘请法律顾问为单位重大决策提供法律审查意见，切实提高依法行政、依法办事水平。

【网格精细化管理】 全年将城市建成区（16平方千米）以古城北路、龙潭路为界，分为凤鸣、观音两个管理辖区，把城区341条主次干道、背街小巷细化为10个管理网格，每个网格配备5~8名网格管理员，每名网格员管理3~5条街道，绘制《城区网格化管理区域分布图》，设置《彭山区城市网格化管理公示牌》，并建立“三长”（网格督察长、网格中队长、网格组组长）“三员”（市容巡查员、环卫监督员、卫生管理员）定人、定岗、定责的常态化监督考核工作机制。全面践行“721”（70%的问题用服务手段解决、20%的问题用管理手段解决、10%的问题用执法手段解决）城市管理工作法，推行“马路办公”工作模式，实行每周由局班子成员带队，部门负责人参与下沉执法一线，采用步巡为主、车巡为辅的方式，对城区广场、道路、公园等地的市政基础设施、市容环境卫生、非机动车停放、广告店招店牌占道经营、油烟噪声扰民、占道施工打围不规范等城市管理问题全覆盖展开巡查监管，同时针对重点、难点、热点问题集中突出的市容节点，科学调整勤务，实行定点值守和错时（延时）上班相结合，节假日“一支队伍管全天”的灵活勤务模式，做到小问题不出网格、大问题不引发大围观，初步形成职责边界明晰、权责一致的城市网格精细化管理工作架构。

【市容秩序管理】 以中央环保督察和“双创”为契机，按照《彭山区政府关于取缔彭山主城区违规占道经营通告》全面取缔城区所有占道经营，并常态保持。依据《彭山区店招店牌设置导则》，指导商家业主完成东西南北街、蔡山西路、蔡山东路、迎宾大道、彭祖广场、希望城、仁和城邦商圈1000余个店招、店牌的升级改造示范工作，违规广告店招及时处置率达到90%以上，城市品质显著提升。执行《眉山市市容和环境卫生管理条例》，严控渣土运输车辆在城区行驶路线和时间，联合交警、路政等部门在城区245国道过境段设置扬尘治理检查点，严查渣土运输车辆抛撒、滴漏污染路面；按照《建筑施工现场环境与卫生标准》，对建筑施工工地出入口实行“一硬四有”（硬化出入口道路，设置船型清洗池、截水沟、车辆清洗平台和污水沉淀池，并配备车辆高压冲洗设施和保洁人员，安装远程数字监控系统）和“六必须、六不准”（必须打围作业、必须硬化道路、必须设置冲洗设施、必须湿法作业、必须配齐保洁人员、必须定时清扫施工现场；不准车辆带泥出门、不准高空抛撒建渣、不准现场搅拌混凝土、不准场地积水、不准现场焚烧废弃物、不准现场堆放未覆盖的裸土）管理。督促650家餐饮业主安装油烟净化装置，建立并落实定期清洗制度，城区餐饮行业净化装置安装使用率达95%以上；加大夜市摊点、夜宵烧烤综合治理力度，取缔经营性小煤炉260余个，有效治理油烟扰民问题，完成环保督察相关工作。坚持以问题为导向，通过宣传、引导、规范、约谈、整治等形式治理广场舞、娱乐演奏、临街商铺促销等社会生活类噪声问题。

【城市交通管理】 开展城区人力客运三轮车限行管理，消除三轮车运行带来的交通安全隐患，制定《眉山市彭山区综合行政执法局城区人力客运三轮车自愿回购奖励工作实施方案》，2020年12月21—30日，对城区人力客运三轮车实施残值回购与奖励，共回购460辆。针对非机动车乱停乱放问题，在中心城区分区划线设置非机动车停车位，对车辆进行全面规范停放，同时发挥“门前五包”责任制优势，发动商家、群众共同参与车辆管理，养成文明停车习惯，非机动车乱停乱放行为得到有效遏制；针对机动车停放难问题，在李密大道、高铁站前广场等地建设停车场，增设停车位400余个，缓解城区停车难问题；指导路投公司推进彭山中心城区停车场规划建设、路面停车位的运营管理工作，中心城区占道停车实现智能设备管理收费，5座试点停车场实现无人值守智慧停车收费。

【环境卫生管理】　按照环卫市场化工作要求，由环卫市场化考核小组负责对中联公司作业情况进行监管考核，主城区干道机械化清扫率达到90%以上，街面卫生干净整洁。在城区设置垃圾分类桶、箱1700余个，城区生活垃圾采用街道巡回、小区定点上门服务的方式收集，乡镇生活垃圾采用村收集、镇集中、公司统一运输的方式收集，收集覆盖所有镇（街道）和部分示范村，每天生活垃圾及转运站垃圾渗滤液220余吨，全部运往眉山中机国能进行无害化处置，生活垃圾无害化处置率一直保持100%。专门抽调10名队员负责彭溪河公园和凤鸣公园管理和日常巡逻检查，对乱摆摊点、健身舞音响噪声、非机动车乱停放、躺卧座椅、公园内吸烟、遛狗、垂钓等不文明行为进行劝导、制止和规范。

【大气污染防治】　每天3辆抑尘雾炮车、6辆多功能扫地车、2辆道路养护车、2辆洒水车对城区迎宾大道、彭祖大道、245国道城区段、滨江大道、李密大道、龙湾大道、蔡山路、锦绣大道以及中心城区道路等主次干道实行“两扫四冲六喷雾”（两次机械化清扫、四次冲洗、六次喷雾降尘）作业，极端天气实行不间断巡回冲洗喷雾降尘作业，城区人行道和广场实行每周轮流冲洗。

环卫雾炮车消毒作业

【生活垃圾分类】　制发《眉山市彭山区城区生活垃圾分类和处置工作实施方案》《眉山市彭山区公共机构生活垃圾分类和处置工作实施方案》，组织专人、专车广泛宣传，向商家和居民发放垃圾分类手册、垃圾分类倡议书3000余份，张贴垃圾分类倡议书2000余份，并在彭祖广场、彭溪河湿地公园设置垃圾分类投放点5处，配备垃圾分类专用收集车4辆，投放垃圾分类箱1000余个，垃圾分类桶600余个，在区政务服务中心、三大集中办公区（区委、区政府、综合办公楼）、彭祖广场、彭溪河湿地公园等地试点的基础上将生活垃圾分类工作推广至城区公共机构117个，确保2022年年底实现城区全覆盖。

【餐厨垃圾处理】　组织专人前往成都等地考察学习，利用市场化手段，在不增加财政负担的前提下，由4家具有专业处置资质的中小企业负责中心城区餐馆餐厨垃圾的统一收集、运输和处置，已有900余家机关企事业单位食堂和餐饮经营业主与餐厨垃圾回收企业签订服务协议，并建立餐厨垃圾去向台账登记，彭山餐厨垃圾的收集、运输、处置率达到85%以上，走在全市各区县前列。

【行政审批】 按照四川省“三集中三到位”“放管服”等工作要求，区城市综合行政执法局行政审批、行政征收、公共服务等事项全部纳入行政审批局窗口一站式办理。全年共受理行政审批938件，行政许可收费760万余元。疫情防控期间将审批流程由“五步”精简为“三步”，让企业和办事群众少跑路甚至不跑路，足不出户便可通过电子邮件办理电子行政许可文书。

【提案办理和信访服务】 全年受理信访、“12345”投诉件676件，承办区人大代表建议和区政协委员提案6件，答复规范率、办结率均达到100%，做到件件有落实，事事有回音。

【市政项目升级改造】 2020年，城南市场、彭祖广场进行升级改造全部竣工投入运行。按照《城市公共厕所规范与设计》和“厕所革命”要求，对主城区8座公厕进行升级改造。

【执法宣传】 参与“10+N”法治宣传教育主题活动，制作法律宣传展板30个、印发宣传资料1.5万余份，深入开展法律进农村、社会、学校、企业，营造“人人参与、齐抓共管、大家受益”的社会氛围。认真落实安全生产“一岗双责”，建立安全生产领导责任制和责任追究制，通过安全培训、消防演练、安全检查等形式，全体人员安全责意识和责任心显著增强，全年共出动人员120人次，检查150处，共发现隐患30余处，均进行及时整改，化危为安。组织全局干部职工签订《禁毒承诺书》，各部门签订《禁毒工作责任书》，向市民、商家发放禁毒宣传资料，增强识毒、防毒、拒毒、反毒意识，营造全社会共同参与禁毒的浓厚氛围。成立扫黑除恶工作领导小组，配合区扫黑除恶办公室，梳理城市管理中的不足和乱象，清理查找城市管理中欺行霸市和秩序乱象问题，为打赢扫黑除恶决胜仗贡献城管力量。

【执法改革】 按照《眉山市彭山区深化市场监管等领域综合行政执法改革的实施方案》，向区委编办上报《推进执法重心下沉工作报告》，按照先行先试工作思路以筹备组方式下沉执法力量，先后设置凤鸣街道、观音街道、谢家街道（代管公义镇）、江口街道（代管黄丰镇）4个执法中队筹备组，派驻执法队员83名，实现全区所有镇（街道）执法力量全覆盖，为有效解决基层管理难、执法难问题打下基础，综合行政执法体制改革工作向前迈出坚实一步。

【疫情防控】 做好防疫工作，科学制定工作方案，周密部署，严格落实，为彭山实现疫情零确诊、零病例、零感染提供有力的保障。针对人群扎堆问题，打围封闭管理凤鸣公园、彭溪河湿地公园等地点，每天安排宣传车、网格人员到公园、河堤等市民容易扎堆地点开展防疫宣传，先后劝离扎堆市民和投机经营商户上万人次。组织中联环卫公司每日3次对城区生活垃圾分类桶点、果皮箱和站内设备设施、公共区域等进行消毒；利用雾炮车、多功能洒水车每日对城区主要公共区域全覆盖消毒不少于2次，单次消杀面积超过100万平方米；指定专人管理设置的废弃口罩回收点288个，统一收集运输、焚烧销毁，日产日清。为满足群众需求，按照便民不扰民、放开不放任原则，在希望城、仁和城邦商圈内部规划试点打造2个临时便民服务摊区，提供临时摊位100余个，有效平衡民生保障和市容市貌维护。

2月27日，环卫工人对城南临时过渡市场进行喷洒消毒

（李晓隆）

市政园林

【概况】 2020年，全区城市建成区绿化面积522.1公顷，绿地率32.59%，绿化覆盖面积604.9公顷，绿化覆盖率37.76%，公园绿地面积158.93公顷，实现人均公园绿地面积13.49平方米。

【园林绿化养护】 彭山城区管护绿化面积1.3亿平方米，共修剪绿篱8次、62万平方米；修剪草坪7次、31万平方米；修剪行道树1.2万株；雨季扶正树木132株；清理全城区存在安全隐患的树木84株；更换全城区鲜花共8次、9万平方米；根据植物的长势及病害的发生及时施肥施药6次；全城区树木覆盖率达98%以上。结合双创工作，对城区彭祖大道、迎宾大道、站前广场、滨江大道、彭溪河沿线及全城区树池内缺失的灌木地被等进行补植；补植金叶女贞、海桐、红继木、月季等灌木共计6600平方米，补植麦冬、台湾二号草坪等地被8600平方米。对谢家、公义苗圃内3349株树木进行锄草、疏枝、病虫害防治等日常管理，鲜花大棚全年生产鲜花80万盆。做好春节、国庆等重大节假日氛围营造，在城区主要道路、出入口、街道及节点行道树上悬挂纸质灯笼14万个、设置景墙8处。

【城市美化项目】 实施完成李密大道北延伸段及竹韵廊公园工程。李密大道北延伸段及竹韵廊工程为省、市重点项目，总投资4620万元，主要包括两个部分：李密大道北延伸段道路工程，总长度876米、宽24米，已完成通车；竹韵廊公园项目，总占地面积为10.73公顷，主要是以竹为主要景观元素，新建一座竹文化公园，整个工程全面竣工，公园已对外开园。

竹韵廊公园

【城市照明】 2020年，全区维修路灯1896盏，更换电缆3258米，城市道路及公共场所装灯率达100%，亮灯率达95%。

（陈　珊）

交通·邮政

道路建设

【概况】 2020年彭山区稳步推进交通重点工程项目建设，共计承担省、市、区重点项目9个，其他交通建设项目11个，年度累计完成投资11.94亿元。“2020年度彭山区千亿交通大会战”建设目标投资任务7亿元，完成7.62亿元，超额完成目标投资任务，全行业总体保持较好发展势头。

【交通大会战】 岷江尖子山航电项目完成投资7亿元。彭山区岷江大桥建设工程，完成投资0.9亿元，项目桩基总计完成68根，占全年任务量的100%，推进承台、墩身施工。环湖东路工程，完成投资1亿元，已完成施工招标，施工单位已进场，已完成项目部组建及清表工作。锦江大道完成投资1.2亿元，彭山段征地拆迁已完成，施工单位已进场。彭邛快速通道已完成投资0.08亿元，完成立项，后续前期工作有序开展中。城市公交枢纽站完成投资0.5亿元，完成项目土地划拨，施工图设计已完成，正开展财评工作。新建成乐高速观音互通至245国道连接线，唐河大桥及连接线规划方案已通过区规委会审定，待市规委审定。滨江大道北段工程（一期）已完成规划方案调整并上报区规委会，待规委会重新审议后开展后续工作。S13市域铁路项目规划方案已通过区规委会审议，待上市规委会审定后启动前期工作。

【综合交通建设】 重点项目成乐高速彭山新互通已完工启用，太和大道全面完工通车；重大项目岷江大桥进度超前，完成2020年目标投资任务9000万元；续建项目环天府新区快速通道、东星航空大道建设进展顺利，尖子山航电枢纽工程前期建设进度正常，因业主融资等问题暂时停工；彭山北综合交通枢纽、省道104改线工程第一期、成乐高速观音连接线等项目前期工作进展顺利。

建设中的岷江大桥

【干线公路项目建设】 245国道预防性养护工程项目已完工并完成交工验收，完成投资0.2亿元；245国道彭山段附属设施及公交站台改造建设工程项目已完成花台拆除和路面基础施工，完成投资0.07亿元。

【道路整治】 2020年，道路灾毁整治工程第一、二批道路灾毁整治工程已完工，完成投资0.05亿元；8座三类桥维修加固完成投资0.03亿元；岷东大道眉彭段等公路绿化19千米，完成投资0.02亿元；东星航空大道工程已完成路基工程和管涵工程，完成投资0.3亿元；工业大道绿化提升改造工程已全面完工，完成投资0.15亿元。

【农村公路建设】 农村公路危桥重建、加固工程：邓庙桥、石灰桥、毛河桥重建工程已全部完工，完成投资0.1亿元；黄丰旅游环线工程已全面完工，完成投资0.15亿元；锦绣大道南段附属工程项目已完工并完成交工验收，完成投资0.1亿元。

（周　玲）

交通枢纽建设

【概况】 彭山区综合交通枢纽建设推进中心是2019年7月机构改革时，撤销原区铁路建设领导小组办公室的基础上挂牌成立，主要负责全区铁路、航电等交通枢纽建设的综合协调和推进工作的部门。

【铁路建设核资清算】 组织专班深入铁路沿线乡镇、街道和村社，清理核查项目资金使用情况。成绵乐客运专线彭山段途经凤鸣街道办和原彭溪街道办、观音镇、青龙镇，全线20.4千米，共征用彭山区土地88.13公顷，项目于2009年7月开工建设，2014年12月建成通车，征地拆迁补偿费用初审金额共4亿元。成昆铁路扩能改造工程彭山段途经凤鸣街道办和原彭溪街道办、观音镇、青龙镇、牧马镇，全线20.7千米，共征用彭山区土地43.47公顷。项目于2013年6月开工建设，2017年6月开通运行，征地拆迁补偿费用初审金额共1.52亿元。两条铁路进入审价确认、国家验收阶段。

【交通建设项目推进】 全力协助成昆公司、成绵乐公司完成成昆铁路扩能改造工程和成绵乐客运专线建设用地的确权办证工作及铁路建设拆迁户安置房产权办理。协调处理铁路建设中存在的土地权属争议，配合做好土地报征。

【岷江彭山尖子山航电工程建设推进】 岷江彭山尖子山航电枢纽工程属岷江中游第一梯级，

是以航运为主，航电结合，兼顾其他功能进行综合开发建设。该航电工程正常蓄水位426米，库容量3540万立方米，渠化防渗（堤防）13千米，Ⅳ级航道1座，装机容量6.9万千瓦。工程总投资16.89亿元，由“社会资本+政府补助”方式投资建设，建设内容有挡泄水工程、防渗堤防工程、船闸工程、坝顶公路桥、发电厂房等。彭山区综合交通枢纽建设推进中心认真分析研究工程建设中出现的各种问题，先后多次到东坡区进行对接，协调因施工占用其境内河滩地事宜；与发改、环保、交通、规划、电力等部门协调办理相关手续。完成“一枯”施工既定目标，为“二枯”施工过流的五孔冲沙闸和常年施工围堰形成，厂房基坑混凝土全覆盖，航闸及右岸防洪堤施工已具有一定形象面貌，2020年所建工程抵御20年一遇的超标洪水，确保安全度汛。攻克电站电源接入彭祖站方案的难关，为政府减轻原预可研电源送入文庙站面临的城市规划和拆迁的压力。

【协调动车公交化运行】　建立动车运营路地联系协作机制，成立路地联系协作工作领导小组，每季度组织召开专题协调会，加强铁路部门与地方政府的有效沟通联系，解决运营过程中出现的一系列问题。签订动车运营合作协议，保障彭山北站动车停靠数量不断增加。彭山区每年出资500万元，铁路方安排每日停靠彭山北站动车车次不低于15对、30趟，并不断优化早晚黄金时段车次停靠。租赁动车组提高动车公交化运能供给。截至2020年年底，彭山北站每日停靠动车车次已达19对、38趟。

5月21日，区综合交通枢纽建设推进中心与成都车务段召开动车运行协调会

【疫情防控】　疫情防控期间，安排专人在彭山北站和彭山火车站全天候值守，对进出旅客进行体温检测、信息登记、分类处置等工作，常态化做好疫情防控。

【铁路下穿隧道积水整治】　积极对接中国铁路成都局集团有限公司，解决彭山区观音街道、凤鸣街道3处铁路下穿隧道积水等安全隐患整治。向上级争取资金142万元，用于下穿隧道积水问题和铁路沿线安全隐患的整治。

（刘冬梅）

交通运输

【概况】　2020年，坚决打赢“千亿交通大会战”，努力实现融入省市综合立体交通走廊，融入成眉同城主枢纽，对接“公路、铁路、水路”大通道，形成内畅外通、互联互通、品质提升的现代综合交通体系，全力保证彭山开放发展先行区建设。

【旅客运输】 2020年，彭山区2家客运公司共有客运线路11条，客车38辆（其中农村客运车辆35辆、长途客运车辆3辆）。客货运输股加强对2家客运公司的安全检查，共开展安全检查8次，检查企业16家（次），发现安全隐患4处，均按规定进行整改。督促彭山区汽车运输公司做好2019年度质量信誉与安全动态考评工作，质量信誉与安全动态考核等级均为AAA级。驻站办督促客运中心站做好“三不进站、七不出站”，每天对车站各岗位进行安全检查2次，共抽查客车3650辆（次）；督促车站做好新冠肺炎疫情防控和“双创”工作。全年未发生一起安全生产责任事故。

【货物运输】 彭山区共有货运企业23家（其中普通货运企业22家、危险货物运输企业1家）。加强对货运企业的监管，督促企业每月按时召开安全工作会议；加强对驾驶员、押运员、安全管理人员的教育培训，完善车辆档案、人员档案，开展安全隐患排查和应急救援演练。全年共开展安全检查21次，检查企业62家（次），发现安全隐患32处，均按规定进行整改。督促1家危险货物运输企业做好2019年质量信誉考评工作。

【城市公交】 2020年1月开通对接成都的3条公交线路，分别是：彭山北站至黄龙溪客运站S101、S102公交，彭山北站至地铁10号线新平站XK4公交。按照《彭山区城乡公交全域化实施方案》的要求，结合“金通工程”，对原4条社区公交线路进行重新优化和命名，新开通71路－76路共6条城乡公交线路。截至2020年年底，全区共有公交线路15条，其中跨市公交线路3条（S101、S102、XK4）、跨区公交线路1条（20路）、城市公交线路5条（51路－55路）、城乡公交线路6条（71路－76路）；公交车106辆，其中纯电动公交车46辆、混电公交车22辆、纯汽公交车38辆。督促公交公司做好疫情防控和“双创”工作。全年未发生一起安全生产责任事故。

【出租车】 不断提升出租汽车行业管理水平，引导全区出租汽车行业健康稳定发展。全年督促出租汽车公司召开安全例会12次，每月均进行路面安全检查，共检查出租汽车218辆（次）。客货运输股共受理投诉108件，处理108件；投诉做到件件有记录，件件有回复，回复乘客满意率达100%。督促出租汽车公司做好疫情防控和“双创”工作。全年未发生一起安全生产责任事故。

【驾校管理】 2020年，彭山区共有驾校8家，开展安全检查23次，共出动执法人员73人次，检查驾校67家次，发现安全隐患3处，均整改到位。处理驾校投诉（求助）17起，满意率达100%；开展驾培乱象整治，取缔非法报名（平台）2处。

【道路运输安全】 每月组织道路运输、驾培、维修企业、渡口召开一次安全工作例会，全年共召开12次。会议采取以会代训、观看有关事故案例视频进行安全警示教育，落实企业安全生产主体责任。每季度组织召开一次安全生产工作领导小组会议，全年共召开4次，安排部署有关安全管理工作。督促检查重点货运源头、农村客运、出租、维修、驾驶培训、寄递物流、普通货运、城市公交等企业安全生产工作。全年共组织安全检查920次，检查企业1108个次，检查营运车辆4356台次，出动检查人员2708人次，出动检查车辆408台次；发现安全隐患71处，均已整改。

【超限运输管理】　采取流动治超和固定治超相结合，在江口、谢家设置固定治超检测站，对途经超限超载货车进行24小时不间断监测和处罚。2020年共计检测货运车辆52.18万辆，办理行政强制案件297件，卸载货物1.01万吨，移送交警部门罚款46.5万元，抄告运管、道安594份。分东西片区组建流动治超队伍，全覆盖、突出重点路段不定时开展超限超载查处工作，全年流动治超共引导涉嫌超限超载车辆进站检测165台，暂扣165台。2020年共查处超限超载270余件，卸货1万余吨，共计罚款46.5万元。有效扼制车辆超限超载违法违规现象，超载超限治理取得阶段性成果。

【打非治违工作】　全年出动执法人员2100余人次、出动执法车辆500余台次，共查处非法营运车辆23辆和超经营范围危化品运输车辆2辆，共计罚款26.1万元。先后5次全覆盖对全区出租车进行专项整治，共查处出租车违章14辆，共计罚款2800元。

【路产路权保护】　加强公路路产路权保护和环境治理，每日对全区公路开展安全巡查工作。集中对观保路、广青路、剑南大道南延线等重要路段进行专项治理工作，共清理占用公路绿化用地种植农作物11.27公顷，查处违法接道2处，拆除违规广告8处，清理占道摆摊设点232次，更换损坏波形护栏4处，保障5次大件运输顺利通过。

【“路长制”工作】　在全市率先启动“路长制”工作，先后制定《公路精细化管理实施方案》《公路联合巡查方案》《国省县道公路治理导则》等配套管理措施。全区所有国、省、县、乡、村道路实现全覆盖、常态化保洁，排查整治道路安全隐患312处，查处超载超限、侵占路产路权、乱摆摊设点、违法接道等涉路违法行为600余起，绿化公路10千米，打造绿化节点6个，全区路域环境得到明显改善。

【成眉同城化建设】　主动对接四川省交通运输厅、眉山市交通运输局，成都市及周边各区县，对外衔接成都铁路局，有力推进成眉同城发展。城际铁路成贵铁路客运专线停靠彭山北站车次提高到19对（38趟），日输送乘客5000余人次。跨市公交彭山至双流、新津两条公交线路运行正常。S104线改线工程第一期取得省交通厅批复，完成立项。争取市域铁路S13线（地铁10号延伸线）纳入规划。

【疫情防控】　充分发挥前端关口的重要作用，全区交通系统200余人全力投入疫情防控中，从2020年1月24日起，先后设立筛查点16个，每天出动车辆10台，人员100余名，开展24小时检测、执勤等工作，覆盖全区高速路口、国省干道，重要卡口和车站、码头等重点场站，严格落实交通工具、重点公共场所消杀措施。采取“一检多认”“绿色通道”等保通、保畅、保运措施，全力保障防疫急需物资、医患人员、生活物资等车辆优先通行及社会车辆快速通行。同时，在全市率先启动重点项目复工复产，防控经验和防控措施在全市交流，保障疫情防控和重大项目复工复产两不误。

（周　玲）

公路养护管理

【公路养护】　全年出动公路养护段工作人员2000人次，安全巡查道路288次，巡查管养桥隧960余次，发现隐患及时处理。完成维修市政道路、245国道、彭里路、华彭路、邛彭路、岷江二桥引道路面坑凼2700平方米，投入资金33万余元；完成市政道路灌缝8千米，国省县道千余米，投入资金15万余元，清理所有桥梁伸缩缝500米；完成堵水桥、胜利桥、黄角桥、白坡桥、王家坪桥、凤义路一桥、跃进桥、C004一桥维修加固，投入资金100万余元；完成“四好农村路”路面坑凼维修约220平方米，投入资金2万余元；完成“扶贫攻坚”道路（原保胜乡保净路）路面灌缝约1千米，投入资金1万余元；汛期道路抢险35次，出动机具115台次，清理岷东大道、彭里路、邛彭路、江白路滑坡和塌方125处，1万余立方米，清理边沟12千米。

【道路环境卫生整治】　以机械清扫为主，人工配合保洁的方式，每天做好对新彭谢路、245国道（除城区段、青龙段）、岷东大道、成彭大道、工业大道、贝尔大道、观音工业大道、高保路（观音—公义）、华彭路、江白路、岷东大道至天府大道连接线、245国道路口至岷江二桥等路段的清扫、洒水、边沟清理等工作，人工清扫道路1.2万余千米，人工清洗护栏约40千米，清理边沟18千米，清理白色垃圾、杂草95吨；机械清扫道路2.15万余千米，机械清洗护栏5500余千米，用水量4.75万立方米；清理245国道、邛彭路、岷江二桥引道边沟、路肩垃圾、杂草11千米，投入资金18.2万余元；粉刷245国道、工业大道、岷东大道、岷江二桥引道、华彭路行道树，投入资金9.5万余元。

【道路绿化提质升级】　对工业大道、岷东大道眉彭段、岷江二桥武阳段进行道路绿化养护，对245国道行道树和花台进行绿化整治提升，打造高保路、广青路共5处绿化示范点，对岷江一桥、江回路行道树进行移植，清理绿化内杂草共19万平方米，完成公路绿化19千米，投入资金170万余元。

【应急抢险保通】　制定应急演练预案并组织人员进行防汛演练，提升队伍的抢险能力。防汛期间领导组织抢险队伍，对多处路段出现的滑坡、塌方和树木倒塌阻断交通等险情进行抢险保通35次，出动机具115台次，清理滑坡和塌方125处、1万立方米，最大限度地减少公路、桥梁因灾害造成的损失，保障了人民群众的安全。

（周　玲）

海事航务管理

【海事监管】　全年出动执法人员470人次，出动车辆160台次，检查渡口130道。发放救生衣120件，更新救生衣120件，安全投入50万余元。

【尖子山航电】 尖子山航电工程是四川省岷江中游六个梯级航电规划项目中的第一级“以航为主，发电为辅”的省级交通基础设施重大建设项目，并纳入四川“十三五”规划，列入省、市、区重大建设项目名录进行督办考核。项目于2019年10月8日开工，至2020年完成预可研、可研、初设等32项专题报告，获得专家评审阶段性成果；完成土建、金结等招标工作17项，签订合同金额8.9亿元；完成土石方开挖、填筑95万立方米，占整个工程量的32%；混凝土浇筑11万立方米，占整个工程量的20%；左岸防洪堤完成临时围堰填筑，临时供电系统、筛分系统、拌和系统安装建设完成，取料场别墅拆除完成，趾板开挖170米。2020年，项目已投资3亿余元，主要用于项目前期工作9000万余元，设备订货预付5000万余元，甲供材料预付3000万余元，土建工程进度投资1.3亿元。

（周　玲）

邮政管理

【概况】 2020年，彭山区邮政累计实现业务总收入5092万元，完成进度110.89%，同2019年比增幅为19.24%，均排全市第一，收入规模增幅在全省185个区县中排第一。彭山区邮政分公司先后获得“先进基层党组织”“党组织建设示范点”“优秀企业”等称号，在全市邮政经营绩效考核中获第一名，各项业务发展成果的管理经验在全市推广交流。

【基础管理】 全年严格管控，成本压降到位，对员工加大资金安全宣讲，有效规避资金风险，加强风险管理。全年未出现个人向对公账户转账的违规情况。开展百元业务成本活动，优化产品结构，实现利润新增点。

【人力资源管理】 优化人才队伍配置，从后备人才队伍中选拔出寄递业务中心经理1人、大客户经理1人、行政管理岗1人、网点负责人2人，增设渠道经理岗、财富管理岗，加强人员的盘活使用和组织队伍建设。优化薪酬分配体系，彻底打破大锅饭，激发员工营销积极性，区分公司从后台管理、金融网点、内部处理、投递人员4个层级，从年度绩效、月度绩效、营销绩效3个维度，出台绩效分配和按量计酬办法，全方位、各层级激发员工内生动力。通过能人营销分配办法，带动揽储608万元，车险保费销售52.4万元（商业险），集邮销售42万元，分销产品销售68万元。

【安全服务管理】 严格落实疫情防控主体责任，做好生产场地、器具的消杀工作，干部职工上下联动、通力配合确保营业、投递、网运等各环节的防控万无一失。组织开展消防、车辆安全培训，增强员工安全意识，全年无安全事故发生。梳理作业流程、工作标准，每月对网点、大宗邮件处理中心邮件的收寄验视、规格质量、协议的签订进行专项检查，有效降低客户投诉率。持续提升服务水平，优化调整委代办人员22人，完成所有普遍服务网点标准化整治工作，在2020年普遍服务全面提质达标专项活动中排全市第一。

（滕　爽）

邮政业务

【金融业务】 全年走访安装聚合支付有效户1046家，活跃户374家，进度121%；手机银行激活6276条，完成年计划149%，排位全市第一。着力开发各类拆迁项目，全年揽收代发资金1亿元。

【寄递业务】 全年实现标快业务收入4.8万元。在青龙片区创新试点“领创众享”，实现业务收入1800万元。

【文传业务】 着力产品销售和项目开拓，实现“1号宝典”销售收入33万元；防疫物资和抗疫邮品销售8万元，线下媒体收入8.8万元。对接单位政务宣传，实现收入17.7万元。

【电商分销】 开展黄丰肥料客户答谢会6场次，现场预订肥料120余吨，实现销售金额42.18万元。狠抓两险业务发展，累计销售车险663单、简易险1115单，实现保费179.77万元，实现收入63万元。建设便民服务站110个，办理便民缴费业务2.13万笔，交易额达到326.45万元；截至2020年12月，累计实现数字化站点自营批销额44.6万元，完成全年数字化站点自营批销目标。

【邮政服务】 结合地方热点进行项目切入，将锦江学院校园网点打造成为集“邮政普遍服务+综合快递服务+学生创业支持和创意交流”于一体的开放式综合运营平台。与彭山区总工会合作建设“彭山区工会会员普惠生活馆”，打造“线上+线下”的服务平台。在彭山区第三中学共同举办“邮说社会主义核心价值观”集邮知识进校园活动，树立当代学子从小爱国、爱党、爱集邮的志向，举行书香彭山图书巡展，累计参观人数达1万人次，实现流转额33万元。

（滕　爽）

综合经济管理

发展和改革管理

【概况】 2020年，全区发展和改革工作全面践行区委“南连北融、同城发展，东西并进、全域开放”发展思路，推动“132”空间布局，以规划编制为引领，以项目建设为抓手，主动抢抓发展先机，着力破解发展瓶颈，推进全区高质量发展，建设开放发展先行区。全区GDP完成183.39亿元、增速4.5%；全社会固定资产投资完成219.13亿元、增速10.2%。

【经济综合】 统筹协调经济和社会发展计划，区发展和改革局牵头编制主要经济指标目标任务，并密切跟踪完成和排位情况，实行“3个常态”（旬分析、月调度、季结账）抓实经济运行监控，牵头负责的主要经济指标实现“双第一”（即GDP和全社会固定资产投资）。当好参谋助手，组织拟定《2020年经济工作要点》《应对新型冠状病毒肺炎疫情支持中小企业共渡难关二十三条措施》《国民经济和社会发展计划执行情况报告》等计划措施，出思路、谋发展，为领导决策提供智力参考。

【规划编制】 全面启动“十四五”规划纲要编制，形成《“十四五”时期国民经济和社会发展基本思路》和规划纲要初稿，提出“南连、北融、东进、西拓”的发展布局，注重以项目引领和支撑“十四五”高质量发展，拟定纳入纲要重点项目363个、总投资3775.6亿元。围绕成眉同城率先突破，大力推动成德眉资同城化发展，组织签订《彭山—新津交界地带融合发展实施方案》等战略合作协议9个，推动区域开展深度融入合作；与双流区合谋打造“双彭”经济走廊，在规划、产业和公共服务等领域，明确16项重大任务，推动实现同频共振、同城发展。围绕建设开放发展先行区，抢抓成渝双城经济圈建设等重大机遇，拟定“四重清单”重大项目30个、总投资1368亿元，谋划重大政策和改革事项14个，以重大项目、重大事项为抓手，推动扩大开放合作，深化区域发展。

【项目投资建设】 围绕投资唱主角，实施“345”项目推进方法［围绕“3个”方向挖掘潜力（向上、向内、向外），夯实储备项目；落实“4个”举措（领导联系推动、部门清单推进、季度现场拉练、红黑榜单通报督促），强力推进项目建设；强化“5个”服务（银政企支持、一网通办、流程精简、审批提效、探查暗访），优化投资环境］。第三季度，全区固定资产投资增速高于全市、投资完成好，进入投资运行“红榜”。1—12月，全区5个省重点项目实现投资18.5亿元，完成全年目标任务的151.8%；20个市重点项目实现投资57.2亿元，完成全年目标任务的150.4%。区重点项目超额提前完成全年目标任务，被四川省发展和改革委通报表扬。针对重点项目建设受疫情的冲击和影响，一手抓疫情防控，一手抓复工复产，组织制定复工复产计划，全力“补缺口、补欠收”，积极向上级争取到重点项目防疫补助经费200万元，推动项目建设全部按时开工复工。

【资金争取】 全年牵头组织向上级争取到项目252个、到位资金12.5亿元；申报政府专项债券51个项目、申报资金77.6亿元；申报抗疫特别国债35个项目、申报资金7.3亿元。严格向上级争取资金后续使用管理，严格督促项目单位按时保质完成建设任务，避免因进度、质量等问题影响后续资金争取，确保得到更多的上级资金支持。

【项目监管】 全年审批政府投资项目96个、总投资64.7亿元；核准招投标84件，节资率12.5%，无一例投诉件。扎实开展招投标领域突出问题系统治理专项行动，提出查漏补缺合理化建议11个，问责约谈失职失责行为4起，移交公安机关处理2起，坚决打击围标串标等违法行为，进一步净化招投标市场。为政府投资项目建设和实施秩序建言献策，深入研判岷江项目不利因素影响，提出项目实施次序建议，推动形成“谋划、论证”前期工作链。

【粮食购销储备】 全年轮换区级储备粮小麦1000吨，稻谷1167吨，入库区级储备粮4300吨，菜籽油460吨。针对新冠肺炎疫情影响，完成新增区级小包装大米700吨，菜籽油70吨临时储备任务，保障全区粮油安全。开展政策性粮食库存数量质量大排查，自查和普查粮食7.33万吨，清查货位52个，确保全区政策性粮食库存数量真实、质量良好。加强粮食安全日常监管，开展执法检查27次，粮食安全生产检查43次，整治隐患35个。

（汪　波）

财　政

【概况】 2020年，彭山财政面对新冠疫情对经济形势的冲击，充分发挥财政职能作用，积极保障疫情防控，全力支持复工复产，优化支出结构，强化绩效管理，稳步推进各项财税改革和财政管理工作，促进全区经济和社会稳步发展。

【财政收入】 全年区本级地方一般公共预算收入完成10.9亿元，为预算的104.9%，同比增长10.5%，其中税收收入完成5.8亿元，税收占比53.9%，同比增长10.5%；基金收入完成48.20亿元，较年初预算增加13亿元；上级转移支付补助和债券转贷资金收入20.96亿元。总收入完成80.06亿元，总支出完成81.32亿元。

全区（含天府新区彭山区域）一般公共预算收入完成16.7亿元，同比增长2.1%；基金收入完成81.5亿元，同比增长6.6%；上级转移支付补助和债券转贷资金收入24.79亿元。总收入完成122.99亿元，总支出完成121.55亿元。

【向上争取资金】 全年全区各部门争取到位各类上级资金12.47亿元，超全年目标0.47亿元。全区争取到位新增政府债券资金10.51亿元，到位抗疫特别国债资金1.52亿元，争取到位再融资债券7.02亿元，减轻还本支出压力。

【重点保障】 全面贯彻落实中央经济工作各次会议精神，在保基本保运转的基础上全力保障全区重点工作、重点项目支出。支持疫情防控和复工复产。支持全区疫情防控资金5921万元。支持企业复工复产和落实扶持中小企业二十三条措施1723万元；发放稳岗返还补贴178.38万元，支持“消费促进季”消费券发放400万元。支持“稳保贷、战疫贷”等贷款财政配套贴息76万元。缓缴、减免税费776.24万元。防范化解地方政府债务风险。2020年年末，政府债务余额64.99亿元，未超限额；预算安排还本付息4.64亿元，未发生逾期行为；债务率55%，风险等级为绿色。包装发债项目7个，入库项目5个，可发行债券额度21.55亿元。2020年年末，隐性债务余额25.84亿元，当年偿还5.69亿元，化债率109%。全口径债务率84%，风险等级为绿色。加大财政扶贫力度，投入财政专项扶贫资金5240万元，支出率96%，保障全区脱贫攻坚的全面完成。积极开展贫困地区农副产品政府采购，全区完成采购337.08万元，完成目标任务的129%。

【财政改革】 建立健全财政国库库款预测预警监控管理长效机制，按保工资按月发放、保单位正常运转、保基本民生要求监控库款余额。深化和完善国库标准化改革，确保国库资金安全，提升资金使用效益，合理调度资金，确保全区各部门预算支出能及时清算，每月国库库款余额保障率均保持在0.4%～0.6%的合理区间，民生工程和重点项目资金及时到位，国库暂付款存量消化1971万元。加强直达资金和专项扶贫资金管理，确保资金及时足额支付，直达资金使用率100%，专项扶贫资金支出进度达96%，完成省定目标任务，全部完成财政73项两年攻坚改革任务。

【财政资金监管】 结合四川省委巡视反馈意见整改工作，制定《眉山市彭山区大额财政性资金支出审批办法》，建立资金审批长效机制。全面推行预算绩效管理，进一步完善对全区各预算单位全方位、全过程、全覆盖的预算绩效评价机制，“花钱必问效，无效必问责”的管理理念得到执行。积极盘活存量资金，组织清理全区各单位自有资金，收回存量资金5872万元。强化采购监管和财评的前置把关效力，完成全区320个采购项目件的审核和监督工作，节约资金1935.72万元，节约率6.59%。完成政府性投资项目评审293个，审减资金29958.27万元，审减比例达10.85%，提高财政资金的使用效益。组织开展政府采购代理机构监督检查及信用评价工作，督促6个存在制度机制不健全的单位进行整改。开展全区性的差旅费发放、公务接待及公车使用管理专项整治工作，再次严明财经纪律，进一步规范财务管理。

（周才洪）

税　务

【概况】　2020年，彭山区全力以赴抓好组织收入工作，始终坚持组织收入原则，严肃组织收入纪律，严守依法征税底线，抓牢主业，强化征管，分地区、分行业、分税种分析税源潜力，紧盯重点税源、重点区域、重点项目抓收入，提升税收征收率，实现组织收入量质双升。

【税费收入】　2020年，全区累计组织税收收入11.42亿元，较2019年同期增长12.94%；非税收收入3489万元，增长15.61%。组织地方级税收收入5.91亿元，增长11.52%；非税收收入3421万元，增长16.88%，完成全年税收任务。全年共撰写复工复产税收分析报告15篇，调研文章《关于高净值人群税收风险管理工作的思考》被《四川税务》刊发。

【减税降费】　始终将减税降费作为重要政治任务，扎实推进关于支持新型冠状病毒感染的肺炎疫情防控有关税收政策、关于支持个体工商户复工复业增值税政策等各项税收优惠政策的宣传与落实，尽力支持企业渡过疫情难关，助力企业复工复产。2020年，创新开办“疫线”云课堂直播，借助“互联网+”模式组织“纳税人云学堂”开展政策培训，累计直播11期，观看达2200人次。以“便民办税春风行动”和第29个税收宣传月为契机，开展“优惠政策送送送”，“提升纳税人满意度全员大走访”，全省人大代表、政协委员走访等系列活动，累计全区走访、座谈纳税人605户次，发放宣传资料2000余份，帮助解决涉税难题23个，收集意见建议7条，发送各类税收政策短信、彩信等累计14万条。

10月16日，彭山区召开减税降费推进会

【税收治理】　全年强化督审监督，开展“两权”运行风险全覆盖核查，梳理10大类129个“两权”运行风险点；通过内控平台纠错70条；对二分局开展专项督察，发现并纠正问题4个；有序推进现金税费征缴、违规征税收费、重大税收工作落实等督察，追究税收执法过错责任6人次；全年实现风险应对入库3177万元；完成扫黑办交办事项1件。

【办税服务】 畅通“问税”渠道，组建政策咨询团队，在办税服务厅现场解答纳税人问题；开通彭山税务云纳服 QQ 群，在线解答纳税人提问、远程指导纳税人操作；统一对外公开咨询电话，一号码五分机，确保咨询电话随时畅通。全年通过线上线下平台共计接受纳税人咨询 7500 余次。提升“导税”能力，配强导税团队力量，梳理同城通办、高频事项等办税指南，制作《税费优惠一本通》《灵活就业人员社保缴费流程图》等宣传资料，实现税费优惠扫码可得，涉税操作随时可学。满足“办税”需求，全面落实“最多跑一次”和“全程网上办”清单事项，持续深化“放管服”改革，深化“清单式”“套餐式”“零报送”服务，全面推行发票免费邮寄服务，真正实现“线上申请、线下邮寄”的非接触式办税服务。全年申报类、发票类等基础事项“非接触式”办理量超九成；新办纳税人“套餐式”服务推行率最高月份超过 97%；免费向纳税人邮寄发票 1.04 万份。

【税务成眉同城发展】 同新津区税务局贯彻落实“一干多支、五区协同”区域发展新格局的重大战略部署，围绕优化税务执法方式、优化税收营商环境，在服务、征管、政策一体化 3 个方面开展 9 类项目合作，建立联席会议、部门对接等合作机制。2020 年，彭山、新津两地税务部门就中交四局承建的成乐高速路扩容 TJ2 标段工程项目涉税事宜再次开展联合上门办税服务，该次合作标志着双方在推动成眉税务系统同城化工作取得新成效。

【银税互动】 深化纳税信用评价结果增值运用，推行“银税互动”项目，全年全区“银税互动”授信纳税人 98 户，授信金额达 6698.9 万元，切实解决中小企业融资难的问题。

（刘　瑶）

统　计

【概况】 2020 年，统计工作为推动全区县域经济高质量发展提供保障。彭山区统计局在第四次全国经济普查工作被评为省级先进集体。

【主要经济指标】 2020 年，全区地区生产总值（GDP）实现 183.39 亿元，比 2019 年同期增长 4.5%，居全市第一位。规模以上工业增加值比 2019 年同期增长 5.2%，居全市第一位。全社会固定资产投资比 2019 年同期增长 10.2%，居全市第三位（区属增速为 12%，居全市第一位）。社会消费品零售总额实现 73.73 亿元，比 2019 年同期下降 2.5%，居全市第四位。城镇居民人均可支配收入实现 40016 元，比 2019 年同期增长 5.9%，居全市第二位；农村居民人均可支配收入实现 21944 元，比 2019 年同期增长 8.7%，居全市第二位。

【第七次全国人口普查】 全年完成普查机构组建、经费落实、“两员”（普查指导员、普查员）选聘培训，配合宣传部门和主流媒体搭建宣传平台，做好数据采集、数据共享、数据评估。全区累计选聘普查“两员”1200 余名，共调查登记 14.6 万家。建立多种统计数据模型，摸排相关数据信息 150 万余条，通过比对反馈进行查找核实，此比对方式在全市推广应用。

总结上报《四问三夸：确保普查数据质量》被国务院人普办采纳并全国推广，制作带有彭山风味的说唱《人口普查RAP》宣传MV被省人普办推荐为全省人口普查宣传工作经验交流会参演节目，在全省七人普宣传月启动仪式上现场亮相。

11月12日，彭山区召开第七次全国人口普查数据比对复查培训会

【脱贫攻坚普查】 制定彭山区调查方案，强化业务培训，完成全区3440家建档立卡贫困户、9211个贫困人口的清查摸底，组织实施交叉入户调查，严格审核验收数据。接受省脱贫攻坚普查办公室的督察，通过市级、省级验收。

【统计服务】 全年每季度召开部门统计联系会，形成统计分析报告。按时发布《统计公报》《统计年鉴》，出版《统计月报》11期、《统计季刊》4期；撰写经济运行分析资料35篇，快报信息12条；定期收集33个主城区相关经济指标为县域经济发展提供数据支撑。

【统计规范化建设】 每季度开展一次规模以上工业企业、资质等级建筑业企业、限额以上批零住餐企业、国家重点服务业企业（以下简称“四上企业”）业务培训，加强对企业、基层统计机构、部门数据核查力度。做好“三年行动计划”收官之年相关工作，开展统计规范化建设工作巡查，实地核查打分，核查结果通报主管部门。完成统计用区划代码和城乡划分代码“两码”维护和管理工作，对现有108个村（社区）两码进行全面核查。

【统计执法监督】 全年开展“双随机”（随机抽取检查对象、随机选派执法检查人员）数据质量巡查4次，在149家“四上企业”中，抽取24家企业进行数据质量检查，未发现统计违纪违法行为；加强统计执法培训，选派2名年轻干部参加全省执法人员职业道德和执法资格培训考试。

【申规入统】 全年在主辅分离、行业空白填补等方面下功夫，规范入库申报流程。制定“四上”纳统企业名录和部门责任清单，做到“应统尽统、统全统实”，率先在全市填补“多式联运”行业空白。全年成功申报49家企业，其中，完成工业5家，建筑业6家，房地产业5家，服务业3家，商贸8家，投资22家。

【社情民意监测】 建立乡村振兴统计监测工作机制，全面、高效完成乡村振兴统计监测；做好住户调查样本轮换工作，指导新一轮记账户顺利开户记账；建立粮食产量及畜牧统计调查监测点，保质保量完成粮食、生猪统计监测；高效率开展彭山区营商环境满意度调查等重点调查工作。

（赖雪英）

审 计

【概况】 2020年，全年接受上级审计3个，完成本级计划项目32个和市级交叉审计项目2个，调减计划项目3个。审计查出主要问题资金18.79亿元，其中违规金额3053万元、管理不规范金额18.48亿元。审计促进整改落实有关问题资金12.13亿元，提出审计建议并采纳75条，推动制度完善39个。全年17人次受到区委表扬，选送的“原彭山区教体局局长罗鸿翔同志任期经济责任审计”项目获得全市2020年度优秀审计项目三等奖。

【大数据审计】 发挥大数据作用，推进数据先行，提高审计覆盖面和工作效率。2020年，对水利局经责审计、保障性安居住房、一级预算全覆盖、医保基金、征地拆迁、扶贫审计和乡村振兴7个项目实施大数据审计，通过下发疑点、数据比对分析、现场核实等方式开展审计。严格日常管控，开展审计项目现场指导检查，制定《眉山市彭山区审计局审计项目质量评审办法（试行）》，开展项目质量交叉检查评比，结果纳入目标考核。

【跟踪审计】 坚持上下联动，扎实开展疫情防控款物、两万亿直达资金、优化营商环境等专项审计。为防风险、保稳定、促发展提供审计监督保障。

【预算绩效管理审计】 首次开展预算执行全覆盖审计，针对2个单位开展现场审计，47个单位实施现场核查，28个单位开展自查指导和审计复核。发现问题6类14个，促进盘活存量资金2.94亿元，提交的“关于往来款项清理的建议”被区政府采纳。

【政府投资审计】 2020年完成投资计划项目10个。重点关注制度机制执行、政策措施贯彻落实、项目推进、资金管理使用等情况。计划项目送审金额共计4.03亿元，占全年预送审金额的15.58%。计划项目审减资金金额2822.39万元，发现问题29个，向主管部门移送事项1件。充分发挥审计促进责任单位依法履职尽责，促进项目有序推进的作用。

【经济责任审计】 完成经济责任审计13个，涉及7个单位3个村；同步开展区水利局局长柴红军自然资源资产审计。移送区纪委监委线索2件，涉及金额3.8万元。

【重点民生资金审计】 开展原铁建办财政财务收支审计、凤鸣街道征地拆迁和2019年环保资金等6个专项审计调查，查出管理不规范资金2290.14万元，违规资金218.99万元，促进整改资金282.73万元，移送区纪委监委案件线索5件。

【审计问题整改】 印发《眉山市彭山区纪巡审协作机制》，开展纪巡审联动项目1个。建立台账管理、动态跟踪、一督到底的审计整改监督模式，全年审计发现问题123个，其中，已落实整改100个，阶段性完成整改4个，正在整改10个，移送问题9个。

【内审工作】 全区现有内审机构11个，兼职内审人员59人。2020年，开展内部审计项目28个。对全区19个单位的内审人员开展专题培训，进行业务指导。将内审工作融入经责审计、投资审计等项目，重点关注内审人员配置、政策及精神落实落地、内审业务开展等情况。成立内部审计工作群，及时加强与内审部门的联系和业务指导强化对内审工作的监督。通过系列措施增强内审人员的综合能力，强化内审工作的“防未病”功能。

【审计管控】 对标《关于提升审计质量效率服务眉山高质量发展的实施意见》，对审计项目实行台账式管理。加强审计监督与纪委监委、巡察等监督的联动配合，工作同向，成果共享。加强审计整改力度，在台账管理，一督到底的基础上，按照整改前审方案、整改中强指导、整改后督成果的要求，正草拟全区加强审计整改的意见，确保审计真整改、真见效。坚持“两统筹”原则，做好经责审计、投资审计、专项审计调查的统筹谋划；坚持全覆盖原则，组织重点部门、镇（街道）经责审计；坚持点面结合，抓好投资三转；突出投资绩效，开展国企审计。

【统筹工作】 配合省市审计机关开展2017年书记区长经责审计整改情况、脱贫攻坚和乡村振兴专项审计调查。反馈问题17个，移送处理2件。全年共派出8人次参加全市有关审计工作。认真抓好省委第四巡视组巡视反馈问题整改工作；扎实开展脱贫攻坚帮扶工作，审计干部“走、转、改”作风得到加强。

【审计宣传】 全年报送审计信息文稿47篇，被各类媒体或网站采用13篇。被四川省审计厅采用1篇，《现代审计》采用2篇；被眉山市审计局采用5篇；被区级部门或相关杂志采用5篇。

（张建才）

市场监督管理

【概况】 2020年，全区民营经济增加值完成103.73亿元，增速3.4%，高于全市增速0.2个百分点，增速在六个区县中位居第一。全年累计编发民营经济信息简报7期，其中“建机制优环境，让企业安心在彭发展”的信息简报得到市长胡元坤批示：“措施实在，效果明显。认真总结，不断完善。为企业创造更好的营商环境”。

【民营经济】 推进民营企业建立现代企业制度，组织专家组对彭山区10家企业开展走访诊断，提出整改意见，帮助企业在“产权清晰、权责明确、管理科学”等方面建立健全各项管理制度。全区6家企业已通过初审验收。做好企业自主撤销清算组备案工作；全面推行经营范围登记规范化工作；进一步压缩企业开办时间至4个小时；大力推进企业全程电子化登记；推行免快递费、免复印费、免印章刻制费“三免”服务，降低企业开办成本；大力推行“政银合作”；推行全国市场监管动产抵押登记业务系统上线运行；推动食品经营许可证、备案证与营业执照同步办理。全年共新设立各类企业1022家，个体工商户3560户，新受理食品经营许可申请476户。

【食品安全治理】 在全市牵头测试食品经营风险分级系统，完成186家餐饮单位和133家食品销售的风险评定；开展春季、秋季学校食品安全专项检查，对辖区内56所中小学、幼儿园、大中专院校食堂进行全覆盖检查；开展网络订餐专项整治，共计下架无证入网餐饮单位220余家。

3月15日，区市场监管局到彭山现场指导防疫期间餐饮经营注意事项

【药品安全监管】 开展防疫物资专项检查、药品零售企业处方药销售专项整治、中药饮片质量安全集中整治、无菌和植入性医疗器械专项检查、国家组织药品集中采购和使用中选药品专项检查、化妆品专项检查、疫苗专项检查等一系列专项检查。加强对含麻黄碱复方制剂、含可待因复方口服溶液、复方甘草片、复方地芬诺酯片等特殊药品的监管力度。

【特种设备安全监管】 2020年，彭山区重点监管公众聚集、人员密集场所等重点场所，电梯、锅炉、压力容器等重点设备，节假日、大型会议活动及停工复产期等重点时段，危化品、气瓶充装、涉氨制冷等重点行业，全面排查辖区内特种设备是否按时检验、是否办理特种设备使用登记证、作业人员是否持证上岗等问题。全年累计检查特种设备使用单位363家次，排查特种设备安全隐患189条，发出《特种设备安全监察指令书》89份。

【产品质量安全监管】 继续采用日常巡查与监督抽查相结合的方式，对全区工业产品生产企业开展日常检查70余次，开展区级工业产品质量监督抽查59批次，配合省、市进行产品质量监督抽查56批次，对全区17家加油站、2家油库成品油进行抽查；对9批次不合格产品开展后处理工作，帮助企业解决监督抽查中发现的产品质量问题，有效消除质量安全隐患。

【“三小”行业规范】 全年对建成区食品“三小”（小餐饮店、小食品店、小食品加工店）进行经营场所、环境卫生、设施设备升级改造，奖励改造食品“三小”262家，奖励资金82万余元。

【行政执法】 加强部门联动，联合区农业农村局、区公安局、区武装部等单位，开展“春雷行动2020”暨知识产权保护执法行动、“打击市场销售长江流域非法捕捞鱼物”专项行动、打击非法制售军服专项行动等一批亮点执法行动，累计查办各类型案件共179件，罚没金额合计174.25万元，被四川省市场监督管理局评为“春雷行动2020”暨知识产权保护执法行动先进集体。

3月30日，彭山区市场监管局等七部门联合开展打击野生动物违规交易专项执法行动没收物资销毁现场

【价格监管】 开展节日期间价格保障工作、疫情防控期间“保供应、稳物价”专项工作；开展非居民用气价格专项检查、转供电环节价

格专项整治、行政审批中介服务及行业协会商会收费专项整治、普惠性幼儿园保育教育费专项整治。依法查处网上虚假宣传、商标侵权、销售假冒伪劣商铺等违法经营行为，扎实开展“网剑行动”等专项行动。

【广告监管】 开展烟草广告整治、虚假违法农资广告检查，软色情违法广告检查，低速电动车违法广告检查及固体饮料、压片糖果、代用茶等食品违法广告检查，房地产广告清理专项行动。

【计量监管】 开展检验检测机构资质认定监督检查、低速电动车生产和销售治理、强制性产品认证活动专项监督检查、食品农产品认证监督检查、货车非法改装专项整治工作，开展2020年“世界认可日”主题活动。

【“双随机一公开”工作】 持续推进“双随机、一公开”工作。全年联动16个抽查计划，随机检查239家企业（占全区企业数的5%），其中对2家发现问题的企业列入异常经营名录。下发《眉山市彭山区人民政府关于在全区市场监管领域全面推行部门联合“双随机、一公开”监管的实施意见》和《眉山市彭山区市场监管领域部门联合双随机抽查事项清单（第一版）》，并于2020年11月5日召开彭山区市场监管领域部门联合“双随机、一公开”监管联席会第一次全体大会，实现市场监管领域相关部门的全覆盖和部门联合实施的常态化。

【年报公示】 2020年7月1日，彭山区2019年度企业年报公示3251家，年报公示率92.99%；农专社年报公示192家，农专社年报公示率89.72%，全面完成上级下达的工作目标。

【消费维权】 切实做好“12345”党务政务热线工单和“12315”举报投诉的分流、督办、回复工作。全年共受理投诉举报904件，办结率为100%，累计为消费者挽回经济损失22万余元。积极开展“放心舒心消费环境建设”创建工作，全年共创建“消费维权站”22家，“放心舒心消费环境建设”示范店12家、示范企业（商场）4家，示范景区1个，示范街道1条，示范行业1个。

（王怡丁）

国有资产管理

【概况】 截至2020年12月31日，区属国有企业资产总额187亿元，同比增长26.68%；负债总额96.1亿元，营业收入5.76亿元，利润亏损102万元，同比减亏16763万元；资产负债率为51.4%。国企2020年上缴税金3520万元。

【国有资产监管】 强化监督管理，建立长效监管机制。制定《履行出资人职责企业审计监督暂行办法》，并依据办法对彭山发展控股公司和正兴农业投资公司及其子公司进行财务及资产审计，并要求企业进行整改，同时将审计结果作为加强国有资产监督管理和对企业负责人经营业绩考核及考察、聘任、奖惩和后续管理的重要依据；修订完善企业年度经营业绩考核细则，并根据各企业的实际情况签订《2020年经营目标责任书》。印发区属国有企业《“三重一大”事项规范管理实施细则》和《出资人监管权力清单2020版》，规范国企“三重一大”事项的决策程序。转发眉山市国资委、市财政局印发的《关于市属国有企业商务招待管理办法》，贯彻落实中央八项规定，有效规范企业商务招待活动。有序推进“三大工作机制”，年初进行出资人审计；半年进行国有企业运行分析，全年不定期进行国有企业调研督导机制，下发“工作提醒单和工作督导单”。

【国资管理规范】 全面清理国有企业拖欠中小企业和民营企业欠款工作，锁定欠款金额，制定还款计划，于6月完成清欠任务。开展国有企业退休人员社会化管理工作，制定《彭山区国有企业退休人员社会化管理责任分工方案》，召开工作推进会。共移交35家央企，在规定的时间内提前完成任务，完成率100%。省委巡视期间，完成干部在区属国有企业兼职情况的清理工作。对国有企业国有资本布局和产业链水平情况摸底调查工作安排，完成全区区属国有企业摸底调查工作的数据上报工作。

【国企服务】 对彭山发展控股公司（以下简称彭发展）进行改革，将交投公司、智汇人力公司等无市场经营业务的子公司，从发展控股公司剥离。2020年6月，彭发展信用等级从AA⁻提升到AA。截至2020年12月31日，融资获批授信17.59亿元，到位资金11.24亿元。彭发展从2018年市场化转型以来，取得初步成效。对彭发展、工投、正兴、路投等公司董监事会成员的调整，有利于企业完善决策程序和提高企业经营运作效率。区国资金融局2020年向全区区属国企注入资本金7.35亿元，有利于推动国有资本布局和结构调整，增强国有资本控制力，提高企业市场竞争力，促进企业高效开展经营活动。2020年，彭山区国有资本经营预算上缴财政20万元。

【队伍培训】 举办“彭山区国资国企大讲堂”，邀请四川大学、锦江学院教授就“国资国企改革最新进展”和“财务战略与投融资策略”为题作两期专题讲座。区国资金融局干部职工、区属企业负责人和员工共120余人参加学习，为企业高管和干部职工认识当前国资国企改革，把握政策导向，为企业财务管理和投融资策略，提供理论指导。建立市场化选人用人机制。公司经理层管理岗位全部以竞争上岗的方式选聘，打破“一岗干到底”“靠资历混岗位”的用人机制。全年彭发展经理层管理人员落选11人，一批想干事、能干事的优秀人才走上管理岗位。同时，公司还采取“末位淘汰”“岗位双选”方式，累计淘汰履职表现差、不能胜任工作岗位的员工14人，增强公司活力和市场竞争力。

【国有资产处置】 制定《眉山市彭山区关于进一步规范和加强行政事业单位国有资产管理的七条措施》，进一步完善监督部门、主管部门、使用单位三级监管的国有资产管理机制。制定《彭山区剩余安置房（门市）处置工作方案》，有序推进全区剩余安置房（门市）处置工作，制定《关于规范国有资产配置工作的通知》，严格控制配置，把好资产“入口关”，全年为全区69家单位配置395万元办公设备资产。2020年完成成眉石化园安置房和门市、北外街旧城改造国有资产处置，北外街中医院、花巷子旧城改造国有资产，事业单位改革取消公务用车等项目处置，处置收入43万元，彭山职高老校区旧实训楼基地处置，处置收入982万元。日常资产处置完成66家单位报废核减账面原值1720.67万元，22家单位无偿划拨账面原值1774.83万元，4家单位捐赠账面原值28万元。疫情防控期间，落实省、市、区的减租政策，采取直接返还3个月租金方式减免，累计为区内180家中小企业承租户减免租金80.99万元。

【企业疫情防控】　认真做好疫情防范工作，区国资金融局下发《关于做好区属国有企业疫情防控工作的紧急通知》，并定期到企业和项目工地现场检查疫情防控工作，确保不发生一例疫情。指导企业在做好疫情防控工作的基础上，积极复工复产，为彭山经济建设贡献力量。为受疫情影响的个体商户减免20万余元的租金。

（宋慧霞）

经济合作

【概况】　2020年，全区新签约项目共14个、合同金额61.9亿元。其中，工业类项目12个，合同金额54亿元；一、三产项目2个，合同金额7.9亿元。“三强”（世界500强、中国500强、民企500强）投资或投资5亿元以上的重大项目7个。

【招商引资】　全区招商引资到位资金92.26亿元，完成市级下达目标任务92亿元的100.28%。其中省外到位资金82.54亿元，完成市、区下达目标任务80亿元的103.2%。2020年，彭山区外商投资实现到位资金1460万美元（省口径），实现商务部口径外商投资到位资金800万美元。

【“三率”指标】　2018—2020年，省级活动网报平台在报签约重点督办项目共12个，合同金额88.3亿元。其中，2018年西博会项目6个，合同金额16.8亿元，履约率100%，开工率83.33%，到位率75.11%。2019年中外活动项目1个，合同金额20亿元，履约率100%，开工率100%，到位资金8亿元，到位率40%。2019年川商活动项目3个，合同金额18.3亿元，履约率100%，开工率100%，到位率43.50%。2019年西投活动项目2个，合同金额33.2亿元，履约率100%，开工率100%，到位资金10.03亿元，到位率30.21%。完成“三率”（履约率、开工率、到位率）指标任务。

【项目对接】　2020年区委、区政府将招商引资作为“一号工程”，区主要领导和分管领导带队到广东、河北、北京等地考察项目。全年区主要领导和分管领导带队“走出去”对接项目37次，组织和参与开展彭山区专题产业推介会2次，参加市领导“高位促进”项目活动7次。主要对接深圳研一新材料有限公司、中国乐凯集团总部、阿格蕾雅公司等企业，推动深圳研一新材料有限公司、阿格蕾雅公司等项目签约落地。区主要领导“走下去”推进项目27次。

【中日国际康养城彭山区域项目】　2020年，彭山区积极开展项目服务，区经济合作和外事工作局为区政府代拟与眉山天府新区管委会就该项目涉及的电力迁改协议。2019年该项目签约至2020年年底，实际完成总投资6亿元。

【推介活动】 2020 年 9 月 28 日，“走进厦门、共谋发展”彭山新材料产业推介会在厦门举办，彭山区人民政府副区长周浩及相关部门负责人参会，积极与在厦门的港澳台地区及当地企业家共计 60 余家企业对接，收集有效项目信息 20 条，其中有明确投资意向企业 4 家，并向 15 家在厦门港澳台资企业及厦门企业发放考察邀请函。2020 年 11 月 18 日，重庆市眉山商会彭山分会成立暨彭山产业推介会在重庆举办。彭山区政协副主席、区工商联主席毛太忠及区经合外事局、区工商联等相关部门负责人参会。重庆四川商会、重庆眉山商会、彭山籍在渝企业家、重庆本地民营企业代表共 100 余人参加会议。

9 月 28 日，“走进厦门、共谋发展”彭山新材料产业推介会在厦门召开

【项目服务】 全年积极开展项目服务，组织服务小分队为液化空气电子材料（四川）有限公司进行银行开户、税务登记等项目前期工作。开展“进千企、送服务、解难题”、科技周等活动，走访企业 20 余家，收集到企业因疫情遇到的困难和问题 20 余条，并及时协调相关部门进行会商解决。同时，按照新冠肺炎疫情防控工作要求开展“快捷通道”工作，于 2020 年 7 月与 2020 年 9 月分别为四川东进电子材料科技有限公司的家属、外籍员工通过中韩“快捷通道”办理到彭山相关手续 2 批共 2 人，有效保障在彭山的外企正常经营。

【“百日招商攻坚”行动】 2020 年 9 月中旬至 12 月中旬，彭山区实施“百日招商攻坚”行动，重点瞄准“世界 500 强、中国 500 强、民企 500 强”上市公司、行业龙头等体量大、技术优、带动性强的企业，以外资企业为重点，开展招商引资项目攻坚行动。“百日招商攻坚”行动开展以来，共对接企业 130 余家，捕获一批有效项目信息，累计签约项目 6 个。

【疫情防控】 落实“外防输入、内防反弹、精准防控”的要求，积极协同区卫生和健康局、公安局等部门开展疫情防控工作。2020 年 3 月 4 日零时至 2021 年 1 月 1 日 12 时，累计排查境外到（返）彭山人员 276 人，其中从隔离酒店、机场（已在国内其他城市隔离 14 天后）专班接回境外到（返）彭山人员 156 人；深入企业和社区排查在彭山外籍人士、港澳台籍同胞 32 人。全年彭山区无境外输入性新冠肺炎疑似病例和确诊病例。

【涉外宣传管理】 积极开展海外领事保护和 APEC 商务旅行卡宣传工作。在政务服务中心、出入境办证大厅、旅行社、企业、学校、机关单位等重点区域、重点领域通过发放宣传资料、投放海外领事保护宣传片和标语等方式开展全方位宣传，深入陶氏化学、东进、珂玛等外向型企业，有针对性地向企业和人员宣传、推广、发放海外领事保护宣传资料 3000 余册，APEC 商务旅行卡宣传资料 300 册。通过“不老彭山”、门户网站等新媒体平台刊登海外领事保护、APEC 商务旅行卡宣传知识，拓宽宣传覆盖面。

【港澳台经贸合作】 2020 年，围绕《海峡两岸产业合作区眉山产业园优惠政策》，积极开展港澳台资项目对接工作，接待到彭山考察的港澳台资企业10余家。走访四川金桐精细化学有限公司、四川大成农牧等在彭山台资企业3次，帮助协调解决土地款票据开具等问题。台资企业四川金桐精细化学有限公司新建生产基地及老厂搬迁入园已进行场地打围，正在建设中。

（刘屹峰）

公共资源交易

【概况】　2020年，彭山区公共资源交易和农村产权流转交易服务工作以规范、高效、公正、廉洁为宗旨，超额完成各项工作，为全区争取到“首届全国公共资源交易百强区县”称号，被国家标准委评为“全国农村产权流转交易服务标准化试点项目”。全年贡献非税收收入1.1亿元。

【工程招投标】　通过“不见面开标”等方式完成政府性投资项目65个，招标控制价3.53亿元，中标价2.90亿元，节约资金6270.52万元，节约率17.76%，同2019年相比增长9.7个百分点。招投标领域突出问题系统治理成效明显。

【政府采购】　全年完成政府集中采购项目58个，总预算金额4038.2万元，总成交额3649.34万元，节约资金388.86万元，节约率9.63%。通过四川省委专项巡视，眉山市财政局年检评分91.5分，居全市第一方阵。

【土地出让】　全年出让各类土地使用权82宗，总面积465.07公顷，成交总价81.11亿元。其中，彭山区土地使用权43宗、221.54公顷，成交总价50.46亿元，溢价1.54亿元（拍卖出让31宗、168公顷，成交总价49.51亿元；挂牌出让12宗、53.54公顷，成交总价9497万元。住宅用地亩均价243.67万元，商业用地亩均价114.7万元，工业用地亩均价11.82万元）；眉山天府新区彭山区域土地使用权39宗、243.53公顷，成交总价30.65亿元，溢价6365万元（拍卖出让30宗、123.54公顷，成交总价28.75亿元；挂牌出让9宗、119.99公顷，成交总价1.90亿元。住宅用地亩均价198.64万元，商业用地亩均价64.02万元，工业用地亩均价10.54万元）。主动承接眉山天府新区原彭山区域的土地出让工作，收取交易服务费近4000万元，加彭山区土地出让交易服务费，非税收收入共计1.1亿元。

【农村产权流转交易】　依法流转农村承包土地经营权62.53公顷，成交金额458.31万元；受理“两权”抵押贷款申请评审125个，发放贷款94笔、7483万元，深化农村改革红利仍在持续释放。2020年4月，被国家标准委评为“全国农村产权流转交易服务标准化试点项目”，全省仅2个，全国仅10个。

【国有资产出让（出租）】　全年完成45个国有资产出让（出租）项目，成交总价1125.23万元。出让原职高实训基地资产和马林村田野里酒店、稻香民宿的租赁权，盘活闲置资产，实现国有资产的保值增值。

【改革创新】　在全市区县创新开展“不见面开标”工作，助推复工复产，有效降低投标成本和防疫压力；开展“远程异地评标”工作，有效破解“老关系”“熟面孔”“围标串标”等疑难杂症；率先启动“联动采购”模式。主动承接并完成市政务服务管理局作为业主的成德眉资同城化发展项目“天府市民云（眉山）站点”采购工作。

【标准化建设】 在市民服务中心新建农村产权流转交易服务平台，新平台服务和展示功能更齐备。通过规范化、标准化建设，公共资源交易服务平台具备物理隔离、网上开标、远程评标、全方位监控、智能存储等功能，标准化建设促进服务提档升级。

（解栖雁）

价格管理

【概况】 2020年，彭山区落实简政放权要求，清理涉企收费政策，强化行政事业性收费监管，确保“减、免、缓、停”收费政策落实到位。开展全区自来水、污水处理收费、天然气价格、养老服务和殡葬服务收费情况调研，汇总资料上报市发改委。全年上传价格信息公开内容17份。按照《全国价格认证工作统计报告制度》的要求，及时、全面、准确地完成统计数据报送工作。

【收费价格管理】 2020年，彭山区建立天然气价格联动机制，及时下调非居天然气价格，减少企业用气成本350万元。编制《彭山区涉企（涉农）行政事业性收费目录》，全面清理和规范行政事业性收费。联合区财政局、区农业农村局对彭山区2019年涉农收费和价格进行公示，规范涉农收费和价格行为，提高涉农收费和价格的透明度。

【定价管理】 按照定价权限，受理并及时上报眉山市东星航空学校和眉山市彭山区保罗外国语学校（天府新区内）收费的申请。强化政府定价管理，推进农村综合水价改革，完成通济堰灌区农村综合水价成本监审及定价、天然气居民销售价格顺调及非居天然气价格备案、眉山市彭山区保罗外国语学校小学初中学费及住宿费核定工作。

【价格监测】 加大价格监测力度，结合价格监测工作，增加节日价格监测巡查密度，重点对粮油、肉、蛋、奶、蔬菜等群众生活必需品、日常消费品价格重点巡查，对农业生产资料价格进行监测，遇到价格异常波动及时上报。全年，共向上级价格部门报送各类监测周报月表100余份。

【市场价格巡查】 对城区大型超市、商场、药店、加油站、客运中心、农贸市场等区域的商品和服务价格执行情况进行巡查，重点对明码标价政策执行情况、价格误导、欺诈等行为进行巡查。在巡查中以执法检查与政策宣传并举，对有违反价格政策的商家主要以提醒告诫为主，对经营者进行指导规范，防止出现囤积居奇、哄抬物价、价格欺诈等价格违法行为，依法查处各类价格违法行为，切实维护广大群众的合法权益。联合区房管、区工商质量监督部门对彭山区的在售楼盘和房地产中介机构的明码标价情况等行为开展不定期巡查。巡查过程中，宣传了价格法律法规，对发现的问题及时指出，并由房管部门对出现问题的机构实施关闭网签系统，待在售楼盘和房地产中介机构整改完毕、验收合格后，再行开通网签系统，确保房地产开发企业在售楼盘的房地产明码标价工作落到实处。根据眉山市发改委《关于电信企业价格及收费行为专项检查的实施方案》要求，彭山区成立检查工作组，分别对电信、移动、联通3家通信行业进行检查，重点检查各经营场所的明码标价和收费公示情况。

【民生工程】 落实城乡低保人员、特困人员价格临时补贴政策，发放金额925.7万元，涉及人员6.4万人次，推动政策惠及民生。保障彭山民生工程，督促彭山电力公司落实低收入困难群众每月15度免费用电优惠政策，预计全年免费金额35万元。

【价格认证】 联系公、检、法、司法系统，与广大办案人员进行专业交流，减少盲区和误区，使涉案认定结论高效、精准、为打击犯罪，保障彭山经济建设。全年完成刑事涉案认定70余件，认定标的300余件，认定金额170万余元。其中，接受纪委委托案件2件，认定标的12件，认定金额114万余元；完成区工商质监局收缴物品委托，认定标的4件，认定金额3000余元；完成区国资局处置车辆2件，为政府处置、拍卖资产提供价格依据；向砂管办提供4—6月、8—12月砂卵石市场价格监测表，向区国土资源局提供红砂岩市场价格监测表，为政府制定建筑类矿产资源出让，打击盗挖提供价格参考依据。

【全国劳动力市场价格监测工作】 根据国家和省、市价格监测要求，对彭山区劳动力市场价格监测点的填报人员进行指导，按时督促填报人员及时、准确、高质量地完成新、旧监测系统的价格监测数据填报，并加强对监测数据的审核。全年，共向四川省发改委上报劳动力市场价格监测报表12期（36份）。

【农资市场价格监管】 根据眉山市发改委《关于加强农资市场价格监管的通知》文件精神，成立专项检查巡查工作组，开展对化肥、种子、农药等品种的巡查，重点针对经营者囤积居奇、哄抬价格、牟取暴利和价格欺诈的行为。在检查巡查的过程中，指导规范农资经营户的明码标价行为，杜绝价格欺诈等违法行为；密切关注市场价格动态，及时报送农资价格监测报表数据；充分利用“12358”价格举报业务处理平台，切实保证群众投诉事事有回音，件件有落实。

【物价服务】 受理价格投诉举报和群众来访、咨询35件，其中由“12345”政府热线分派工单31件、“12358”平台2件、区长信箱2件。群众所反映的热点主要集中在物业收费、停车收费、网络购物等问题。针对情况，做到专人接待、及时接件、及时处理、及时回复，办结回复率达100%，退还消费者255.20元，未出现复议案件。

（汪　波）

区属国有企业

彭山区智汇人力资源有限公司

【概况】　彭山区智汇人力资源有限公司是区政府所属国有独资公司，于2017年12月8日成立。根据《眉山市彭山区机关事业单位编外（临聘）人员管理办法》《眉山市彭山区国有资产和金融工作局关于剥离相关子公司的通知》要求，在区机关事业单位编外（临聘）人员管理领导小组以及区人力资源和社会保障局的领导下，主要开展4项工作：人力资源服务、培训（职业供求信息的收集、整理、储存、发布）；人才职业培训和测评；劳务派遣、劳务外包；职业介绍、管理、服务求职指导和人力资源管理咨询服务。编外聘用派遣人员薪酬严格按照《眉山市彭山区机关事业编外（临聘）人员管理办法》规定的薪酬标准执行，劳务派遣人员工资、社会保险、住房公积金等列入财政预算，所需费用由用工单位按期拨付给人力资源有限公司，由人力资源有限公司向劳务派遣人员打卡发放。人力资源有限公司收取编外人员派遣服务费80元/人·月，用于公司工作人员工资发放、购买五险一金以及公司其他支出等。

【劳务派遣服务】　公司先后与83个单位签订劳务派遣协议，聘用控制数内人员357人，其中研究生1人、本科167人、专科133人、专科以下56人。除教育、卫生公安、城市执法外，实现辖区内机关事业单位全覆盖，签订率100%。为规范用人、协调劳动关系奠定基础。

【劳务外包】　公司与29个单位签订购买服务协议，根据不同需要与岗位，购买服务人数为224人，均满足用工单位和事项所需。同时，对以前编外聘用人员进行清理，达到退休年龄的均予以退休。截至2020年12月，辞职、退休人员194人，新进168人。

【收支情况】 2018年营业收入为2857.92万元，2019年营业收入为3797.11万元，2020年营业收入为3761.01万元。公司为编外（临聘）人员及购买服务人员发放工资并购买五险一金，2018年支出2816.67万元；2019年支出3738.35万元；2020年支出3712.41万元，总体呈现上升趋势。

（彭山区智汇人力资源有限公司）

眉山市彭山区交通建设投资工程有限责任公司

【概况】 2020年，公司以强化宣传教育为主线，以规范制度建设为保障，全年未发生违纪、违法事件，未出现举报、投诉等问题。实现全年无死亡、重大安全事故的目标，为彭山区交通建设发展创造和谐稳定的安全环境。

【交通建设】 彭山岷江大桥建设（拆除重建）工程，项目起于彭祖牌坊止于江口街道，桥梁全长509米，按二级公路标准建设，设计速度60千米/小时，双向四车道，总投资约3.3亿元。彭山区环湖东路工程，项目起于岷江大桥桥头止于彭山尖子山航电枢纽工程大坝东岸，全长5.3千米。黄丰乡村旅游大环线，全场6千米，采用四级公路标准，双向2车道，总投资1500万。245国道彭山段附属设施及公交站台改造建设工程，拆除彭山区境内245国道边沟以内的花台，将拆除后的路面和破损边沟修复并安装交安设施，同时完成修建港湾式公交车台站，概算建安投资640万元。东星航空大道建设工程，全长1.56千米，二级公路技术标准，设计速度60千米/小时，路基宽度28.5米，沥青混凝土路面，总投资5000万元。工业大道绿化提升改造工程，完成工业大道南北段13.5千米绿化提升改造，总投资1000万元，项目已全面完工。农村公路重建、加固工程，项目包括对彭山区9座危桥（红光桥、C004二桥、四号桥、邓庙桥、石灰桥、黄坝桥、毛河桥、五星一桥和C176一桥）进行维修加固或重建，总投资1500万元。2016年农村公路改善提升工程（江黄路），全长12.5千米，设计时速20千米/小时，沥青混凝土路面，总投资2500万元，该项目于2020年2月全面完工。岷东大道与天府大道连接线（二期）工程，全长1.66千米，铺设沥青混凝土路面，总投资900万元。

（眉山市彭山区交通建设投资工程有限责任公司）

彭山发展控股有限责任公司

【概况】 2020年，彭山发展控股有限责任公司资产总额为133亿元，负债总额为53亿元，资产负债率为40.43%，比年初目标任务指标降低20.07个百分点。国有资产保值增值率为159.87%，实现利润5953万元，完成经营收入64428万元。公司获得10家金融机构贷款

17.59 亿元，实际到位 11.24 亿元（其余融资资金根据进度提款到位），完成到位融资任务 159.95%。完成信用等级从 AA^- 升至 AA。

2020 年彭山区各公司完成经营收入明细表

表 6

序号	公司名称	营业收入目标（万元）	实际营业收入（万元）
1	控股公司	–	29
2	新能源	110	221
3	文旅公司	20000	27452
4	担保公司	1500	1294
5	鼎瑞公司	10000	10324
6	兴彭公司	20000	25108
合　计		51610	64428

【项目建设】　政府性工程项目完成情况如下：彭祖新城“四馆”，内部装修及外部绿化部分已由区自然资源和规划局负责牵头，拟以 EPC 模式实施；彭祖新城配套道路项目，西藏体育公园配套道路已完成主体道路工程及相关配套设施；五湖四海配套道路完成设计并招标开工建设，已基本完工；新一中道路及彭溪小学配套道路，已竣工验收并投入使用；2020 年，8 条人行道品质提升改造工程均已完工。经营性项目建设完成情况。北外街改造项目，北外街特色文化街区改造项目（商业街区），完成概念设计及 EPC（设计、施工）工作，土地边界调整、康复医院、城北家具厂拆迁等问题，规划设计及相关后续工作被迫推后。北外街棚户区建设项目，已完成支护桩、降水井建设；土石方已开挖，4、5 号楼施工至正负零已完成；地下部分工程、安置区地下车库已完工，4 号楼已封顶；6 号楼超额完成任务，已完成封顶。城南农贸市场升级改造项目，已完成主体工程并投入使用；小东街宋家大院改造项目，公司按照项目指挥部工作要求推进项目建设；城东社区城中村改造项目，公司按照项目指挥部工作要求推进项目建设；彭祖广场地下公共停车场及周边风貌改造项目已完工并投入使用；根据 2020 年度区委财经委员会会议第 4 期纪要，五湖四海景观工程及彭祖新城市政道路完工时间调整至 2021 年 1 月底。

2020 年彭山区各公司实现利润明细表

表 7

序号	公司名称	计划利润总额（万元）	利润（万元）	备注
1	新能源	0	45	
2	文旅公司	1000	1653	
3	担保公司	1000	1241	
4	鼎瑞公司	2000	1409	鼎瑞公司实际生产日期为 6—12 月，计半年
5	兴彭公司	1000	1605	
合　计		5000	5953	

（彭山发展控股有限责任公司）

教育·科技

教育事业发展

【概况】 2020年，全区共有小学专任教师968人，普通中学专任教师1061人，职业高中专任教师48人，特殊学校专任教师15人。全区教育工作高质量发展，连续多年获全市高中教育质量管理一等奖，连续多年被评为全市“教育工作先进区县”。公义小学被四川省教育厅评为“对口帮扶深度贫困县中小学校工作先进集体”。

2020年彭山区中小学、幼儿园教职工情况一览表

表8

普通高中		职业高中		初中		小学		特殊教育		幼儿园		
专任教师数	学历达标率	专任教师数	学历达标率	专任教师数	学历达标率	专任教师数	学历达标率	专任教师数	学历达标率	专任教师数	学历达标率	专科达标率
226	100%	48	100%	457	100%	750	100%	15	100%	86	100%	100%

【办学条件】 完成区职高学生住宿楼、观音小学综合楼和附属幼儿园、保胜中学综合楼、区一小扩容和风貌改造工程等项目建设。启动高铁小学和高铁幼儿园新建、彭山四小扩建、职高实训大楼新建、三中风貌改造提升、实验幼儿园扩建、武阳倾城幼儿园和城西幼儿园建设相关工作。续建彭山一中图书馆和礼堂。争取到中央专项资金898万元，更新226套智慧黑板、223台教师用电脑和2个云教室（含112台学生用云桌面计算机）。完成区一中科创中心设备采购及报告厅录播系统设备采购。

【教师队伍建设】 全年新补充教师46人，其

中引进高层次人才2人。轮岗交流专任教师80余人。完成各级各类培训5359人次（计划2500人次）。选派8名教师赴金川支教、6名教师赴凉山州援彝。选派17名教师赴金川开展送教工作。经区智汇人力资源有限公司招聘幼儿教师24人。3名机关和直属部门人员到校任教。培养省级优秀教师1人、优秀班主任1人，市级优秀教师5人，市级优秀校长1人。考核认定省级骨干教师31人，市级骨干教师128人，区级骨干教师285人。彭山三中陈晓琴获眉山市"三八红旗手"称号，锦江幼儿园魏灵燕获省级"巾帼标兵"称号。在省教育厅"课堂教学大比武"中，彭山区10名教师获省级奖项。

9月18日，金川县教育局到彭山开展教育对口帮助工作交流座谈会

【成眉教育同城化】　彭山区与新津区、成都九中建立教育发展联盟，开展跨学段、跨区域校联体办学。全年教育科研新立项市级课题12个，区级课题29个。

【教育教学】　完成课题结题省级3个、市级5个、区级10个。课题中期成果获省教科院一等奖1个，二等奖1个，三等奖2个。在研市级课题中期评奖获一等奖6个，二等奖9个，三等奖12个。彭山一小被评为2020年度四川省"优秀少先队集体"。彭山区职高被评为四川省中学生（中职生）志愿服务示范学校。评选"新时代好少年"市级2名、区级6名。18所学校申报创建为"全国规范化家长学校"。鹏利小学被评为"全国文明校园"，4所省级文明校园通过复查。确立7所中小学为劳动教育试点学校，观音小学被教育部关工委评为"新时代好少年·美好生活　劳动创造"主题教育读书活动先进集体，《在劳动教育实践中实现"立德树人五育并举"育人目标创新案例》获得2020年四川省"立德树人"优秀实践创新案例一等奖。彭山一中被教育部授予"2020年全国青少年校园篮球体育传统特色学校"称号。彭山一中、彭山三中、彭山区实验幼儿园创建为"四川省卫生单位"。彭山一中、彭山二中、彭山三中、彭山一小、鹏利小学、彭山四小6所学校创建为"四川省无烟单位"。谢家中学创建为市级"绿色示范学校"。彭山四小、鹏利小学、彭山一中、公义小学、观音小学被市教体局确定为"五育"一体化推进示范点。

【民生工程】　全年向建档立卡贫困家庭学生发放救助金2022人次、185.88万元；资助建档立卡贫困家庭中职学生128人次、10.35万元；资助建档立卡贫困家庭本专科学生99人次、41.2万元。召开2020年高考奖励表彰大会，发放奖金51.6万元。组织教育促进会理事单位捐款112万元。为在校大学生进行生源地助学贷款292人，总金额221.38万元。全面完成"双创"工作任务，创卫工作经验在全市交流。重视特殊群体的入学工作。接收121名有就读能力的残疾儿童少年入学，残疾儿童少年入学率达95.3%。解决全部外来务工随迁人员子女951人的入学问题，做到应入尽入。

【安全稳定】　落实安全工作"党政同责、一岗双责，齐抓共管"职责，层层签订目标责任书。建立彭山区校园及周边综合治理和校车安全监管领导小组联席会议制度，定期开展校园周边环境综合治理工作和交通安全、食品安全、消防安全等专项联合执法大检查工作。联合区市场监管局开展疫情防控及食品安全培训。开设“生命、生态与安全”安全教育课，全区所有学校均聘请法制副校长，全年开展法制讲座50余场次，受教师生2万余人。开展预防自然灾害、森林防火、消防、交通、防溺水知识宣传教育。坚持每月学校自查，教体局各股室包干到联系学校督察隐患排查，排查、整改安全隐患56处，共投入隐患整治资金130万余元。按时办理人民网“书记信箱”、“市长热线”、“区长信箱”、“12345”党务政务服务热线、“部门信箱”信访案件，办结率100%。

【疫情防控】 疫情防控期间，启动教体系统公共卫生突发事件应急预案，对学校、家属小区实行封闭式管理，校外培训机构一律停课停训。组织学校筹备含氯消毒液11吨，电子额温枪600余支，口罩2.5万余个。组织学校对教室及校内公共场所进行全面消毒，对师生情况进行每日排查登记上报。组织开展在线教学及“宅家战疫情”“我爱我家”亲子活动，确保全区2万余名中小学生停课不停学。推送线上教育资源1000余节。制定“两案九制”，分期分批、陆续有序启动不同学段、不同年级的开学入园，对各校（园）严格实施封闭管理和消杀管理，常态化开展疫情防控，确保校园清净无疫。

（梅　宇）

基础教育

【概况】 全区（不含天府新区彭山区域）共有幼儿园36所（含22所民办幼儿园），在园幼儿8036人，学前教育普惠率达到90%，公办在园幼儿占比52.3%。彭山区有小学14所，在校学生13105人；初中8所，在校生5317人；普通高中1所，在校学生2775人；中等职业学校1所，在校学生369人。

2020年彭山区中小学、幼儿园基本情况一览表

表9　　　　单位：人

高中			职业高中			初中			小学			幼儿园（含民办）			特殊学校		
学校数	班级数	学生数	学校数	班级数	学生数	学校数	班级数	学生数	学校数	班级数	学生数	学校数	班级数	学生数	学校数	班级数	学生数
1	53	2775	1	11	369	8	113	5317	14	258	13105	36	245	8036	1	8	37

【学前教育】 学前教育普及普惠发展，新建和改扩建幼儿园6所，锦江幼儿园启动全园招生，全区学前教育普惠率达到90%，公办在园幼儿占比52.3%，圆满完成学前教育“80、50”攻坚任务。2020年春季对318名“三儿”（孤儿、残儿、贫困儿童）和建档立卡儿童减免保教费18.749万元。秋季对305名“三儿”（孤儿、残儿、贫困儿童）和建档立卡儿童减免保教费20.2万元。

【义务教育】 义务教育优质均衡发展，完成彭山一小和彭山三中改扩建，新增学位2100个。义务教育所有学生均享受“三免”（免学杂费、免费提供教科书、免费提供作业本）

政策。2020 年春季对 50 名贫困寄宿学生发放生活补助 3.09 万元，为 1264 名家庭经济困难非寄宿生提供生活补助 33.86 万元。秋季对 226 名贫困寄宿生予以补助 14.1 万元，为 1230 名家庭经济困难的非寄宿生补助 32.99 万元。

【普通高中教育】 2020 年，高考本科上线 603 人，重本上线 205 人。彭山一中王圣沛以 685 分的成绩列眉山市理科第一名，文瞳以 671 分的成绩列眉山市理科第四名。

2020 年彭山区普通高校招生考试及录取情况一览表

表 10　　单位：人

参考人数	录取人数	录取率
1675	1452	86.7%

【特殊教育】 彭山区特殊教育学校位于彭山区观音街道毛店村 2 组，创立于 2012 年，是一所九年制义务教育学校。学校占地面积 4000 平方米，建筑面积 3500 平方米，先后配备有运动功能康复室、多媒体教室、律动室、语言训练室、手工室、感统训练室、多感官训练教室等专用教室。2020 年，共有 3 个教学班，其中 2 个培智班、1 个送教上门班，在籍学生 40 名，教职工 13 人。开设有生活语文、生活数学、生活能力训练、社会实践、艺术课等课程，并根据学生特点对学生实习个别化教育、生活能力教育和社会实践教育，让学生成为社会生活的参与者，让学生成为自食其力的劳动者。建校以来，连续三年获得彭山区教育体育局“综合评估一等奖”。

（梅　宇）

高等教育

【概况】 四川大学锦江学院是 2006 年 4 月经教育部批准，由四川大学和四川旭峰实业有限公司合作举办的普通本科高等学校。学校现设 15 个二级学院、53 个本科专业、15 个专科专业，涵盖文、理、工、经、管、艺六大学科门类，面向全国招生，有在校生 2.1 万人，教师 1000 余人。2020 年，学校获批成为四川省社科联高校团体会员。

【大学教育教学】 2020 年，学校淘汰“水课”，打造“金课”，立项“食品生物化学”“财务管理”“基础会计学”等 7 门课程为第一批校级“金课”课程建设项目。全面推进课程思政建设，立项“基础会计学”“乒乓球俱乐部”等 10 门课程为校级“课程思政”示范课程建设项目；“CG 色彩设计”获批认定省级一流课程。25 项教改项目通过结题验收；11 个项目获批教育部“产学合作协同育人”项目。加强作业管理，开展作业布置与批改专项检查，使“让学生课后忙起来”的理念深入人心；加强教学督导队伍建设，完善教学质量管理体系；建立更优质的教学管理人员与师生的信息交互平台，初步形成《教务管理信息化建设方案》。

【专业建设】 2020 年，学校新增人工智能、数字媒体技术、数字媒体艺术、戏剧影视导演 4 个本科专业，新增大数据技术与应用、舞蹈表演、数字媒体艺术设计、动漫设计4个专科专业；经济与金融1个专业新增为学士学位授予权专业；国际经济与贸易、会计学2个专业获批省级一流本科专业建设点，酿酒工程、工程造价2个专业被推荐申报国家级一流专业建设项目；会计学、视觉传达设计、工程造价、酿酒工程4个专业被立项为校级品牌专业建设项目。学校形成机器人与人工智能、国际经贸与金融投资、文化创意、新一代信息技术、现代管理、土木工程及管理、白酒与绿色食品七个专业集群。

【科研工作】 完善科研管理制度，加强科研组织、指导和服务，科研项目立项取得新突破。学校修订出台《四川大学锦江学院科研奖励办法》，加大科研成果奖励力度；邀请四川省社科联、四川大学科研院等单位专家到校为教职工开展科研指导；专职教师主持科研项目18项（含四川省科学技术厅科技计划项目1项、四川省社科规划项目3项、眉山市社会科学规划项目2项）；专职教师发表论文45篇，其中包括SCI（科学引文索引）2篇，EI（工程索引）1篇，CSSCI（中文社会科学引文索引）3篇，北大中文核心期刊6篇；专职教师主编、参编教材1本，获得国家专利2项，获得软件著作权15项。

【学生工作】 创新班会和专题教育方式，采用线上、线下相结合的方式开展班会和各类专题教育共50余次。组织1.8万余名学生利用网络平台，观看“美育云端课堂”活动；在学生中广泛开展“学宪法·讲宪法”主题班会、“宪法晨读”、“宪法学习进课堂”等活动；广泛开展节能低碳宣传教育，大力倡导勤俭节约、绿色低碳的社会风尚；开展同上一堂国家安全教育公开课、高校师生共上一堂网络安全课、疫情防控及身心健康教育主题班会、“12·1”携手防疫抗艾共担健康责任主题班会、发放防诈骗温馨提示等安全教育活动。

【创新创业】 学校团队在第四届“互联网+”大学生创新创业大赛中获得省级银奖1项，铜奖6项。获批省级大学生创新创业训练计划项目133项，其中国家级项目46项。

【教育交流与合作】 学校与澳大利亚迪肯大学、英国赫特福德大学、白俄罗斯国立经济大学、克罗地亚萨格勒布经济管理学院、韩国启明大学等国外高校签订校际合作协议；成功举办“锦江东方论坛”2020年会、“迎新生国际教育展”等活动。

【招生与就业】 2020年，学校生源质量稳步提升，在四川省普通本科录取中，文科调档线（490分）超过二本控制线（459分）31分；理科调档线（473分）超过二本控制线（443分）30分，录取线位名列全省同类院校前茅。2020年学校总体就业率为87.56%，其中，本科毕业生4145名，就业率为87.26%；专科毕业生472名，就业率为90.25%。

【学生考研】 学生考研成绩创历史新高，539名学生达到国家考研分数线，上线人数占本科毕业生总数的12.89%，最终246名学生被全国各高校录取，其中部分学生被四川大学、电子科技大学等双一流高校录取。另有162名学生被美国东北大学、英国爱丁堡大学、澳大利亚悉尼大学、英国伯明翰大学、意大利罗马大学等国外知名高校录取为研究生。

【校园建设】 完成校园网络和中心机房重建，实现有线、无线网络校园全覆盖，网络速率大幅提升；完成第四实验楼建设、新网球场建设、运动场改造等3个基建项目及7个工程改造项目；启动新教学楼、新图书馆等5个项目建设。

（四川大学锦江学院）

职业教育

【概况】 全年职业教育融合发展，开展校企、校校合作，就业率达到98%以上，彭山职高获得2020年全国跨境电子商务创新创业挑战赛一等奖，省中职生技能大赛一等奖。

【职业教育基础能力建设】 彭山区职业高级中学建于1984年，位于观音街道学院西路，紧邻锦江学院，占地面积4.03公顷，总投资8000万余元，建筑面积1.45万余平方米。第四期工程4100平方米实训楼正在修建中，投资1500万元。学校开设有会计事务、汽车制造与检测、计算机应用（动漫方向）、电子商务、中餐烹饪、工业机器人和智慧健康养老服务7个专业。其中会计事务专业和汽车制造与检测是眉山市重点专业。学校有先进完善的实训设备供学生操作和训练，建成校内实训基地1个，配置有计算机操作室2个，电子电工实训室2个，以及钳工车间、汽车修理厂房、会计电算化室、沙盘演练室、数控加工车间、单片机原理、电子电拖室、机械制图室，刀工实训室、面点实训室、热菜实训室等操作教室，另有机器人加工实训室2间，智慧健康养老服务2间，影视制作实训室1间。

【中等职业教育教学】 眉山市彭山区职业高级中学是彭山区唯一一所公办的中职学校，是眉山市重点中职学校、眉山市职业教育先进单位。2020年，学校有在校生369人，教职工51人，其中，高级教师17人，一级教师19人，二级教师11人，双师型教师20人；四川省中心教研组成员2人，拥有四川省国家职业技能鉴定考评员资格4人，眉山市中职学校经济类专业学科带头人1人，获国家发明专利1人。学校顺应国家和社会发展要求，重点打造升学班，用“知识＋技能”为学生铺设升学坦途。从2012年起，组织高三升学班的学生参加单招考试，有数百名学生通过单招考上大学，升学率达92%。未考上大学的毕业生由学校推荐进入世界500强或省内外大型正规企业就业。

4月27日，区委副书记、区长郭红（右三）调研彭山职高项目现场

（梅　宇）

科学技术和数字经济

【概况】 2020年，全区推进大数据智慧城市建设，推动大数据与实体经济的融合发展。组织四川微壹科技有限公司、四川吉瑞德新材料有限公司、四川慕远科技有限公司等5家企业参加2020年首届数字四川创新大赛。“阿格蕾雅年产500吨OLED有机发光材料”“研一锂离子电池电解液添加剂”“蓝牙湾手机游戏技术集成开发与应用”3个项目被列入全市“十四五”数字经济重点项目清单。“省级农业科技园区创建”“乐凯新材电子材料研发及产业基地”“四川省精细化工研究设计院研发中心及生产基地”等9个项目被列入全市“十四五”科技创新规划重点项目清单。

【科技成果】 全年新增国家高新技术企业北新禹王防水科技（四川）有限公司和四川吉瑞德新能源材料有限公司2家。全区有效高新技术企业总数7家，年销售收入亿元以上高新技术企业2家。高新技术产业主营业务收入增速15%。实施高新技术及战略新兴产品项目10项。科技型中小企业备案7家，推荐科技成果转化备案项目4项，组织登记科技成果2项。研发投入增长10%，技术合同交易额1435万元，完成目标任务的179.3%。新认定省、市工程技术研究中心彭山吉瑞德新能源材料有限公司1家。新建产学研联盟5家。培育科技创新型农业经营主体3家（即建群家庭农场、璟润家庭农场、沈厅家庭农场）。创建市级专家大院1家（眉山市彭山区优质葡萄、柑橘种植专家大院）。

【科技特派员服务】 2020年，彭山区组建第六批科技特派员服务团队。服务葡萄、柑橘、稻药（水稻制种、药材）、猕猴桃、标准化养殖等优势特色产业，深入农村开展科技服务活动，引进示范推广新品种、新技术；建立科技示范基地，服务农民合作组织、企业或种养大户。是年4月，彭山区科技和数字经济发展局被四川省科技厅评为“科技特派员工作先进集体”。

【省农业科技示范园区创建】 2020年，启动省级农业科技园区创建工作，完成园区总体规划编制，合理布局核心区、示范区、辐射区，并进入申报审批程序。

【创新型科技人才培育】 2020年，制订《眉山市彭山区2020年创新型科技人才培育方案》。在全区遴选10名创新创业人才进行重点培养。以做强全区电子信息、新能源新材料、农产品及食品加工、机械及高端装备制造、大数据应用等重大产业为重点，引导创新人才开展科技创新和科技成果转化，为彭山经济发展提供科技支撑，催生新经济增长点。

【数字经济】 建立大数据工作领导小组，成立大数据工作领导机构，拟定“十四五”数字经济发展规划，开展大数据项目建设。组织实施大数据建设项目8项，完成验收项目3项，总投资1000万余元。“彭山区孝心邦康养平台建设大数据”项目被列入四川省科技厅2020年第一批数字经济科技计划项目，获专项资金支持20万元。完成全区政务信息平台统计工作，共收集全区137个政务信息系统上报眉山市数字经济局。电信、移动、联通宽带光纤网络，4G网络已覆盖全区。全年完成5G基站56个（电信、联通26个，移动30个）。完成软件和信息传输服务业入规入统工作。实现数字经济总产值5.6亿元。完成区发展改革局、区财政局等14个部门公共数据资源整合共享开放相关工作。

【科技扶贫】 2020年，区科技和数字经济发展局帮扶公义镇天柱村贫困户32家，派遣科技特派员团队，围绕天柱村的主导产业（柑橘、养殖等）开展农民实用技术和技能培训。全年在天柱村举办技能培训1场，30人参加培训，举办农技培训2期，100人次参加培训，带动贫困户3家发展柑橘。支持天柱村主导产业发展。依托天柱村自然优势，挖掘潜力，发挥特色，促进天柱村“一村一品”快速发展。宣传扶贫政策，为贫困户出谋划策，实施产业开发，争取帮扶资金，促进贫困户增收，确保长效脱贫，不出现返贫现象。

（王丽琳）

文 化

文化事业

【概况】 2020年，彭山区稳步推进公共文化服务体系建设，帮扶旅游企业渡过疫情难关，文艺作品创作成果凸显，文化遗传传承取得实效。

【公共文化服务建设】 全年向“两馆一站”（文化馆、图书馆及乡镇文化站）拨付免费开放经费105万元，实施免费开放、错时开放制度。完成乡村振兴文化村（社区）子项目，累计完成37个村（社区）文化服务设施和功能的提档升级。完成文化馆总分馆建设，在6个镇（街道）设立文化馆分馆。

【非物质文化遗产】 完成2020年市级“非遗”传承人的申报工作，完成全区“非遗”资源数据库的整理与上报和8项区级“非遗”保护名录的申报工作。首次开展“非遗”过大年文化进万家活动，向社会公众普及“非遗”知识，在城区和乡镇开展区级非物质文化遗产展示。

【全民阅读】 区图书馆广泛征求读者意见，制定防疫方案，实行限流和线上、共享书柜增流，满足读者的需求。图书馆外借图书2.1万余人次，图书外借2.5万余册次，馆藏利用率44%。共享书柜借阅人数5.6万人次，流通书籍8.32万册。完成翡翠龙湾小区之家暨党支部书屋和稻香书屋一期建设，投放书籍600余册。在线发文115篇，线上浏览图书量6.72万次。

【监管执法】 完成文化旅游市场执法机构改革，文旅市场执法大队更名为区文化旅游市场综合治理服务中心。原文化旅游市场综合执法大队编制划转局机关内设股室文化旅游市场执法中队和区文化旅游市场综合治理服务中心。开展日常巡查440家次，出动执法1700余人次。办理文旅市场处罚案件2件（旅游1件、网吧1件）。处理市民投诉284件次。检查歌舞娱乐场所62家次、检查网吧78家次、检查涉旅企业6家次，查处、整改安全隐患50余处。配合新闻出版管理部门累计出动检查20人次，检查出版物市场6家次，检查印刷复制企业2家次，检查物流快递网点5家次，整治不规范行为5处。有效控制全区文旅市场经营场所涉黑、涉恶、涉乱行为的发生。

（李云福）

群众文化活动

【文化惠民活动】　开展“非遗”进校园、戏剧进社区、文化惠民下基层演出12场，观看观众1万人次。承办“四川省——听见中国听见你”歌手大赛。承办全市2020年“乘风破浪舞动眉州”广场舞集中会演活动，举办葡萄丰收季暨农旅推荐活动、文化三下乡、戏曲进乡村、戏曲进校园等文艺惠民演出100余场次，参与群众8000人，惠及群众12万人次。

1月23日，彭山区文化惠民进万家活动在凤鸣公园举行

【文化进基层】　开展镇（街道）、村级艺术培训。其中，器乐辅导（乐队）22次，舞蹈辅导（包括乡镇队伍）48次，声乐辅导20次，小品辅导10余次，参训人数5000余人次。开展在线“你读、我听”朗读活动和“最美家乡话——方言推广大使”活动。

1月14日，区图书馆在谢家活桥村开展“文化暖冬”活动，组织留守儿童诵读经典书籍

（李云福）

文物管理

【设立考古工作站】　基于彭山江口沉银发掘的重大成果和后续考古研究工作的需要，四川省考古院在彭山设立考古工作站，考古工作站的设立对江口沉银的发掘、研究、合理利用和彭山旅游发展具有十分重大的意义。

7月23日，四川省文旅厅副厅长、省文物局局长王毅（左一）在眉山东湖饭店为眉山考古工作站授牌

【文物保护单位申报】　完成国家级重点文物保护单位江口汉崖墓2021年度本体保护前期勘察研究项目计划的申报工作，并获国家文物局批准。完成第九批省级文物保护单位北平观遗址保护范围及建设控制地带的测点工作以及市级文物保护单位龙门寺造像修缮工程的竣工验收工作。

【文物展览】　江口汉代崖墓保护利用设施建设项目（江口汉崖墓博物馆）于2020年10月1日开馆试运行，开展“崖筑天阶”汉代文物展和江口沉银临展。江口汉代崖墓博物馆基本布展完成，“崖筑天阶”主题展共展出文物116件，其中上级文物30件。

【重点项目建设】　江口沉银博物馆及遗址公园项目选址于眉山市彭山区武阳镇五一村，位于两江汇合处，紧邻江口沉银遗址。江口沉银博物馆以创建国家一级博物馆、中心城市地标、水下考古科普基地为目标，项目规划面积13.33公顷，建筑面积2.5万平方米。包括出水文物保护、研究、展示工程，江口遗址水下考古再现工程，考古工作站、西南水下考古中心、文物标本库建设工程。项目总投资6亿元，项目建设周期工期4年。江口沉银博物馆主体建筑施工程序于2020年10月正式启动，已进入基础开挖阶段。

【江口沉银遗址】　完成“江口沉银”三期考古发掘工程，协助省考古院完成江口沉银遗址水下考古第3期考古工程及第3期考古发掘成果的发布工作。发掘面积5000平方米，勘探面积1万平方米，出水各类文物1万余件，其中重要文物2000件，出水的“蜀世子宝”金印属国内首次发现世子金宝实物，是江口沉银考古的又一重大发现。启动明末战场遗址抢救性考古勘探发掘工作。

江口沉银发掘第三期发掘全景图

（李云福）

文艺创作

【文学艺术创作】　2020年，彭山区积极筹备以“伟大征程”为主题的庆祝建党100周年主题文艺晚会。创作抗疫情歌曲《鲜红的手艺》，被推选于中国文联网并得到广泛宣传。

【专题赛事】　曲艺《李密还乡》以晋代《陈情表》的作者彭山人李密辞官回乡侍奉祖母的事迹为原型，对彭山“忠孝之邦”的孝文化进行了新的诠释，节目入围2020年四川省乡村艺术节决赛并获优秀奖。小品《懒汉相亲》以脱贫攻坚工作中帮扶干部的事迹为素材，歌颂了扶贫干部无私奉献的精神和脱贫攻坚工作在农村工作中取得的重大成果，获得眉山东坡大舞台第六届戏剧小品（小戏）作品比赛三等奖。

（李云福）

融媒体

【概况】 2020年，彭山区融媒体工作以“不老彭山”手机APP为主要宣传渠道，“彭山融媒”官方抖音，“不老彭山”“微彭山”微信公众号，Bilibili，快手，视频号，彭山区广播电视台等媒体为阵地的融媒矩阵，实现传统媒体与新媒体的全覆盖宣传，形成“一次采集、统一策划、多种生成、多渠道发布”的融媒格局，切实发挥主流媒体的“影响力、公信力、传播力、引导力”。全年粉丝用户量累计达41万人，其中，APP客户端用户21万人，“彭山融媒”官方抖音“粉丝”10万人，微信公众号用户量近10万人。

【对外宣传】 全年在市级电视台播出389条电视新闻，其中，在《眉山新闻联播》播出186条（头条23条），眉山电视台《每日快报》203条，宣传数量和质量均创历史新高；在四川电视台播出30条电视新闻；在央视播出8条电视新闻，上送播出量均创新高。

【综合平台建设】 构建“媒体+服务”“媒体+政务”的综合平台，实现全方位、多时段服务市民的基础生活，做到“手机在手，服务随行”，解决最直接的疑难问题。开设报料版块、社会治理专栏等功能性窗口，为市民提供问题投诉、建言献策、发表意见的渠道，进一步拉近政府与百姓的距离，推动问题快速有效解决。全区经历“疫情阻击战”“防汛抗洪”“创建国家卫生城市”“创建全国文明城市”等重大事件，形成官方“最强音”，彭山融媒通过矩阵发声新科技、权威发布、惠民互动、从众出发等方式，把“不老彭山”APP的用户注册量从最初的6000人左右提升至21万人，把“彭山融媒”官方抖音号的“粉丝”从0人提升至11万人。陆续开通“不老彭山”、Bilibili、快手、视频号等宣传通道，形成更全面、更有力、更响量的“融媒宣传矩阵”。

【安全播出】 认真落实安全播出责任制，严格值班值守，加强监督检查，确保中央、省、市、区等重大活动、重要节日、重点时段的安全播出万无一失，实现“三个零”（零插播、零停播、零中断）目标。

（唐　冉）

史志编纂

【概况】 2020年，全区党史和地方志编纂工作坚持以资政育人为根本任务，努力推进党史编研、依法修志、史志宣传、地情资料开发利用等工作，进一步增强史志工作服务经济发展、文化建设的能力。彭山区党史和地方志编纂中心被评为2019年度全省地方志系统“三个服务”工作先进单位。编纂出版的《彭山年鉴(2019)》在四川省地方志办公室、四川省地方志学会第十九次地方志优秀成果（年鉴类）评审中获三等奖；编纂的《中国共产党彭山执政实录（2017）》《中国共产党彭山执政实录(2018)》在第十九次地方志优秀成果（其他地方文献类）评审中获优秀奖。

【党史编纂】 补充、核校部分资料，完成《中国共产党彭山历史（1999—2018）》编纂首轮定稿；按时报送《中共眉山市委执政实录（2019）》彭山区资料，上报“2019年中共眉山市彭山区委工作综述”和亮点工作综述6个方面的资料；完成50万字《中国共产党彭山执政实录（2019）》的资料收集、编纂、定稿和印刷出版工作。

【党史进乡镇、学校】 与区融媒体中心开展合作，在“不老彭山”APP上开设专栏“党史上的这周”，每周更新推送党史大事记，做到党史知识全覆盖宣传；收集中国共产党成立以来的经典大事照片和每日党史大事记，制作《党史日历2021》赠送给各机关单位；6月12日，组织工作人员到彭山一小讲授“如何制作成长档案”的素质拓展课，宣传档案、党史知识，进一步做到党史进学校；9月4日，开展“听党话、感党恩、跟党走”宣讲会，为公义镇龙安村乡镇驻村干部、龙安村党支部班子成员、贫困户代表等50余人宣讲彭山党史，宣传农业农村发展和脱贫攻坚取得的历史性成就；11月14日，在彭山四小大讲堂组织开展“弘扬优秀文化·传承伟大民族精神”国学讲座，彭山四小师生和家长、各单位文学爱好者、彭山作协会员等400余人参加，培养了新一代文学艺术人才，推动文学传承与创新。

【党史教育基地建设】 收集整理复制革命先辈郭祝三、郭祝霖、洪文渊、龚连成等人档案资料50余件，整理并数字化处理彭山党史资料100余卷，收集革命先辈图片资料近10幅（张）；收集整理并参与编纂《星火——川西南第一个县委》一书，集中展示彭山革命历史事件和革命先辈生平事迹，为全区党员加强党性修养提供“教科书”；申报革命先驱彭山公义红色教育研学实践基地为市级党史教育基地；为彭山区打造革命历史教育基地建言献策，先后提出陈列布局的建议意见3次、5条，并为基地建设提供史料支撑。

【抗战资料收集】 参与抗战将士相关工作，收集6名在世抗战老兵基本情况，并整理抗战亲历老兵口述史资料5篇。配合眉山市新建抗战将士纪念馆建设，赠送相关书籍9套。

【地方志书籍编纂】 精心搜集资料，按时、高质量完成《四川年鉴（2020）》《眉山年鉴（2020）》《四川省地方志发展报告（2018）》《四川省地方志发展报告（2019）》彭山区资料的组稿、撰稿和报送工作，共计2万余字，图片10张。全年审核通过140余篇年鉴稿件，严格通过三审三校，完成56.5万字《彭山年鉴（2020）》的定稿工作，由方志出版社公开出版。

【旧志整理】 联合西华大学（地方文化资源保护与开发研究中心）的资深专家、教授，点校整理嘉庆版《彭山县志》（12万余字），已完成全书手工录入、点校工作。

【史志资料数字化】 对史志书籍进行数字化扫描，最大的优势是方便检索，更好地为全区党政机关及社会各界人士提供相关资料，服务于人民群众。全年共数字化处理史志书籍1290

本、41.06 万页，《彭山报》2.31 万页。

【历史文化名镇（村）志编纂】　指导江口街道、黄丰镇、公义镇龙安村编纂历史文化名镇（村）志，确保如期高质量完成镇（村）志编纂任务。彭山区首部历史文化名镇志《江口镇志》进入省、市评审阶段；《黄丰镇志》资料收集完成，初稿基本形成；《保胜乡龙安村志》成立编纂委员会，组建修志队伍，进入编纂阶段。区史志编纂中心划拨 2 万元到龙安村支持编纂村史村志，助力乡村振兴。持续开展第二轮镇（村）志编纂工作指导，《保胜乡志》《凤鸣镇志（1992—2015）》完成初稿。

【地情资料开发利用】　全年配合相关部门开展四川省劳模评选，编写《彭山生活方式》，回顾红色金融史，编写农业发展史等项目，协助查阅相关地情资料，共接待查询服务 88 人次。

（徐莉岚）

档案管理

【概况】　2020 年，彭山区档案工作以加强档案基础业务建设为重点，以提升档案服务能力为主线，扎实做好档案资料收集整理、保管保护等工作，确保档案安全，优化档案服务，提升编研水平，努力为全区经济社会发展提供优质高效的档案服务。

【档案接收】　全年共接收进馆文书档案 743 卷，1.38 万件；项目工程档案 214 卷，业务档案 29 卷；实物档案印章 336 个；会计档案账簿 1 本，凭证 81 本。对进馆的纸质档案实行超低温冷冻、杀菌，规范整理并上架。

【国企退休人员人事档案移交】　主动对接区委组织部牵头制定人事档案整理接收标准，提前与企业做好对接指导服务。首次启动并完成国有企业退休人员人事档案移交工作。全年“双套制”接收 42 家国有企业退休人员人事档案移交工作，共计 2445 人。确保全区国有企业退休人员人事档案按时、保质、保量、安全移交。

【档案查阅利用】　全年共接待群众 1423 人次，异地查档 12 人，利用档案 1927 卷，免费复印 6.99 万页。

【档案信息化建设】　全年完成馆藏档案数字化处理 162.32 万页，目录著录 27.76 万条，实现全馆档案数字化，为档案资源服务社会提供快捷利用渠道。

【网上政务服务】　对依申请服务事项办件材料、审批环节、办理时限逐一梳理，核减压缩不合理事项要素后，即办件事项达 100%。与区民政局婚姻登记处对接沟通，实现部门协同办公，让群众不再多头跑，提升办事效率，优化服务环境。全年四川省一体化平台共录入公共服务事项 154 条。

【档案安全】　安装库房监控系统，更新更换档案库房灭火设备、库房大门；维修维护库房墙体，全方位确保档案库房安全。特邀区消防大队到区档案馆开展消防安全检查，重点对大楼内安全疏散通道、消防栓（带）、水电线路、应急照明、监控设备运转情况等设施设备是否齐全，是否存在问题进行检查。消防大队针对检查出的安全隐患开展消防安全常识教育，档案馆针对检查问题进行整改，新添置二氧化碳灭火器6个。结合档案行政执法、档案工作规范化管理复查、认定，对区法院、区公安分局、港华燃气公司等重点立档单位进行汛期档案安全检查，确保辖区内部门、镇（街道）档案安全。

【档案宣传】 开展档案进校园活动，为小学生讲授“如何制作成长档案”宣传课；在“不老彭山”APP上刊登《档案见证小康路》《走进档案穿越时代》《如何建立家庭档案》等4期国际档案日宣传漫画。牵头开展“弘扬优秀文化——国学经典培训”，推动文学传承与创新，在青少年中取得积极反响。与电信合作，通过不定期向社会普发短信等方式，扩大社会知晓度与影响力。

【档案业务指导】 全年指导彭山区教育系统学生资助中形成的各种专业性文件材料、电子文件等归档工作，全区各学校均完成资助材料的收集和分类工作；指导6个机关、企事业单位的文件材料归档范围和档案保管期限表制定（修订）工作，并通过审定。

【重点建设项目档案】 区档案馆与区档案局指导、备案重点建设项目档案20家；完成彭山区工业大道东坡区至谢家段公路工程建设项目施工档案、监理档案及岷东大道眉（山）彭（山）段公路工程建设项目监理档案的检查验收工作。

【档案规范化认定工作】 区档案馆与区档案局完成全区8个机关、企事业单位档案工作规范化管理工作；完成彭山区2005—2019年档案工作规范化管理认定（考评）情况调查，认定机关、团体、事业单位及其他社会组织（含中央驻川单位）达标省一级单位4个、省二级单位29个、省三级单位68个；国有企业（含中央在川企业、科技事业单位及非国有企业）达标省一级单位1个、省二级单位3个、省三级单位7个；达标国家综合档案馆省二级单位1个。

【档案执法专项检查】 全年对全区18个机关、企事业单位的档案开展执法检查工作，眉山市公安局彭山分局、区综合行政执法局被评为优秀单位，区审计局、彭山一中等16个单位被评为合格单位。

【疫情档案归档指导】 全年指导新冠肺炎疫情防控工作文件材料收集归档单位34个，收集文件527件、照片116张、绘画作品83幅、书法作品25幅、链接92条、录像13个、实物17件，并上报眉山市应对新冠病毒防疫指挥部。

（杨文娴）

体 育

群众体育

【概况】 完成2020年国民体质监测活动，采集数据3200人。开展“工间操培训暨社会体育指导员培训”工作，完成市新增150名社会体育指导员的任务。开展第八套广播体操、彭祖太极和八段锦的培训，参训500余人次。“四川省百万群众迎新登高健身活动”暨彭山区迎新健身活动和彭山区第三届职工工间操比赛因疫情原因而被取消。

【体育设施建设】 实施彭山一小、谢家小学、义和学校、公义中学、观音中学的5人制足球场改造工程。完成2批次、64个老旧小区和村（社区）及7个示范点位体育健身器材的采购安装，协助市教体局完成19个老旧小区、示范点位的体育健身器材安装工作。

4月21日，彭山区第三届职工工间操培训暨2020年第一期体育指导员培训班在区体育馆开班

（梅 宇）

竞技体育

【概况】 成功举办全区第六届职工篮球赛、区第三届职工工间操比赛、全国钓鱼比赛。谢家小学、彭山一小参加眉山市篮球比赛分别获得小学组男、女冠军。在全

市足球比赛中获得初中女子第 2 名、初中男子第 3 名、小学女子第 3 名的成绩。创建全国篮球特色学校 2 所，全国足球特色学校 7 所。

【“彭祖杯”全国竞技垂钓邀请赛】　2020 年 12 月 5—6 日，彭山区教育和体育局在太和大道垂钓基地主办“彭祖杯”全国竞技垂钓邀请赛，120 人参加。比赛内容为 3.6 米重量赛，每场比赛 60 分钟，共计 4 场比赛，垂钓鱼种分别为鲫鱼、鲤鱼、草鱼、青鱼。第一天比赛前 3 名分别由乐山市、成都市、彭山区代表获得，第二天比赛前 3 名分别由遂宁市、彭山区、雅安市代表获得。

【第六届职工篮球赛】　10—11 月，彭山区在公园山体育场举办第六届职工篮球赛，参赛队伍 52 支，其中，有中年组 9 支、青年组 14 支、乡镇组 5 支，男子（3×3）8 支、女子（3×3）6 支，亲子赛 10 支。参赛人数 450 余人，比赛场次 231 场。比赛奖项分为一等奖、二等奖、三等奖、体育道德风尚奖 4 个。

2020 年眉山市彭山区第六届职工篮球运动会获奖单位名单

表 11

奖项组别	一等奖	二等奖	三等奖	体育道德风尚奖
青年组	区住建局、区公安局、区教体局	区卫健局、太平洋保险、芊柏园林	中纺粮油、区农业农村局、财税系统、区法院	区教体局（青年）、区融媒体中心、区政法系统、中纺粮油、江口街道
中年组	区政府政协、区人社局、区政法系统	盛棠装饰、区教体局、区人大	区融媒体中心、区市场监管局、彭山组工	
乡镇组	黄丰镇、凤鸣街道、江口街道	谢家街道、公义镇		
男子 3×3	得力建材、鑫空体育、区教体局	港华燃气、区行政审批局、区委宣传部	蓝天碧水、老四方	
女子 3×3	区卫健局 1 队、区农业农村局、区卫健局 3 队	区卫健局 2 队、区市场监管局、区行政审批局		
三分球（个人）	郭志生、李诚、樊正勇	张睿智、曾涛、张永川	邹宁、梁永鑫、许丁化、杨泽鑫	
亲子赛（家庭）	范禹潼、陶逸然、刘浩锐	彭浩然、何睿姚		

（梅　宇）

体育产业

【概况】　有各类体育协会 23 个。占地面积 18 公顷的古堰新桥国际汽摩越野公园落户彭山。占地 2 公顷的省残疾人训练基地建成投用。全区 200 余个大小晨晚练点，每天参加各类健身活动达 2 万人次以上。彭山一中被教育部授予“2020 年全国青少年校园篮球体育传统特色学校”称号。

【西藏体育训练基地】　西藏体育训练基地项目是西藏自治区体育局在彭山区投资修建的内地平原训练基地，位于眉山市彭山区彭祖新城，占地面积 8.67 公顷，由综合训练中心、室外训练场、综合楼组成。基地项目建设于 2020 年

10 月分包公开招标。一期工程建筑总面积 3. 61 万平方米，总投资 1. 97 亿元。室外体育场地面积 38200 平方米，主要包括田径运动场及标准足球场、半开放式射箭馆、室外人工岩壁、攀石场地及拓展训练场地、篮球场、网球场、羽毛球场、笼式足球场等。基地建成后将极大地提升市民健身和队员训练的方便性。

【四川省残疾人体育训练中心】 四川省残疾人体育训练中心于 2017 年建成，场地位于彭山区前程路东一段，由四川省残疾人联合会主管，总投资 5800 万元，建筑面积 8293. 8 平方米，室内场地面积 7990. 6 平方米。训练中心平时主要用于承办全区性的各种体育培训、赛事和大型会演。

（梅　宇）

卫 生

综 述

【概况】 2020 年，彭山区卫生健康工作以疫情防控安全为最大政治任务，以提高医疗卫生服务水平为最大民生工程，坚持解放思想、敢于担当、勇于创新，推动彭山卫生健康事业高质量发展。疫情防控工作取得阶段性成效，区卫健局被省委、省政府评为“四川省抗击新冠肺炎疫情先进集体”称号。成功创建国家级卫生城市，连续 5 次成功创建四川省敬老模范县，以全市第一的成绩完成血吸虫消除达标省级评估，国家基层中医药工作先进单位工作通过评审，彭山卫生健康事业实现了高质量发展，完成全年目标任务。

2020 年彭山区级医院、卫生院、专科医院一览表

表 12

医疗机构类别	数量	具体单位
区级医疗卫生单位	7 个	区人民医院、区中医医院、区妇幼保健院、卫监大队、血防站、疾控中心、精神卫生保健院（其中，区人民医院、区中医医院为二级甲等医疗机构，区妇幼保健院为二级乙等医疗机构）
社区卫生服务中心	2 个	凤鸣街道社区卫生服务中心、彭溪街道社区卫生服务中心
乡镇卫生院	9 个	谢家中心医院、观音镇卫生院、公义镇卫生院、黄丰镇卫生院、江口镇卫生院、凤鸣镇卫生院、武阳镇卫生院、保胜乡卫生院、义和乡卫生院
民营医院	7 个	康福医院、阳光医院、鹏利医院、帅氏医院、同德医院、新城医院、城北医院

公立医院改革

【概况】 巩固取消药品加成改革成果，拨付取消药品加成财政补助资金186.86万元，区级公立医院取消药品加成让利1118万元。推进现代医院管理，严格落实《眉山市彭山区建立现代医院管理制度实施方案》《彭山区公立医院薪酬总量核定办法（试行）》和《彭山区公立医院院长绩效考核办法（试行）》，完善基层医疗卫生机构绩效考评制度。开展按疾病诊断相关分组（DRGs）付费方式改革培训，推进2020年DRGs医保付费方式改革工作。

【医联合作建设】 区医疗机构先后与四川大学华西医院、省人民医院等建立医疗联合体。区人民医院、区中医医院牵头与区内所有基层卫生院签订医疗联合体协议，定期开展人员交流、技术指导培训。加快与成都卫生健康系统的融合对接、协调发展。与成都市疫情防控指挥部建立境外人员闭环管理制度。7月16日，新津区卫健局党委专职副书记黄元林率队到彭山区卫健局就巡察、党建、医政等工作进行交流。9月20日，彭山区卫健局与双流区卫健局签订《协同发展区域合作协议》，推动两地实现优势互补，互利共赢，共同发展。

【医疗服务水平提升】 持续深化省人民医院托管区人民医院工作，落实儿科、妇产科、麻醉科、肿瘤科、肝胆外科、风湿免疫科、重症医学科、心内科等常驻专家20余人，邀请专家开展讲座3次、专家门诊35次、临床查房30次、指导手术20余次，新开设科室（血管介入中心）1个，引进冠心病介入诊疗等新技术10余项，同时选派6名医务人员到省人民医院进修学习，快速提升彭山区医疗服务水平。

【医疗设施改善】 完成区中医医院整体迁建，区人民医院住院综合楼项目建成投用。区级优质医疗资源下沉基层，区人民医院、区中医医院牵头与区内所有基层卫生院签订医疗联合体协议，定期开展人员交流、技术指导和培训，全面提升基层医疗机构服务能力。持续推进分级诊疗、公立医院综合改革、药械供应保障改革，推进公立医院取消药品、耗材加成，县域就诊率达87.62%。

卫生健康服务

【概况】 全年卫生健康系统围绕"'十四五'期间单位如何发展"和"未来五年自己怎么干"畅所欲言、集思广益，以项目为支撑编制区卫健"十四五"规划，擘画未来五年发展蓝图。全面落实《"健康四川2030"规划纲要》和《"健康眉山2030"规划纲要》，扎实推进"健康彭山"17项专项行动。

【新冠疫情防控】 新冠肺炎疫情暴发后，全区认真贯彻落实中央、省、市部署要求，坚决克服松懈、麻痹思想，外防输入、内防反弹，常态化抓好防控工作。先后召开疫情防控会议20余次，印发《眉山市彭山区应对秋冬季新冠肺炎疫情应急预案》和《新型冠状病毒感染的肺炎秋冬季防控工作手册》，明确各方责任，协调各方力量，织密防护网，筑起防护墙。选派医护人员组成援鄂医疗队驰援武汉，和成都机场检疫局并肩完成支援任务。成立疫情研判组、流行病学调查组，明确工作环节和责任人，对全区所有流调组工作人员进行全覆盖、多轮次培训。累计培训268人次，有力提高流调工作能力。成立危机干预组，在原有10人的专家队伍基础上，充实5名专家组成员，形成省、市、区专家联防联动机制。区人民医院按照总床位数的10%完成救治床位准备，按照总床位数的10%完成重症监护床位改建，并进行多次不同类别的医疗救治演练，有效提升医疗救治能力。区人民医院、区中医医院、区疾控中心PCR实验室（基因扩增实验室）建成并投入使用，实现"应检尽检""愿检尽检""适时抽检"。做好院感防控工作。全区医疗机构固化15个预检分诊室。按照国家卫健委最新防控要求和技术规范对区人民医院和区中医医院发热门诊进行改造，基层医疗卫生机构全面设置新冠肺炎筛查及发热哨点诊室，充分发挥发热门诊和发热哨点功能，把风险控制在"第一道关卡"。实行基层医疗机构"两通道"（医务人员通道和病人通道）、区级医疗机构"三通道"（医务人员通道、普通患者通道、发热疑似患者通道），区级医疗机构实行"三级分诊"（预检分诊、楼栋分诊、科室分诊），确保医院无集聚性病例发生。全力做好防控物资储备和集中隔离场所准备。储备满足满负荷运转90天的N95口罩、防护服、外科口罩等医用物资，规划出300间常备集中隔离房间，配齐相应的医务防控物资、医疗人员、社区工作人员和公安干警，一旦出现疫情，2小时内全部到位。全面做好疫苗接种工作。加大流感疫苗和新冠病毒灭活疫苗的宣传力度，提高广大群众知晓率，弱化对疫苗接种的恐惧心理，帮助其正确选择是否接种及适合自己的疫苗。全面做好疫苗接种统计工作，及时、准确、高效完成接种工作。截至2020年12月底，累计排查重点地区到（返）彭山人员2574人、成都四区5618人、冷链食品从业人员749人次，全部采取分类精准管控措施。累计核酸检测50457人。彭山区卫健局被省委、省政府评为"四川省抗击新冠肺炎疫情先进集体"。王道明被省委、省政府评为"四川省抗击新冠肺炎疫情先进个人"。

10月15日，副省长杨兴平（前排左二）到彭山园区调研尘肺病防治推进情况

【托管工作】　全年以省人民医院托管区人民医院为契机，聘请省人民医院心血管内科专家李刚等20名专家到区人民医院坐诊，开设科室（血管介入中心）1个，引进冠心病介入诊疗等新技术10余项，并成功开展首例永久心脏起搏器植入手术。

【公共卫生服务】 开展“卫健E通”，提升家庭医生签约服务信息化管理水平。组建家庭医生团队97个，每个家庭医生团队都有二级医疗机构的医师参与，构建“1+1+1”的三级服务团队。家庭医生签约服务覆盖率达到47.11%。

【公共卫生安全】 制发《2020年彭山区基本公共卫生服务项目资金管理使用办法》，实行预拨和结算相结合的保障机制，以项目资金绩效量化考核推动公共卫生服务项目质量提升，全区共建立居民电子健康档案32.1万份，建档率100%。

【行业作风监管】 全区10个乡镇卫生院、1个社区卫生服务中心和132个村卫生室全部实施国家基本药物制度，14家公立医疗机构全面实行网上阳光采购。严控药品占比并进行全覆盖“两票”制采购管理。全区所有二级以上医疗机构、乡镇卫生院、民营医院与省级平台全部完成对接，并实现互联互通。

【中医药服务】 完善乡镇卫生院中医馆建设，加强中医重点专科建设，创建国家基层中医药工作先进单位并顺利通过检查验收。

10月29日，眉山市彭山区全国基层中药先进单位国家评审工作汇报会在彭山召开

【重点专科建设】 区中医医院针灸科通过省级重点专科验收，老年病科被确定为省级中医重点专科建设。区人民医院建成卒中中心，ICU通过市级重点专科验收。已创建省级重点专科1个（针灸科）、市级重点专科3个（针灸科、骨伤科、老年病科），创建国家基层中医药工作先进单位并顺利通过检查验收。

【严重精神障碍患者服务管理】 推进彭山区社会心理服务体系建设试点工作，下发《眉山市彭山区社会心理服务体系建设试点工作实施方案》，分解落实区级相关部门职责，成立社会心理服务体系建设试点工作领导小组和社会心理服务体系专家组，召开全区社会心理服务体系建设动员大会，组织培训全区相关单位主管领导、业务人员400人，建成眉州监狱心理咨询中心、区人民医院心理咨询室。全区登记在册的严重精神障碍患者1507人，报告患病率5.19‰，在册患者管理率96.88%，规范管理率96.68%，居家患者服药率76.2%，规律服药率66.89%。全区未发生一例严重精神障碍患者肇事肇祸致人伤亡的案（事）件。

【社会心理服务】 省级社会心理服务体系试点建设工作初见成效，建成全市首个区社会心理服务中心，区、镇、村三级服务网络初具规模。

公共卫生监督

【概况】 开展节前公共场所卫生安全专项检

查和新冠肺炎防控指导工作，对全区公共场所使用中央空调的情况进行监督检查。制定《美容、美发行业复工防控要求》《公共浴足复工防控要求》等防控工作方案，积极、有序地推动全区美发、美容、浴足等行业复工复业。全年共下达监督意见书101份，出动车辆400余辆次，执法人员1000余人次，公共场所监督频率每家在2次以上。

【卫生专项检查行动】 对全区中小学和托幼机构开展疫情防控工作专项检查行动。对学校开学前后的新冠肺炎疫情防控工作进行检查和指导，下达指导性监督意见书60余份，出动卫生监督员60余人次，出动车辆10余辆次。联合区教体局于5月、9月对全区29所中小学校、26所托幼机构开展卫生专项检查，检查出动100余人次，下达监督意见书64份。要求各单位严格执行各项新冠防控措施，确保广大师生生命健康。对辖区内的5所学校教学环境、传染病防控、学校自建设施集中式供水和二次供水以及学校内游泳场所的卫生管理情况、教室采光照明和水质进行抽查。对4所学校开展学校卫生综合监督评价，出动卫生监督员2人次，出动车辆1辆次。对4所教学环境检测不合格的学校进行行政处罚。对高考考点彭山区第一高级中学的新冠肺炎疫情防控工作及考前准备工作、学校卫生及饮用水进行全面检查。重点对学校的新冠肺炎防疫工作方案和预案制定，考点内、考场内防疫工作流程和处置流程，生活饮用水的卫生状况，教室的通风，医疗保障、防控物资储备等进行监督检查指导。

【饮用水保障】 开展疫情防控期间饮用水保障工作，对辖区内7个集中式供水单位、10个二次供水单位开展卫生监督工作。出动卫生监督员42人次，出动车辆17辆次。对辖区内集中式供水单位进行随机抽检和对4个供水单位进行现场抽样检测，检测结果显示全部合格。行动共检查城市集中式供水单位1个，持有卫生许可证。农村集中式供水单位3个，均持有卫生许可证，持证率100%。出动卫生监督员8人次，出动车辆1辆次。

【医疗质量管理】 开展改善医疗服务行动，区级医院全面开展预约诊疗、双休日和节假日门诊、“一卡通”、“先诊疗后结算”、便民门诊等便民惠民措施。深化托管合作，依托省人民医院专家团队对区人民医院进行全面管理指导，新增临床学科3个，临床路径管理人数占出院病人30.17%，同比增长9.67个百分点。三四级手术占比为51.5%，同比增长6个百分点。全力推进三级综合医院创建工作。强力推进公立医院控费管理，压实责任，传导压力，全区总体数据实现达标。开展质控技术指导，持续改进医疗服务质量和能力。加强医疗机构临床用血管理，积极倡导无偿献血，保证血液质量和临床用血安全，组织团体无偿献血1123人。完成招生体检、活动（赛事）、重大会议医疗保障35次。

【医德医风建设】 举办援鄂医疗队先进事迹报告会，开展“5·12”优秀护士评选、参与抗击新冠肺炎医护人员评选等活动，营造尊医重卫氛围。持续开展第三方患者就医体验医疗服务评价，倒逼医疗机构改善医疗服务。

【行业不正之风专项整治】　开展专项督导13次，下发整改通知11份，督促整改问题39个。对区人民医院医务人员向患者推销指定药店药品并收受药品销售回扣一案进行调查处理，党纪处分3人，政务处分3人，诫勉谈话2人。开展系统治理推动行风政风转变，制发《彭山区卫生健康系统突出问题系统治理工作方案》，重点整治收受回扣、过度治疗、服务态度差、流程不优、财务管理不规范等问题。各医疗卫生健康单位自查问题60个，扣罚科室和个人绩效4.42万元。

疾病防控

【概况】　艾滋病、结核病、严重精神障碍等重大疾病管理规范可控，连续多年全区甲乙类法定传染病发病率控制在全省平均水平以下，血防达标验收工作顺利完成。

7月16日，眉山市政府副市长曹晖（前右三）到彭山区疾病预防控制中心调研疾病预防控制工作

【重大疾病控制】　推进规范化门诊建设工作，国家免疫规划疫苗报告接种率达98%，接种信息录入率、准确率、及时率达100%，规范开展AFP（甲胎蛋白）、麻疹监测。强化对不明原因肺炎、人感染H7N9禽流感、狂犬病等急性传染病的防控，甲、乙类传染病报告发病率74.08/10万，控制在全省平均水平以下。落实健全艾滋病防治“三线一网底”工作机制，完成艾滋病检测51683人，检测率19.47%。全区艾滋病感染者发现率92.37%、随访率98.12%、抗病毒治疗覆盖率92.48%、治疗成功率95.64%。继续巩固消除疟疾、消除碘缺乏病和血吸虫病传播阻断达标成果，全区无当地感染的急性血吸虫病例发生。

【突发公共事件应急管理】　报告肺结核患者和疑似肺结核患者的总体到位率96.47%，患者成功治疗率100%，学校等重点人群无聚集性疫情发生。饮用水监测乡镇覆盖率100%，按季度公示城市用户水龙头水质卫生信息。每月开展突发公共卫生事件风险评估，全区无突发公共卫生事件发生。

计划生育

【人口监测】　抓好全面二孩政策落实工作，全年进行生育登记1584例，其中二孩684例。2020年计生奖励扶助、特别扶助及独生子女父母奖励等惠民惠农政策的确认审批工作做到零误差，上半年特别扶助资金568.09万元已通过

"一卡通"打卡发放到位。全员人口数据库个案与公安数据核查比对工作完成率达100%，与公安、民政、医保、网格等部门建立数据共享机制，流动人口电子婚育证明察验率为100%，流动人口重点信息反馈率、接收率、及时率为100%。

【计生特殊家庭发展扶助】 继续做好计划生育特殊家庭关怀扶助工作，做到特殊家庭联系人制度、特殊家庭家庭医生签约服务、特殊家庭就医绿色通道"三个全覆盖"。全年2.22万人享受计划生育奖励扶助，1175人享受计划生育家庭特别扶助，1.13万家计划生育家庭享受独生子女父母奖励金。

妇幼保健

【妇幼卫生服务】 孕前优生健康检查881对，任务完成率103.65%；婚前医学检查2024对，婚检率99.95%。5岁以下儿童死亡13人，死亡率为5.68‰；婴儿死亡8人，死亡率为3.50‰；新生儿死亡4人，死亡率为1.75‰；无孕产妇死亡，无新生儿破伤风发生。

【新生儿疾病筛查】 全年无一例艾滋病母婴传播发生；新生儿疾病筛查率为99.82%。

（吕 阳）

社会生活

社会事务

【概况】 2020年，全区社会事务重点围绕村级建制调整改革和小组优化、养老服务体系建设、殡葬改革、基层治理、高龄补贴发放等方面，补短板、惠民生，以及特定对象的基本生活和基本权益，以及人民群众最基本的民主政治权利。彭山区被列入四川省首批城乡社区治理试点区县。

【村级建制调整改革】 2020年，彭山区一次性完成村建制调整和社区优化任务。全区所辖行政村在原有69个的基础上减少32个，减幅达46.4%，全市第一。村（社区）在86个的基础上减少到51个，总减幅达40.7%，村（居）民小组数由699个调整至403个，减幅达42.3%，全市第一；村（居）民小组长“一肩挑”比例达62.3%。彭山区在全市率先推行村（社区）两委干部专职化管理，为强化基层治理作好组织准备。牵头制发《眉山市彭山区村级建制调整改革“后半篇”文章系列制度》《关于全面推行村（社区）常职干部专职化管理的通知》，配套《村（社区）干部履职行为规范》《村（社区）干部绩效考核办法》，下发《村（社区）微权力清单》，将基层权力关进笼子，防止“一肩挑”成为一言堂。

【养老服务体系建设】 全年完成谢家敬老院、保胜敬老院、公义特困老人康养中心的公建民营改革，公建民营养老床位达到省定任务50%，全市第一。公义特困老人康养中心入住失能、半失能老人100位，彻底解决全区失能、半失能老人散居生活质量差的问题，在实现公建民营的同时，实现医养融合，区财政年补贴230万元，力度为全市第一。推进居家和社区养老服务改革试点工作，实施“1 + N”养老服务体系建设。建设完成养老服务综合体1个、城区养老服务站点3个、农村养老服务分中心3个、农村养老服务点3个。采取有效措施持续实施养老机构疫情防控封闭管理，确保养老机构正常运营和疫情防控安全。全区已形成“四个三”养老服务模式，即：区、镇（街道）、村三级高度重视，把养老服务工作作为重点民生工作纳入重点工作任务；建设三级阵地，将分布于乡镇的敬老院打造为养老服务中心，全区共设8个养老服务中心，在村和社区建设养老服务分中心，在符合条件的村民小组建设养老服务点，全区共建24个养老服务点；组建三支服务队伍，按照“低龄助高龄，健康助失能”的思路，组建互助养老服务队，争取上级运营补贴，组建专业服务队，引进志愿者服务队，定期开展上门服务；提供三种服务，通过养老服务信息管理平台提供信息服务，通过养老服务中心和分中心提供集中服务，通过互助队、志愿队提供个性服务。

2月22日，彭山区召开养老机构新冠疫情防治问题整改工作会

【殡葬改革】 彭山区在全市探索建立“集中安葬、绿色节地”的公益性公墓天寿园，天寿园一期工程占地面积2.2公顷，建成墓穴万余个，对入葬农村户口丧属进行补贴，每个丧户补助绿色生态葬1000元。2020年，工程完成率达85%。

【基层治理】 2020年，彭山区被列入四川省首批城乡社区治理试点区县。其中，观音街道被列入社区服务项目化试点街道，凤鸣街道城南社区被列入便民服务型社区试点社区，观音街道毛店社区被列入社会企业带动型试点社区，观音街道蔡山社区被列入社区服务项目化试点社区，开展为期一年的试点工作。全市仅有仁寿县和彭山区争取到首批项目，有效发挥了示范带动作用。至年底，试点社区阵地设计已完成，进入施工阶段。

【向上争取资金】 全年区民政局争取到上级资金6000万元，其中社会救助资金4662.83万元。近两年来，因向上争取项目资金力度大，区财政每年仅需配套600万元用于社会救助。全年通过挂牌督战核查工作，对全区建档立卡贫困户疑似收入低于6000元以下的家庭全部进行入户核查，所有符合保障和提标的对象已在2020年5月底前全部完成一卡通发放工作。

【高龄补贴发放工作】 2020年，区政府批准彭山区高龄补贴再作调整，发放标准为80～89岁30元/人·月，90～99岁100元/人·月，100～105岁1500元/人·月，106～109岁2500元/人·月，110岁以上3500元/人·月。彭山区高龄补贴发放标准位居眉山市第一，远超其他区县。眉山市其他区县百岁老人均为500元/人·月。至2020年年底彭山区共有百岁以上老人42名（100～105周岁40人，106～109周岁

2人)。按照“广覆盖、保基本、多层次、可持续”的总体要求,全年全区发放高龄补贴37701人次、600.25万元,调整后百岁以上长寿老人补贴比2019年增加40%。

(田琦姝)

社会保障

【概况】 全年向上争取资金5139.41万元,实现城镇新增就业4392人,城镇失业人员再就业945人,帮助就业困难对象实现再就业432人,城镇登记失业率2.99%,城镇居民可支配收入全市排名第二,全区城镇职工基本养老、城乡居民养老、失业、工伤保险参保人数等目标任务全部按进度完成。

【社会保险扩面】 全年全区参保覆盖率100%。打造“立体化”宣传模式,营造全民知晓、全民参保的氛围。利用电视、报刊、横幅、网络、微信公众号、手机短信、LED宣传屏等传统媒体和新媒体渠道进行全方位宣传,发放参保宣传资料共计1.22万份。全年企业职工基本养老保险、机关事业单位养老保险、城乡居民基本养老保险共计参保人数20.32万人。

【养老金发放】 按时足额发放养老金,每月及时、足额为全区离退休人员88839人(其中,企业离退休人员50811人,机关事业单位离退休人员3781人,城乡居民养老保险离退休人员34247人)发放离退休费,全年共发放养老金13.22亿元(其中,企业退休人员10.50亿元,机关事业单位离退休人员2.11亿元,城乡居民养老保险退休人员0.61亿元)。

【企业欠费催缴】 加强对企业日常稽核,通过对新参保企业实行入户走访、政策宣讲等事前稽核形式,进一步提高企业主动按时缴纳社会保险费意识。是年4月,通过区法院破产清算追回迪美特生物科技有限公司欠缴养老保险费和工伤保险费本金及利息共计133.98万元。

【特困人群保险】 落实社保扶贫代缴,助力脱贫攻坚决战决胜,为困难群体代缴城乡居民基本养老保险费,确保“应保尽保”。全年为全区符合条件的7257名贫困人员(其中低保特困人员3531名)代缴城乡居民基本养老保险费,社保扶贫工作台账清晰、资料完整、数据准确,超额完成省、市、区20件民生大事目标任务。

【成眉同城合作】 积极推进成眉同城化发展,区社保中心在社保异地认证、关系转移等业务方面加强与成都市、新津区、天府新区等地的交流合作。

【社会保险监督】 积极做好网络预警监督工作,定期上传预警监督数据,督促经办机构核查和追缴再就业人员重复领取失业待遇。全年两次组织听取工作汇报,及时掌握基金运行情况;开展工作调研3次,形成调研材料12份,提出建议意见27条;认真开展日常监督,广泛收集基层干部群众反映的意见和建议,宣传解释社保基金的相关政策;7月,广泛开展警示教育,在全区各街道办事处、乡镇发放并张贴养老保险警示教育宣传画20余份,在局例会、经办机构学习会上组织工作人员学习警示教育案例、学习上级部门通报的典型案件等资料。

【阶段性减免社会保险费政策】　全年共减免阶段性社会保险费1.57亿元，其中企业职工养老保险1.43亿元、工伤保险850.13万元、失业保险571.8万元，切实减轻企业负担，为改善全区企业营商环境提供了政策支撑。

【退休“中人”养老待遇兑现】　兑现机关事业单位退休“中人”［中人是指2014年10月1日（不含）之前参加工作，2014年10月1日（含）之后退休的人］养老待遇，全区已计发2014年和2015年退休“中人”待遇应补发人员517人。

（杨　东）

就业保障

【概况】　全年向上争取就业资金2274.5万元，实现城镇新增就业4392人，城镇失业人员再就业945人，帮助就业困难对象实现再就业432人，城镇登记失业率2.99%，城镇居民可支配收入全市排名第二，年度各项目标任务均超额完成。

【就业培训】　2020年，彭山区整合资源，精心打造“一村一品”，围绕促进就业、乡村旅游、现代农业，结合工会、妇联等单位资源，全年组织开展蜂产品开发、电子商务、手工编织、中式烹饪、创业培训、保健按摩、家禽家畜饲养、乡村旅游、新型经营主体带头人（柑橘）等培训共计220期，培训群众7350人次。综合力量广覆盖，按需开展技能培训，依托培训机构、公司企业，针对各类在岗职工、贫困劳动力、农民工、大学生等群体，围绕保健按摩、母婴护理、小儿推拿、柑橘栽培等项目内容，全年共计组织线上线下培训61期，累计培训2656人，含建档立卡贫困户239人，推荐贫困劳动力就业8人。

【就业创业】　助力企业稳岗，采取“百人联百企”方式，广泛宣传政策，大力援企稳岗。全年共受理154家企业普惠性稳岗补贴和困难企业稳岗返还，发放补贴资金2502.74万元，涉及企业职工1.26万人，帮助企业渡难关、稳岗位。开展供需对接，搭好推荐平台。通过“春风行送岗位”、定期现场招聘会、网络招聘会、扶贫网络专场招聘周等线下、线上方式，全年组织招聘会15场，共有603家企业参加，提供就业岗位2.06万余个，进场人数1万余人，达成意向2170人。鼓励大众创新创业，拓宽就业岗位，全年共发放创业担保贷款176人、1470万元，完成市下达目标任务的147%。组织参加第四届“中国创翼”创业创新大赛眉山选拔赛，获得眉山赛区一等奖2个；依托区创业孵化园，累计孵化服务企业107家，存活78家，带动就业创业近800人；为24名自主创业并稳定经营半年以上的创业者发放1万元/人创业补贴，其中高校毕业生13人、建档立卡贫困户11人。

【就业扶贫】　全年新增就业扶贫基地1个（四川思念食品有限公司），补贴基地建设资金5万元。为全区转移就业贫困户发放转移就业补贴300元/人。完善公益性岗位动态化管理，通过就业中心补贴资金动态安置公益性岗位220余人（其中建档立卡贫困户51人）。开展贫困家庭公益性岗位安置工作，全区建档立卡贫困户中有外出务工意愿的劳动力人口基本实现动态充分就业，其中有3909名贫困户劳动者实现转移就业，有效促进脱贫增收。

（杨　东）

医疗保障

【概况】　2020年，全区深入推进眉山市彭山区医疗保险“审批不见面，最多跑一次”医保改革，区医疗保障局依托彭山政务服务“一件事”办理平台进行审核，提高审批质量和服务效率。实行特殊疾病门诊便民服务、一元挂号和服务只跑一次，减少病人跑路次数，真正实现“审批不见面，最多跑一次”改革。“一件事”办理平台于2020年4月7日正式开始运行，截至2020年12月底，办件达3262人次。

【医疗保险参保扩面】　全面完成全区2020年城乡居民基本医疗保险及城乡居民补充医疗保险参保扩面工作。截至12月底，全区城乡居民基本医疗保险参保人数26.15万人；城乡居民补充医疗保险参保9.43万人（其中，建档立卡贫困人员参保9480人，六类特殊困难群体参保19186人，参保率100%），职工医疗保险参保3.70万人。

【医疗保障基金监管】　截至2020年12月底，基本医保基金收入2.3亿余元，其中，城乡居民基本医疗保险基金收入6851.70万元，财政代困难人群缴费收入277.51万元，城乡医疗救助资助收入203万元，职工医疗保险基金收入1.57亿元。医保基金支出2.15亿元，其中，城乡居民基本医疗保险基金支出1.37亿元；职工医疗保险基金支出7869.42万元，其中，统筹基金支出3260.48万元，个人账户基金支出4608.94万元。灵活就业人员参加职工医保征收工作。参加基本医疗2680人，基金收入1113.82万元，参加补充医保2453人，基金收入78.5万元。完成新增单位信息审核和录入169家；疫情防控期间减轻企业负担，落实缓缴、减征政策，是年2月至6月，接到81家企业缓缴申请，涉及职工人数3347人次，缓缴525万元，实际累计缓缴263家次；累计减征企业3315家次，涉及职工人数84818人次，减征金额1134万元。清理、追回退休死亡人员退回个人账户6人、1387元；统账结合补缴17人，单建统筹转统账结合补缴12人。

【城乡居民基本医疗保险】　截至2020年12月底，城乡居民基本医疗保险享受待遇情况：住院报销4.43万人次，报销医疗费1.03亿元；普通门诊报销25.14万人次，报销医疗费1203.2万元；门诊大病报销4.83万人次，报销医疗费1382.33万元；一般诊疗费、县级公立医院门诊诊查费报销700.20万元。截至2020年12月底，职工医保享受待遇情况为住院报销5137人次，报销医疗费2150.45万元；门诊报销10.15万人次，报销医疗费1420.69万元；门诊大病报销5323人次，报销医疗费326.08

万元；门诊统筹报销4.69万人次，报销医疗费416.57万元；定点药店个人刷卡37.99万人次，报销医疗费3182.52万元。接办医保关系转移接续，转入391人，转出279人，在职转退休清算99人。

【生育保险】 截至2020年12月底，生育保险享受待遇情况为报销269人次，生育保险待遇支出389万元。

【医疗救助】 截至2020年12月底，全区医疗救助累计救助1.37万人，其中，城镇163人次，农村5709人次，门诊5666人次，建档立卡贫困户1799人次；共支出医疗救助资金393万元，其中，城镇6万元，农村282万元，门诊52万元，建档立卡贫困户53万元。

【异地报账】 2020年1—12月共收取报账资料2251份，其中异地住院及二类门特2003份、副县级90份、单行支付100份、精准扶贫补差58份。审核城乡居民异地住院报账1790人次，贫困户补差58人次；审核职工异地住院报账445人次，其中，单行支付100人次，副县级90人次，个人账户14人次，一类特殊门诊28人次，二类门特108人次，普通住院105人次。

【项目工作】 2020年，区医疗保障局向上级争取资金目标任务1.8亿元，全年实际共争取资金1.95亿元。其中，城乡居民医保基金上级补助1.14亿元，职工医疗保险基金上级补助7089.99万元，城乡医疗救助上级补助1000.22万元。

【医疗矛盾处置】 坚持依法治区，依法行政，严格落实“党政同责、一岗双责”。实施信访当天办，快速处理矛盾问题。全年做好各个时段群众参保、享保的政策解释和问题解困工作。全年回复“12345”政务服务热线工单34件，处理来电、来信、来访人员接待解释工作1.38万件。强化对医疗机构的监管力度，对不合理住院费用进行专项检查，检查定点医药机构196家（含村卫生站），达到全覆盖，处理违约医药机构36家（次），暂停医保服务协议1家，约谈定点医药机构196家，限期整改196家，通报批评23家，主动曝光36例，追回医保基金38.09万元（含智能审核扣款）。

12月8日，省纪委监委驻省卫健委纪检组到彭山区检查医保领域系统治理工作情况

（舒　敏）

劳务开发和农民工服务

【劳务开发】 开通村级“四川公共就业创业服务管理信息系统V2.0”（即金保专网），建立全区劳动力资源信息库，实现劳动力情况掌握精准、技能培训精准、招聘应聘服务精准的目标。全年开展劳务品牌培训812人，返乡创

业培训 360 人，超额完成市下达培训任务数。

【化解劳资纠纷】 加强《保障农民工工资支付条例》学习宣传，编制并印发“眉山市彭山区根治拖欠农民工工资工作联席会议制度”等五项工作制度，农民工法律意识和维权意识进一步增强。化解劳资纠纷，全区年度行政调解立案 86 件，处理行政调解结案 77 件，涉及人数 202 人，标的金额 900 万余元，仲裁立案 91 件，处理仲裁结案 89 件，涉及人数 242 人，标的金额 1008 万余元。

【劳资监察投诉处理】 成立专项检查小组，先后对全区 18 家在建建筑工地开展拉网式督导检查 5 次，确保无拖欠农民工工资情况发生。全年处理监察投诉举报 20 件，涉及职工 75 人，标的金额 65 万余元；向公安机关移送案件 1 件，涉及职工人数 27 人，标的金额 13.61 万元，劳动保障监察投诉案件结案率达 100%。

【农民工维权】 扎实做好农民工维权工作，开通电话、窗口预约等服务渠道，对举报投诉的欠薪问题进行快速有力地查处。疫情防控期间，对 2.09 万名返乡农民工进行全覆盖走访，累计办理外出务工人员健康申报证明 5.72 万人。

【农民工服务】 先后组织专车、专列 21 批次输送返岗务工人员 189 人。电话联系在外农民工 256 人，为 36 名在外务工人员提供医保、社保等方面政策咨询和帮助。是年 9 月 16 日，区人力资源和社会保障局与区委组织部、区总工会到重庆慰问彭山籍在渝务工人员 50 余人。

2 月 29 日，50 名农民工坐上彭山“春风行动”专车返回凉山彝族自治州木里县水电站建设工地复工

（杨　东）

老龄工作服务

【概况】 2020 年，彭山区大力推广爱老敬老志愿活动，连续五轮成功创建省级“敬老模范区”，全区百岁老人达到 42 人。创建“世界长寿乡”，推进医养结合工作。

【老年法宣传】 深入开展“敬老、爱老、助老”为主题的宣传教育，通过宣传《中华人民共和国老年人权益保障法》（以下简称《老年法》）、《四川省老年人权益保障条例》，开展“寿星”“孝子”评选，“敬老文明号”创建等系列活动，大力弘扬中华民族尊老、敬老、爱老的传统美德。举办《老年法》培训学习班 20 余次，发放宣传学习资料 3000 余份。“敬老月”活动期间，现场解答老年人疑问 13 件。

【老年活动】 开展“寿星”“孝子”“长寿村”评选活动，评选出“寿星”9 名、“孝子”

10名、“长寿村”10个，游志华、杨学彬两位老人在“健康中国我代言——中国长寿之乡百位健康百岁老人”推选活动中获得“中国长寿之乡健康百岁老人”称号。

【敬老创建活动】 在全区开展第三届“敬老文明号”创建活动，经评选认定，授予区司法局等10个涉老部门、为老服务组织、公共服务窗口行业“敬老文明号”荣誉称号，区老年大学被国家卫健委、全国老龄办授予全国“敬老文明号”称号。积极参与四川省“敬老模范县(市)”创建活动，并顺利通过四川省考核评定，连续五轮被省政府命名为“敬老模范区”。

11月8日，彭山区创建第五轮省级敬老模范区工作会现场

【老年健康服务】 开展以“懂健康知识，做健康老人”为主题的老年健康宣传周活动，在集镇、村、社区和敬老院组织开展老年健康政策和知识讲座及现场咨询活动60余场次，发放健康宣传资料1.3万余份，接受健康咨询1000余人。全面落实家庭医生签约服务工作，长期开展老年人慢病综合防治，常态化开展高血压、糖尿病、老年性痴呆等多种老年期主要慢病的筛查和干预，全区老年人健康管理率达到71%。启动“百岁老人健康护佑行动”，加强老年健康服务能力建设，完善老年健康服务机制。区人民医院、中医医院均设立老年医学科，为老年人提供专项诊疗，提高老年病治愈率。中医院设立治未病科，提高各种老年病预防成效。区级各医疗机构均开通老年人挂号、取药“绿色通道”，方便老年人看病就医。基层卫生院均设立中医综合服务区，为老年人提供中医养生保健、疾病防治、健康指导等服务。推进医养融合发展。在条件较为成熟的凤鸣街道、公义镇先行开展有偿与无偿相结合的医养服务试点工作，鼓励医疗卫生服务机构组建医疗服务团队，与各类养老服务设施签订医疗服务协议，建立医养合作关系。全区有1家医养结合机构——彭山区失能老人康养中心，主要是依托在养老机构中内设医疗机构，满足失能、半失能老人医养需求，床位使用率达到100%。全区各基层医疗机构与辖区内养老服务设施签订医疗服务协议15家。

【老龄服务】 全区购买老年人意外伤害保险2.96万人。举办老年人微电脑培训班，开展“智慧助老”行动。帮助老年朋友学会使用智能手机，跨越数字鸿沟，共享智慧生活方式。开展老年人心理关爱试点工作。在凤鸣街道城东社区和公义镇农乐村开展老年人心理关爱试点工作，完成老年人心理健康调查并录入数据388人，对参与调查的老年人开展了健康生活指导和心理疏导，为28名高危人群、95名临界人群建立个人健康档案，并落实项目工作经费3万元。切实开展失能贫困老年人照护服务工作。全面完成全区2776名60岁以上贫困老年人的健康评估工作，核准失能贫困老年人

230名，失能贫困老年人健康管理率、家庭医生签约服务率均达到100%。同时加强与民政、扶贫、医保等部门的沟通协调，及时将核实核准的失能贫困老年人信息材料转送相关部门，全面落实失能贫困老年人的社会救助和医疗救助保障工作。

（欧阳娟）

脱贫攻坚

【概况】 彭山属片区外有扶贫任务的区县，无省级贫困村，是2016年全省率先完成贫困人口全部脱贫的区县之一，2017年起进入脱贫成果巩固阶段。2020年，全区坚持脱贫不脱帮扶、脱贫不脱政策，全区无一人返贫，脱贫成效得到持续巩固。经历年动态调整，截至2020年10月，有建档立卡贫困人口3301户、8762人。

【组织体系建设】 成立彭山区脱贫攻坚领导小组，构建区乡村三级联动抓落实的脱贫攻坚组织体系。将脱贫攻坚任务纳入综合目标绩效考核。坚持脱贫攻坚双组长制度，书记、区长既挂帅又出征，每年召开区委常委会、区政府常务会、脱贫攻坚领导小组会议和重大工作统筹会研究脱贫攻坚工作20余次，强力推进各项扶贫政策和措施落地、落实。坚持实行84个村第一书记全覆盖和重点扶贫村第一书记全脱产制度，确保帮扶力量到位。统筹2000余名各级干部下沉一线，坚持“用心实干、精准实干、创新实干、干净实干”四大标准，建立一对一、一对多帮扶联系机制，实现帮扶主体全覆盖、帮扶责任全落实。区财政足额保障扶贫资金，并单独为每个区级部门每年预算5万~10万元专项扶贫经费，全力保障脱贫攻坚工作需要。

【精准扶贫】 严格做到精准识别、应进则进，确保“不漏一人”。坚持精准施策，创新建立贫困户“二维码”信息查询管理平台，指派专人进行信息收集、数据录入，并将二维码公示牌张贴到户，做到即时查询、及时更新，实现因户施策、精准帮扶。严格对照户退出“一超六有”和村退出“一低五有”的标准，做到应退尽退、退出精准。

【产业创收】 探索创新产业扶贫新机制，设立“彭山区产业扶贫基金”，依托土地流转“四步机制”，积极扶持贫困户发展产业。全年全区发展葡萄、柑橘和猕猴桃等特色优势产业1.14万公顷，流转贫困户土地1000公顷，帮助贫困户发展产业71.33公顷。实施到户项目，累计扶持贫困户发展种植业102公顷，发展养殖业25万只（头）。整合资金453万元在35个重点扶贫村开展资产收益扶贫。全区仅土地流转租金和就近农场务工工资两项收入就帮助贫困户年增收1500元以上，收入远超省定贫困标准。

【就业增收】 将有劳动力贫困人口纳入“一库五名单”（农村贫困家庭劳动者实名制登记信息数据库和职业培训名单、创业名单、企业吸纳就业名单、转移就业名单、公益性岗位安置名单），组织开展职业技能培训47场次，累计提供用工信息3万余条，帮助1035名贫困人口解决就业岗位；针对弱劳动力贫困人口，投入扶贫资金690万元试点“五员扶贫”，利用村级公益事务累计安排岗位1438个。

【政策兜底稳收】 落实农村最低生活保障制度，率先在全市实现农村低保与贫困收入“两线合一”，全区农村最低生活保障标准提高到450元，确保享受低保的贫困人口全年低保收入超过省定贫困标准。全面落实社会保险扶贫政策，全区建档立卡贫困人口、低保对象、特困人员基本养老保险参保率达到100%。

【教育扶贫】 落实“六长”责任制，完善“控辍保学”目标责任制和联控联保机制，建立区、局、校三级贫困学生信息库，开展适龄儿童走访排查，确保适龄儿童全部入学。设立“彭山区教育扶贫基金”，累计向4.6万名贫困学生发放教育救助金3852.9万元。落实贫困学生“三免一补”（免课本费、免杂费、免文具费，对小学半寄宿制学生和初中困难学生生活给予补助）政策，累计免除2.1万名贫困学生相关费用542.8万元，发放补助817.5万元。大力实施“雨露计划”和“栋梁工程”，累计为389名中高职学生提供资助165.8万元。

【健康扶贫】 制定《眉山市彭山区建档立卡贫困人口医疗保障实施方案》，全区贫困人口基本医疗保险、大病保险参保率和乡村卫生院（室）标准化率均达100%。设立“彭山区健康扶贫基金”，实现贫困患者住院治疗个人支付比例不超过10%，大病集中救治贫困人口达到6292人次。

【住房安全保障】 全覆盖开展贫困户住房安全鉴定，整合资金1036万元完成545户贫困户住房安全提升改造。投入资金864.8万元，大力实施“三改一美”“人居环境改善”项目，有效改善贫困户居住环境。坚持科学规划、统筹调度，投入资金6500余万元完成431家、1179名贫困户易地扶贫搬迁安置。

【扶贫建设】 制定《眉山市彭山区全面打好脱贫攻坚战三年行动实施方案》，坚持政府牵头、部门联动、社会各界多方力量参与，整合资金9.87亿元开展扶贫建设，着力构建全方位的社会扶贫新格局。全面推进“四好农村路”建设，建成“四好农村路”示范路130千米，拓宽硬化农村道路368千米，实现乡乡通油路、村村通硬化路“两个100%”。大力推进农村饮水安全工程，农村集中供水率达88.2%，自来水普及率达74.5%。新增农村太阳能路灯1500余组，村（社区）覆盖率达到60%。出台《关于创新开展扶贫小额信贷的实施意见》，为512家建档立卡贫困户发放贷款936.29万元。积极开展“10·17”国家扶贫日活动，累计筹集社会资金500万余元，全部用于扶持救助贫困户。

【文化扶贫】 建立村级“农民夜校”88所，配备专兼职教师758名，开设固定课堂、流动课堂和实践课堂，累计开办技能培训、道德法治教育等培训2100余场，惠及群众9.8万人次，工作经验被央视新闻联播专题报道。以“学习道德模范，脱贫致富光荣”为主题，有脱贫任务的行政村全覆盖开展“脱贫不忘党恩、致富感谢祖国”教育活动，传递道德正能量，进一步增强广大农村贫困群众主动脱贫的意愿和对美好生活的向往。

【长效监管】 集中开展“脱贫攻坚纪律作风保障年”活动，解决扶贫领域责任落实不到位、工作作风不扎实等问题。开展常态化督导。由区纪委、区目督办和区脱贫办抽调人员组成督导组，重点围绕第一书记、驻村帮扶干部履职、走访帮扶、项目实施等情况开展督导，有效促进扶贫工作开展。开展专项督导。针对挂牌督战、脱贫攻坚调查和问题整改工作开展“回头看”，实行专项督导，确保问题清零销号，并对作风不实、整改不彻底的 8 名相关责任人进行约谈。制定《关于进一步加强扶贫资金监管和规范扶贫项目资金报账档案资料实施意见》，加强对扶贫资金、项目的管理。全面推行区、镇（街道）、村“三公开”，规范报账行为，确保各项扶贫政策、资金落实到位。

【抗疫脱贫】 通过全国扶贫开发信息系统手机 APP、电话、微信等“零接触”方式，不落一户地对贫困户进行防疫指导和生产生活支持。多渠道解决贫困户就业问题。密切关注贫困户就业状况和区域内外用工需求，建立就业务工台账，促进供需对接。投入资金 327.49 万元，开发公益性岗位 949 个。全区有务工需求的 3910 名贫困户全部实现就业，就业率达 100%。全力做好消费扶贫。在全区人流量集中场所设置扶贫专柜，倡导全区各级帮扶单位、帮扶干部优先购买、定向采购帮扶对象农副产品 10 余万元。充分利用“互联网 +”、大型商超定向采购等方式，帮助销售农副产品 344 万元。成功助力 14 家符合条件的家庭农场及企业取得“四川扶贫”集体商标使用权证书。

【问题整改】 按照全省问题整改清零行动的安排部署，对标“三精准”“三落实”“三保障”工作要求，区镇村三级联动，对历年成效交叉考核、2019 年大排查和 2020 年挂牌督战发现的 1183 个问题进行梳理汇总。采取“责任制 + 清单制”方式，形成台账清单，制定整改方案，细化整改任务，逐项分解到区级牵头单位和镇（街道），明确整改责任，严格按照“核定措施、确定效果、议定成果、审定结果、认定销号”五定工作法开展清零行动。同时对所有整改问题开展“回头看”，防止“死灰复燃”，确保问题全部清零。

【巩固成果】 加大脱贫攻坚与乡村振兴衔接力度。整合中、省、市及各类涉农扶贫资金 2.52 亿元，大力推进基础设施建设、产业扶持等项目实施，开展“最美庭院”“优差村”等评选活动，提升贫困村村级生产生活水平。成功创建省级乡村振兴示范村 3 个、四星级省级农业园区 1 个，被评为市级乡村振兴先进县，2 个镇、13 个村入选市级先进示范。统筹推动脱贫攻坚调查。精心组织 90 名素质过硬、业务突出的扶贫干部，采取“户到人、人盯人、跟到底”的方式，全覆盖开展贫困人口调查。坚持“一日一会商、两日一研判”和不定期督导，确保调查过程务实、调查结果真实。建立贫困动态监测机制。建立健全防止返贫监测和动态帮扶机制，重点做好边缘易致贫户与脱贫不稳定户动态监测工作，有针对性地落实帮扶措施，确保不漏一户、不掉一人。

【宣传宣讲】 强化脱贫攻坚宣传宣讲，举办农民夜校、道德讲堂100余场次。组建“决胜全面小康，决战脱贫攻坚”宣讲团下沉基层，把一批生动、鲜活的形象展示在群众面前，惠及群众1.2万人次。建立、健全群众参与机制，引导贫困户积极参与“文明新风示范村”和“文明新风示范户”创建活动，从思想根源激发贫困户脱贫致富、奔向美好生活的强烈愿望。加强脱贫攻坚成效宣传，新闻媒体发布彭山脱贫攻坚各类信息、宣传稿件56篇。观音街道果园村承办中宣部“走向我们的小康生活”大型主题采访报道活动启动仪式。

（潘茂利）

生态环境

环境质量

【大气环境质量】 2020 年，彭山区大气环境质量大幅提升。$PM_{2.5}$平均浓度 29.5 微克/立方米（市定目标 43.2 微克/立方米），同 2019 年相比下降 31.7%，改善率为全省第二、全市第一，首次达标且质量排名全市第二。环境质量考核指标优良率达 86.6%（市定目标 83.6%），超目标任务 3 个百分点，同比改善率全市第三。“十三五”时期以来，大气环境质量实现“一升一降三突破”。优良率逐年上升，$PM_{2.5}$年均浓度逐年下降，实现环境空气质量六参数全面达标、重污染天气清零、$PM_{2.5}$排名从全市倒数第一跃升至顺数第二的突破。

【水环境质量】 2020 年，国、省考断面水质取得历史性突破，国考断面彭山岷江大桥首次达地表水Ⅱ类，省考断面毛河桥江桥从 2017 年的地表水劣Ⅴ类，到 2020 年水质首次达到地表水Ⅲ类；其余河流指标全面改善；集中式饮用水水质达标率持续稳定在 100%。“十三五”时期以来，彭山区 9 条流域水环境质量实现“增四消五两达标”［增加 4 条优良水体（岷江、锦江、王店河、毛河），全面消除 5 条劣Ⅴ类水体（王店河、湄洲河、梓桐河、彭溪河、毛河），国考岷江大桥、省考毛河桥江桥达到且优于考核要求，国、省考流域水质达标率从 0% 提升到 100%］。

（艾怡凝）

自然资源管理

【概况】 彭山区位于成都平原西南部、岷江中游、眉山市北端，地跨北纬30°7′36″～30°21′57″，东经103°40′43″～103°59′21″。北接成都市双流区、新津县，南连眉山市东坡区，东邻仁寿县，西靠成都市蒲江县、邛崃市，东西长28.7千米，南北宽25.9千米。2020年，全区辖5街道3镇，面积466.93平方千米。彭山区属于亚热带湿润气候区，气候温和，雨量充沛，四季分明；夏无酷热，少伏旱；冬无严寒少霜雪，但多寒潮低温；春季气温回升早，秋季多绵雨降温快。年温差2.1摄氏度以内。境内河流属岷江水系，府河、南河自北向南汇于下江口，流入岷江，继续南流。径流量135亿立方米。此外，彭山区有天然溪沟80余条，其中，毛河、金鱼寺河、龙溪河3条溪流在境内径流总量为1.3亿立方米。彭山区境内有国家重点保护动物青蛙，国家二级保护动物灰鹤，四川省重点保护动物蓝耳翠鸟（打鱼子）、白鹤（大白鹭）、黑眉柳莺等33种属国家保护的野生动物以及其他一般兽类、禽类、蛇类、虫类野生动物。彭山区植物资源丰富，彭祖寿柑、丰水梨、红提葡萄、台湾柚等优质水果，占据水果市场的主导地位。树种有4类71科232种，其中，裸子植物类7科15种，被子植物类59科188种，单子叶植物类2科24种，蕨类植物3科5种。2020年，全区城镇化率达到58.20%，比2019年提高1.57%，新增城镇建成区面积0.74平方千米（全区建成区面积达16.1平方千米），新增城镇人口0.52万人。

【耕地保护】 认真落实《眉山市彭山区乡镇政府（街道办事处）耕地保护责任目标考核办法》，加强耕地保护是对稳定粮食安全重要基础保证，通过张贴宣传标语、发放手册等方式的宣传、签订耕地目标责任书、基本农田保护卡等举措，提升各级干部群众耕地及基本农田的保护意识。

【农用地管理】 规范设施农用地管理。印发《眉山市彭山区设施农业用地备案办理程序》，规范全区设施农用地管理，保障设施农业健康发展，坚决遏制农地非农化乱象。

【矿产资源管理】 制定年度《地质灾害防治方案》和《地质灾害应急预案》，成立地灾防治志愿服务队和调整地质灾害应急队成员，明确工作职责、工作措施和防治重点。加强地质灾害防治知识宣传培训、地质灾害应急演练和地质灾害隐患巡排查。利用“4·22”地球日、“5·12”防灾减灾日活动等，发放宣传资料840余份、宣讲约1885人次；派出排查人员330余人次，排查27处地灾隐患点、9所学校、2所卫生院，核查疑似隐患52处，落实专职监测员27名，发放“两卡一表”103份；组织和指导相关部门、镇（街道）、群众开展地质灾害应急处置演练32次，参与人员1200余人；组织实施3个地灾隐患治理项目，总投资约122万元，保护9户、20名群众的生命财产安全。加强非煤矿山安全生产。派出组织检查人员140余人次对全区非煤矿山企业重点检查安全防范措施落实情况、露天矿山边坡和排土场巡查情况等，督促企业全面开展安全隐患排查与安全风险辨识，落实安全隐患整改责任、措施等，严格实行闭环管理，有效化解安全风险。全年排查出的一般安全隐患52项，已全部整改到位。开展生态修复。全面启动岷江沿岸10千米范围内废弃露天矿山3个生态修复点工作，编制完成《眉山市彭山区重要生态系统重大生态保护修复工程实施方案（2021—2023）》。全面落实“河湖长制”，加大巡河力度，加强农业污染控制、河堤维护和绿化等有效措施，扎实推进红光支渠流域治理工作。

6月3日，彭山区自然资源和规划局在江口街道泥湾村组织开展2020年地质灾害应急演练

【用地报批】 全年已批回215.74公顷指标，可保障石化园区、安置区、城中村等重点项目用地。组件上报6个批次和4个独立选址项目，共计242.28公顷。

【出让土地】 全年由于受疫情影响，土地市场相对低迷。彭山区（不含天府新区彭山区域）出让和划拨土地共计53宗（其中，出让土地33宗，划拨土地20宗），面积162.12公顷（其中，出让土地127.33公顷，划拨土地34.79公顷），合同价款为33.86亿元。

【双挂钩项目】 完成凤鸣街道江渔村“双挂钩”项目，实现节余指标26.03公顷。观音果园（二期）项目已全面竣工并申报省市联合验收。同时已获立项批复11个项目，开启彭山全域“双挂钩”。

【双执法监察工作】 全年共出动巡查车辆68辆次、199人次。收到自然违法线索20起，立案查处12起。其中，涉地9起，面积101.96公顷（其中耕地101.86公顷）；涉矿3起，没收非法开采的矿产品1712.8立方米。按规定在政务一体化平台、“两法衔接”平台录入。发出《责令停止自然资源违法行为通知书》12份、《责令限期整改通知书》1份，制止违法行为12起。制作并送达《行政处罚决定书》12份，已收缴罚款937.42万元。全部完成实地核实和图斑填报，完成土地卫片执法图斑73个、面积154.39公顷，耕地67.02公顷，办理卫片执法发现土地违法行为2件。

【不动产登记】 完成不动产登记25446件，不动产登记查封、解封不动产登记263件，档案查询1510件，不动产权籍调查2.18万家。全面启动农村“房地一体”确权登记工作，完成7664宗外业测绘和颁证。有序开展统规统建安置房确权登记。已开展第一批8个安置区统规统建安置房确权登记，完成1594套安置户办证资料收集，制作证书1114本。精简优化流程，完成与房管、税务部门的数据交换、查询和共享，实现“一窗受理，串联办理”；通过简化流程，一般登记事项从规定的30个工作日统一压缩到3个工作日内办结，二手房交易由原来的30多个工作日提速为2小时办结，注销、查封、解封、异议登记压缩为即刻办理。

【行政审批】 深入推进“放管服”改革，切实加快自然资源行政审批效率，促进营商环境进一步优化。推进网上全程电子化申报。申请人可以“零跑路，不见面”在网上进行全程电子化申报，“建设用地规划许可证”“建设工程规划许可证”办结时间由原来的15个工作日减少到1~3个工作日。优化工程审批，以“多规合一”为基础推进规划用地“多审合一多证合一”，将建设项目选址意见书、建设项目用地预审意见合并，建设用地规划许可证、建设用地批准书合并，减少行政审批项目。全年对政府投资重大工程、重大企业投资项目实行“模拟审批”3个、“容缺审批”5个，加快推进工程建设项目落地建设。

【信访工作】 2020年，共受理当事人举报、上级交办的信访件43件（其中30件重复访），已结案42件。收到眉山市自然资源系统涉及彭山区行政复议、行政应诉7件。其中，行政复议3件，维持3件；行政诉讼4件，正在诉讼4件。收到申请人直接申请或上级部门转办信息公开共17件，16全部办结，1件正在办理中。

（张世才）

森林资源保护

【概况】 2020年，全区森林面积17664公顷，林地面积9393.69公顷，森林覆盖率37.87%。

【营造林】 2020年完成营造林800公顷，其中，人工造林400公顷，封育管护66.67公顷，人工更新133.33公顷，中幼林抚育200公顷；全年新育苗6.67公顷。义务植树40万株，参加人数15万人次。

【林业资源管理】 加强林业资源管理，加强建设项目征占用林地的审查上报工作，共申请7宗建设用地，经审查依法上报征占用林地手续。严格森林采伐限额管理，严把伐前设计关、伐中监督关、伐后验收关。全区共依法发放林木采伐许可证138份，林木采伐蓄积量8570立方米。做好森林资源清查工作，完成“2020年森林督察暨林地一张图”工作，共核查疑似图斑207个。完成年度“森林资源双增长”，新增森林面积127.47公顷。加大野生动植物保护。开展野生动植物保护法律法规宣传。在城区及各镇、街道重要节点开展普法宣传，对群众进行野生动植物保护法律法规以及爱鸟护鸟宣传，结合日常管理向广大养殖户、经营单位上门宣传野生动植物保护的有关规定，使广大群众对野生动植物的保护有了进一步的认识，放生野生鸟类2只。落实新冠病毒和禽流感防控工作。联合森林公安局，加强野生动物驯养繁殖场所、野外监测点、市场、餐馆的检查工作，加大检查巡护力度，做好全区新冠病毒和禽流感防控工作。与区农业农村局及时对接，完成食用类人工繁育野生动物退出和移交工作。加强对7个野外监测点和以展示、展览为目的人工繁育野生动物的日常监管工作。

【天然林保护】 制定《眉山市彭山区天保工程森林管护实施方案》，实施天然林管护150.07公顷。

【病虫防治】 完成异常枯死松树除治和林业有害生物监测预报，完成松材线虫病媒介昆虫、蜀柏毒蛾、林业鼠（兔）害等重大林业有害生物无公害防治及种苗检疫等工作确保森林病虫害成灾率控制在3‰以内，种苗产地检疫率90%以上。

【森林防火】 全面落实森林火灾防控责任，坚持“一把手负总责，分管领导具体负责”的责任机制。严控野外火源，发布禁火令，在禁火期（1月1日至6月30日）内，严禁野外违规用火，在重点防火区域进行林下可燃物的清理，并落实重点防火区域防范责任和措施。深入开展森林防灭火专项整治工作，牵头开展森林防灭火队伍建设、宣传教育、火灾风险隐患、基础设施建设四项专项整治工作，对照“四张清单”，与应急管理、农业农村、森林公安等多个部门重点对森林防火队伍建设、森林防火宣传教育、防火物资储备，林区风险隐患排查、可燃物清理、值班值守及巡山情况等进行全面整治，全区60年来未发生较大以上森林火灾。

（陈　珊）

水　利

【概况】 2020年度，彭山区被纳入全省首批“河湖管理保护示范县”创建单位，获评2020中国净水百佳县市第七名。节水型社会重点县建设通过水利部验收，成为全国第三批县域节水型社会建设达标县（区）。

【水利项目建设】 2020年，全区共完成水利建设投资2.19亿元，实施龚家堰水库扩建灌区工程、防洪治理工程、新“五湖四海”补水渠道改造等项目。累计向上争取资金9757万元，完成目标任务的139%。全区开展2次农村饮水安全全达标复核工作，通过各级脱贫攻坚检查，推进水生态建设，建设“水美宜居”生活圈水利项目建设。

【河湖长制】 制定《眉山市彭山区2020年河湖长制工作要点》，扎实开展清河行动，清理河道及支沟110余千米。完成岷江、锦江、王店河、毛河、彭溪河、醴泉河管理范围划定工作。打造竹韵廊公园、毛河湿地公园、毛河生态浮岛等生态节点9处。2020年度，彭山区5条主要河流水质均达到Ⅳ类及以上，岷江、府河、王店河、毛河水质达到Ⅲ类。

【水资源管理和水土保持】 全年全区用水总量控制在1.91亿立方米，节水工作成效显著，节水机关建设通过市级验收，节水型社会重点县建设通过水利部验收，成为全国第三批县域节水型社会建设达标县（区）。严格执行水土保持“三同时”（生产建设项目中的水土保持设施，应当与主体工程同时设计、同时施工、同时投产使用）制度，完成审批项目77个，验收项目28个，收缴规费514.37万元。

【防汛抗旱】 2020年4月，彭山区降水量比历年同期平均偏少55%，进入5月，连日异常高温天气突破历史同期极值，旱情严重。进入7月、8月后，又连续遭受“8·11”“8·16”等暴雨洪水灾害，府河遭遇百年一遇、岷江遭遇中华人民共和国成立以来最大洪水，面临防汛、抗旱的双重压力。全区全力保障输水、用水安全，加强科学用水调度和水毁工程维修工作，完成古佛堰干渠、五支渠等30余条渠道的

70余千米岁修清淤工作，完成水毁工程修复52处，检修、维护提灌站95座。及时组织会商分析旱情，制定详细灌区输水方案，保障农田用水需求，确保全区全年未发生大面积干旱。坚持“防大汛、抗大险、救大灾”原则，落实责任，及时调整区防指成员单位，切实做到提前谋划、提前部署、提前启动、提前检查。落实水库、山洪灾害危险区、江河堤防等防汛重点部位的各类责任人177人，修订完善2020年防汛抗旱应急预案，针对性完善各类应急预案70个，组织各类防汛演练68场。全面开展防汛隐患排查，累计排查重点部位2711处，对发现问题建立台账，动态管理。实现防汛“三零”（即零人员死亡、零工程事故、零指挥失误）目标。

8月17日，彭山区组织消防队员和应急救援队伍解救江口街道泥湾村被洪水围困人员530人

【农村饮水安全工作】 开展农村饮水安全查漏补缺和收尾收口工作，制定《眉山市彭山区农村饮水安全脱贫攻坚达标复核工作方案》，开展达标复核工作，针对排查出问题制定详细整改方案，投入资金61万余元，通过自来水入户、打机井、加装井圈井盖等方式方法，解决29户贫困户和1户边缘户安全饮水问题，通过各级脱贫攻坚检查。

【工程质量安全监管】 全年各项工程建设均严格按照“项目法人制、招标投标制、建设监理制”三项制度开展工作。在工程建设过程中，落实以安全生产责任、技术交底、安全培训、质量安全例会为主的各项措施，严格质量控制、紧抓安全工作，定期、不定期开展安全生产隐患排查整治，全区水利工程质量监督覆盖率达100%，全年未发生较大及以上安全生产事故。同时，深入开展水利行业扫黑除恶专项斗争工作，开展水利建设市场主体信用管理工作和水利工程农民工工资“无欠薪”行动。

【移民安置工作】 指导镇（街道）完成人居环境整治、生态湿地建设、沟渠整治等后期扶持项目6个。切实解决移民的诉求，按时完成移民直发直补和养老保障的发放。

（张　文）

节能减排

【总量减排】 全年实施彭祖新城污水处理厂提标改造、中纺粮油淘汰燃煤锅炉等31个减排项目，削减化学需氧量31.9%、氨氮67.9%、二氧化硫15.6%、氮氧化物10.2%。

【工业节能降耗】 全年关停砖瓦企业13家、过渡性生产2家，拆除砂石场12家，关停家具企业14家；淘汰燃煤锅炉78台，10蒸吨以下燃煤锅炉已全域“清零”。推进清洁能源，投运新能源汽车充电站1座，建成充电桩77个，上线新能源公交车46辆。

【绿色产业、环保企业建设】 发挥能耗、煤耗总量控制对生态环境保护的倒逼作用，重点引导、培育、发展一批能耗低、排放少、质效高的绿色产业集群和一批大型环保企业，全区重污染企业全部退城入园。开展工业提标、柴油车抽测、扬尘污染防治、生物质禁烧、面源污染防治“五大攻坚”行动。家具行业全面安装“水喷淋 + 光氧 + 活性炭吸附”三级设施，喷涂废气得到有效处理。全区 4 家机动车环保检验机构实现省区联网，实时监控尾气情况。城区所有建筑工地安装噪声、粉尘在线监测装置，建成“智慧工地”监管平台。

（艾怡凝）

环境保护

【概况】 2020 年，全区“十三五”环境规划 11 项约束性指标全面完成，规划项目 32 个，完成 27 个，其余 5 个已划归眉山天府新区管辖。

【环境保护督察】 区委常委会、区政府常务会定期研究部署生态环境保护工作。区委、区政府主要领导针对毛河、新城南污水处理厂、水电七局等环境突出问题，亲自过问、亲自部署、亲自督办。区人大常委会专题审议《中华人民共和国大气污染防治法》执行情况，区政协通过“有事来协商，和谐助寿乡”平台，为改善生态环境质量、解决突出环境问题出谋划策。区委、区政府印发《关于落实新发展理念创建国家生态文明建设示范区的意见》，成立指挥部，细化指标，明确责任，落实分工；印发《眉山市彭山区打赢蓝天保卫战等九个实施方案》等文件，细化责任、明确要求、统筹推进。落实生态环境保护“党政同责” “一岗双责”，突出“一把手抓” “抓一把手”，层层传导责任和压力，建立健全“政府主导，人大、政协监督，部门主管，镇街主责，群众参与”的生态环境保护工作机制，推进生态环境保护向纵深发展。

【环境保护督察反馈整改】 中央、省环保督察反馈问题“双清零”。中央环保督察及“回头看”反馈问题、交办信件 38 件全部完成整改；第一轮省环保督察及“回头看”反馈问题、交办信件 25 件全部整改完成。加快推进省、市交办问题，第二轮省环保督察信访交办件 23 件全部办结；省大气强化督察组交办问题 10 个、2020 年长江经济带反馈问题 4 个，已全面完成；省大气帮扶组交办问题 8 个，完成整改 7 个；市交办省督察问题 8 个，完成整改 5 个；12 个生态环境突出问题全部整改完成；毛河流域 9 个突出生态环境问题，完成整改 8 个；彭山区重点任务和问题清单的 9 个问题整改完成 7 个；其余问题均按时序推进。

5 月 27 日，彭山区召开创建国家生态文明建设示范市暨迎接省级生态环境保护例行督察动员大会

【生态文明建设】 全年完成国家生态文明建

设示范区规划初稿编制，涉及考核指标32项，达标27项，暂未达标1项（林草覆盖率），无数据统计4项。针对未达标指标，实施沿路沿江“绿带工程”、城市“绿肺工程”、“集镇拥翠工程”、“百村绿色家园”工程，至年底，彭山区林草覆盖率达37.87%。

【“碧水”保卫战】 2020年，彭山区在26个村整村推进改水改厕工作，完成改厕8152家，农村户用卫生厕所普及率达87.1%。建成城镇污水处理厂9座、农村生活一体化污水处理设施27个、工业污水处理厂2座，设计日处理规模达5.4万吨，推进全域截污纳管，城乡污水处理能力大幅提升。推行流域面源治理，开展化肥农药减量增效行动，鼓励规模业主使用水肥一体、测土配方、绿色防控等新技术，推进秸秆“四化”（肥料化、饲料化、基料化、沼气能源化）利用，引进臻润农业发展秸秆综合利用循环经济。2020年，新建“两减一创”示范点7个，推广水肥一体化面积266.67公顷，机械化施肥2800公顷。严格规范养殖行为，腾退挤占河道用地，打造滨水缓冲带，发展“稻鱼共生”种养循环示范点4个，全面取缔投饵肥水养殖水库20座，实行养殖尾水排放申报制度，整治规范流域200米范围内畜禽养殖场21家。全面完成河湖管理范围划定工作，通过“生态护岸+河道治理”方式，建浮岛、设滤坝，累计投入1.3亿余元，建成毛河湿地公园等水生态修复项目7个，打造生态景观节点5处，绿化岸线17.6千米，栽植沉水植物8495平方米。

【“蓝天”保卫战】 新增雾炮车2台，通过环卫作业市场化运作，城区道路机械化清扫率达到95%以上。城区餐饮油烟净化设施安装使用率达到95%以上。空气环境治理改善成效明显。联防联控进一步实化。全区实现在线监管企业37家，在谢家街道试点秸秆禁烧可视化监管，建设完成“空气微站”30个，实现对污染源的全方位、全天候、精准查找。同时作为发起方，建成天府新区、东坡区、彭山区“三区”生态环境联防联控圈，实行联席会议制度，开展联合执法或交叉执法。“线上高科技监控，线下网格员联动”的闭环监管体系正在形成。

5月27日，区长郭红（中）带队调研天府新区柴桑河流域污染防治

【“净土”保卫战】 完成农用地污染详查，优先保护类1.98万公顷，占耕地面积的98.47%，安全利用类307.4公顷，占耕地面积的1.53%，无严格管控类，全区土壤环境质量较好。建立土壤污染重点监管企业名录，定期开展土壤环境自行监测和隐患排查。完成20家重点行业企业用地信息采集和质控工作，完成5家重点行业企业用地调查、地块采样分析工作。加强农药包装废弃物回收处置，在各村社设立回收点100余个，回收农药包装废弃物10.35吨，已集中无害化处置。督促应林、劲飞等4家化工企业投入100万余元用于尾矿治理。开展非煤

矿山生态环境问题排查整治，16家停产、破产矿山企业均已覆土复绿。完成生态环境部“清废行动2019”交办问题整改。实施“绿荫彭山、全域增绿”行动，全区建成各类公园20个，公园绿地达158.93公顷。

【土壤污染防治】 2020年，全区秸秆综合利用率达92%以上，畜禽养殖粪污综合利用率达96.2%，主要农作物化肥农药使用量持续负增长。完成全区危险废物规范化测评19家，完成观音承接产业转移集中区水气土预警体系建设，建成废铅蓄电池收集网点1个，规范收集率达40%以上。

【疫情防控监管】 抓住行业管理关键，坚决阻断疫情通过医疗废物、医疗废水传播的路径。对全区医疗废物及废弃口罩的收集、贮存、转运、处置情况进行全过程监管，严格落实台账管理制度，对于疑似病人产生的医疗废物由专人随车押送，通过高温蒸煮灭菌处理后投入指定的焚烧炉，确保医疗废物及废弃口罩处置万无一失。规范全区医疗污水处理设施运行管理，严禁未经消毒处理或不达标的医疗污水排放，防止病毒通过医疗污水扩散，对涉疫情集中隔离点开展污水单独收集处理工作，坚决避免污染环境。累积收运、处置全区医疗废物116.25吨、废弃口罩493.16千克，有效遏了疫情终端感染的风险，为全区疫情“零输入、零扩散、零病例”夯实坚定基础。

【环评审批服务】 全面落实环评审批“正面清单”，优化审批流程，缩短审批时限。环境影响报告表审批时限由30个工作日缩短为15个工作日，审批时限缩短50%；登记表全部实行网上备案管理，材料减免率21.21%，审批时限缩短86.51%。对符合条件的项目优先实行“三个一批”（豁免管理一批、承诺审批一批、加快管理一批），豁免环评手续10件，承诺审批3件。先后为四川彭山经济开发区移区调位、岷江大桥重建、德康生猪养殖等重点和民生项目提供优质的环评服务，完成建设项目环评备案、审批92个，竣工验收17个，发放排污许可证34家、登记备案241家。

【“电监管”试点工作】 建立正面监管清单，30家企业被纳入正面监管清单，减少现场执法频次、适度调整行政处罚方式，对符合条件的2家企业减免处罚，并批准2家资金困难企业分期缴纳罚款。推行“不见面”监管，为适应新冠肺炎疫情防控新形势，减少对企业正常生产干扰，在全省率先试点推行企业治污设施用电监管系统，在线实时掌握企业全时段生产、污染治理设施运行情况，先进经验被生态环境部《生态环境执法简报》刊发推广。依法打击危害人民群众身体健康和生命安全、严重破坏市场公平竞争秩序的环境违法行为。对9家存在环境违法行为的企业立案查处，下达处罚决定书10份，罚款72.13万元，对1起案件配套实施司法移送，1起案件配套实施查封扣押。

（艾怡凝）

环境治理

【概况】 2020年，彭山区有4个街道、2个镇、29个行政村建立完善“有制度、有标准、有队伍、有经费、有督察”的农村垃圾治理长效机制，农村生活垃圾“户分类、村收集、镇集中、区转运处理”模式运行良好。村级保洁员配备率达100%、行政村生活垃圾集中收集覆盖率达100%，农村生活垃圾有效处理的行政村达95%以上，农村生活垃圾分类处置推广率达50%以上，全区无非正规生活垃圾堆放点销号任务和新增点位。村庄道路硬化率达到100%，农网综合电压合格率达96.5%，农村家庭宽带普及率达70%，农村集中供水率达85.32%，自来水普及率达83.5%。全域开展村庄清洁行动，全区农村环境得到很大提升。

【农村生活垃圾治理】　全年按照“分类投放、分类收集、分类运输、分类处置”，重点做好设施、标准、队伍、经费、督导五个方面的工作。全区农村生活垃圾分类处置推广率达50%以上。全区共有村级垃圾分类投放点2000余处、分类垃圾桶4000余个、垃圾收集转运三轮车71辆、垃圾分类“奥北”环保小屋8座、分类垃圾亭55个；镇级垃圾转运点（垃圾地库）29座；区级垃圾压缩中转站1座（日处理能力400吨）、配套摆臂式生活垃圾清运车7辆、全封闭生活垃圾转运车4辆、垃圾压缩转运车3辆，收运设施完善。

理顺处理流程，总结推广农村垃圾“二次五分法”。在全市“二次四分法”的基础上，增加“大件垃圾”收运类别。在全区涉农村社设立大件垃圾临时收集点位44个，由区级专业公司统一收运集中后，按照相关标准分类拆解处置。按照每个村民小组配备1名环卫工作的标准，在全区组建475人的村级环卫队伍，实现村庄保洁队伍全覆盖，配强了环卫队伍。强化经费保障，按照农村人口12元/人·年的标准，将镇（街道）农村环境治理工作纳入区级财政预算，直接划拨到各镇（街道）。同时，各村社按“一事一议”原则，每月向村民或商店、企业收取一定卫生服务费。区治理服务中心将垃圾分类工作纳入“优、差”村社考评范畴，定期开展月检查、季度评比、年终评选，并及时兑现奖惩。

垃圾分类收集点

【村容村貌提升行动】　制订《村容村貌提升行动方案》。全面开展清理农村生活垃圾、清理村内塘沟、清理畜禽养殖粪污等农业生产废弃物，改变影响农村人居环境的不良习惯的“三清一改”和村庄清洁行动。引导农户整齐堆放生产工具、生活用品、农用物资等物品。发挥组织协调作用，快速推进乡村美化进程。2020年，“建成美丽·宜居乡村”达标村3个，创建市级及以上森林村庄3个，新增民生工程路灯照明313盏，新建保有“四好农村示范路”20千米和新改建农村公路10千米、农村土坯房改造647家。共清理乱扔乱倒垃圾1100吨，清理河塘900口、沟渠827千米、淤泥1120吨、黑臭水体59个、农业生产废弃物685

吨、牛皮癣等散滥标语6742处、乱堆乱放杂物5233处，整治私拉乱建2225处，拆除废弃且濒临坍塌建筑物87处，开展村庄绿化20.95万平方米，风貌塑造1200家，发放宣传资料6.41万份，张贴宣传标语1525条，乡镇投入村庄清洁行动资金700万元，社会力量投入资金160万元。

整治前的观音街道东风路

整治后的观音街道东风路

【优、差村（社区）评选活动】 扎实开展优、差村（社区）评选活动。城乡环境综合治理服务中心安排专人对全区45个涉农村社进行全覆盖、拉网式检查，特别是乡间小道和卫生死角，对于检查发现的问题，中心将一律记录在案，及时提醒所在村（社区）立即进行整改，并作为评选优、差村（社区）的直接依据。对于检查发现的问题，采取“发点球”的形式要求所在村（社区）立即进行整改。及时通报每季度评选出来的优、差村（社区），并兑现奖惩。全区已经形成农村环境治理比学赶帮、你追我赶的良好态势，“脏乱差”现象大大减少，村容村貌得到提升。

【“最美庭院”评选活动】 启动2020年全区“最美庭院”的评选活动，各镇（街道）认真宣传动员并组织广大群众参与创建活动。2020年，全区6个镇（街道）共打造“最美庭院”50家。

【王店河小流域治理】 黄丰镇安排3名镇级河道巡查员、每个村落实1名村级巡查员和2～4名保洁员，按照“一河一策”精准解决河道管护突出问题，推进垃圾治理。同时，投入资金20万余元、人工290人次、大型机具6台次，疏浚清理河道沟渠22千米，清理淤泥垃圾70余吨，绿化河道1千米。开展农业面源污染治理，在镇、村加大污染危害宣传力度，引导农户重视污染、合理施肥、慎用农药。按照“园内不留、田间不弃、地头不丢、河沟不乱投”的要求，发动农民群防群治，减少二次污染，保护环境。同时，加强与农技站、农业协会等协作，推广规范化种植技术，使用低毒低残留农药、有机肥，推进种养一体化模式，开展技改和品改工作，从源头上减少面源污染，实现科学治理。完善制度实现常态化管护。根据2020年，王店河保护方案和工作清单，从“运行、管理、监督、考核”等方面，进一步完善河段长工作制度、河道巡查制度和河流污染举报制度，利用“眉山河长”APP，实现信息报送和信息共享，保障王店河“河长制”工作高效运行，形成常态化管护格局。2020年，王店河水质全年保持在Ⅲ类以上水质。

【铁路沿线环境整治】 开展铁路沿线安全隐患和卫生环境整治，共消除安全隐患68处，拆除彩钢2.8万平方米，砍除危树危竹214株，清运垃圾62吨，率先在全市完成铁路沿线环境整治任务。投资42.4万元对铁路两侧30户农房进行风貌改造；投资44万元对竹韵廊公园1.1万平方米铁路护沟进行治理；投资17.2万元对高铁观保路口子和高铁团部口子2个景观节点进行打造；投资49.2万元对高铁彭山段蔡山社区前进路进行绿化景观改造。

【村庄清洁行动】 2020年6月，全区开展最大一次村庄清洁行动。各镇（街道）精心组织，干部群众积极参与，清洁行动成效非常明显。整个行动共清运生活垃圾208吨，清理坑塘17处、河塘57口、沟渠60千米、农业废弃物107吨，清理乱堆乱放4726处。6月以后，全区村庄清洁行动常态化开展。

（曹金昌）

气象服务

【概况】 彭山区属于亚热带气候区。境内海拔差异小，地区间气候变化不大，年温差2.1℃。气候温和，雨量充沛，四季分明。彭山区平均气温18.5℃，年极端最高气温39.0℃，年极端最低气温0.5℃。年总降水量1219.5毫米，年日照时数2309.3小时。

【监测预报预警】 按“组织落实、制度落实、人员落实、设备落实、安全落实”的要求，监测预报预警工作做到了提早动员、提早部署、提早行动，在汛前严格检查，对软件运行、仪器、网络、人影、防雷、区域站、供电等方面进行安全检查，对检查中发现的问题及时进行了整改。制作汛期气象服务方案及应急服务预案，明确责任，分工到人，团结协作，确保万无一失。严格24小时值守班和领导带班制度，严密监视天气演变，及时发布预报预警。遭遇重要天气过程，区气象局“一把手”亲自向地方党委政府领导汇报。全年发布橙色预警14次、黄色预警19次、蓝色预警1次。Ⅲ级应急响应3次，派出灾情调和工作指导组4次。对服务进行全过程留痕记录，杜绝灾重天气过程的错测漏报。

【应急服务】 2020年，彭山区共计出现6次区域暴雨天气过程，分别为7月30日、8月11日、8月15日、8月17日、8月18日、8月31日，2次区域大暴雨天气过程为：8月12日、8月16日。区气象部门均准确预报，提前预警。先后启动重大气象灾害应急响应5次，向政府决策部门报送各项决策材料共322期，发送决策服务短信15万余人次。

【地面气象观测】 全年地面气象观测业务运行正常，气象探测数据传输率、及时率、可用率均达到了99%以上，全年无重大事责任性事故发生。完成全区22个自动站的维护标校，新增多温多雨融合、智能视频天气现象仪等设备，进一步提高气象自动化观测能力。加强“全省一体化平台”省级示范点项目建设，完成“互联网 + 政务服务”“互联网 + 监管”，实现一网通办，进一步优化营商环境，提升防雷联合审核、联合验收的质效。

【决策气象服务】 全力做好决策气象服务，确保在灾重天气发生前后，各类决策服务信息能及时传送到各级领导手中。决策气象服务短信发送已覆盖区级、相关部门、乡镇主要领导、气象协理员、信息员、村（社区）支书、地质灾害专职监测员及网格员；全年发布《气象信息快报》27 期、《雨情通报》41 期，向政府决策部门报送各项决策材料共 322 期，全年发送决策气象服务短信 90 万余条、41 万余人次。四川省公共气象服务平台为全区所有乡镇、决策部门以及部分专业客户建立了用户 ID，用户反映较好。与国土、水务、林业、农业等部门签订专业气象服务协议。制定彭山区《决策气象服务周年方案》，向相关部门和镇（街道）发函，对区气象局决策气象服务信息库人员进行再一次的梳理和更新，确保各级各部门相关责任人登记入库。

【为农气象服务】 2020 年，全区抗旱形势严峻，区气象部门及时开展旱情跟踪监测预警，加强与农业部门和种植大户的联系，及时掌握需求，制作发布《农业气象专题分析报告》等服务材料 90 期，发布预警信息 41 次，发布为农气象服务短信 4 万余条，科学指导防灾减灾。针对不同季节，在各长、中、短期预报中均对汛期期间天气做了准确的预测，提前向区委、区政府及社会公众发布农用指导产品，共发布《农用天气旬月报》27 期、《农用天气预报》27 期。准确及时地抓住有利时机开展人工增雨作业 12 次，发射火箭弹 80 余枚，为抗旱夺丰收提供有力保障。

【重大活动保障】 完成“橘花节”“葡萄节”等重要活动气象保障服务。各项活动开展前期和过程中，区气象局加强天气分析与监测，并每天与市气象台会商，及时发布专题天气预报，做到中期滚动预报与短期补充订正的有机结合。

【生态气象保障服务】 区气象部门与区生态环境局、区应急管理局及相关单位签订合作协议，建立重污染天气、森林火险、恶劣天气等应急联动机制，加强环境气象预报预警和监测能力建设，及时开展人影作业，进一步改善空气质量。

【气象社会监管】 2020 年，全区加大对氢气球施放、易燃易爆、危化场所、人员密集场所等地的防雷安全日常执法检查力度，开展执法检查 40 余人次，提出整改意见 12 条，并将 38 家监管对象录入“中国气象局防雷安全监管平台”。监管区域全年无安全责任性事故发生。通过“3·23”世界气象日、“5·12”国家防灾日等宣传活动，开展形式多样的气象法律法规科普宣传活动，提高公众对气象灾害防御和雷电安全防护的关注。完善多部门协同监管机制，完成“重点行业领域”“易燃易爆危险化学品”“三年行动计划”等 6 项年度重点排查整治工作，区气象部门联合市气象局执法支队、区应急管理局、区经信局相继对辖区内 42 家被监管企业完成100%全覆盖检查和32项隐患排查整治，建立清单制度，更新、制定监管名录库与风险管控图，强化防雷检测单位监管及市场管理。拓展跨区域市场，提升检测服务质量及范围。

2020年彭山区气象资料一览表

表13

平均气压（百帕）	温度（℃）					降水（毫米）				平均相对湿度（%）	蒸发量（毫米）	日照时数（小时）	平均风速（米/秒）	最多风向及频率
	平均温度	最高温度	出现日期	最低温度	出现日期	降水量	一日最大	出现日期	暴雨天数					
963.5	18.5	39.0	7月27日	0.5	21/12	1219.5	147.2	8月16日	8	76	—	2309.3	1.1	NE，8

（史亚非）

镇·街道

公义镇

【概况】 公义镇位于彭山区西北部，距城区9千米，属半丘半坝地形。2020年，公义镇行政区域面积74.86平方千米，其中耕地面积3840.3公顷，辖7个村2个社区，户籍人口13127人，常住人口24490人，一般公共预算收入10043.4万元，农村居民人均可支配收入达21715元。全年稳定脱贫人口699家、1800人，全镇有党员1485人。

【农村经济】 公义镇属农业乡镇，有国家级水稻制种基地200公顷、国家地理标志彭山葡萄种植基地333.33公顷、优质晚熟柑橘种植基地1200公顷，优质蜜柚种植基地200公顷，有国家级农业合作社1家、省级家庭农场1家、省级家庭林场1家、省级农业龙头企业1家、省级农业合作社1家、市级农业龙头企业4家。所产果怡葡萄、永洪柑橘、欣荣制种、硕仙火龙果、臻润有机果蔬等具有较大知名度。农科基地、特色民宿、汽摩越野、研学游学等农旅融合新产业、新业态正在加速落地。

【项目工作】 西北气矿局天然气钻井项目。占地面积1.6公顷，投资1.2亿元，建成后日产天然气10万立方米以上，2020年完成立项、赔付等工作，2020年12月正式进场施工。

彭山公义红色教育研学实践基地恢复重建项目。占地面积0.67公顷，主要展示彭山革命先驱郭祝三事迹和彭山党史，2020年完成基地修复和红色景点打造，二期建设已进场施工。

战胜水库民宿康养项目。占地面积43.33公顷，规划建设水乡民宿、水岸湿地、渔乐公园等，投资1亿元，2020年完成框架协议和投资合作协议签署，完成项目区农户宅基地自愿有偿退出协议签订，业主已对接区自然资源和规划局进行规划报批。

堰上人家民宿项目，占地面积 2.93 公顷，打造集康养养老和亲水民宿于一体的度假社区，投资 9000 万元，2020 年完成框架协议和投资合作协议签署，已完成土地腾退和场地平整，待新桥村集体建设用地整理项目验收完成并落实指标后，进行方案报规和主体建设。

4 月 11 日，省委宣传部调研考察彭山区红色教育研学实践基地

【基层治理】 整合党建资源、乡村资源、产业资源等，盘活红色资源，发展乡村旅游助推脱贫攻坚。探索创新乡村服务供给体系和机制。科学规划优布局，投资 2501 万元建设新桥村村民安置小区和新桥村活动阵地、游客集散中心；流转土地 120 公顷，其中种植柑橘、葡萄等经济作物 80 公顷；规划“古堰新桥田园综合体项目”，实现土地规划、产业发展、乡村旅游多规合一。古堰新桥田园综合体被评为市级乡村振兴示范村。农旅融合活经济，建设以千年古堰通济堰为纽带的“一水串十景”，集中打造道路、沟渠、桥梁、古堰公园等基础设施，引入大业主、商家 14 家，打包推出“幸福时光家庭农场”“稻香民宿”“何家院子”“堰上红砖”等 10 余个旅游项目，总投资近 1 亿元，为新桥村民新增就业岗位 100 余个，人均月收入达 3200 元。创新采取“龙头企业 + 专合社 + 新型经营主体 + 农户”四方模式，以资源入股、服务创收、资产联谊、“家庭农场联盟”抱团发展等方式，组建公义镇合作社联盟片区农户合作，发展标准化葡萄种植 133.33 公顷，每年产出各类精品葡萄上百万千克。整合涉农部门力量，做好技术推广、产品供销等工作，实现“疫”后损失降低、生产成本减少、群众收入增加。建立公义镇农旅生态园片区党委，发展“彭山公义红色教育研学实践基地”“乡村振兴大学堂”“稻香民宿”“亲子游乐场”“五爱课堂”5 大类型、14 个项目乡村旅游，坚持将群众集聚在产业链、利益链上，结合资源禀赋、区位地理等发展优势，带动 2 万户群众脱贫奔小康。构建村集体经济组织和群众利益相连接的多方共赢机制。以金岗村集体经济合作社、马林村集体经济合作社为试点，分别投资 100 万元入股当地民营经济，为民营经济增产助力的同时稳步提升村级集体经济收益。2020 年度，金岗村、马林村集体经济合作社各增收 6 万元。

4 月 17 日，省委党建办调研公义镇基层治理工作

【乡村振兴】 完成公义镇市级乡村振兴先进镇和欣荣村市级乡村振兴示范村创建工作；投

入100万元，完成彭山公义红色教育研学实践基地一期工作建设；完成“回”字形项目立项等前期工作。完成公义镇集镇策划，新桥村、原马林村村庄规划。开展项目整理工作，完成新桥村集体建设用地整理项目工作，安置农户105家，整理土地5.33公顷。实施乡村本土人才培育计划，着力培养“土专家”“田秀才”等有一技之长的农村实用技能人才，累计培训农村劳动力5000人次。培育新型农业经营主体和职业农民，共培育省级农业龙头企业22家，培训新型职业农民350余人。2020年，带动6000名各类人才回乡创业，建立优秀农民工数据库，对184名优秀农民工实施跟踪服务，培养农民工后备力量75名，选拔任用优秀农民工41人担任村干部。健全农业技术服务体系，引导农技人员下乡村、基层为农民提供生产技术服务，全镇农技人员有20余人。推动构建乡村文化网络体系，先后为2个数字文化驿站配置公共数字设备，建设乡村基层文化广场12个，推动文化设施向基层延伸。开展乡村移风易俗运动，建立村规民约和村民议事会、道德评议会、红白理事会、禁毒禁赌会“一约四会”制度的村占比超过90%，有效改善农村大操大办、厚葬薄养、人情攀比等陈规陋习。启动龙安村市级传统村落志编写工作，完成天下第一孝李密故里研学课程编制，配合完成川西南第一个党组织红色文化作品编写。开展河长工作，聘请巡河员17人，坚持每周巡察，全面取缔水库肥水养鱼、投饵养鱼，切实保护“一库水清”。投入200万余元，开展污水管网升级工作，完成公义场镇的生活污水管网升级改造工程，解决保胜敬老院生活污水直排问题，修复保胜冻库破损污水管网。推动实施“厕所革命”，为90%的农户配备了冲水式卫生厕所。持续推进“千村示范万村整治”工程，实现9个村庄整治全覆盖；按照“绿水青山就是金山银山”的路子，发展乡村旅游、休闲农业、养生养老等新产业，乡村文旅产业总产值达5000万元，实现生态美和百姓富的统一。

【交通整治】　投入150万余元整治道路交通隐患35处，新安装交通安全标识标牌50个，道路护栏4处、500余米，减速带30个。开通龙安、连桥村公交车，解决原保胜社区4个村群众出行难问题。全镇全年未发生道路交通安全事故。镇辖区内各交通干道、场镇交叉路口安装监控设备，监控室设置于镇交管办，系统硬件于2020年上半年已全部维修保养完成，在稳定运行中，使用系统调查处理解决3起事故；后由市、区领导决定，将公义镇交管办系统与雪亮工程结合，打造成四川省农村交通管理办公室示范亮点，并迎接四川省公安厅和德阳市的数次检查与考察。

【环境保护】　深入推进河长制工作，每日开展河道巡察保洁，投资138万元建成保胜生态湿地公园。通济堰毛河流域无违规畜禽养殖，新收回水库4座、塘堰15口，13座水库全部生态喂养。开展公义保胜2个场镇污水收集改造并制定雨污分离实施方案，2座污水处理厂正常运转，农村改厕3900余家；投资105万元，新建一体化污水处理设施10处；通济堰污水直排全部整改到位，开展河道清淤23.6千米，共计清理淤泥杂物254吨。在蓝天保卫战方面，持续关停12家家具厂、6家散乱污，零反弹、无新增。强力推进秸秆禁烧，扶持臻润农业公司生态化处理秸秆1万余吨；在净土保卫战方面，实施水肥一体化滴灌1666.67公顷，80%农业实现化肥农药精准控制，落实农业固体废弃物收集站2个、收集点9个，控制农业面源污染。在环境卫生整治方面，开展村庄清洁行动，清处各类垃圾20余吨，健全户分类村收集机制，无害化垃圾处理村100%，垃圾收集率95%；快办快处，成功处置欣荣村“老双挂钩”小区污水管网破损、敬老院附近生活污水直排、通济堰向筒支渠活水养鱼等15个环保问题。

【民生工程】　开展农村饮水安全巩固提升工程，行政村通自来水率达到100%，实现行政村通宽带互联网100%全覆盖。开展通社入户道路新建工作，新建道路28千米，道路路面加宽改造50千米。全年全镇投入资金125万元，安装路灯555盏，投入100万余元整治重大安全隐患20余处。农村低保标准达到450元，特困救助供养标准达到590元。开展扶贫项目建设工作，投入350万余元，实施基础设施建设项目7个，改善贫困户人居环境100家；特色种养殖项目补贴贫困户55家，提供财政专项资金公益性岗位140个，全镇贫困户人均年收入过万元。

【脱贫攻坚】　完成挂牌督战及问题清零工作、脱贫攻坚普查任务、对全镇699家贫困户进行实地走访与多次回访，为脱贫攻坚收官之年奠定坚实基础。2020年，实施基础设施建设项目7个，投入资金190万余元。为100家建档立卡贫困户实施人居环境改造项目，投入资金110万余元，投资16万元，为贫困户新打水井12口；区、镇、村三级共同投资40万余元，解决16家贫困户住房安全问题，改善贫困户生产生活条件；通过2020年全省脱贫攻坚年终成效考核。

【信访工作】　建立红袖标队伍9个、90余人，村（社区）每周开展治安巡逻；加强特殊人员管理，每月社区戒毒人员25人进行签单尿检、定期走访重度精神病人55人、定期进行走访邪教人员、每月对社区服刑人员8人进行点验，定期进行走访刑满释放人员74人，了解其生活状况并做好安置帮教工作；打造“雪亮工程”，建设镇级综治标准化管理平台16个，在各村（社区）建设标准化综治中心9个，在全镇9个村（社区）及集镇主干路安装架设高清摄像头；强化网格化管理，落实网格管理员，认真做好矛盾纠纷调处、重点人员走访等各项工作，发挥人民调解的“第一道防线”作用，认真开展矛盾纠纷摸底排查和调处化解，使矛盾纠纷消灭在萌芽状态。全镇共排查调处各类民事纠纷44起，成功调处44起。

【安全生产】　全面修订安全应急预案，组建成立镇应急抢险救援队，成员由镇机关干部、村（社区）干部、民兵、退役军人、党员等共计200余人组成。开展“安全用电”“防灾减灾”“安全驾驶”“食品安全”等安全宣传和培训，累计发放宣传手册2万余份，受教育群众达3万人次；12月，发放涵盖居家安全、交通安全、食品安全、森林防火、防邪禁毒工作等内容的“筑牢安全关、平安过双节”宣传资料1.5万余份。全年累计开展安全检查和食品安全检查50余次，村（社区）每月开展一次安全隐患排查与烟花爆竹排查，发现隐患，及时整治。整治企业重大安全隐患10余处。联合上级部门协同执法，累计查处驾驶违法车辆人员100余人次，扣押违法车辆20余辆。联合区人民法院拆除长期以来存在重大安全隐患的志德环保有限公司遗留塔吊。

【国土规划】　完成新桥村集体建设用地整理项目农户拆旧、地块复垦等工作，共安置农户105家，共整理土地近5.33公顷，结余指标近3.33公顷，保障嘉年华一期项目和何家院子用地，吸引农科院蔬菜培育基地、沈厅农场、堰上人家和省兰草协会等项目入驻；协助控股公司完成越野公园项目新桥范围13栋房屋收储等工作；有序推进新桥村“研学”社区建设，完成一期6栋安置房建设，实施二期15栋安置房，11月初启动小区基础设施建设，工期90天。

【亮点工作】　围绕“五大振兴”编制镇域规划、村庄规划、产业规划等，科学布局镇村生产、生活、生态空间，争创省级百强中心镇、省级乡村振兴示范镇。以古堰新桥·田园综合体、何家院子民宿村、堰上人家、省农科院蔬菜培育基地等9个项目为抓手，打造集农耕体验、科普研学、休闲观光、康乐养生于一体的“古堰新桥”田园研学社区。以彭山公义红色教育研学实践基地、乡村振兴学院、红色街区为基础，高标准打造内容丰富、形式独特的爱国主义红色教育基地。以原马林村、金岗村经济合作社为试点，探索集体经济新的实现模式，提高村集体造血能力。

（王　丹）

黄丰镇

【概况】　2020年，黄丰镇行政区域面积40.38平方千米，其中耕地面积1409.2公顷，辖4个村2个社区，户籍人口6745人，常住人口12732人。黄丰镇地区生产总值（GDP）达到4.52亿元，同2019年相比增长13%；农业总产值达到3.9亿元，同比增长8%；一般公共预算收入8043.3万元，农村居民人均可支配收入达22439元。黄丰镇先后接待省、市级考察学习团16批次，多项工作位列省、市、区前列，成功创建四川省实施乡村振兴战略先进镇；血吸虫消除达标工作代表全市接受国检获专家组一致肯定并得到推广；获得“四川省爱国卫生镇”称号；团结村成功创建四川省实施乡村振兴战略示范村、四川省首批乡村治理示范村、第四届眉山市优秀志愿服务村、全国民主法治示范村。

【产业发展】　启动丰华村阵地和产业中心建设，鼓励引导党员干部发展水果种植、畜禽养殖产业，选拔产业带头人、“土专家”和返乡大学生融入组织建设，建成333.33公顷“柑橘标准化生产示范园”，全镇柑橘年产量已达8万余吨。培育新型农业主体47家，其中，培育并完善农业企业4家（市级龙头企业1家），农民合作社6家（国家级合作社1家、省级专业合作社2家、市级1家），家庭农场37家（省级示范农场1家、市级示范农场2家）。不断发挥新型经营主体示范带头作用，建优筑牢全镇百姓小康盼望之路。引入物流快递品牌11家，畅通、畅快全镇百姓增收无忧之路。

【基础设施建设】　全年累计投入资金3500万余元，完成400公顷高标准农田建设，硬化通村通组及生产便道30余千米，实施节水灌溉93.33公顷，新建蓄水池15处，硬化改造沟渠10余千米，整治山坪塘3个，提升改造村级邻里中心1座、运动场地1个，打造产业特色景观休息点位3处，开展全镇“六网”基础设施建设工作。截至2020年年底，全镇通天然气占比已达67%，通自来水占比已达86%，通公路、通电、通互联网、通4G网络占比均已达100%。

【脱贫攻坚】　聚焦“两不愁三保障”和“四个好”（住上好房子、过上好日子、养成好习惯、形成好风气）目标，对全镇380户、1045名建档立卡贫困人口，坚决落实“四不摘”（摘帽不摘责任、摘帽不摘政策、摘帽不摘帮扶、摘帽不摘监管）要求，持续深化“五员扶贫”（规划监督巡查员、山地保护巡查员、环保卫生巡查员、河道水库巡查员、综合治理巡查员等公益性岗位）机制，实现全域贫困人口均达到“一超六有”（贫困户年人均纯收入超过国家、省确定的扶贫标准，义务教育有保障、基本医疗有保障、住房安全有保障、有安全饮水、有广播电视、有生活用电）标准，贫困人口家庭医生签约服务实现全员覆盖；坚持“造血输血”并举，开发公益性岗位85个，发布区内外企业用工信息20条；贫困户人居环境改善58家，发放肥料208吨，持续跟进帮扶，建立生活质量不高、感恩意识不强、收入不稳定3类重点人群台账；每月分类走访，解决实际问题17个。2020年，辖区贫困人口无一例返贫现象，并通过省级脱贫攻坚成效考核。

【生态环境治理】　深入推进“河长制”工作，重拳整治养殖户偷排乱排现象，全年共下达整改通知书4份，立行立改到位4家，整治清理辖区河道22千米，清理河道垃圾8吨。引进奥北环保专业服务，建立“回收袋+小区智能投放点”的精确分类模式，回收各类固体废弃物4吨，实现废弃物回收处置率稳步达到85%以上。建成黄丰污水处理厂，新建联户粪污一体化处理设施5个、五格式净化池237个，改造辖区污水处理站2座、微动力污水处理设备1处、农家户用卫生厕所2218座，辖区生态环境质量得到切实改善。

【防疫工作】　全力做好新冠疫情防控工作，严格按照“三定四包”（定岗、定人、定责，县包镇、镇包村、村包组、组包户）疫情防控机制，设置交通卡点10余处，开展全覆盖大排查4轮、疫情防控专班开展入户核查17次、电话核查4320余次，累计排查5.5万人次，不断夯实筑牢辖区疫情“防火墙”，有效阻断疫情传播和蔓延，全镇2020年度新冠疫情防控工作获得区级先进集体荣誉称号。

【美丽黄丰建设】　全年围绕美丽黄丰建设进行危旧房改造9家，清理隐患道路32处，完成全镇墙体风貌美化3条线路共1.4万余平方米，新装路灯285盏，新修改建垃圾池（房）272个、双地库1座，投入垃圾分类桶1800余套，丰华社区、团结村、共和村、合力村、双塘村通过省级卫生村复核；建成并投入使用场镇停车场2个，绿化主干道沿线11千米，提升改造橘花广场、胡家湾、岷东大道共和村入口、江白路黄丰入口4处节点，塑造黄丰“门户”形象，极大展现全镇人文及柑橘文化。

【安全生产】　开展安全生产“严排查、严整治、严监管”专项行动，常态化对食品安全、道路交通、危险化学品、烟花爆竹等重点行业领域开展安全隐患排查，整改问题46处，实现辖区安全生产“零事故”。强化防灾、减灾、救灾体系建设和宣传教育，全年组织534人次参与安全知识讲座，在“8·16”防汛保卫战中带领各支部转移安置受灾群众37家、82人，及时疏通加固灾害点20余处，保卫群众的生命财产，实现辖区内人员“零伤亡”。

【社会治理】　完善村规民约，红白理事会、村民议事会、禁毒禁赌会、道德评议会、孝善理事会“一约五会”运行机制，提升打造邻里中心，完善便民服务体系，深化村民自治；打造法治文化广场，强化法律服务，落实“一村（社区）一警务助理”和“一村一法律顾问”，强化法治保稳定；创建“德润团结·幸福家园”村民自治平台，强化村级农户“红黑榜”和“积分制”管理，创新德治聚民心。全年城乡环境治理效果显著，公共服务体系更加完善，乡风民风持续改善，有效提升群众的获得感、幸福感。

【社会民生】　聚焦全镇民生发展短板，完善公共卫生服务体系建设，深化农村留守儿童、留守老人、留守妇女“三留守”关爱服务体系和农村养老服务体系创新，建成并投入使用丰华社区日间照料中心，初步实现家门口养老服务目标。认真落实全民登记参保，推行医疗保险征缴服务到村入组，实现城乡居民养老保险参保1.01万人，低保164户、215人，特困人员救助98人，民生保障工作实现辖区全覆盖。建立、健全团结村志愿服务体系，2020年国庆、中秋双节期间，文明实践志愿相关工作被央视报道。

【法治政府建设】　全年更新政务工作动态信息100余条次，公共权力运行更加阳光透明，全面推行“三公”经费预决算公开，财政资金使用效益不断提高。认真贯彻落实中央八项规定，政风政纪持续好转，风清气正的政治生态进一步巩固，行政程序和行政行为得到规范。自觉接受镇人大和社会公众监督，全年办理人大代表建议19件，受理“12345”热线123条，办结率100%，群众满意率达97%，政府效能和服务质量持续提升。

（吴先艳）

凤鸣街道

【概况】　凤鸣街道历史悠久，民国21年（1932年）始名凤鸣镇，街道位于彭山东南部，地处成都平原经济圈，东临岷江，南邻东坡区太和镇，西连谢家街道，北接观音街道。2008年，撤销灵石镇、凤鸣镇建制，两镇合并为凤鸣镇，2016 年撤镇设为凤鸣街道，是全区政治、经济、文化中心。2020 年，凤鸣街道行政区域面积 37.69 平方千米，其中耕地面积 1722.1 公顷，辖 2 个村 7 个社区，户籍人口 66154 人，常住人口 88463 人，一般公共预算收入 36173.3 万元，农村居民人均可支配收入达 22004 元。辖区内交通发达、商贸繁荣，北距成都 45 千米，距双流机场 30 千米，成昆铁路、成绵乐城际轻轨、成乐高速、245 国道、滨江路、太和大道纵贯全境，与全国各地相连，形成公路、铁路、航空运输通达网络。辖区内教育、医疗、商贸、建筑和服务业发达，共有街道 130 余条、商家 2100 余家，吃购娱住学医体系完备。

【社会基层治理】 街道组建基层发展治理支持中心，以党建引领，统一调度，为各类基层组织建章立制，提升基层组织自我活力。推行小区（片区）党组织孵化平台、群众自治组织孵化平台建设。印发《凤鸣街道党建引领小区治理导则》，全面推进小区党组织全覆盖建设，已建立小区（片区）党支部 111 个，支部书记中小区能人占比 45%、社区“两委”及网格员占比 25%、退休老党员占比 20%、业委会成员及物管交叉任职占比 10%，筑牢基层组织体系。指导成立小区业委会、居民自治小组，形成居民自我有效管理。根据居民群众趣缘情况，逐步孵化建立小区篮球队、坝坝舞队、棋牌队、骑游队等群众兴趣组织，满足群众的精神和文化需求。统筹开展“建机制，建队伍，抓共治”三项治理措施，建立重大事项议事决策、小区（片区）联席会议，组建党员先锋队、微服务队、志愿服务队等队伍，引导居民群众自我决策、自我管理。组织开展模范家庭、文明商铺、家风家训、法律“七进”等活动，形成文明和谐的小区氛围。

【项目建设】 全面落实区委、区政府高质量发展要求，以实干担当，为全区交通项目建设当好先行者。成乐高速扩容建成通车，凤鸣街道解决途径段总长 5.7 千米（占彭山总长 1/3）的难题，拆迁 622 家，占全区拆迁量的 70%。彭山新互通建成通车，三座跨线天桥完成主体工程。太和大道 1.8 千米、滨江路 2.3 千米、迎宾大道 2.5 千米建成通车。岷江航电率先完成交地，正在建设中。完成全省第三座、全市第一座地埋式污水处理厂及其配套污水管网 5 千米建设涉及的征地拆迁工作；龙湾大道、柏华路二段、武阳东路、锦绣大道南一段已建成通车；有序推进毛河生态湿地公园、城南湿地公园等市政基础设施项目的属地工作任务。

【老旧小区改造】 针对辖区 221 个老旧小区矛盾纠纷多、安全隐患多、基础设施差的治理现状，响应民生期盼，凤鸣街道在全区先行先试，以改善人居环境、提升城市品位、增强群众获得感、幸福感为目标，加快改造城镇老旧小区。2020 年，完成改造 71 个，正在实施 4 个，超额完成区委、区政府下达的 58 个目标任务。摸索总结“六步七化”的老旧小区改造经验，写入市委全会决议。在老旧小区改造后的管理过程中，凤鸣街道探索出“党建引领 + 连片打包”的治理模式，公开引进物业管理公司管理多个或一个片区的老旧小区，通过“打包”降低物业公司管理成本，减少居民缴费支出，实现老旧小区的长效管理。

5 月 21 日，市政协主席、党组书记吴小可（前排右四），区委书记罗万东（前排右二）一行调研凤鸣街道老旧小区改造工作

【老旧小区管理】 探索开展“连片打包”试点工作，通过社区党委组织小区居民召开“坝坝会”，宣讲“连片打包”新模式，让居民群众逐步从“旁观者”变为“参与者”。先后解决小区治理“老大难”问题 10 余项，400 余户、1000 余名居民受惠。引进物业的老旧小区由原来的 40% 满意率提升到 95% 以上。

【“双创”迎检工作】 凤鸣街道作为全区“双创”工作的主战场，承担全部入户问卷调查任务和 70% 以上的实地迎检点位任务。严格对标创建国家卫生城市、全国文明城市高分要求，坚决克服任务重、基础差的困难，开展环境卫生整治 1500 余次，对 400 余个点位进行打围改造，完成首创即成的目标。

【社会事业】 深入推进“互联网 + 政务服务”和“审批不见面、最多跑一次”改革，90% 的依申请审批事项实现网上接件。街道设有一个便民服务中心、各村（社区）设有便民服务大厅、各网格由网格员兜底，基本实现“一号一窗一网一门”通办，群众办事“不多跑”，所有事项“就近办”。沉着应战有历史记录以来最大的汛情和暴雨灾害，转移安置城区内涝群众 232 人，实现“零伤亡”。街道人民调解、信访、民政、卫计、劳保、老龄、妇女儿童等各项社会事务工作均取得明显成效。

2 月 19 日，市委政法委副书记李树明（右三）、区委常委、政法委书记郭益（右二）调研城东社区疫情防控期间社会治理工作

【疫情防控】 全年重点做好人员排查、社区防控、防疫科普、物资储备等相关工作。1200 余人次基层党员参与 260 个小区、20 条主次干道防控值守，共排查重点人员信息 1.43 万条，对 100 余名境外返回彭山人员、700 余名国内中高风险地区回彭山人员落实防控措施，保证“找得到、管得住、服务好”的防疫工作要求的落地落实。多渠道采购防疫物资，保证街道、村（社区）一线人员的防疫所需，为区卫生部门和医院支持医用 N95 口罩 600 余个、防护服 150 套。

【环境治理】 以“河长制”为抓手，强化水污染治理。制定凤鸣街道毛河水质提升专项行动方案，将街道 11 名班子成员、5 个村（社区）的 30 名“两委”成员，全部下沉充实到毛河及其主要支流水污染综合整治工作组中。

大力实施农村人居环境改善工程，通过改水、改厕减少农村生活生产污水排放。点面结合，强化大气污染防治，制定秸秆禁烧工作实施方案，组织村民（居民）签订禁烧承诺书3000余份，将秸秆禁烧宣传到户。加强扬尘管控，严格要求拆迁工地进行湿法作业，露天堆放建渣要求必须进行覆盖，防止扬尘扩散。制定街道重污染天气环境应急预案，在接到重污染天气预警后，按应急预案要求开展工作；强化“散乱污”企业监管整治，排查疑似“散乱污”企业30家，逐一完成现场核查，对存在问题的企业已及时督促业主完成整改。建立“散乱污”企业整治定期排查、协同推进、及时整改、动态清零的长效机制。全覆盖排查，强化土壤污染防治，组织开展企业危废隐患排查、涉镉等重金属行业企业排查工作，对排查出的隐患及时整改并上报相关职能部门，减少土壤污染，确保农业种植用土安全。狠抓“治山、治水、治气、治城”的环保“四治”，坚决克服中心城区人口密度大、加工生产企业多、农业种植面积广、畜牧养殖种类杂等困难，以整合力量出重拳，精准发力除隐患的强劲措施，坚决从快、从严维护环保底线。全年累计关停整治河道沿线小作坊3家，整治餐饮店185个，集中“改水改厕”211家。同时落实“街道+村（社区）+河道保洁员”的齐抓共管机制，确保毛河、湄州河在凤鸣段水质得到提升改善，完成毛河地表水Ⅲ类水质任务。

【安全生产】　全面落实“党政同责、一岗双责”工作要求，对辖区重点企业、重点行业、重点场所、重要时段常态化开展安全生产检查，未发生重特大安全生产事故。一套专班负责信访工作，按“控增量、去存量”的思路，不断加大对历史遗留问题的化解力度，加大对新增项目的风险评估力度，在重点时段加大对重点人员的稳控力度。街道全年未发生较大及以上生产安全事故，保持社会和谐稳定。

【脱贫攻坚】　街道始终坚持把脱贫攻坚作为“一号工程”，重点聚焦解决收入达标和“两不愁三保障”问题。共有建档立卡贫困人口146家402人。将班子成员、机关干部下派到村（社区）作为第一书记，严格执行班子成员和驻村干部包村责任制，通过产业发展、解决就业促进贫困对象增收致富，开展人居环境改造、教育助学、医疗扶贫、全域安全饮水、广电提升五项工程，全面改善贫困对象生活、医疗、教育环境，实现所有建档立卡贫困人口的稳定脱贫和全面达标。

【农业农村工作】　以农村厕所革命、污水收集处理为抓手，深入开展改水改厕工作，深化乡村振兴工作。完成244家无害化卫生厕所改造。通过开展村容村貌提升行动，强化环境治理，加大对违建和“脏、乱、差”的打击和整治力度，拆除违建3000余平方米。对江渔村石回路进行绿化和景观打造，绿化道路1.8千米，打造景点2处，房屋风貌改造50家，美化墙体3万余平方米，利用闲置土地组织开展植树造林等村庄绿化活动，植树种草13.33公顷，建设绿色生态村庄。

【综治维稳工作】　围绕拆迁安置、房地产、民工工资、两委换届选举等领域进行拉网式、无死角、全覆盖摸排，并对排查出来的各类矛盾问题和不稳定因素逐一分析研判，实行清单制加责任制，落实领导包案，采取行之有效的稳控化解措施，强化源头治理，最大限度把问题解决在基层、把人员稳控在当地。坚决维护政治安全。对辖区内涉邪重点人员加强防控，坚决防止邪教滋扰破坏活动；加强对辖区内人员密集场所、公共交通等重点部位和基础设施的安全防范，严防发生暴恐袭击事件。对有特殊利益诉求的群体，要加强思想教育和解困帮扶工作，化解对立情绪。加强特殊人群监管。配合好主管单位对七类特殊人群的管控，特别是重度精神障碍患者，防止发生精神病人肇事肇祸等情况。开展治安整治专项行动。开展消防、食药环等公共安全隐患排查，加强对危爆物品等重点治安要素源头管控，强化背街小巷、城中村、农产村等夜间巡逻，最大程度降低治安事件的发生概率。

【厉行节约活动】 开展厉行节约专项活动，印发厉行节约宣传资料3000余份，宣传口袋3000余件，引导辖区群众形成勤俭节约的新风尚。

（陶　婷）

观音街道

【概况】 观音街道位于彭山区北面，北接青龙街道，南至兴铁宾馆，西临公义镇，东至岷江，成绵乐城际轻轨、成乐高速、245国道、成彭快速通道、成昆铁路贯穿全境。2020年，观音街道行政区域面积44.10平方千米，其中耕地面积2095.1公顷，辖3个村6个社区，户籍人口57244人，常住人口101074人，一般公共预算收入15086.7万元，农村居民人均可支配收入达24354元。街道党工委下设9个党委、89个党支部，党员2040人。是彭祖新城和高铁片区建设的主战场，是彭山对接成都一体化发展的桥头堡，辖区一、二、三产发展齐头并进，现代农业园区面积800公顷，以种植晚熟柑橘、葡萄、柚子为主，年产值3.2亿元，果园葡萄通过国家地理标志认证。观音工业园区入驻企业73家，2020年总产值95亿元，税收3.2亿元。蔡山和锦江大学商业区已形成，彭祖新城五湖四海景观、中日国际康养城和武阳里特色文化街等项目快速推进。

【重点项目建设】 全年观音街道组织开展北外街、五湖四海、中日康养城等14个省市区重点项目征地拆迁，征收土地面积达到306.67公顷，拆迁农户3000余家7200人。完成项目11个，剩余3个项目进入扫尾阶段。组织实施“锦江三期”安置住房分配工作，分配住房284套，涉及8个村民小组，农户244家477人。

【乡村振兴】 完成市级、区级乡村振兴示范村（文昌村）创建准备工作，完成农村卫生厕所改造542家，完成兴崇村人居环境整治点位打造，开展农产品质量监管，完成农药残留样品检测200余个。开展涉农安全（农机、沼气、自用船舶）检查42次，开展农业面源污染治理、水产养殖污染治理检查80次。培育新型农业经营主体，新增家庭农场21家，命名星级家庭农场38家，新认定职业农民5名。完成“观音葡萄”地理标志证明商标申报工作。完成省、市、区级乡村振兴示范镇、村奖补项目实施。

【双创工作】　深化“街道统领、社区吹哨、部门报到”工作机制，以背街小巷、城乡接合部为重点，以点位打造、老旧小区改造为抓手，从环境氛围营造、卫生秩序整治、基础设施建设、居民行为督导等方面发力，补短板、强治理、促长效。创新问题搜集整治，成立巡查队伍负责发现收集问题，通过“点球”发给19个市区包保部门，由区人大督导确保限期整改，累计推送问题1200个。注重精神文明宣传，设置公益广告、宣传栏5000余处，发放市民文明手册、健康教育读本等10万余份。组织20余名社区矫正对象成立“双创”志愿者队伍，开展宣传活动4次。发动党员、大学生、社会各界人士1200余人参与志愿服务活动，开展文明劝导6000余次。入户宣传覆盖辖区居民8万余人。强化城乡环境治理，拉网式整治城乡接合部、城中村16个，牵头开展市容市貌专项整治80余次，处理乱停乱放、占道经营、违章搭建等3900余起，开展“门前五包”宣传并签订责任书1390户，打造示范街2条。补齐基础设施短板，累计修补道路360余处、硬化道路3320平方米、黑化道路9200平方米、增画机动车和非机动车停车位2428个，因地制宜新建停车场4个、新增露天停车位220余个、新建便民小广场1个。推进小区改造治理，对凤鸣花园小区、机场部队小区等7个老旧小区进行提档升级，引导6个无物管小区成立业委会进行自治管理。

【社会事业】　推行代办、上门、延时、预约、掌上、专递6大服务，让百姓少跑路，甚至不跑路。持续加强弱势群体关爱帮扶，全面落实兜底保障政策，让贫困家庭吃得饱饭，穿得暖衣，通过“政府牵线，企业资助”方式，辖区无一例适龄儿童辍学。累计接待群众2.6万余人(次)，办理各类审批、服务事项2.1万件，本级办结1.78万件。发放帮扶救助资金11.6万元，临时救助85人，资助在校残疾学生25人，接回流浪人员3人，组织就业培训300人，疫情防控期间为外出务工群众办理健康证明1.1万余份。

【调处工作】　严格执行群众来访当天办理，项目社会风险评估100%，按时办结率100%。认真开展不稳定因素排查。对排查出的不稳定因素及时上报。全年共受理“12345”、人民网、区长、市长信箱各级交办件320条。维护农民工合法权益，受理拖欠农民工工资案件4起，均已妥善处理。受理非法集资受损案件3起，均已依法处置。加强重点部位、重点地段、重点人员的防范控制工作。加强对邪教人员教育转化工作，做好帮教、监控、回访工作，教育转化邪教人员16人。

【环境整治】　针对农业观光大道、国道245线等主要道路两侧违建多、脏乱差问题，采取“共建一批、改造一批、排危一批、兜底一批”的方式，拆除违章建筑838家、改造农房屋顶310家、改造外墙风貌53处、拆除更换不规范广告牌142处、清理占道经营和乱堆乱放1100余处。全区拆违治乱现场会在观音街道召开。清除各类垃圾80余吨，清淤沟渠15千米，3个村（社区）先后5次获全区“十佳”称号，8家农家院落获“最美庭院”称号。自来水安装2713家，改厕2592家。建立垃圾分类亭42

个，发放宣传资料2万余份。打通“断头路”3处1.3千米，硬化道路2.1千米，黑化道路2千米，浆砌沟渠1.2千米，安装路灯268盏，修建公共卫生厕所1座。结合“绿荫彭山”活动，打造节点5处，绿化面积7000余平方米。倡导使用有机肥、测土配方施肥，不断减少农药化肥使用量。与2019年相比，农药、化肥使用量分别减少12吨、0.93吨，同比下降4%、11.3%。推进“河湖长制”，组建河道打捞队伍7支38人，设置河道拦渣点6处，清运河道垃圾70余吨。对河道周边58家农户全覆盖改厕，整治关停畜禽养殖场7个，清理“散乱污”企业5家。建设绿化缓冲带1公顷。梓桐河、湄州河水质得以持续改善，彭溪河水质取得历史性突破，达到Ⅱ类水标准。

（胡　雨）

江口街道

【概况】　江口街道北连天府新区、南接东坡区，位于府河南河汇聚而成的岷江交汇处。行政区域面积78.36平方千米，其中耕地面积2816.8公顷，辖7个村3个社区，户籍人口15878人，常住人口22172人，一般公共预算收入19086.7万元，农村居民人均可支配收入达21411元。江口街道历史文化底蕴深厚，辖区内有张献忠江口沉银、汉崖墓博物馆、彭祖山风景区、武阳故郡、宋代石龙等文化旅游资源，江口汉崖墓是全国重点文物保护单位，江口被誉为“千里岷江第一镇”，是区委布局的文旅度假区。江口是首批省级历史文化名镇、省级森林小镇、省级小城镇建设试点镇。街道政务服务好差评工作被列为国家试点，全市唯一。

【村级建制调整】　稳妥有序推进村级建制调整改革，街道由原15个村2个社区调整为7个村3个社区，调减率41.18%；调整后的各村（社区）现任常职干部58人，较调整前减少28人；调整后平均年龄43岁，大专以上学历占比49%，引进优秀农民工6人。街道村（居）民小组数由121个调减为69个，调减率43%；调整后的村（居）民小组长中党员占比高达76.8%。全面完成村（社区）党组织换届选举工作。

【重点项目】　全年水郡未来城、中日康养城、江口沉银博物馆、江口汉崖墓博物馆、岷江一桥、环湖东路、尖子山航电、锦江大道、蜀郡东岸、武阳安置小区、龚家堰扩容和饮水源保护等省、市、区重点项目征地拆迁工作有序推进，彭祖山风景区、蜀郡东岸、锦江大道、环湖东路、岷江一桥完成征地拆迁任务，其中“百日攻坚”项目提前完成，其余项目按进度有序推进。

【新冠疫情防控】　全年驻村干部、村组干部深入一线，常态化抓好外来人员排查，动态建立外来人员台账，确保排查不漏一户一人。落实重点人员管控措施，做好入境回彭山人员居家隔离、动态跟踪，完成核酸检测1218人次。辖区“眉山健康码”申领达到全覆盖，公共场所全面实行亮码通行。持续抓好安置小区、集贸市场、主要路口、餐馆、网吧、茶铺等人群密集场所防疫措施落实。

2月10日，江口街道办主任葛开红（右二）到新冠肺炎疫情防控道路交通卡点检查卡点值守情况

【防汛抢险】 2020年“8·11”“8·16”强降雨造成江口街道45户房屋倒塌，145户房屋不同程度受损，山体滑坡垮塌80余处，道路阻断，农田被淹。江口街道组织街道、村社区党员干部群众抢险救灾，提前安置转移受灾群众1506人，无人员伤亡。开展暴雨灾害新增隐患整治，投入23万元资金整治较大隐患4处。完成永丰村地质灾害点工程整治及泥湾村灾后重建工程。及时开展农村危房安全排查387户，经营性店铺安全排查183户，上报区规划中心审批农村建房83户，2户设施农用地按相关程序办理，有效解决部分危旧房屋群众建房需求，及时排除8月暴雨灾害造成的居住安全隐患。

【脱贫攻坚成果巩固】 扎实推进问题整改，18个脱贫攻坚成效考核反馈问题、105个“两不愁三保障”回头看大排查问题、40个挂牌督战自查自纠问题全部整改到位。全年累计投入资金70万余元，用于贫困户人居环境改善、发展产业等扶贫帮扶，顺利通过脱贫攻坚挂牌督战、脱贫攻坚普查和脱贫攻坚问题整治销号工作。

【违建乱搭整治】 开展违建乱搭和大棚房违建别墅全面整治工作，组织开展“拆违攻坚月”行动，拆除私搭乱建近10万平方米。大力开展农村违规占用耕地建房问题排查，排查违规占用耕地建房图斑1300余个。

【村级集体经济】 村集体与社会资本合作，以向上争取的壮大村级集体经济资金入股，投资1000万余元，在永丰村建成集分拣、仓储、冷链、电商等为一体的冷链仓储基地，提升产品附加值，带动周边500名群众就近就地就业。

【人居环境整治】 新增奥北环保垃圾回收投放设施3个，建设垃圾收集地库6个，新建大件垃圾回收点5个，建设垃圾池、垃圾房600个。创建区级“最美庭院”9家，打造府江桥沿线、江口古镇沿线、4个安置小区等绿化点位。新建七格式沼气净化池11个，改卫生厕所480家。动员群众业主出资20万余元，以点带面打造永丰村“沙沙堰”农村人居环境示范点。

【生态环境整治】 常态化抓好府河、南河、岷江、红光支渠、王店子河等5条河流的排查整治工作，清理河道垃圾70余吨，清理沟渠20余千米。推进龚家岩饮水源扩容工程，治理水域面积64公顷，完善污水治理设施，新铺设污水管网2.2千米。抓好大气污染防治，落实全年秸秆禁烧。出动宣传车辆30辆，发放宣传资料1.13万份，加强秸秆禁烧巡逻，全年无一例黑斑，无一例黑烟。加强扬尘治理，督促在建工地落实施工范围洒水网、道路洒水车洒水等降尘洒水措施，减少大气扬尘。全年检查企业21家，对环保设施不健全，存在问题的企业责令停产整顿。加强对辖区38个排污口和67个黑臭水体点位巡查，发现问题立即整改。结合环保督察反馈问题，大力开展问题整改，全部整改到位。广泛收集群众环保举报，全年接收举报18件，全部现场核实并妥善处置。

【安全生产】 落实安全生产责任，与各村（社区）、学校、卫生院、企业签订安全责任书80份，配备村级安全协管员，设置企业安全生产责任人，确保有人管安全、有人抓安全。持续开展安全宣传教育，全年组织安全培训4次，培训企事业单位负责人56人次，安全管理员72人次，从业人员1800余人。发放安全宣传资料1200余份，张贴宣传标语180余份，切实提高“以人为本、安全生产”理念。全面排查整治隐患，全年开展食品药品安全、消防安全、道路交通等安全大检查12次，单项安全检查152次，发现一般安全隐患225起并全部整改完毕。开展收缴报废煤气罐190余罐，收缴烟花爆竹200余挂。

【政务服务】 优化政务服务，深入推进“放管服”改革，采取完善便民服务设施、民事集中代办、送服务上门等措施，切实打通基层政务服务“最后一公里”。江口街道政务服务“好差评”工作入选国家标准试点，全市唯一。是年9月试点以来，累计办理政务服务事项720件，接受服务对象评价676次，实现政务服务评价事项纳入比例100%，政务服务满意度100%。逐步推行和完善村组民事代办点建设，由驻村干部或村干部统一代办相关事务，为群众办事2366件。

【社会事业及民生工程】 完善就业、再就业台账，录入数据2.16万条。做好征地农转非人员社会养老保险工作，完成875人的征地农转非人员参保征收、核算工作。全面做好城镇居民基本医疗保险登记以及城乡居民基本医疗的参保工作，全年参保覆盖率达到98.6%。协调解决拖欠工资事件24起，共计追回农民工工资100万余元。全年共新批低保户203人，低保复查813家，清退不符合低保25人。发放残疾人适配辅具72人，家庭无障碍改造11家，免费白内障手术10人，新办残疾证36人，教育资助残疾24人共计2.5万元。完成春季查螺面积180万平方米，灭螺70万平方米，完成2015—2019年血防资料收集整理上报工作，通过国家级血防消除达标。

（李　鑫）

谢家街道

【概况】 谢家街道俗称谢家场，原系清代时谢姓人家在此设店经商，后因住户增多，成了集市而得名，素有“搬不空的谢家场”之美称。街道囊括四川彭山经开区核心区，地处成都平原南部，距城区约7千米。2020年，谢家街道行政区域面积83.02平方千米，其中耕地面积4358.3公顷，辖6个村2个社区，户籍人口16048人，常住人口25819人，一般公共预算收入20086.7万元，农村居民人均可支配收入达22090元。境内交通十分便利，成乐高速新出入口直抵境内，成眉工业大道横贯全境，迎宾大道正提档升级。境内以平原和丘陵为主，产业主要为水稻制种和中药材、晚熟柑橘、猕猴桃等。2020年，谢家街道地区生产总值10.85亿元，固定资产投资4.3亿元，招商引资3亿元，工业产值1.3亿元。谢家街道悦园村获“2020年度四川省乡村振兴示范村”称号，石山村获“2020年度市级乡村振兴战略先进示范村”称号，邓庙村成为“全区首批农村宅基地改革示范点”。谢家街道获眉山市第四次全国经济普查先进集体、项目工作先进集体、河长制先进集体等表彰29个。

6月10日，省委常委、宣传部部长甘霖（右三）实地调研谢家街道宣传文化阵地建设工作

【村级换届】 平稳推进合村并组、村级党组织和村（居）民委员会换届工作，将原14个村（社区）合至8个村（社区）、120个村（居）民小组合为70个，常职干部平均年龄降至35岁，两委班子整体素质进一步提高、工作合力进一步增强。

【项目工作】 按照市区“百日攻坚”的要求对项目内的293.78公顷土地进行拆迁，完成房屋拆迁513家，养老保险2132人，解决126户、322人遗留10年的未安置问题；完成宝能高端制造产业项目30.53公顷征地拆迁工作，保障园区发展空间。占地面积25.33公顷的德康农牧科技有限公司谢家规范化种猪场项目总投资1.26亿元，投产后存栏能繁母猪5000头、公猪60头，年出栏仔猪12万头。街道全年累计投入4000万余元，实施脱贫攻坚、乡村振兴、道路交通等领域项目21个。

【产业发展】 2020年，谢家街道大力发展绿色特色农业，实现川芎、泽泻GAP规范化种植1133.33公顷，杂交水稻制种基地面积达566.67公顷。发展特色产业猕猴桃，现有种植面积466.67公顷，挂果面积382.8公顷，主要有红阳、金艳、红什2等7个品种，实现亩产值1.8万元；种植优质柑橘1276.47公顷，主要种植有爱媛38号、春见、沃柑、金秋砂糖橘等。种植葡萄45.67公顷，草莓10.67公顷，桃李133.33公顷，蚕桑基地面积达44.67公顷；巩固退耕还林1158.73公顷，建立绿色基地3个，全面完成“绿荫彭山、全域增绿、美化乡村”任务；积极引进农业种植业主97家，累计流转土地1159.07公顷，完成6个村、2个社区的集体资产股份制改革工作。谢家街道有蓉兴化工、应林集团川西化工、三和集团等9家企业，主要以生产芒硝、混凝土添加剂为主。深入实施工业强区战略，全力支持彭山经济开发区发展。第三产业借力刘山水库原有生态环境，推进乡村旅游基础设施建设，探索一、三产融合发展。重点做好人居环境整治、全域安全饮水、乡村振兴示范村的打造。对猕猴桃产业提档升级，树立品牌意识，做好猕猴桃产业、石山学堂、毛河院子与三产旅游、招商引资相结合，增加集体经济收入。

【专项治理】 全年持续巩固“大棚房”、违建别墅整治成果，全面推进环境“四化”工作，全面完成了双凤湖实业有限公司、天宫茂林公司、苌町轩家庭农场、东阳建材厂、田园丰情和顺栖缘等1.69万平方米建筑的拆除并复垦，对改变土地使用性质的岐山村香柏源、一友、宏友家具厂进行了搬离；街道组织开展了为期一个月的专项“拆违”整治行动，按照一户一策，对主要干道沿线413户、4.6万平方米违章搭建彩钢棚进行拆除和降位处置。

【人居环境提升】 先后实施杨庙村绿地广场、工业大道与新彭谢路交叉口、毛河院子、石山学堂等重要示范节点打造，完成了全街道2800余家无害化卫生厕所改造，2000余家生活污水治理和1700余家安全饮水工作，其中石山村集中联建成为了全区的示范点。李山村成功创建“国家森林村庄”，创建4家“森林人家”，活桥村和红石村成功创建省级“四好村”，悦园村被列为乡村振兴市级示范村，岐山村的“幸福公约”入选四川省“100条最佳乡规民约”名单、入榜“四川省新中国成立70周年成果展”，并先后承办全区乡村振兴现场会、全区人居环境整治现场会、全区重阳节现场会等重大活动。

【社会事业】 2020年，谢家街道共实施民生项目16个，先后投入资金6140万余元，实施并完成了毛河院子日间照料中心、综治中心改造升级以及乡村振兴、脱贫攻坚等项目建设，污水处理厂湿地公园、污水处理厂进出场通道和石山村环线建设等民生项目竣工投用。谢家街道围绕创建国家卫生城市、全国文明城市工作，开展“五乱二线”治理、“基础设施”提升、“试点示范”创建三大行动，成功创建全国卫生乡镇。落实各项惠民政策，发放计生、独生子女、低保、残疾人补助等惠民资金共1330万余元。

【社会工作】 全力出击战疫情，全面做好“天府健康通”注册及使用工作，采用驻村干部包村、村干部包社、社干部包户的形式，发动机关、村社干部和志愿者800余人开展“地毯式”三轮入户为群众注册“天府健康通”工作，为无智能手机老年人发放“谢家老年专用健康通行证”，注册率95%以上。积极应对“8·11”“8·16”70年一遇的强降雨影响，组织街道、村（社区）党员干部群众300余人，主动防灾、靠前抗灾、及时救灾，转移受灾群众200余人，无一人伤亡。全力防控抓禁毒。全面贯彻落实区委禁毒专项会议精神，严格排查制毒场所，对37名吸毒人员进行每月走访，家访率达到100%。全年累计有319名街道、村社干部接受毛发检测。针对辖区内交通、涉水、森林防火、工矿企业等重点领域进行全方位监管。全年未发生一起安全事故。

【市场搬迁】 对旧市场进行打围、劝返摊贩，加强新市场内部管理，严格分区分治，严格执行市场管理标准和行业规范，要求进出人员佩戴口罩、测量体温，严厉禁止活禽交易与点杀，建立市场消毒台账。全年200余家商家已搬迁至新市场且秩序良好。

（袁　慧）

人 物

2020年眉山市彭山区党政群机关及其工作部门领导任免名录

中共眉山市彭山区委

书　记：罗万东（7月止）
　　　　黄秀航（10月起）
副书记：郭　红
　　　　杨兴弘（1月止）
　　　　杨翔宇（1月起，10月止）
　　　　黄　丽（5月起，挂职）
　　　　郭建华（11月起）
常　委：蒋会强（3月止）
　　　　梁　兰
　　　　李勇刚（7月止）
　　　　张　川
　　　　郭　益
　　　　李忠云
　　　　钱　军（11月止）
　　　　唐国勇（11月起）
　　　　王　松
　　　　彭盛东（9月起）
　　　　徐　国（10月起）
　　　　泽仁郎加（10月起，挂职）

眉山市彭山区人大常委会

党组书记：钟建成（3月止）
　　　　　杨兴弘（4月起）
主　任：钟建成（3月止）

杨兴弘（4 月起）

党组副书记：郭　茂

副主任：郭　茂

余玺樟（11 月止）

廖　伟（9 月止）

胡志中

专职委员：丁　越

郑发启

眉山市彭山区人民政府

区长、党组书记：郭　红

常务副区长、党组副书记：李忠云

副区长：周　惠（1 月止）

廖长明

车　伟（4 月止）

游德华

泽仁郎加（11 月起）

王　胜（4 月起）

李昇锦（4 月起）

周　浩（1 月起）

眉山市彭山区政协

党组书记：谭福轩（2 月止）

杨　红（2 月起）

主　席：谭福轩（4 月止）

杨　红（4 月起）

党组副书记：王　松（11 月起）

卓德松（11 月止）

余利平

蒋会强（1 月起，4 月止，兼）

党组成员：许宏连

罗建斌

骆志强

副主席：卓德松

喻　旭

毛太忠

王　娜

秘书长：罗建斌

纪律检查委员会

书　记：李勇刚（7 月止）

徐　国（10 月起）

副书记：杜远虑

王太勇（5 月止）

王婧筱（7 月起，挂职）

任　柱（12 月起）

常　委：刘晓卫（2 月止）

张锦刚

李　慧

向东平（5 月起）

张志浩（5 月起）

合署办公机构

监察委员会

主　任：李勇刚（9 月止）

代理主任：徐　国（11 月起）

副主任：王太勇（7 月止）

杜远虑

任　柱（12 月起）

监委委员：张锦刚

张志浩

刘芩宇

马　强（5 月起）

工作机构

组织部

部　长：舒　心

宣传部

部　长：杜凤兵

办公室

主　任：马　强（5月止）

党风政风监督室

主　任：汪静飞

案件审理室

主　任：刘苓宇

信访室

主　任：（空缺）

案件监督管理室

主　任：（空缺）

第一纪检监察室

主　任：唐乙中

第二纪检监察室

主　任：冯　阳

第三纪检监察室

主　任：王　琴

第四纪检监察室

主　任：李　刚

派出机构

派驻区级部门纪检组

冯素才　刘　麦　王安成

李新民（1月止）

派驻区委办公室纪检监察组

组　长：游　雨

派驻政府办办公室纪检监察组

组　长：谌　兵

派驻区卫生健康局纪检监察组

组　长：周　慧

派驻区委政法委纪检监察组

组　长：周　艳

派驻区委组织部纪检监察组

组　长：孙维炜

派驻区农业农村局纪检监察组

组　长：赵　轲

派驻区发展改革局纪检监察组

组　长：尹　刚

派驻区教体局纪检监察组

组　长：刘利平

派驻区住建局纪检监察组

组　长：盛晓波

派驻区公安分局纪检监察组

组　长：方　强

区委巡察办

主　任：吴　勇

副主任：胡晓斗

区委第一巡察组

组　长：刘建军

副组长：徐永平

区委第二巡察组

组　长：游利琼

副组长：易建兵

区委第三巡察组

组　长：徐忠伦

副组长：高　勇

法　院

党组书记：夏成刚（11月止）

田利军（11月起）

院　长：夏成刚（12月止）

代理院长：田利军（12月起）

常务副院长：周　文

副院长：张　梅

政治部主任：张　英

人民法院执行局

局　长：谌　英

人民法院审判委员会

专职委员：段利霞

彭　明

青龙法庭

庭　长：李昌莹

检察院

检察长：龙　科

常务副检察长：徐惠林

副检察长：袁　玲

张　翔

张熙婷

（1月止，省检察院下派）

何　锋（9月止，挂职）

政治处主任：张景遥

司法调解中心

专职副主任：郭　红（5月止）

检察委员会

专职委员：王　利

李卫兵

派驻牧马镇检察室

主　任：郭　武

区委办

主　任：周明强（兼档案局局长）

副主任：许　旺（3月止）

辜　欣（3月止）

胡　水

夏海朝

刁　阳（7月起）

区委机关党委书记：漆　影

总工程师：付玉龙（7月起）

公务服务中心

主　任：张　海

副主任：夏　萌（1月止）

刁　阳（7月止）

杨洪水（2月起）

区委政研室（区委办挂牌）

主　任：辜　欣（3月止）

副主任：何　霞（5月止）

保密机要局（区委办挂牌）

局　长：胡　水

副局长：李　毅

总工程师：黄光伟

保密技术检查中心主任：龚开福

区委组织部

部　长：张　川

常务副部长：谢玉民

副部长：袁凌铃

张怀庆

付卫平（5月止）

先张玉

王晨蕾（1月起）

部务委员：王晨蕾（1月止）

刘舒蕾

袁杰科（1月起）

区直机关工委

书　记：付卫平（1月止）

张　川（1月起，兼）

副书记：周天翔

党建办

主　任：付卫平（5月止）

非公有制经济组织、新社会组织党工委

书　记：先张玉

专职副书记：康红艳（1月止）

远教中心

主　任：梁卫东

副主任：朱　玲

人才工作服务中心

主　任：曾卫平

副主任：金琳琳

公务员局

局　长：王晨蕾（2月起）

区委宣传部

部　长：梁　兰

常务副部长：胡凤翔

副部长：李永轶

任　柱（12月止）

部务委员：唐　杨

区委对外宣传办公室

主　任：胡凤翔（1月止）

任　柱（1月起，11月止，兼）

区政府新闻办公室

主　任：胡凤翔（2月止）

任　柱（2月起，兼）

区委对外宣传新闻中心

主　任：徐莉莉

精神文明办公室

主　任：李永轶

社会科学界联合会

主　席：钟　华

文学艺术界联合会

主　席：袁志福

长寿文化研究所

所　长：宁　莉

副所长：王碧林（3月止）

李　桃（1月起）

温选鹏（5月起）

互联网信息办公室

主　任：胡凤翔（1月止）

任　柱（1月起，兼）

区委统战部

部　长：蒋会强（4月止）

王　松（6月起）

常务副部长：曾　进

副部长：刘晓冬

李国廷

苟洪平

部务委员：张　鸥

民族宗教事务局

局　长：李国廷

侨务和港澳台事务办

主　任：苟洪平

区委政法委

书　记：郭　益

常务副书记：徐　敏

副书记：傅　艳（5月止）

成红敏

车　伟（4月止，兼）

王　胜（4月起）

陈文涛（5月起）

专职政法委员：陈文涛（5月止）

何　霞（5月起）

政治部主任：付慧林

法学会

专职副会长：王　军

秘书长：孙文涛（6月止）

吴正维（6月起）

多调中心

专职主任：杨海霞

网格化服务中心

主　任：徐丽红

副主任：周　容

区委机构编制委员会办公室

主　任：袁凌铃

副主任：陈跃武

汪红梅（1月止）

李怡媛（5月起）

事业单位登记管理局

（机构改革，调整为编办内设机构的挂牌单位）

副局长：袁　丽（9月止）

机构编制信息中心

主　任：陈思翰（11月止）

信访局

局长、党组书记：黎文林（3月止）

傅　艳（5月起）

副局长：干树文（2月止）

冯雅琴

郑秀芬（6月止）

代建辉（6月起）

群众接待中心

副主任：何李霞

信访群众疏导调解中心

专职副主任：刘红霞

老干部工作服务中心

主　任：肖　敏

副主任：陈迎春

目标绩效中心

主　任：颜　菱

副主任：曾　鑫

徐　勇

党　校

校　长：张　川

常务副校长：王海英

副校长：刘先清

胡发军

向国彬

彭山乡村振兴学院

院　长：王海英（5月起）
副院长：胡发军（5月起）
　　　　谢延平（5月起）

档案馆（党史和地方志编纂中心）

党组书记：张富明（3月止）
　　　　　辜　欣（3月起）
馆长、主任：张富明（4月止）
　　　　　　辜　欣（4月起）
副馆长、副主任：徐　丽
　　　　　　　　帅　辉
　　　　　　　　刘黔玲

总工会

主　席：蒋会强（4月止）
　　　　王　松（7月起）
常务副主席、党组书记：郭　平
副主席：张洪良
　　　　李　建（1月止）
　　　　康红艳（1月起）

共青团眉山市彭山区委

书　记：许　蕾
副书记：张潇丹
　　　　余　佳（1月起）

妇　联

主席、党组书记：巫燕平
副主席：黄　丹
　　　　段艳梅

科　协

主席、党组书记：郭　韬
副主席：唐　红
　　　　陆晓辉（1月起）

工商联

主　席：毛太忠
党组书记：刘晓冬
常务副主席：刘晓冬
副主席：陈　建

残　联

理事长：游德成
副理事长：钟　铨
　　　　　梅晓佳

红十字会

常务副会长：李　燕
秘书长：梁留彬

人民代表大会机构

法制委员会

主任委员：袁贵洪
专职副主任委员：刘　莉（4月起）
副主任委员：黄　丹

财政经济委员会（机构更名）

主任委员：杨开华（1月止）

副主任委员：郑发启（1月止）

经济委员会

主任委员：杨开华（1月起）

委　员：郑发启（1月起）

监察和司法委员会

主任委员：熊志红（1月起）

专职副主任委员：金玉群（4月起）

预算委员会

主任委员：曾　理（1月起）

专职副主任委员：徐渝嘉（4月起）

教育科技文化卫生民族宗教委员会

主任委员：方廖华（1月起）

专职副主任委员：宁　武（7月起）

农业与农村委员会

主任委员：凌茂君（1月起）

专职副主任委员：（空缺）

城乡建设环境资源保护委员会

主任委员：李　勇（1月起）

专职副主任委员：罗洪刚（4月起）

社会建设委员会

主任委员：伍建国（1月起）

专职副主任委员：邓　兵（7月起）

副主任委员：袁建伟（4月起）

人大常委会工作部门

办公室

主　任：彭忠卫

副主任：刘　莉（1月止）

王　瑶

王　嫦（1月起）

农工委（机构更名）

主　任：凌茂君（1月止）

副主任：吴建康（1月止）

内务司法工委（机构更名）

主　任：熊志红（1月止）

副主任：金玉群（4月止）

人代工委（机构更名）

主　任：胡小丁（1月止）

副主任：梁　莉（1月止）

人事代表外侨工作委员会

主　任：胡小丁（1月起）

副主任：梁　莉（1月起）

预算工委（机构更名）

主　任：曾　理（1月止）

副主任：徐渝嘉（1月止）

教工委（机构更名）

主　任：方廖华（1月止）

副主任：（空缺）

信访室（机构更名）

主　任：邓志勇（1月止）

副主任：李廷忠（1月止）

研究室

主　任：邓志勇（1月起）

副主任：（空缺）

城环资工委（机构更名）

主　任：李　勇（1月止）

副主任：（空缺）

政府办公室

主任、政府党组成员、办公室党组书记：

钟　阳

副主任：江李梅
王志平（2月止）
黎文林（2月起，3月止，兼）
傅　艳（5月起）
政府机关党委书记：彭国英

政府信息及提案建议办理服务中心

主　任：蔡贵明
副主任：汪　欢

机关事务中心

主任、党组书记：巨晓峰
副主任：周　静

行政学校

校　长：张　川
常务副校长：王海英
副校长：刘先清
向国彬
胡发军

发展和改革局

局长、党委书记：熊　念
副局长：曾大勇
佘　毅
余康林
罗善超
机关党委书记：张　玲

项目办

副主任：黄　庆（4月止）

项目工作推进中心（由原项目办更名）

副主任：黄　庆（4月起）
杜　艾（2月起）

节能减排管理中心

主　任：杜　艾（2月止）

价格认证中心

主　任：杨志伟

经济和信息化局

局长、党组书记：陈小军
副局长：成　钢
盛　帅
总经济师：张艳红

教育和体育局

局长、党委书记：罗鸿翔
副局长：许　勇
曾明华
党委副书记、机关党委书记：
祝　军（1月止）
张海鹏（1月起）

矛盾纠纷大调解中心

专职副主任：赖志刚（5月止）

科技和数字经济发展局

局长、党组书记：余卫斌
副局长：黄建波
宋　群（7月止）

大数据和信息技术服务中心

主　任：温选鹏（6月止）
郭力滔（7月起）

公安分局

党委书记：车　伟（4月止）
王　胜（4月起）
局长、督察长：车　伟（4月止）
王　胜（4月起）
政委、党委副书记：黄　耀
副政委：程　轲
赵建春
常务副局长：刘良贵
副局长：袁智勇
陈钇光（3月起）
机关党委书记：干　艳

政治处

主　任：邓　剑

治安案件调解中心

专职副主任：（空缺）

纪检监察审计室

主　任：（空缺）

国保大队

大队长：袁智勇（3月止）
徐成武（3月起）
教导员：夏　江（3月起）

网安大队

大队长：郑　超（3月起）

指挥中心

主　任：（空缺）

情报大队

大队长：郑　超（3月止）
秦小虎（3月起）

警务保障室

主　任：廖宁崎

法制大队

大队长：赵建春（5月止）
张桂军（10月起）
教导员：张桂军（10月止）

刑侦大队

大队长：王　东（3月止）
袁　峰（3月起）
教导员：谢蓉梅（3月起）

禁毒大队

大队长：徐成武（3月止）
王　东（3月起）
教导员：梁红斌

治安大队

大队长：干　艳（5月止，兼）
教导员：夏　江（3月止）

经侦大队

大队长：余　海
教导员：廖劲淇

特巡警大队

大队长：陈维刚
教导员：李建文

森林警察大队

大队长：毛华山（7月起）
教导员：胡　灵（7月起）

交警大队

大队长：钱乐林
教导员：倪　鹏
副教导员：李　巍（3月止）
袁　皎（3月起）
副大队长：杜　浪

交警大队综合中队

中队长：（空缺）
指导员：代　宏

交警大队法宣中队

中队长：李　玲

交警大队车管中队

中队长：陈　静

指导员：（空缺）

交警大队特勤中队

中队长：陈维勇

指导员：宋　宇

交警凤鸣中队

中队长：（空缺）

指导员：（空缺）

交警武阳中队

中队长：（空缺）

交警青龙中队

中队长：（空缺）

指导员：（空缺）

网监大队

大队长：（空缺）

教导员：秦小虎（3月止）

看守所

所　长：聂自信（9月起）

教导员：朱国军

拘留所

所　长：刘　刚

教导员：何　忠（3月起）

青龙派出所

所　长：（空缺）

教导员：（空缺）

观音派出所

所　长：（空缺）

教导员：郑　茂

凤鸣派出所

所　长：陈钇光（3月止）

魏　欣（3月起）

教导员：任　浩

江口派出所

所　长：郎古邓知

教导员：曾李祥

彭溪派出所

所　长：陈钧轴

教导员：范江萍

谢家派出所

所　长：魏　欣（3月止）

陈　信（3月起）

教导员：卫　巍

公义派出所

所　长：王　启

教导员：何　忠（3月止）

李　巍（3月起）

黄丰派出所

所　长：邓红军

教导员：邹　皓

民政局

局长、党组书记：潘　勇

副局长：彭　佳

谢勤快

退役军人事务局

局长、党组书记：易　雨

副局长：李　洪

赵红军

退役军人服务中心

主　任：陈　林（2月起）

司法局

局长、党组书记：谢　红
副局长：陈建华
　　　　杨　坤
　　　　江　山
　　　　吴正维（7月止）
　　　　李　拓
政治处主任：高其平
江口街道司法所所长：杨琳琳
凤鸣街道司法所所长：文　雯
观音街道司法所所长：谢　黎

财政局

局长、党组书记：余　波
副局长：黄敬涛
　　　　许旺胡（7月止）
　　　　任一珊（7月起，挂职）
总会计师：邓吉炯
机关党委书记：潘　倩
财政评审中心
主任：张小洋
政府与社会资本合作中心
主任：倪　瑞

国有资产和金融工作局

局长、党组书记：刘庆伟
副局长：张代君
　　　　黄茂珂
国资金融服务中心
主　任：汪志伟（7月止）
副主任：夏　萌（2月起）

人力资源和社会保障局

局长、党组书记：张怀庆
副局长：温　晓
　　　　张　维
机关党委书记：张　毅（5月止）
　　　　　　　王学江（5月起）
矛盾纠纷大调解中心
专职副主任：夏跃鹏（5月止）
就业服务中心
主　任：毛沛恒
副主任：彭　凯
社保中心
主　任：罗　涛
副主任：蒋　洋
　　　　侯　娅
劳务开发暨农民工服务中心
主　任：梅智勇

医疗保障局

局长、党组书记：刘　跃
副局长：陈　波
　　　　周　影
医疗保险中心
主　任：丁诗韵
副主任：宋永奎（2月止）
　　　　曾　萍（2月起）

自然资源和规划局
（挂林业局牌子）

局长、党组书记：潘　淼

副局长：方志良
李艳芬
倪 杨
机关党委书记：袁雪梅

城乡规划中心

主 任：罗 尧
副主任：何志良
黄 杰
总规划师：肖 燕（5月止）

不动产登记中心

主 任：吴 宁（2月起）

土地储备中心

主 任：朱镜江

生态环境局

局 长：蹇俊超（7月止）
欧乙成（7月起）
副局长：李 里（7月止）
李红霞
总工程师：张冀川

环境监察大队

大队长：罗 云

环境监测站

站 长：朱利霞（7月止）
杨长林（7月起）

住房和城乡建设局

局长、党组书记：张 奇
副局长：张文平（7月止）
单兵权
林中飞
总工程师：何剑锋（5月止）
机关党委书记：唐 嘉

城乡环境综合治理服务中心

主 任：袁 洪
副主任：伍宏伟

房地产服务中心

主 任：夏礼俊

测绘地理信息中心

主 任：帅 海（2月止）
何剑锋（5月起）

矛盾纠纷大调解中心

专职副主任：杨晓兵（5月止）

人防办

主 任：张 奇

市政服务中心（路灯服务中心）

主 任：帅 海（2月起）

城乡土地征收补偿安置中心

主 任：喻建勇
副主任：陈元飞
陈 林（2月止）
胡家齐（2月起）

交通运输局

局长、党组书记：付 华
副局长：罗洪刚（2月止）
杨 茗
郑碧波（2月起）
机关党委书记：毛晓蓓
总工程师：罗革胜

交通建设中心

主 任：蔡永祥

交通综合执法大队

大队长：陈　斌（4月止）

副大队长：何新泽（4月止）

公路养护段

段　长：袁建伟（2月止）

袁秦明（2月起）

副段长：杨　健

邓迎红

海事航务服务中心

主　任：侯代喜

交通综合治理服务中心

（原交通综合执法大队更名）

主　任：陈　斌（4月起）

副主任：何新泽（4月起）

孙文涛（7月起）

综合交通枢纽建设推进中心

主　任：周亚琳

副主任：徐　军

柴康杰

水利局

局长、党组书记：柴洪军

副局长：张明哲

何海波

陈红霞

机关党委书记：刘　超

总工程师：何春林（5月止）

龚家堰水库管理中心主任：文　忠

河道维护中心

主　任：张春祥

防汛抗旱服务中心

主　任：刘洪春（2月起）

农业农村局

（挂扶贫开发局牌子）

局长、党组书记：张鸿涛（3月止）

张杰茜（3月起）

副局长：杨　光

徐成君

邓文杰

杨魁锋

总农艺师：谢延平

总农经师：雷　雪

机关党委书记：汪红梅（1月起）

扶贫开发局

局　长：张鸿涛（3月止）

张杰茜（3月起）

农牧行政执法大队

（机构更名撤销）

大队长：李红继（4月止）

副大队长：曾　霞（4月止）

巫　杰（4月止）

农业综合治理服务中心

（由原农牧行政执法大队更名）

主　任：李红继（4月起）

副主任：曾　霞（4月起）

巫　杰（4月起）

农机监理服务中心

主　任：许　鸣

副主任：杨　强

农村能源促进服务中心

主　任：王林宽（2月起）

农业质量服务中心

主 任：胡敏枢

农牧技术推广中心

主 任：袁敬勇

乡村振兴服务中心

主 任：高洪水

商务局

局长、党组书记：陈 盼（5月止）

龚 涛（5月起）

副局长：周国忠

杨 柯（3月起）

机关党委书记：曾 利

文化广播电视和旅游局

（挂文物局牌子）

局长、党组书记：邓 兵（5月止）

张 敏（5月起）

副局长：李 勤

李璐秀（5月止）

隋艳莉

机关党委书记：赵 胜

文物局

局 长：邓 兵（5月止）

张 敏（5月起）

文化旅游市场综合执法大队

大队长：刘庆煜

融媒体中心

（挂广播电视台牌子）

党组书记：王志平（1月起）

主 任：王志平（2月起）

副主任：周记臣

张晓容

总编辑：周记臣（6月起，兼）

卫生健康局

党委书记：宁 武（5月止）

王太勇（5月起）

局 长：宁 武（5月止）

王太勇（7月起）

副局长：李 伟

刘晓卫（3月起）

党委副书记、机关党委书记：熊小刚

爱卫中心

主 任：刘 娟

矛盾纠纷大调解中心

专职副主任：邓学奎（2月止）

地防中心

主 任：余立刚

老龄工作服务中心

主 任：欧阳娟

审计局

党组书记：张富洪（3月止）

曾淑敏（3月起）

局 长：张富洪（3月止）

曾淑敏（3月起）

副局长：刘 莉

祝 慧

总审计师：曾 群

经责审计分局

局 长：徐 宁

统计局

党组书记：张杰茜（3 月止）
　　　　　许　旺（3 月起）
局　长：张杰茜（3 月止）
　　　　许　旺（4 月起）
副局长：帅　虹
　　　　何怡瑶
总统计师：张　莉

应急管理局

局长、党委书记：李桂平（兼安全生产委员会办公室主任）
副局长：孙　卫
　　　　陈　东
　　　　王译烽（3 月起）

安全生产监察执法大队

大队长：代建辉（6 月止）
　　　　梁佳丽（7 月起）

应急服务中心

主　任：唐俊刚
副主任：黄　伟

综合行政执法局

局长、党组书记：罗海波
副局长：陆晓辉（2 月止）
　　　　邹　兵
　　　　刘江岸（2 月起）

市场监督管理局

局长、党组书记：曾淑敏（3 月止）
　　　　　　　　黎文林（3 月起）
副局长：蒋宗善
　　　　何　平
　　　　夏文涛
　　　　周亚玲

食品安全委员会办公室

主　任：曾淑敏（3 月止）
　　　　黎文林（3 月起）
机关党委书记：田　伟
药品安全总监：王　岚
食品安全总监：管夏西
总工程师：宋小明
凤鸣市场监管所所长：刘　健
公义市场监管所所长：陈福洪
谢家市场监管所所长：刘　伟
江口市场监管所所长：张　林
青龙市场监管所所长：邓　洪

林业和园林中心

主　任：张　萍
副主任：毛桂霞（6 月止）
　　　　袁秦明（2 月止）
　　　　肖佳鑫
　　　　王淼雨（6 月起）

森林公安局

局　长：毛华山（7 月止）
政　委：胡　灵（7 月止）

行政审批局

局长、党组书记：王仲文
副局长：江　科（7 月止）
　　　　谭　怡

政务中心

主　任：徐　飞（3月起）

第三产业发展中心

主　任：陈丽红

副主任：李　茂

　　　　张明亮

彭祖山发展推进中心

主　任：木宗锋

副主任：张　蓉

　　　　宋冬梅

经济合作和外事工作局

局长、党组书记：罗　佳

副局长：王昱凯（7月止）

　　　　范　昱

总经济师：陈　好

台商服务中心

主　任：何　丽

投资促进服务中心

主　任：王昱凯（7月起）

副主任：张　洁

供销社

党组书记：梁　娟

主　任：何　锋

副主任：张　钰

　　　　陈雅利

公共资源交易分中心

党组书记：王仲文（5月起，兼）

主　任：唐建超

副主任：李　巍

　　　　陈文秀

眉山市彭山区政协工作部门

办公室

主　任：骆志强

副主任：刘　昶

　　　　杜筱玲

提案委

主　任：李亚军

副主任：倪文玉

　　　　柳树君（12月止）

经济科技委

主　任：徐忠智

副主任：梁　跃

　　　　帅仕伦

农业和农村委

主　任：刘碧波

副主任：黄永红

教体医卫委

主　任：张进军

副主任：陈　平

社会法制联谊委

主　任：左建伟

副主任：梅　勇

　　　　陈利军（8月止）

民族宗教文化文史和学习委

主　任：许德英

副主任：管　莉

委员管理联络委

主　任：符洪林

副主任：刘红玉

资源环境保护监督委

主　任：何勇来

副主任：余红星

专职副主任：陈立雪

成眉石化园区

党工委书记：杨兴弘（1月止）
杨翔宇（1月起，4月止，兼）

管委会主任：常　盛（12月止）

党工委专职副书记：张　彦（2月止）

党工委副书记：常　盛（12月止）

管委会副主任：赵景宏（7月止）
马　翔（7月止）

纪工委书记：王　熠（7月止）

成眉石化园区管理委员会工作机构

办公室

主　任：雷　丹（7月止）

规划建设局

局　长：（空缺）

招商局

局　长：（空缺）

经济发展局

局　长：（空缺）

项目服务中心

主　任：黄　智（7月止）

财务审计局

局　长：张媛媛（7月止）

党群工作局

局　长：陈玲玲（7月止）

四川彭山经济开发区

党工委书记：杨翔宇（4月起，10月止）
李忠云（12月起）

党工委副书记：张华建（5月起）
张仕兵（11月起）

纪检监察工委书记：张华建（5月起，兼）

管委会主任：张仕兵（12月起）

管委会副主任：李　翔
王佑泽
张　奇（10月起）
钟　阳（8月起）
沈卫国（10月起，挂职）
鲜成勇（12月起，挂职）

四川彭山经济开发区工作机构

办公室

副主任：何　斌（7月起）

党群工作部

部　长：宋　群（7月起）

副部长：陈玲玲（7月起）

经济发展局

局　长：赵景宏（7月起）

投资促进局

局　长：江　科（7月起）

自然资源局

局　长：马　翔（7月起）

建设局

局　长：张文平（7月起）

生态环境和应急管理局

局　长：李　里（7月起）

副局长：杨　雨（7月起）

社会事业局

局　长：王　熠（7月起）

副局长：雷　丹（7月起）

财务审计局

局　长：许旺胡（7月起）

副局长：张媛媛（7月起）

项目服务中心

主　任：陈利军（7月起）

副主任：余林春（7月起）

政务服务中心

主　任：（空缺）

岷江现代农业示范园区

党工委书记：张杰茜（6月起）

党工委副书记：唐隆华（5月起）

管委会主任：唐隆华（6月起）

管委会副主任：宋小英（7月起）

气象局

局长、党组书记：李　超

副局长：刘峻辰

　　　　朱　君（4月起）

区消防救援大队

政治教导员：寇平福

大队长：童　鹏

国家税务总局眉山市彭山区税务局

党委书记、局长：卢　勇

副局长：饶　伟

　　　　万晓峰

　　　　胡雪懿

　　　　张焕明（12月起）

机关党委书记：李卫民

纪检组长：张焕明（12月止）

　　　　　黄　诚（12月起）

第一税务分局（办税服务厅）

局　长：徐　凯（9月止）

负责人：刘　恋（10月起）

第二税务分局

局　长：黎　林（9月止）

副局长（主持工作）：张良军（10月起）

观音税务分局

局　长：李红舟

武阳税务分局

局　长：曾　睿（9月止）

副局长（主持工作）：张　平（10月起）

镇·街道机关领导名录

凤鸣街道

党工委书记：张　勇
办事处主任：赵耀洲
人大工委主任：游翎瀚
党工委副书记：赵耀洲
温选鹏（5 月止，挂职）
杨华良
王　嫦（1 月止）
李　端（7 月起，挂职）
纪工委书记：周彭港
组宣统委员：冯南溪
政法委员：孙　政
办事处副主任：吴定威
徐　宁
宋　涛
张　杭
陈　兵
城乡环境综合治理中心主任：
雷　建（5 月起）

观音街道

党工委书记：吴　洪
办事处主任：张敬林
人大工委主任：孙奕飞
党工委副书记：张敬林
毛　琨
杨　鑫（3 月起）
唐隆华（3 月止）
张潇丹（挂职）
周　娜（7 月起，挂职）
纪工委书记：郑　靓
政法委员：陈　伟
组宣统委员：蔡志利
办事处副主任：徐廷卫
杨　鑫（3 月止）
辜晓霞
张海鹏（2 月止）
李旭斌
城乡环境综合治理服务中心主任：
段晓川（5 月止）
张　浩（6 月起）

江口街道

党工委书记：曾　敏
党工委副书记、办事处主任：葛开红
人大工委主任：胡晓菲
党工委副书记：袁杰科（1 月止）
康文翔
纪工委书记：吴玉君

组宣统委员：徐　佩

政法委员：曾　勇

办事处副主任：姜　坤

刘洪春（2月止）

王　蕾

雷　远

邹　航

城乡环境综合治理服务中心主任：

陈　汐（3月止）

刘　媚（3月起）

谢家街道

党工委书记：周　浩（1月止）

章　静（1月起）

党工委副书记、办事处主任：廖志强

人大工委主任：毛丽沙

党工委副书记：章　静（1月止）

梁　伟

杨文国（10月起，挂职）

纪工委书记：帅　锋

组宣统委员：曾　萍（1月止）

赵俊林（1月起）

办事处副主任：杨　柯（3月止）

夏传宝

徐　萍

杨　勇

李沁阳

唐红俊（下派）

政法委员：杨　星

城乡环境综合治理服务中心主任：伍从凯

公义镇

党委书记：张　敏（5月止）

付卫平（5月起）

党委副书记、镇长：张永峰

党委副书记：贺　建

刘江岸（1月止）

周　怡（7月起，挂职）

人大主席：陈　宇

专职人大副主席：刘琴英

纪委书记：黄利全

副镇长：刘雪超

罗建超

岳品忠

组宣统委员：孙　磊

政法委员：包恒华

城乡环境综合治理服务中心主任：

葛强洪（3月起）

黄丰镇

党委书记：闵昌迪

党委副书记、镇长：刘婷婷

人大主席：杨正朝

党委副书记：周　宇

纪委书记：潘建兵

副镇长：余雨龙

吴树成

宋　倩

组宣统委员：周琳彦

政法委员：徐　东

注：以上资料由中共眉山市彭山区委组织部提供

2020 年度获市委、市政府及以上表彰的先进个人名录一览表

表 14

姓　名	工作单位	荣誉名称	表彰机关	获奖文件字号
郎古邓知	江口派出所	全国最美家庭	中华全国妇女联合会	2020 全国光荣家庭光荣册
李婷婷	区疾控中心	死因登记“先进个人”	中疾控中心慢病中心	中疾控慢发〔2020〕8 号
何图琴	退休干部	全国关心下一代工作先进个人	中国关工委、中央文明办	中关工委〔2020〕11 号
朱　荧	区生态环境局	第二次全国污染源普查表现突出的个人	国务院第二次全国污染源普查领导小组	国污普〔2020〕5 号
唐建超	彭山公共资源交易分中心	2020 年度四川民盟参政议政工作先进个人	中国民主同盟四川省委员会	荣誉证书
唐建超	彭山公共资源交易分中心	2019 年度民盟反映社情民意信息工作先进个人	中国民主同盟中央委员会	荣誉证书
夏传宝	谢家街道（援藏金川）	2019 年度脱贫攻坚先进个人	省委、省政府	川委〔2020〕279 号
杨魁锋	区农业农村局	2019 年度脱贫攻坚先进个人	省委、省政府	川委〔2020〕279 号
王　蕾	江口街道	2019 年度脱贫攻坚先进个人	省委、省政府	川委〔2020〕279 号
王道明	区中医医院	四川省抗击新冠肺炎疫情先进个人	省委、省政府	川委〔2020〕790 号
江雅琪	区人民医院	四川省抗击新冠肺炎疫情先进个人	省委、省政府	川委〔2020〕790 号
陈立雪	区政协	2020 年度全省政协新闻宣传先进工作者	省政协办公厅	川政协厅〔2020〕27 号
刘　昶	区政协	2020 年度全省政协新闻宣传先进工作者	省政协办公厅	川政协厅〔2020〕27 号
许德英	区政协	2020 年度全省政协新闻宣传优秀通讯员	省政协办公厅	川政协厅〔2020〕27 号
宋学镰	退休干部、区关工委	四川省优秀老干部志愿者	省委老干局	川老发〔2020〕21 号
王志辉	区文广旅局	最美家庭	省妇联、省文明办	川妇字〔2020〕48 号
周慧霞	区疾控中心	最美家庭	省妇联、省文明办	川妇字〔2020〕48 号

续表 14

姓　名	工作单位	荣誉名称	表彰机关	获奖文件字号
马景卉	区人民医院	四川省五一巾帼标兵	四川省工会	川工发〔2020〕5 号
李　白	彭山生态环境局	四川省第二次全国污染源普查表现突出的个人	四川省第二次全国污染源普查领导小组	川污普〔2020〕11 号
李　珊	彭山生态环境局	四川省第二次全国污染源普查表现突出的个人	四川省第二次全国污染源普查领导小组	川污普〔2020〕11 号
魏灵燕	锦江幼儿园	四川省五一巾帼标兵	省总工会	川工发〔2020〕5 号
高其平	区司法局	四川省司法行政系统先进个人	省人社厅、省司法厅	川司法发〔2020〕3 号
朱国军	彭山区公安分局看守所	优秀公安监所领导	省公安厅	关于对全省公安监管系统先进集体和个人予以表扬的通报
王文进	彭山区公安分局看守所	优秀公安监所民警	省公安厅	关于对全省公安监管系统先进集体和个人予以表扬的通报
向　敏	区商务局	2019 年度四川省市场运行监测统计工作先进个人	省商务厅	川商市运〔2020〕21 号
李永祥	彭山一中	四川省教书育人名师	省委教育工作委员会、省教育厅	川教工委函〔2020〕57 号
陈跃兵	彭山一中	四川省中小学名班主任	省委教育工作委员会、省教育厅	川教工委函〔2020〕57 号
陈　章	区疾控中心	抗疫一线医疗卫生人员	四川省医师协会	无
冯　勇	彭山疾控中心	抗疫一线医疗卫生人员	四川省医师协会	无
黄先玲	彭山疾控中心	抗疫一线医疗卫生人员	四川省医师协会	无
贾旭智	彭山疾控中心	抗疫一线医疗卫生人员	四川省医师协会	无
林文成	彭山疾控中心	抗疫一线医疗卫生人员	四川省医师协会	无
刘献超	彭山疾控中心	抗疫一线医疗卫生人员	四川省医师协会	无
徐　华	彭山疾控中心	抗疫一线医疗卫生人员	四川省医师协会	无
周瑞琪	彭山疾控中心	抗疫一线医疗卫生人员	四川省医师协会	无
邹　嘉	彭山疾控中心	抗疫一线医疗卫生人员	四川省医师协会	无
祝长滨	彭山疾控中心	抗疫一线医疗卫生人员	四川省医师协会	无

续表 14

姓　名	工作单位	荣誉名称	表彰机关	获奖文件字号
宁　武	区卫生健康局	全省计划生育家庭特别扶助工作先进个人	省人口和计划生育领导小组	川人口领发〔2020〕1号
张世忠	区卫生健康局	全省计划生育家庭特别扶助工作先进个人	省人口和计划生育领导小组	川人口领发〔2020〕1号
易　雨	区退役军人事务局	四川省拥军优属先进个人	省双拥工作领导小组	川拥〔2020〕1号
陈远萍	区检察院	全省检察机关案件管理业务能手	省检察院	川检〔2020〕220号
康　晨	区气象局	2019年度重大气象服务先进个人	省气象局	川气发〔2020〕9号
梁则栋	退休干部、区关工委	四川关爱明天十佳五老	省关工委、省委老干部局、省文明办、团省委、四川日报报业集团、四川广播电视台、四川党建期刊集团	川关委〔2020〕20号
余若薇	区法院	全省法院信息工作先进个人	省高级人民法院	川高法〔2020〕71号
王　毓	区法院	论文《“僵死企业出清”问题研究》获四川省法院系统第二十二届学术讨论会优秀奖	省高级人民法院	证书
李　彬	区法院	四川省法院系统先进个人	省高级人民法院、省人社厅	川高法〔2020〕164号
程　羽	区法院	全省法院国家赔偿审判与司法救助工作先进个人	省高级人民法院	川高法〔2020〕301号
余若薇	区法院	2020年度全省法院档案规范化管理工作先进个人	省高级人民法院	表扬通报
卢齐康	区法院	全省法院2020年度庭审标兵	省高级人民法院	川高法〔2020〕310号
张　林	区税务局	四川省青年岗位能手	共青团四川省委	证书
潘绍宇	江口街道	优秀河长、巡河员、河长制湖长制先进工作者	省总河长办公室	川总河长办发〔2020〕16号
王道明	区中医医院	五四青年奖章	共青团四川省委、省青年联合会	川青联发〔2020〕5号
郭　红	区政府	2019年度实施乡村振兴战略工作先进个人	市委、市政府	眉委〔2020〕145号
梁　兰	区委宣传部	2019年度创建全国文明城市工作先进个人	市委、市政府	眉委〔2020〕145号
梁　兰	区委宣传部	2019年度宣传思想工作先进个人	市委、市政府	眉委〔2020〕145号
郭　益	区委政法委	2019年度政法工作先进个人	市委、市政府	眉委〔2020〕145号

续表 14

姓　名	工作单位	荣誉名称	表彰机关	获奖文件字号
王　松	区委统战部	2019 年度河长制湖长制工作先进个人	市委、市政府	眉委〔2020〕145 号
廖长明	区政府	2019 年度工业发展工作先进个人	市委、市政府	眉委〔2020〕145 号
廖长明	区政府	2019 年度成眉同城化发展工作先进集体	市委、市政府	眉委〔2020〕145 号
廖长明	区政府	2019 年度项目投资工作先进个人	市委、市政府	眉委〔2020〕145 号
车　伟	彭山区公安分局	2019 年度创建国家卫生城市工作先进个人	市委、市政府	眉委〔2020〕145 号
周　浩	区政府	2019 年度全面深化改革工作先进个人	市委、市政府	眉委〔2020〕145 号
周明强	区委办	2019 年度创建全国文明城市工作先进个人	市委、市政府	眉委〔2020〕145 号
钟　阳	区政府办	2019 年度创建国家卫生城市工作先进个人	市委、市政府	眉委〔2020〕145 号
罗建斌	区政协	2019 年度创建国家卫生城市工作先进个人	市委、市政府	眉委〔2020〕145 号
罗建斌	区政协	2019 年度政协工作先进个人	市委、市政府	眉委〔2020〕145 号
辜　欣	区委办	2019 年度全面深化改革工作先进个人	市委、市政府	眉委〔2020〕145 号
傅　艳	区委政法委	2019 年度政法工作先进个人	市委、市政府	眉委〔2020〕145 号
胡凤翔	区委宣传部	2019 年度宣传思想工作先进个人	市委、市政府	眉委〔2020〕145 号
胡凤翔	区委宣传部	2019 年度经济合作工作先进个人	市委、市政府	眉委〔2020〕145 号
冯雅琴	区信访局	2019 年度信访工作先进个人	市委、市政府	眉委〔2020〕145 号
赵景宏	成眉石化园区	2019 年度经济合作工作先进个人	市委、市政府	眉委〔2020〕145 号
张　萍	区林业和园林中心	2019 年度政协工作先进个人	市委、市政府	眉委〔2020〕145 号
张　萍	区林业和园林中心	2019 年度创建国家森林城市工作先进个人	市委、市政府	眉委〔2020〕145 号
陈小军	区经信局	2019 年度工业发展工作先进个人	市委、市政府	眉委〔2020〕145 号
谌　英	区法院	2019 年度“基本解决执行难”工作先进个人	市委、市政府	眉委〔2020〕145 号
黄惠敏	区法院	2019 年度扫黑除恶工作先进个人	市委、市政府	眉委〔2020〕145 号

续表 14

姓　名	工作单位	荣誉名称	表彰机关	获奖文件字号
李永铁	区委宣传部	2019 年度创建全国文明城市工作先进个人	市委、市政府	眉委〔2020〕145 号
钱乐林	彭山区公安分局交警大队	2019 年度创建全国文明城市工作先进个人	市委、市政府	眉委〔2020〕145 号
张　奇	区住建局	2019 年度创建全国文明城市工作先进个人	市委、市政府	眉委〔2020〕145 号
张　奇	区住建局	2019 年度新型城镇化工作先进个人	市委、市政府	眉委〔2020〕145 号
李璐秀	区文广旅局	2019 年度创建全国文明城市工作先进个人	市委、市政府	眉委〔2020〕145 号
宁　武	区卫生健康局	2019 年度创建国家卫生城市工作先进个人	市委、市政府	眉委〔2020〕145 号
罗海波	区综合行政执法局	2019 年度创建国家卫生城市工作先进个人	市委、市政府	眉委〔2020〕145 号
夏文涛	区市场监管局	2019 年度创建国家卫生城市工作先进个人	市委、市政府	眉委〔2020〕145 号
刘　娟	区爱卫中心	2019 年度创建国家卫生城市工作先进个人	市委、市政府	眉委〔2020〕145 号
付　华	区交通运输局	2019 年度创建国家森林城市工作先进个人	市委、市政府	眉委〔2020〕145 号
付　华	区交通运输局	2019 年度十大民生工程及 20 件民生大事工作先进个人	市委、市政府	眉委〔2020〕145 号
付　华	区交通运输局	2019 年度项目投资工作先进个人	市委、市政府	眉委〔2020〕145 号
柴洪军	区水利局	2019 年度创建国家森林城市工作先进个人	市委、市政府	眉委〔2020〕145 号
彭彰东	区检察院	2019 年度“两法衔接”工作先进个人	市委、市政府	眉委〔2020〕145 号
李文杰	区自然资源和规划局	2019 年度“两法衔接”工作先进个人	市委、市政府	眉委〔2020〕145 号
李红继	区农牧行政执法大队	2019 年度“两法衔接”工作先进个人	市委、市政府	眉委〔2020〕145 号
汪利红	区网格化服务中心	2019 年度“基本解决执行难”工作先进个人	市委、市政府	眉委〔2020〕145 号
杜　浪	彭山区公安分局交警大队	2019 年度政法工作先进个人	市委、市政府	眉委〔2020〕145 号
王　琴	区纪委监委	2019 年度扫黑除恶工作先进个人	市委、市政府	眉委〔2020〕145 号
王一明	区检察院	2019 年度扫黑除恶工作先进个人	市委、市政府	眉委〔2020〕145 号
李　昆	彭山区公安分局刑侦大队重案中队	2019 年度扫黑除恶工作先进个人	市委、市政府	眉委〔2020〕145 号

续表 14

姓 名	工作单位	荣誉名称	表彰机关	获奖文件字号
郭 武	区检察院	2019年度“鑫圆系”网络传销案审判工作先进个人	市委、市政府	眉委〔2020〕145号
曾淑敏	区市场监管局	2019年度全面深化改革工作先进个人	市委、市政府	眉委〔2020〕145号
张鸿涛	区农业农村局	2019年度十大民生工程及20件民生大事工作先进个人	市委、市政府	眉委〔2020〕145号
张鸿涛	区农业农村局	2019年度实施乡村振兴战略工作先进个人	市委、市政府	眉委〔2020〕145号
周记臣	区融媒体中心	2019年度宣传思想工作先进个人	市委、市政府	眉委〔2020〕145号
许 鸣	区农机监理服务中心	2019年度全面深化改革工作先进个人	市委、市政府	眉委〔2020〕145号
罗 佳	区经济合作和外事局	2019年度经济合作工作先进个人	市委、市政府	眉委〔2020〕145号
周 进	彭山区公安分局国保大队	2019年度信访工作先进个人	市委、市政府	眉委〔2020〕145号
易 雨	区退役军人事务局	2019年度信访工作先进个人	市委、市政府	眉委〔2020〕145号
熊 念	区发展改革局	2019年度成眉同城化发展工作先进集体	市委、市政府	眉委〔2020〕145号
张 杭	凤鸣街道	2019年度创建全国文明城市工作先进个人	市委、市政府	眉委〔2020〕145号
赵耀洲	凤鸣街道	2019年度创建国家森林城市工作先进个人	市委、市政府	眉委〔2020〕145号
温选鹏	凤鸣街道	2019年度统战工作先进个人	市委、市政府	眉委〔2020〕145号
张 勇	凤鸣街道	2019年度创建国家卫生城市工作先进个人	市委、市政府	眉委〔2020〕145号
张 勇	凤鸣街道	2019年度新型城镇化工作先进个人	市委、市政府	眉委〔2020〕145号
张 勇	凤鸣街道	2019年度十大民生工程及20件民生大事工作先进个人	市委、市政府	眉委〔2020〕145号
张 勇	凤鸣街道	2019年度河长制湖长制工作先进个人	市委、市政府	眉委〔2020〕145号
杨 鑫	观音街道	2019年度河长制湖长制工作先进个人	市委、市政府	眉委〔2020〕145号
吴 洪	观音街道	2019年度创建全国文明城市工作先进个人	市委、市政府	眉委〔2020〕145号
吴 洪	观音街道	2019年度新型城镇化工作先进个人	市委、市政府	眉委〔2020〕145号
吴 洪	观音街道	2019年度政法工作先进个人	市委、市政府	眉委〔2020〕145号

续表 14

姓　名	工作单位	荣誉名称	表彰机关	获奖文件字号
张潇丹	观音街道	2019 年度创建国家卫生城市工作先进个人	市委、市政府	眉委〔2020〕145 号
曾　敏	江口街道	2019 年度创建国家森林城市工作先进个人	市委、市政府	眉委〔2020〕145 号
曾　敏	江口街道	2019 年度全面深化改革工作先进个人	市委、市政府	眉委〔2020〕145 号
曾　敏	江口街道	2019 年度项目投资工作先进个人	市委、市政府	眉委〔2020〕145 号
葛开红	江口街道	2019 年度统战工作先进个人	市委、市政府	眉委〔2020〕145 号
廖志强	谢家街道	2019 年度创建国家森林城市工作先进个人	市委、市政府	眉委〔2020〕145 号
廖志强	谢家街道	2019 年度河长制湖长制工作先进个人	市委、市政府	眉委〔2020〕145 号
杨　柯	谢家街道	2019 年度统战工作先进个人	市委、市政府	眉委〔2020〕145 号
章　静	谢家街道	2019 年度信访工作先进个人	市委、市政府	眉委〔2020〕145 号
孙　磊	公义镇	2019 年度全面深化改革工作先进个人	市委、市政府	眉委〔2020〕145 号
张　敏	公义镇	2019 年度实施乡村振兴战略工作先进个人	市委、市政府	眉委〔2020〕145 号
张华平	凤鸣街道城东社区	2019 年度民兵工作先进个人	市委、市政府、眉山军分区	眉委〔2020〕162 号
廖长明	区政府	眉山市服务业发展工作先进个人	市委、市政府	眉委〔2020〕363 号
王佑泽	四川彭山经开区	眉山市服务业发展工作先进个人	市委、市政府	眉委〔2020〕363 号
张怀庆	区人社局	眉山市服务业发展工作先进个人	市委、市政府	眉委〔2020〕363 号
刘庆伟	区国资金融局	眉山市服务业发展工作先进个人	市委、市政府	眉委〔2020〕363 号
夏礼俊	区房地产服务中心	眉山市服务业发展工作先进个人	市委、市政府	眉委〔2020〕363 号
陈丽红	区第三产业发展中心	眉山市服务业发展工作先进个人	市委、市政府	眉委〔2020〕363 号
吴　洪	观音街道	眉山市服务业发展工作先进个人	市委、市政府	眉委〔2020〕363 号
郭　红	区政府	眉山市“开放发展突破年”先进个人	市委、市政府	眉委〔2020〕381 号
周明强	区委办公室	眉山市“开放发展突破年”先进个人	市委、市政府	眉委〔2020〕381 号

续表 14

姓 名	工作单位	荣誉名称	表彰机关	获奖文件字号
钟 阳	区政府办公室	眉山市"开放发展突破年"先进个人	市委、市政府	眉委〔2020〕381 号
王仲文	区行政审批局	眉山市"开放发展突破年"先进个人	市委、市政府	眉委〔2020〕381 号
潘 森	区自然资源和规划局	眉山市"开放发展突破年"先进个人	市委、市政府	眉委〔2020〕381 号
张 勇	凤鸣街道	眉山市"开放发展突破年"先进个人	市委、市政府	眉委〔2020〕381 号
罗万东	区委	眉山市县域经济发展先进个人	市委、市政府	眉委〔2020〕400 号
杨翔宇	四川彭山经开区	眉山市县域经济发展先进个人	市委、市政府	眉委〔2020〕400 号
张杰茜	区农业农村局	眉山市县域经济发展先进个人	市委、市政府	眉委〔2020〕400 号
余 波	区财政局	眉山市县域经济发展先进个人	市委、市政府	眉委〔2020〕400 号
张 奇	区住建局	眉山市县域经济发展先进个人	市委、市政府	眉委〔2020〕400 号
吴 洪	观音街道	眉山市县域经济发展先进个人	市委、市政府	眉委〔2020〕400 号
袁凌铃	区委编办	眉山市县域经济先进个人	市委、市政府	眉委〔2020〕400 号
梁 兰	区委宣传部	四川省第二届全民健身运动会承办单位先进个人	市政府	眉府函〔2020〕19 号
李忠云	区政府	2019 年度财政工作先进个人	市政府	眉府函〔2020〕19 号
胡凤翔	区委宣传部	2019 年度文化旅游和广播电视工作先进个人	市政府	眉府函〔2020〕19 号
刘 洁	区劳务开发暨农民工服务中心	2019 年度农民工工作先进个人	市政府	眉府函〔2020〕19 号
卢 勇	区税务局	2019 年度财政工作先进个人	市政府	眉府函〔2020〕19 号
曾 敏	江口街道	2019 年度文化旅游和广播电视工作先进个人	市政府	眉府函〔2020〕19 号
曾 敏	江口街道	2019 年度自然资源管理工作先进个人	市政府	眉府函〔2020〕19 号
母发光	区人民医院	2019 年度卫生健康工作先进个人	市政府	眉府函〔2020〕19 号
张跃辉	区中医医院	2019 年度卫生健康工作先进个人	市政府	眉府函〔2020〕19 号
宁 武	区卫生健康局	2019 年度卫生健康工作先进个人	市政府	眉府函〔2020〕19 号

续表 14

姓　名	工作单位	荣誉名称	表彰机关	获奖文件字号
陈小军	区经信局	2019 年度生态环境保护先进个人	市政府	眉府函〔2020〕19 号
木宗锋	区彭祖山发展推进中心	2019 年度文化旅游和广播电视工作先进个人	市政府	眉府函〔2020〕19 号
吴天文	区文物保护研究所	2019 年度文化旅游和广播电视工作先进个人	市政府	眉府函〔2020〕19 号
梁仕如	保胜乡中心小学	眉山市优秀教师	市政府	眉府函〔2020〕82 号
陈　平	彭山一小	眉山市优秀教师	市政府	眉府函〔2020〕82 号
彭显云	公义镇中心小学	眉山市优秀教师	市政府	眉府函〔2020〕82 号
张世贵	彭山三中	眉山市优秀校长	市政府	眉府函〔2020〕82 号

2020年彭山区百岁老人名单一览表

表15

序号	镇（街道）	姓名	性别	年龄	地址
1	凤鸣街道	兰少成	男	102	平乐社区
2		肖彰荣	女	101	城中社区
3	观音街道	龚学如	女	100	龙门桥村
4		杨学彬	女	103	兴崇村
5		刘余氏	女	104	梓桐村
6		周维见	男	102	曾家村
7		向学华	女	101	七一村
8	江口街道	肖学彬	女	103	双江村
9		张开火	男	100	顺江村
10		何淑均	女	100	顺江村
11		王学勤	女	100	五一社区
12	青龙街道	赵学彬	女	107	狮子村
13		毛彬如	女	106	永远村
14		刘玉芬	女	102	先锋村
15		赖素芬	女	101	四河村
16		帅子良	男	101	同乐村
17		张学英	女	100	永远村
18	谢家街道	万福芝	女	102	谢家场社区
19		何彬如	女	102	汉安村
20		周跃成	男	103	义和场社区
21		刘志成	男	101	悦园村
22	锦江镇	苏华安	男	100	天库村
23		尹连英	女	100	武陵村
24		单述文	女	101	武陵村
25		赵步云	男	103	半边街社区
26		彭子华	男	101	象耳村

续表 15

序号	镇（街道）	姓名	性别	年龄	地址
27	锦江镇	梁学明	男	100	天宫村
28		黎贞如	女	100	莲花村
29		王素华	女	105	武阳村
30		游志华	男	105	武阳村
31		邓泽均	女	103	白鹤村
32	公义镇	康佩群	女	104	公义场社区
33		梁秀英	女	101	五马村
34		熊刘氏	女	100	红旗村
35		罗治山	男	100	鹤林村
36		高学英	女	100	佛岩村
37		赵玉珍	女	100	胜利村
38	黄丰镇	叶素方	女	102	四塘村
39		向玉珍	女	101	团结村
40		王国华	男	101	丰华村
41		徐成兴	男	101	丰华村
42		管叔华	女	100	花龙村

先进代表简介

硕士农民：刘沈厅

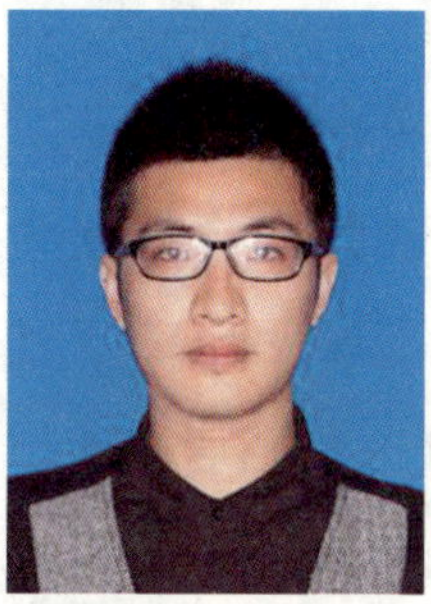

刘沈厅，男，1988 年 3 月生，中共党员，职业农民。2017 年年初返乡创业，流转 8. 67 公顷土地种植柑橘，跨行做一名“硕士农民”，历经四年艰苦创业，刘沈厅将“农业匠人”精神融入从种到收的各个环节，从最初成立“沈厅家庭农场”一个人艰苦奋斗，到发起彭山区果业商会 650 余人抱团发展，实现从“新农人”到“兴农人”的蜕变。

科学种植，创新创造，成为新农人。针对农村人才引进难、培育难、发展难、留下难的问题，发挥党员先锋模范作用，筹建党建联合体和大学生劳育基地，发起人才培育“双百计划”，培养 100 个行业带头人，影响 100 个大学生服务“三农”。先后撰写并推广 3 项涉农国家专利，授权 2 项新型实用专利，正在申请 1 项发明专利。其中自创的简易滴灌系统，简单、方便、实用、成本低、不怕堵，成功解决了传统插箭式、压力补偿滴头等滴灌系统操作繁琐、成本高、水质要求高、肥料要求高等缺点，在四川推广超过 333. 33 公顷，每年节本增效超过 1000 元/亩，节本增效每年超过 500 万元。基地也先后获得农业农村部和四川省农业科学院颁发的“现代农业科技示范基地”、彭山区新型职业农民培训现场教学基地称号。同时，刘沈厅积极对接四川省农业科学院、四川农业大学等院校，疫情防控期间先后组织的各类“线上＋线下”理论和技术培训活动 30 余场，培训职业农民 5000 余人次。

不忘初心，抱团发展，成为兴农人。与 11 位行业带头人发起眉山市彭山区果业商会，成立微梦志愿服务队，构建“1343”社会化服务新体系，打通“产供销金保”全产业链要素，服务 650 名会员，服务面积近 4000 公顷。2020 年 2 月，疫情防控期间，整合资源、创新举措，通过“零接触式”中转站逆市助销柑橘 750 万公斤，价值超过 6800 万元，极大提振后期 2500 万余公斤柑橘市场价，避免价格“雪崩”，帮助 500 余名农场主疫情防控期间免于返贫，解决就业 6 万人次，组织培训职业农民 5000 余人次，公益助农模式正向全省推广。

构建平台，精准服务。受到疫情防控期间中转站“零接触”销售模式的启发，刘沈厅在区农业农村局的资助下，牵头打造全省首个 B 端公益性“数字农业服务平台”，整合当前直播、小程序、公众号等新媒体矩阵资源，让政府、会员、客商和人才通过数字平台实现“一站式”无缝对接。数字农业服务平台已入驻农场 360 家，产品超过 500 个；线上劳务中心已入驻农民工1000余人；团购中心先后举办活动10余次，团购物资800万余元，节省成本超过100万余元。在刘沈厅的带动下，越来越多的“新四军”（返乡创业人员、退伍军人、回乡大中专学生、新乡贤）返乡创业，建设家乡，奉献农村。

刘沈厅负责的“筑梦家庭农场”项目作为全省唯一的公益项目获得第六届中国国际“互联网+”大学生创新创业大赛红旅赛道全国银奖，并受到党和国家领导人的高度赞扬，其公益助农模式也作为四川省农业厅创新样板，在各区县进行推广，受到《人民日报》、新华社、《新闻联播》、《央视新闻》、《致富经》和《天府先锋》等中央及省市各级媒体的报道与广泛关注。2021年2月，刘沈厅被中共彭山区委、区政府评为“2020年度彭山榜样”。

中国好人：盛恩利

盛恩利，男，1973年9月生，中共党员，公义镇国网彭山供电公司观音供电所员工。作为一名基层供电所员工，23年扎根农电工作一线，一直兢兢业业，做好自己的本职工作。

2020年3月28日下午4点，盛恩利正在家里维修自家房顶。突然，听见远处传来一阵急促的呼救声：“着火了，着火了，快救火啊！”盛恩利抬头一看，离自己家100米远的村民岳文洲家的二楼发生火灾，他急忙放下手里的活，跑到火灾现场，职业习惯和长期接受的应急演练让盛恩利本能的第一时间迅速切断该户的供电电源与燃气开关。

得知火灾现场尚有一名老人被困家中，盛恩利没有丝毫犹豫，直接冲到二楼着火点，看见屋内床上燃起了熊熊大火，104岁的康婆婆趴在地上已不能说话，情况危急。盛恩利果断背起老人，低身躲开浓烟，摸索着顺着狭窄的楼道，奋力将老人转移到楼下的安全位置。安顿好老人，盛恩利再次冲进火场，在没有灭火器和安全防护用品的情况下，盛恩利就地找了一个水桶戴在头上，牵着水管冲上二楼灭火，与周围群众一道，压制住不断蔓延的火势。

盛恩利在部队服役期间就曾多次被评为“优秀士兵”。1997年12月退出现役后12天就加入农电队伍，负责公义场社区范围居民的用电安全。23年间，公义场社区用电户数从400家增至2700余家，盛恩利一直用实干精神服务群众，哪家有用电的问题，他都随叫随到，没有长假，不能24小时离开辖区。盛恩利自愿加入社区的夜间治安巡逻工作，确保辖区居民的安全。在工作中以诚相待、倾心付出，得到辖区居民的广泛好评。

在火场救人之前，1998年和2000年，盛恩利从通济堰分别救起17岁青年毛永强和14岁儿童魏军。作为一名共产党员，盛恩利始终秉持为人民服务的最高宗旨，始终秉持群众利益高于一切的做事准则。在面对危险时，毫不犹豫将群众的生命安全放在首位，用行动诠释了最纯粹的党员本色。

2020年5月，彭山区人民政府授予盛恩利“见义勇为公民”荣誉称号；2020年4月，盛恩利被眉山市精神文明建设办公室评为2020年第一季度“眉山好人”“见义勇为好人”；2020年8月，盛恩利荣登“中国好人”榜。

四川好人：葛均丽、胡加全

葛均丽，女，1971 年 5 月生，群众，彭山区公义镇金岗村九组村民。她是一个普普通通的农村妇女，丈夫因车祸成为植物人卧床 6 年之久，2000 个日夜，她对家庭和丈夫不离不弃，悉心照顾。每天端热水为丈夫擦洗身子，为他按摩，然后用吸管喂他牛奶，为其翻身……她小心翼翼、任劳任怨、周而复始，6 年来，葛均丽的坚持和体贴入微的关怀照料延续着丈夫的生命，也因为她的坚持和关怀，丈夫身上没有一处溃烂。质朴的她也是一个女中豪杰，当丈夫不能工作，家里经济捉襟见肘之时，为了维持生计，也为了不让两个孩子辍学，她用瘦弱的双肩挑起家庭的重担。为便于照顾丈夫，她只能加倍在家养猪、养鸡、养鸽子，管理好家里的果园。由于长期的操劳和压力，葛均丽积劳成疾，但她没有埋怨，也没有因为劳累或者生病而遗忘照顾她的丈夫，更没有缺少过两个上学子女的一分学费，两个子女一个大学毕业、一个中专毕业。葛均丽，一个质朴的农妇，用她的行动诠释了中华传统美德，书写了一曲感人的爱满家庭之歌。

胡加全，男，眉山市联创电脑有限公司彭山分公司董事长，民建眉山市委委员、眉山市政协委员会第四届政协委员、民建眉山市委经科委副主任。2018 年，被四川省人社厅表彰为践行社会主义核心价值观先进个人，被眉山市政协评为优秀政协委员；2019 年，被民建中央表彰为全国扶贫攻坚先进个人。在驻村扶贫工作中，做扶贫对象的暖心人、知心人、贴心人。充分发挥“靠山吃山、靠水吃水”的地域优势，帮助贫困户稳定脱贫。

胡加全主要负责对接眉山市洪雅县槽渔滩镇关顶村和瓦屋山镇小店村扶贫攻坚工作。关顶村共有 38 家贫困户，胡加全自 2015 年接手扶贫攻坚的第一件事情是组织大动员、发挥民建组织优势组织骨干会员分户大走访，在走访摸底完成后，庚即组织村委会干部一起研究商讨制定落实基础建设、培育集体经济、定位主导产业、一户一策精准扶贫的措施，提出发展茶叶专合社、打造集体茶叶基地、引资建茶叶加工厂的思路。在主导产业方面，提出打造高山绿色精品黄金茶的定位。

胡加全直接联系的贫困户是罗树贵，家里 9 口人，父母年迈，妻子与儿女均有智力问题，其中还有一个肢体残疾。扶贫必须先扶志和智，胡加全与村委会沟通，初定扶志和扶智方案。他积极支持贫困户购猪崽，同时建议贫困户用养猪挣的钱发展茶叶产业，让罗树贵终于鼓起了生活的勇气和信心，奔向小康。

2015—2020 年的五年时间，胡加全走遍了关顶村每个贫困户的家，先后两次组织民建会员企业为贫困村捐款 60 万余元，并负责落实扶贫资金到位和使用情况，先后协调资金 40 万元帮助村委会修建村会议室、食堂等用房，完善村老年文化活动中心等。在扶贫攻坚中支持关顶村的贫困户新发展黄金茶等茶苗 34.5 万株，经济树种 12000 株，养猪 51 头、鸡 500 羽、羊 11 只、鱼 2100 尾，把扶贫攻坚分为前后一、二、三期工作，分步落实到位，并逐一到现场分批验收。把关顶村原有 86.67 公顷的茶叶产业扩展到 120 公顷，重点打造出黄金茶等高端产品。扶贫种植的黄金茶已经进入丰产期，村上集体经济已经开始腾飞，关顶村的 38 家贫困户已经顺利脱贫。

2017 年，胡加全对接瓦屋山小店村进行扶贫攻坚。胡加全亲力亲为，复制关顶村经验，精准施策助力脱贫。他积极组织捐款，筹集资金 8 万余元，修缮危桥 1 座，硬化村道桥头道路，解决出行难问题。小店村贫困户全部成功脱贫。

在疫情防控期间，胡加全主动作为，积极为其运营的数码城的商家减负，共减免数码城租金近 20 万元，积极稳定企业职工心态，在疫情防控期间，企业均稳定有序，无一离职、无一辞退。

截至 2020 年，胡加全总共为两村协调落实各类扶贫资金 400 万余元，两村现均已成功脱贫，村容村貌发生了翻天覆地的变化。胡加全是村民心中的“家里人”，是可亲可敬的“脱贫人”。

眉山好人：袁学彬、马景卉

袁学彬，眉山市彭山区方便粮行经理，下岗后创建彭山县方便粮行。

1996 年，一男子带着一张粮行欠供货商的 1.26 万元欠条单独来找她，让她随便给几百元钱了事，但她却主动与供货商联系，弄清事实真相后，全额把钱还给真正的当事人。二十几年的生意中，袁学彬做过很多这样的“傻事”，客户多给了钱，她知道后马上把钱退回去；同行的商品价涨了她滞后涨或者不涨……靠着良好信誉和口碑她把一个小小的门市建成了彭山最大的粮店。同时，为方便更多的顾客，袁学彬还让儿子开通淘宝商铺，不到一年时间，店铺信用达到三钻，好评率达 100%，超过 300 天无违规纠纷、无退款纠纷、无投诉。

2020 年 4 月，袁学彬被眉山市精神文明建设办公室评为 2020 年第一季度“眉山好人”——“诚实守信好人”。

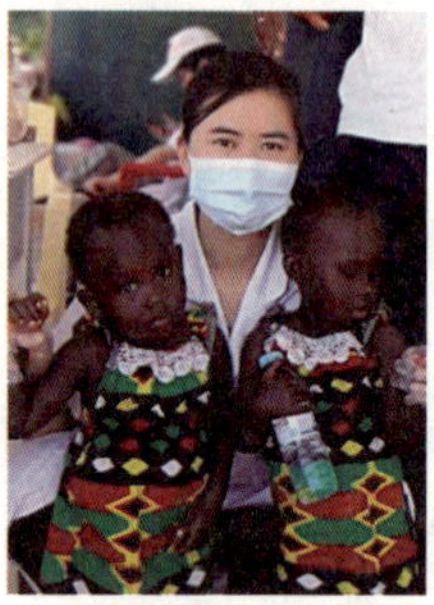

马景卉，彭山区人民医院主治医师。2017 年 11 月主动请缨报名援非。2018 年 3—11 月在成都进行出国前培训，成绩优异，作为培训班代表与到中国学习的来自圣多美和普林西比民主共和国的医务人员进行交流，并用葡萄牙语讲解国内医院排班制度。2018 年 12 月，到达几内亚比绍——全世界最贫穷的国家之一，在极其简陋的医疗及生活条件下开展援外工作。面对蚊虫肆虐，传染性疾病泛滥的威胁，面对职业暴露的危险，马景卉毫不畏惧。克服语言障碍，对病患耐心、和蔼，用精湛的医术折服当地同行，受到当地病患的爱戴。她克服道路崎岖等困难到各个偏远地区、岛屿进行义诊巡诊，得到当地老百姓的赞许。2019 年 7 月 18 日，被央视 CCTV－4 中文国际频道《华人世界》栏目以《几内亚比绍中国医生成功为当地孕妇切除巨大肿瘤》为题进行报道。

2020 年 4 月，马景卉被眉山市精神文明建设办公室评为 2020 年第一季度“眉山好人”——“敬业奉献好人”。

（区委宣传部）

附 录

2020 年度获市委、市政府及以上表彰的先进集体名录一览表

表 16

单位名称	荣誉名称	表彰机关	获奖文件字号
彭山区	新一轮农村宅基地制度改革试点地区	农业农村部	中农函〔2020〕20 号
彭山区	第三批节水型社会建设达标县（区）	水利部	水利部公告 2020 年第 21 号
区政府	农村产权流转交易服务标准化试点	国家标准委	国标委发〔2020〕21 号
区法院	继续保留精神文明单位荣誉称号	中央文明委	文明委〔2020〕9 号
区行政审批局	2020 年度政务服务改革创新奖	中国 · 国际数字政务服务博览会组委会	奖牌
区行政审批局	2020 年度优秀政务宣传片	中国 · 国际数字政务服务博览会组委会	奖牌
区行政审批局	2020 年度政务服务创新奖	中国 · 国际数字政务服务博览会组委会	奖牌
区行政审批局	2020 年全国政务服务软实力制度“最具创新力政务服务大厅”	中国科学院国家创新与战略发展研究会、一窗（北京）互联网科技研究院	奖牌

续表 16

单位名称	荣誉名称	表彰机关	获奖文件字号
彭山公共资源交易分中心	首届全国公共资源交易百强县	中国公共资源交易跨区域合作联盟	奖牌
彭山生态环境局	第二次全国污染源普查表现突出的先进集体	国务院第二次全国污染源普查领导小组	国污普〔2020〕5号
观音街道果园村	2020年全国乡村特色产业亿元村	农业农村部	农产发〔2020〕7号
鹏利小学	全国文明校园	中央文明委	文明委〔2020〕8号
区科协	2020年全国科普日活动优秀组织单位	中国科协办公厅	科协办函普字〔2020〕158号
彭山四小	“新时代好少年·美好生活　劳动创造”主题教育读书活动先进集体	教育部关心下一代工作委员会	教关委函〔2020〕8号
观音小学	“新时代好少年·美好生活　劳动创造”主题教育读书活动先进集体	教育部关心下一代工作委员会	教关委函〔2020〕8号
区老年大学	2020年全国“敬老文明号”	国家卫生健康委、全国老龄办	国卫老龄发〔2020〕24号
彭山区	第十一届四川省双拥模范区	省委、省政府、四川省军区	川委〔2020〕148号
区委政法委	2019年度平安建设先进县	省委、省政府办公厅	川委厅〔2020〕18号
区卫生健康局	四川省抗击新冠肺炎疫情先进集体	省委、省政府	川委〔2020〕790号
区文广旅局	武阳古城遗址保护规划、彭山陶窑遗址保护规划为省级文物保护单位规划	省政府	川府函〔2020〕78号
彭山公共资源交易分中心	2019年度全省农村改革先进区	省委办公厅	川委厅〔2020〕9号
彭山区	四川省第五轮敬老模范区	省政府办公厅	川办函〔2020〕61号
区政协	2020年度全省政协新闻宣传工作先进单位第三名	省政协办公厅	川政协厅〔2020〕27号
区融媒体中心	四川省2020年中华经典诵写讲演系列活动荣获三等奖	省委宣传部	奖状
彭山区	第三届四川省未成年人思想道德建设工作先进区	省文明委	川文明委〔2020〕19号
区税务局	四川省最佳文明单位	省文明委	川文明委〔2020〕20号
国网眉山市彭山供电公司	第五届四川省文明文明单位	省文明委	川文明委（2020）19号
区委宣传部	全省社科组织先进集体	省人社厅、省社科联	川社联发〔2020〕4号
区委宣传部	第二届四川省家庭工作先进集体	省文明办、省妇联	川妇字〔2020〕49号

续表 16

单位名称	荣誉名称	表彰机关	获奖文件字号
凤鸣街道城东社区	2020 年度“四川省十佳志愿服务社区”	省文明办	川文明办〔2020〕50 号
彭山区职高	四川省中学生（中职生）志愿服务示范学校	共青团四川省委、省教育厅	川青联发〔2020〕24 号
彭山一小	2020 年度四川省“优秀少先队集体”	共青团四川省委、省教育厅	川青联发〔2020〕27 号
区税务局第一税务分局	2018—2019 年度四川省青年文明号	共青团四川省委	川青联发〔2020〕29 号
区机关幼儿园	四川省第三届幼儿体育大会线上亲子运动会“积极参与奖”二等奖	省体育局、省教育厅	奖状
公义小学	对口帮扶深度贫困县中小学校工作先进集体	省教育厅	川教函〔2020〕83 号
区科技和数字经济局	四川省科技厅科技特派员工作先进集体	省科技厅	川科农工〔2020〕5 号
区司法局	抗击新冠肺炎疫情表现突出的集体	省司法厅	川司法发〔2020〕52 号
特巡警大队党支部	最强党支部	省公安厅	川公委〔2020〕19 号
江口派出所	防汛救灾工作成绩突出集体	省公安厅	川公奖字〔2020〕93 号
区统计局	经济普查省级先进集体	省统计局、省人社厅	川统计〔2020〕67 号
区经信局	2019 年度四川省工业产业扶贫成效、考核表现突出市（州）、县（市、区）经济和信息化主管部门	省经信厅	川经信园区函〔2020〕791 号
区就业中心	第四届“中国创翼”创业创新大赛四川选拔赛获奖单位	省人社厅	川人社函〔2020〕576 号
区文化馆	《李密还乡》入围“2020 年四川省乡村艺术节”群众文化艺术作品比赛曲艺类	省文化和旅游厅	荣誉证书
团区委	四川禁毒原创主题海报征集活动优秀奖	省禁毒办、省教育厅、省文化和旅游厅、省广播电视局、共青团四川省委	证书
区商务局	2019 年度四川省市场运行监测统计工作先进单位	省商务厅	川商市运〔2020〕21 号
区法院刑庭	四川省法院系统先进集体	省法院、省人社厅	川高法〔2020〕164 号
区农业农村局	农村机电提灌信息报送工作突出单位	省机电排灌管理总站	川排灌站函〔2020〕2 号
区科协	35 届省青创赛“基层优秀组织奖”	省科协	川科协〔2020〕54 号
区科协	中国流动科技馆第二轮四川巡展优秀执行单位	省科协	川科协发〔2020〕9 号

续表 16

单位名称	荣誉名称	表彰机关	获奖文件字号
区环境监测站	四川省第二次全国污染源普查表现突出的先进集体	省第二次全国污染源普查领导小组	川污普〔2020〕11 号
区妇联	家庭工作先进集体	省妇联、省文明办	川妇字〔2020〕49 号
观音小学	2020 年四川省“立德树人”优秀实践创新案例一等奖	省教育学会、省教育科学研究院	川教学会〔2020〕21 号
彭山一中	四川省卫生单位	省爱国卫生运动委员会	川爱卫发〔2020〕1 号
彭山三中	四川省卫生单位	省爱国卫生运动委员会	川爱卫发〔2020〕1 号
区实验幼儿园	四川省卫生单位	省爱国卫生运动委员会	川爱卫发〔2020〕1 号
彭山一中	四川省无烟单位	省爱国卫生运动委员会	川爱卫发〔2020〕1 号
彭山二中	四川省无烟单位	省爱国卫生运动委员会	川爱卫发〔2020〕1 号
彭山三中	四川省无烟单位	省爱国卫生运动委员会	川爱卫发〔2020〕1 号
彭山一小	四川省无烟单位	省爱国卫生运动委员会	川爱卫发〔2020〕1 号
鹏利小学	四川省无烟单位	省爱国卫生运动委员会	川爱卫发〔2020〕1 号
彭山四小	四川省无烟单位	省爱国卫生运动委员会	川爱卫发〔2020〕1 号
彭山区	顺利完成省政府血吸虫病消除达标目标任务	省重大传染病防治工作委员会办公室	川重传办发〔2020〕2 号
区中医医院	2019 年度计划生育家庭特别扶助工作先进集体	省人口和计划生育领导小组	川人口领发〔2020〕1 号
凤鸣街道办事处	2019 年度计划生育家庭特别扶助工作先进集体	省人口计划生育领导小组	川人口领发〔2020〕1 号
区红十字应急救援队	新冠肺炎疫情防控工作优秀红十字志愿服务组织	省红十字会	川红发〔2020〕23 号
凤鸣街道办事处	第十一届四川省拥军优属先进单位	省双拥工作领导小组	川拥〔2020〕1 号
彭山区	粮食统计调查数据归口先进县	国家统计局四川调查总队	川调函〔2020〕80 号
彭山区	畜牧业统计调查数据归口先进县	国家统计局四川调查总队	川调函〔2020〕80 号
区应急管理局	2020 年全省“安全生产月”和“安全生产天府行”活动先进单位	省安全生产委员会办公室	川安办函〔2021〕9 号
区市场监管局	“春雷行动 2020”暨知识产权保护执法行动先进集体	省市场监督管理局、省知识产权服务促进中心、省药品监督管理局	川市监发〔2020〕43 号
区党史和地方志编纂中心	2019 年度全省地方志系统“三个服务”工作先进单位	省地方志办公室	川志函〔2020〕8 号
区文广旅局	彭祖八百寿系列酒在“2020 年四川特色旅游商品评选活动”中荣获旅游酒类铜奖	省旅游商品与装备协会	无

续表 16

单位名称	荣誉名称	表彰机关	获奖文件字号
区文广旅局	系列火锅底料在“2020 年四川特色旅游商品评选活动”中荣获旅游调味品类铜奖	省旅游商品与装备协会	无
区文广旅局	彭祖祖养生系列纪念品在“2020 年四川特色旅游商品评选活动”中获旅游纪念品和文具类铜奖	省旅游商品与装备协会	无
区文广旅局	江口沉银“元宝系列”抱枕、“彭祖茶”礼盒、纸胶带——陈情表、江口沉银“元宝系列”手链获“天府文创”大赛入围奖	中国旅游协会商品与装备分会、四川文化创意研究院、省文化和旅游创意产业联盟	证书
区水利局	2020 年度用水管理工作先进集体	省都江堰东风渠管理处	东处发〔2020〕336 号
区东山水利工程管理维护中心	东风渠供水区 2020 年度用水计量管理先进集体	省都江堰东风渠管理处	东处发〔2020〕338 号
区水利局	河长制湖长制工作先进集体	省总河长办	川总河长办发〔2020〕16 号
区水利局	2019 年度全省节约用水工作先进集体	省水利厅	川水函〔2020〕258 号
区就业中心	2019 年度全省园区企业用工监测工作成绩突出单位	省就业服务管理局	川就局办〔2020〕1 号
区法院	“基本解决执行难”工作先进集体	省高级人民法院	川高法〔2020〕60 号
区法院	诉讼服务中心实质化建设先进单位	省高级人民法院	川高法〔2020〕311 号
区委政法委	2019 年度全省法学研究工作先进集体	省法学会	川法学〔2020〕5 号
区委政法委	第四届平安中国看四川“三微”比赛微动漫类二等奖	省委政法委	荣誉证书
区委政法委	2019 年度省级“六五”平安村（社区）	省委政法委	川政法〔2020〕29 号
区融媒体中心	《2020 年 8 月四川县级综合传播力指数》发布其中公开度排名全省第四、赞同度全省第二、县级政务融媒账号绩效评估抖音平台“彭山融媒”排名全省第 12 位	《川报观察》	消息截图
区融媒体中心	“抗疫　最美逆行手势舞”被评为 2020 年四川短视频创作传播活动第一季度入围作品	省广电局	奖状
区融媒体中心	《走向我们的小康生活——四川眉山果园村的幸福密码》被评为 2020 年四川省短视频创作传播活动第三季度提名作品	省广电局	奖状

续表 16

单位名称	荣誉名称	表彰机关	获奖文件字号
区法院	2019 年度“基本解决执行难”工作先进集体	市委、市政府	眉委〔2020〕145 号
区法院	2019 年度政协工作先进集体	市委、市政府	眉委〔2020〕145 号
区市场监管局	2019 年度“两法衔接”工作先进集体	市委、市政府	眉委〔2020〕145 号
区委政法委	2019 年度政法工作先进集体	市委、市政府	眉委〔2020〕145 号
区委政法委	2019 年度扫黑除恶工作先进集体	市委、市政府	眉委〔2020〕145 号
成眉石化园区	2019 年度项目投资工作先进集体	市委、市政府	眉委〔2020〕145 号
成眉石化园区	2019 年度经济合作工作先进集体	市委、市政府	眉委〔2020〕145 号
区委统战部	2019 年度统战工作先进集体	市委、市政府	眉委〔2020〕145 号
区委	2019 年度创建全国文明城市工作先进集体	市委、市政府	眉委〔2020〕145 号
区政府	2019 年度创建全国文明城市工作先进集体	市委、市政府	眉委〔2020〕145 号
区委宣传部	2019 年度创建全国文明城市工作先进集体	市委、市政府	眉委〔2020〕145 号
凤鸣街道	2019 年度创建全国文明城市工作先进集体	市委、市政府	眉委〔2020〕145 号
区委	2019 年度创建国家卫生城市工作先进集体	市委、市政府	眉委〔2020〕145 号
区政府	2019 年度创建国家卫生城市工作先进集体	市委、市政府	眉委〔2020〕145 号
观音街道	2019 年度创建国家卫生城市工作先进集体	市委、市政府	眉委〔2020〕145 号
区综合行政执法局	2019 年度创建国家卫生城市工作先进集体	市委、市政府	眉委〔2020〕145 号
区委	2019 年度创建国家森林城市工作先进集体	市委、市政府	眉委〔2020〕145 号
区政府	2019 年度创建国家森林城市工作先进集体	市委、市政府	眉委〔2020〕145 号
区住建局	2019 年度创建国家森林城市工作先进集体	市委、市政府	眉委〔2020〕145 号
区林业和园林中心	2019 年度创建国家森林城市工作先进集体	市委、市政府	眉委〔2020〕145 号
区委	2019 年度党风廉政建设先进集体	市委、市政府	眉委〔2020〕145 号

续表 16

单位名称	荣誉名称	表彰机关	获奖文件字号
区政府	2019 年度党风廉政建设先进集体	市委、市政府	眉委〔2020〕145 号
区委	2019 年度十大民生工程及 20 件民生大事工作先进集体	市委、市政府	眉委〔2020〕145 号
区政府	2019 年度十大民生工程及 20 件民生大事工作先进集体	市委、市政府	眉委〔2020〕145 号
区委	2019 年度宣传思想工作先进集体	市委、市政府	眉委〔2020〕145 号
区政府	2019 年度宣传思想工作先进集体	市委、市政府	眉委〔2020〕145 号
区委	2019 年度统战工作先进集体	市委、市政府	眉委〔2020〕145 号
区政府	2019 年度统战工作先进集体	市委、市政府	眉委〔2020〕145 号
区委统战部	2019 年度统战工作先进集体	市委、市政府	眉委〔2020〕145 号
区委	2019 年度政法工作先进集体	市委、市政府	眉委〔2020〕145 号
区政府	2019 年度政法工作先进集体	市委、市政府	眉委〔2020〕145 号
区委	2019 年度成眉同城化发展工作先进集体	市委、市政府	眉委〔2020〕145 号
区政府	2019 年度成眉同城化发展工作先进集体	市委、市政府	眉委〔2020〕145 号
区行政审批局	2019 年度全面深化改革工作先进集体	市委、市政府	眉委〔2020〕145 号
观音街道	2019 年度全面深化改革工作先进集体	市委、市政府	眉委〔2020〕145 号
区发展改革局	2019 年度项目投资工作先进集体	市委、市政府	眉委〔2020〕145 号
区住建局	2019 年度项目投资工作先进集体	市委、市政府	眉委〔2020〕145 号
区委	2019 年度新型城镇化工作先进集体	市委、市政府	眉委〔2020〕145 号
区政府	2019 年度新型城镇化工作先进集体	市委、市政府	眉委〔2020〕145 号
区委	2019 年度河长制湖长制先进集体	市委、市政府	眉委〔2020〕145 号
区政府	2019 年度河长制湖长制先进集体	市委、市政府	眉委〔2020〕145 号
区水利局	2019 年度河长制湖长制先进集体	市委、市政府	眉委〔2020〕145 号

续表 16

单位名称	荣誉名称	表彰机关	获奖文件字号
区委	2019 年度经济合作工作先进集体	市委、市政府	眉委〔2020〕145 号
区政府	2019 年度经济合作工作先进集体	市委、市政府	眉委〔2020〕145 号
区委	2019 年度经济合作工作先进集体	市委、市政府	眉委〔2020〕145 号
区委	2019 年度信访工作先进集体	市委、市政府	眉委〔2020〕145 号
区政府	2019 年度信访工作先进集体	市委、市政府	眉委〔2020〕145 号
区委	2019 年度政协工作先进集体	市委、市政府	眉委〔2020〕145 号
区政府	2019 年度政协工作先进集体	市委、市政府	眉委〔2020〕145 号
区法院	2019 年度政协工作先进集体	市委、市政府	眉委〔2020〕145 号
区住建局	2019 年度政协工作先进集体	市委、市政府	眉委〔2020〕145 号
区交通运输局	2019 年度政协工作先进集体	市委、市政府	眉委〔2020〕145 号
区委	2019 年度工业发展工作先进集体	市委、市政府	眉委〔2020〕145 号
区政府	2019 年度工业发展工作先进集体	市委、市政府	眉委〔2020〕145 号
公义镇人民武装部	2019 年度民兵工作先进集体	市委、市政府、眉山军分区	眉委〔2020〕162 号
彭山区	眉山市服务业发展工作先进集体	市委、市政府	眉委〔2020〕363 号
区商务局	眉山市服务业发展工作先进集体	市委、市政府	眉委〔2020〕363 号
凤鸣街道办事处	眉山市服务业发展工作先进集体	市委、市政府	眉委〔2020〕363 号
区经济合作和外事局	眉山市“开放发展突破年”先进集体	市委、市政府	眉委〔2020〕381 号
彭山区	眉山市“开放发展突破年”先进集体	市委、市政府	眉委〔2020〕381 号
彭山区	眉山市县域经济发展先进集体	市委、市政府	眉委〔2020〕400 号
区发展改革局	眉山市县域经济发展先进集体	市委、市政府	眉委〔2020〕400 号
成眉石化园区	眉山市县域经济发展先进集体	市委、市政府	眉委〔2020〕400 号

续表 16

单位名称	荣誉名称	表彰机关	获奖文件字号
区财政局	眉山市县域经济发展先进集体	市委、市政府	眉委〔2020〕400 号
凤鸣街道江渔村	眉山市 2020 年度市级实施乡村振兴战略示范村	市委、市政府	眉委〔2020〕658 号
公义镇	关于命名眉山市 2020 年度市级实施乡村振兴战略先进乡镇（街道）	市委、市政府	眉委〔2020〕658 号
区财政局	2019 年度财政工作先进集体	市政府	眉府函〔2020〕19 号
区人社局	2019 年度农民工工作先进集体	市政府	眉府函〔2020〕19 号
区政府	2019 年度法治政府建设工作先进集体	市政府	眉府函〔2020〕19 号
区卫生健康局	2019 年度卫生健康工作先进集体	市政府	眉府函〔2020〕19 号
区中医医院	2019 年度卫生健康工作先进集体	市政府	眉府函〔2020〕19 号
区税务局	2019 年度残疾人就业工作先进集体	市政府	眉府函〔2020〕19 号
区劳务开发暨农民工服务中心	2019 年度农民工工作先进集体	市政府	眉府函〔2020〕19 号
区民政局	2019 年度残疾人就业工作先进集体	市政府	眉府函〔2020〕19 号
区委宣传部	2020 年度“眉山新闻奖”系列报道奖	市政府	眉府函〔2020〕104 号

2020年区委重要文件目录一览表

表17

序号	文件标题	文件字号	发文时间
1	关于深入推进城乡基层治理体系建设的决定	眉彭委发〔2020〕1号	2020-03-23
2	关于印发《"健康彭山2030"规划纲要》的通知	眉彭委发〔2020〕2号	2020-04-10
3	关于新时代加强和改进人民政协工作的实施意见	眉彭委发〔2020〕3号	2020-04-20
4	关于补齐"三农"领域短板决战决胜全面建成小康社会的意见	眉彭委发〔2020〕4号	2020-04-28
5	关于全力做好落实新发展理念创建国家生态文明建设示范市相关工作的实施意见	眉彭委发〔2020〕5号	2020-05-26
6	关于推进四川彭山经济开发区扩权提效的实施意见	眉彭委发〔2020〕6号	2020-06-08
7	关于印发《眉山市彭山区市域社会治理现代化试点工作实施方案》的通知	眉彭委发〔2020〕7号	2020-06-27
8	关于推进2020年全面从严治党、党风廉政建设和反腐败工作的意见	眉彭委发〔2020〕8号	2020-09-03
9	关于创建国家生态文明建设示范区的意见	眉彭委发〔2020〕9号	2020-09-03
10	关于加快构建"6+3"现代农业产业体系的实施意见	眉彭委发〔2020〕10号	2020-09-29
11	关于印发《眉山市彭山区乡镇机构改革方案》的通知	眉彭委办〔2020〕6号	2020-01-07
12	关于印发《关于理顺指挥体系创新社会治理改革方案》的通知	眉彭委办〔2020〕9号	2020-01-21
13	关于印发《眉山市彭山区2020年重点项目计划》的通知	眉彭委办〔2020〕12号	2020-01-22
14	关于印发《眉山市彭山区农村人居环境优、差村（社区）评选办法》的通知	眉彭委办〔2020〕13号	2020-01-22
15	关于印发《眉山市彭山区2020年"花漾彭山"建设工作实施方案》的通知	眉彭委办〔2020〕21号	2020-02-14
16	关于印发《眉山市彭山区2020年度重点工作计划》的通知	眉彭委办〔2020〕22号	2020-02-18
17	关于印发《2020年全区经济工作要点》的通知	眉彭委办〔2020〕25号	2020-02-19
18	关于印发《眉山市彭山区爱国卫生运动"周末卫生大扫除"活动方案》的通知	眉彭委办〔2020〕39号	2020-03-13
19	关于印发《眉山市彭山区区级议事协调机构管理办法》的通知	眉彭委办〔2020〕40号	2020-03-19
20	关于印发眉山市彭山区"绿荫彭山、全域增绿"活动方案的通知	眉彭委办〔2020〕47号	2020-04-13
21	关于进一步做好小微企业和困难群众帮扶工作的通知	眉彭委办〔2020〕72号	2020-07-25

续表17

序号	文件标题	文件字号	发文时间
22	关于开展“三比三看”抓项目促投资的实施意见	眉彭委办〔2020〕73号	2020-07-30
23	关于印发《眉山市彭山区对口帮扶金川县卡拉脚乡二普鲁村乡村振兴工作方案》的通知	眉彭委办〔2020〕75号	2020-07-30
24	关于印发《眉山市彭山区村级建制调整改革“后半篇”文章系列制度》的通知	眉彭委办〔2020〕76号	2020-08-06
25	关于印发《眉山市彭山区村级“小微权利”运行流程图》的通知	眉彭委办〔2020〕77号	2020-08-07
26	关于印发《关于进一步做好农民工服务保障工作的实施方案》的通知	眉彭委办〔2020〕78号	2020-08-11
27	关于印发《眉山市彭山区禁毒重点整治工作实施细则》的通知	眉彭委办〔2020〕83号	2020-09-30
28	关于印发《彭山区委党校分类建设计划实施方案》的通知	眉彭委办〔2020〕85号	2020-10-21
29	关于印发《眉山市彭山区干部政治素质考察办法》的通知	眉彭委办〔2020〕92号	2020-12-14
30	关于印发《眉山市彭山区投资运行和重点项目推进“红黑榜”通报工作机制（试行）》的通知	眉彭委办〔2020〕95号	2020-12-17

2020年区政府重要文件目录一览表

表18

序号	文件标题	文件字号	发文时间
1	深化放管服改革优化营商环境行动计划的通知	眉彭府发〔2020〕1号	2020-01-09
2	关于印发彭山区工程建设项目审批制度改革工作方案的通知	眉彭府发〔2020〕2号	2020-03-11
3	关于印发《眉山市彭山区应对新型冠状病毒感染的肺炎疫情联防联控工作总体方案》的通知	眉彭府发〔2020〕3号	2020-01-23
4	关于做好第七次全国人口普查工作的通知	眉彭府发〔2020〕4号	2020-03-30
5	关于印发眉山市彭山区政府性投资工程项目财政评审争议问题解决办法等2个文件的通知	眉彭府发〔2020〕5号	2020-04-15
6	关于印发眉山市彭山区政府性投资重点项目监督委员会及其工作制度等5个配套文件的通知	眉彭府发〔2020〕6号	2020-04-20
7	关于印发彭山区行政机关负责人出庭应诉规定的通知	眉彭府发〔2020〕7号	2020-05-08
8	关于印发在全区市场监管领域全面推行部门联合双随机一公开监管实施方案的通知	眉彭府发〔2020〕8号	2020-5-18
9	关于授予盛恩利同志见义勇为公民荣誉称号的决定	眉彭府发〔2020〕9号	2020-05-18
10	关于2020年工业发展的实施意见	眉彭府发〔2020〕10号	2020-06-15
11	关于探索建立涉农资金统筹整合长效机制的实施意见	眉彭府发〔2020〕11号	2020-07-01
12	关于印发彭山区打赢蓝天保卫战等九个实施方案的通知	眉彭府发〔2020〕12号	2020-07-01
13	关于印发彭山区自然资源统一确权登记工作方案的通知	眉彭府发〔2020〕13号	2020-11-02
14	关于修订进一步加强政府投资项目管理的实施意见的通知	眉彭府发〔2020〕14号	2020-08-05
15	关于印发彭山区知识产权资助奖励管理办法的通知	眉彭府发〔2020〕15号	2020-11-17
16	关于公布2019年以前区政府行政规范性文件清理结果的通知	眉彭府发〔2020〕16号	2020-12-14

彭山区江口沉银遗址基本情况

一、江口沉银遗址基本情况

江口沉银遗址位于彭山区江口街道，是一处保存较为完整的古代战场遗址，是眉山市第三批市级文物保护单位。江口沉银遗址保护范围：东至公路，西至河堤，南至岷江大桥，北至两江汇合处。建设控制地带：以保护范围为界南、北外延20米。

清代以来的文献中多记载明末大西军领袖张献忠曾沉银于此。2005—2011年相继在江口镇河道出水明代银锭等重要文物，充分证实了张献忠江口镇沉银之说，并为之提供了有力的实物证据，2015年12月，基本确认彭山“江口沉银遗址”为张献忠沉银中心区域之一。

2016年4月至2020年4月，经国家文物局批准对江口沉银遗址进行一、二、三期考古发掘，共出水文物5.2万余件。江口沉银遗址出水文物数量之多、等级之高、种类之丰富，具有极高价值，对研究明代的政治史、经济史、军事史和生活史等具有重要意义。

2018年4月，荣获“2017年度全国十大考古新发现”称号并被专家定名为“四川彭山江口明末战场遗址”。2018年5月，荣获“四川十大历史文化地标”称号。

二、2005年—2011年江口沉银遗址的文物出水情况

2005年4月20日，彭山区引水工程在江口镇岷江河道内进行施工过程中，由挖掘机在距地表2.5米的地方挖出一圆木并从中散落7件银锭，被施工民工全部捡走。此事被媒体以《彭山县江口镇挖出张献忠沉银》为题进行了报道，后被全国各大报刊和网站转载，引起了轰动效应。经过文物部门和公安部门的努力，收回所有流失的7件银锭和已被损毁的贮藏银锭的木筒。

2011年4月19日，在岷江河道建设过程中出水了大量的文物，因现场人员众多，出现哄抢现象。文物一部分得到了文物部门的及时清理，一部分却被施工民工和当地群众捡走。经区公安部门、文物部门、当地政府及相关部门的共同努力，部分出土文物被征集和追缴回来，但仍有部分珍贵文物流失。

三、江口沉银遗址被盗挖情况

随着经济建设的发展，在岷江河道内过度的开采沙石，河床变浅，岷江河道内文物不断发现。2013年以来，在利益的驱使下，有部分人无视国法，出现深夜在河道内盗挖现象。为了保护好江口沉银遗址，确保文物安全，公安局、文广新局、江口政府等部门成立联合执法队，对江口沉银遗址保护范围进行不定期检查，并通过多种形式进行宣传教育和严厉打击，但

是仍有人铤而走险。

2015 年 5 月经过彭山区公安部门长达一年多的秘密调查、侦察、取证等工作，终于打掉了盗挖保护区范围内的犯罪团伙，并缴获、追缴回珍贵文物 100 件（其中，一级文物 8 件，二级文物 38 件，三级文物 54 件）。

四、江口沉银遗址及出水文物研讨情况

2011 年 8 月 11 日上午，由省鉴定站组织霍魏、高大伦、李召和等省级专家对 4 月县文管所收集的江口沉银遗址出水文物进行鉴定，基本认定这批出水文物与张献忠江口兵败有一定关系。

2012 年 3 月 5 日下午，国家博物馆副馆长张威、中国社科院考古研究所副所长白云翔、中国人民大学历史学院院长孙家洲、中央电视台《发现之旅》编导范祝奔、中国文物报编辑孙秀丽等一行 7 人，在省文物考古研究院院长高大伦的陪同下专程到彭山，先后到文物保护单位——江口沉银遗址和文物库房进行参观。最后在彭山县文体新局三楼会议室召开“彭山县岷江河道出土文物研讨会”。国家博物馆副馆长张威作了总结发言，表示这批文物极具价值已无可非议，出土文物不全，虽然遗憾，但仍感欣慰。要召开学术会，材料还单薄，建议结合机械考古，进一步做好前期工作。同时，专家的建议也为下一步的工作指明了目标。

2015 年 11 月 26 日，国家文物局水下文化遗产保护中心水下考古研究所所长姜波、省文物局文保处处长何振华、省考古院院长高大伦到彭山进行江口沉银遗址实地调查，召开彭山区“江口沉银遗址”抢救性发掘筹备研讨会。

2015 年 12 月 25 日，四川省文物考古研究院、彭山区文化广电新闻出版局又组织多位考古、历史、文物专家，再次到彭山区江口镇考察“江口沉银遗址”现场，并参观了相关文物，召开了“江口沉银遗址保护和考古研讨会”。通过讨论，专家们达成统一意见并郑重出具了《四川彭山“江口沉银遗址”保护和考古研讨会专家意见书》。通过与历史文献相比较，基本可以确定“江口沉银”的记载可信，彭山“江口沉银遗址”即为历史记载的张献忠沉银中心区域之一。专家们共同呼吁尽快立项，进行抢救性发掘。

五、江口沉银遗址一、二、三期考古发掘情况

1. 江口沉银遗址 2016—2017 年考古发掘情况

2016 年 1 月，四川省文化厅（四川省文物局）组织四川省文物考古研究院、国家文物局水下文化遗产保护中心、彭山区文物保护管理所联合向国家文物局提出了对“江口沉银遗址”进行考古发掘的申请。2016 年 4 月，国家文物局批准对“江口沉银遗址”进行考古发掘。项目于 2016 年 11 月开始围堰，2017 年 1 月 5 日正式发掘。发掘面积 20000 余平方米，共出水文物 30000 余件。

出水文物包括西王赏功金币、银币、大顺通宝铜币、金册、银册、银锭以及各类金银首饰和兵器等。通过发掘，基本确认了张献忠江口之战的地点，出水的 3 万余件文物是确认这一重大历史事件最直接、最有力的证据。

此外，该次考古发掘是四川首次开展的水

下考古发掘项目，考古工作创新了工作理念，运用了大量的新技术。

2. 江口沉银遗址 2017—2018 年考古发掘情况

经国家文物局批准，四川省文物考古研究院联合眉山市彭山区文物管理所对江口明末战场遗址开展了第二次考古发掘。该年度考古工作于 2017 年 12 月 26 日开始围堰，2018 年 1 月 24 日正式开始发掘，前后历时近 3 个月，发掘面积 10000 平方米。

该年度的考古工作以确认遗址性质，了解遗址范围和文物的分布规律，寻找战争遗物遗迹，尤其是与沉船相关的遗物，发现更多遗物种类为目的，开展相关调查和发掘工作。考古调查将陆地调查和水面探测相结合，初步将遗址划分为大码头、望江台、巫店子和大石包 4 个区域。围堰的总长度约为 1 千米，宽度约为 130 米，长宽均超过了往年。考古队分别在望江台和巫店子 2 个区域内开展了考古发掘。经考古发掘证实，围堰范围内均有文物出水，但大致可以分为 2 个较为密集的区域。

年度总计出水文物 12000 余件，其中最为重要的是发现了一枚蜀王金宝。据明史记载，皇子封亲王，授金册金宝。世子承袭王位，止授金册，传用金宝，也就是说每个藩王府只有唯一一枚金宝，因此较金册显得更为稀少和珍贵。

该次考古发掘出水的大量兵器，尤其是火器的发现，为确认这一处古代战场遗址提供了更多证据。出水的蜀王金宝，是国内首次发现明代藩王金宝实物。发现诸多铭刻川内地名的银锭，为张献忠在四川的活动范围提供了实物证据。船钉的大量发现，为认识沉船地点提供了新线索。

3. 江口明末战场遗址 2019—2020 年度考古发掘情况

经国家文物局批准，在四川省文物局的领导下，四川省文物考古研究院联合眉山市彭山区文物管理所对江口明末战场遗址开展了第三次考古发掘。该年度的工作于 2019 年 11 月 10 日开始围堰，2020 年 1 月 10 日正式开始发掘，4 月 28 日结束，前后历时 3 个多月，发掘面积 5000 平方米，勘探面积 10000 平方米。

2020 年 3 月 7 日，江口沉银第三期发掘现场

江口明末战场遗址该年度的考古工作以抢救和保护珍贵文物、进一步了解遗址分布范围及文物分布规律为目的，开展相关调查勘探和发掘工作，总计出土各类文物 10000 余件，其中重要文物 2000 件。主要为金银器，包括金、银币，金、银锭，金、银食具，金、银首饰和金、银服饰等。其中最为重要的是发现了一枚金印，方形印台、龟形印钮，印面铸有“蜀世子宝”四字。印台边长 10 厘米、厚 3 厘米，含金量高达 95%。“蜀”字证明该枚金印原为明蜀王府之物，“世子”为亲王嫡长子。从印文可知这枚金印为明代蜀王世子所拥有，既是蜀世子的身份象征，也是蜀王府历代世子传用之

珍宝。“蜀世子宝”是国内首次发现世子金宝实物，也是目前唯一的一枚。

“蜀世子宝”金印

该年度出土的官银，从地域及税种上均可补前两次发掘之空白。尤其是发现了来自乐至、仁寿、乐山、德阳、广汉等地的属于大西政权的银锭，对研究大西政权的财政制度以及统治区域均具有重要意义。

金锭

继上一年度的工作中发现火铳之后，在该年度的发掘中出土了不同规格的铅弹，是判定该遗址性质为古代战场遗址的又一佐证。

除此之外，还发现有为数众多的金、银容器，金银服饰和金银首饰，为研究明代的工艺水平、服饰制度以及审美提供了珍贵的新材料。

通过该年度的工作，对遗址本身有了更为深入的认识。首先确认了文物的分布规律与遗址内河床的起伏状态、基岩局部的微结构以及航道的位置具有直接关系。其次发现了文物原地埋藏的迹象，在基岩河床上发现了多处银锭、金锭以及金块嵌入岩石的情况，可以推断该批文物未经过长距离搬运，该区域很可能为战争发生地或接近于战争发生地。此外，还发现了同一属性的文物集中分布的情况，例如发现了金器的集中分布区以及银锭的集中分布区，这很可能说明当时对于货物的运载存在分船以及分箱的情况，对认识当时张献忠撤离成都前的状况具有一定的启示作用。

该年度的考古发掘进一步确认了遗址为古代战场遗址的性质，抢救和保护了大批珍贵文物，尤其是“蜀世子宝”金印的发现，堪称为重大考古发现。与此同时，对遗址本身尤其是文物分布规律的认识取得了重要突破，对未来遗址的全面保护和利用均具有重要意义。

（眉山市彭山区文物保护研究所）

索 引

使用说明

一、本索引采用分析索引法，搜索引条目汉语拼音字母顺序排列。

二、索引标目后的数字表示内容所在页码。

A

B

C

D

F

G

H

J

K

L

M

N

P

Q

R

S

T

W

X

Y

Z